"Big data" é definitivamente um grande jargão, e a maioria das pessoas que se depara com ele percebe que é uma força poderosa em um processo de revolução dos grandes setores. Porém, poucas pessoas conhecem a variedade de ferramentas disponíveis que podem ajudar os negócios de grande e pequeno porte a aproveitar essa revolução. Esta Folha de Cola apresenta uma visão geral dessas ferramentas e mostra como se encaixam no contexto maior do data science.

O QUE VOCÊ PRECISA SABER AO INGRESSAR NO DATA SCIENCE

Tradicionalmente, *big data* é a expressão para dados com volume, velocidade e variedade incríveis. As tecnologias tradicionais de banco de dados não conseguem lidar com ele — por isso a necessidade de inovações de engenharia de dados. Para saber se o seu projeto se qualifica como big data, considere os seguintes critérios:

- **Volume:** Entre 1 terabyte/ano e 10 petabytes/ano
- **Velocidade:** Entre 30 kilobytes/segundo e 30 gigabytes/segundo
- **Variedade:** Combinação de dados não estruturados, semiestruturados e estruturados

DATA SCIENCE E ENGENHARIA DE DADOS NÃO SÃO A MESMA COISA

Gerentes de contratação tendem a confundir os papéis de cientista de dados e engenheiro de dados. Embora seja possível encontrar alguém que desempenhe um pouco das duas funções, ambos os campos são incrivelmente complexos. É improvável encontrar um profissional com habilidades e experiência sólidas nas duas áreas. Por isso, é importante identificar o tipo ideal de especialista.

- **Cientistas de dados:** Usam codificação, métodos quantitativos (matemáticos, estatísticos e aprendizagem de máquina) e conhecimento especializado altamente qualificado em sua área de estudo para solucionar complexos problemas corporativos e científicos.
- **Engenheiros de dados:** Usam a ciência da computação e a engenharia de software para projetar sistemas e resolver problemas, e manipular e lidar com grandes conjuntos de dados.

USANDO PYTHON PARA O DATA SCIENCE

O Python é uma linguagem de programação legível e fácil de aprender, que você pode usar fazer mudanças avançadas em dados, análises e visualizações. e aprender a utilizá-lo em comparação com a linguagem de pr executado em Mac, Windows e UNIX.

Data Science Para leigos

O IPython oferece uma interface de codificação intuitiva para pessoas que não gostam de codificar na linha de comando. Ao baixar e instalar a distribuição **Anaconda Python**, você terá o ambiente IPython/Jupyter, assim como o NumPy, SciPy, MatPlotLib e Pandas e as bibliotecas scikit-learn (entre outras). Você provavelmente precisará desses recursos em seus procedimentos para entender os dados.

O pacote NumPy é o facilitador básico para a ciência da computação no Python. Fornece estruturas de contêineres/array que você pode usar para fazer cálculos com vetores e matrizes (como no R). O SciPy e o Pandas são as bibliotecas Python mais usadas para a computação científica e técnica.

Existem toneladas de algoritmos matemáticos que simplesmente não estão disponíveis para outras bibliotecas Python. As funcionalidades populares incluem álgebra linear, cálculo matricial, funcionalidades de matriz esparsa, estatística e modificação dos dados. O MatPlotLib é a principal biblioteca de visualização de dados do Python.

Por fim, a biblioteca scikit-learn é útil para a aprendizagem de máquina, pré-processamento dos dados e avaliação do modelo.

USANDO R PARA O DATA SCIENCE

O R é outra linguagem de programação popular usada para a computação estatística e científica. O ato de escrever rotinas de análise e visualização em R é conhecido como *script R*. O R foi desenvolvido especificamente para a computação estatística e, como consequência, tem uma oferta mais variada desses pacotes do que o Python.

Além disso, as capacidades de visualização de dados do R são mais sofisticadas do que as do Python e mais fáceis de gerar. Portanto, como linguagem, o Python é mais fácil para os iniciantes.

DICA O R tem uma comunidade de usuários muito grande e extremamente ativa. Os desenvolvedores estão sempre propondo (e compartilhando) novos pacotes — para mencionar alguns, o pacote `forecast`, o `ggplot2` e o `statnet/igraph`.

DICA Se quiser fazer uma análise preditiva e previsão em R, o pacote forecast será um bom lugar para começar. Ele oferece ARMA, AR e métodos de suavização exponencial.

Data Science

para leigos

Data Science
Para leigos

Tradução da 2ª Edição

Lillian Pierson

Prefácio de Jake Porway
Fundador e diretor-executivo da DataKind

ALTA BOOKS
GRUPO EDITORIAL
Rio de Janeiro, 2019

Data Science Para Leigos® – Tradução da 2ª Edição
Copyright © 2019 da Starlin Alta Editora e Consultoria Eireli. ISBN: 978-85-508-0480-4

Translated from original Data Science For Dummies®, 2nd Edition. Copyright © 2017 John Wiley & Sons, Inc. ISBN 978-1-119-32763-9. This translation is published and sold by permission of John Wiley & Sons, Inc., the owner of all rights to publish and sell the same. PORTUGUESE language edition published by Starlin Alta Editora e Consultoria Eireli, Copyright © 2019 by Starlin Alta Editora e Consultoria Eireli.

Todos os direitos estão reservados e protegidos por Lei. Nenhuma parte deste livro, sem autorização prévia por escrito da editora, poderá ser reproduzida ou transmitida. A violação dos Direitos Autorais é crime estabelecido na Lei nº 9.610/98 e com punição de acordo com o artigo 184 do Código Penal.

A editora não se responsabiliza pelo conteúdo da obra, formulada exclusivamente pelo(s) autor(es).

Marcas Registradas: Todos os termos mencionados e reconhecidos como Marca Registrada e/ou Comercial são de responsabilidade de seus proprietários. A editora informa não estar associada a nenhum produto e/ou fornecedor apresentado no livro.

Impresso no Brasil — 2019 — Edição revisada conforme o Acordo Ortográfico da Língua Portuguesa de 2009.

Publique seu livro com a Alta Books. Para mais informações envie um e-mail para autoria@altabooks.com.br

Obra disponível para venda corporativa e/ou personalizada. Para mais informações, fale com projetos@altabooks.com.br

Produção Editorial Editora Alta Books	Produtor Editorial Thiê Alves	Marketing Editorial marketing@altabooks.com.br	Vendas Atacado e Varejo Daniele Fonseca Viviane Paiva	Ouvidoria ouvidoria@altabooks.com.br
Gerência Editorial Anderson Vieira		Editor de Aquisição José Rugeri j.rugeri@altabooks.com.br	comercial@altabooks.com.br	
Equipe Editorial	Adriano Barros Bianca Teodoro Ian Verçosa	Illysabelle Trajano Juliana de Oliveira Kelry Oliveira	Paulo Gomes Rodrigo Bitencourt Thales Silva	Thauan Gomes Victor Huguet Viviane Rodrigues
Tradução Eveline Machado	Copidesque Carolina Gaio	Revisão Gramatical Igor Farias Thaís Pol	Revisão Técnica Ronaldo Roenick Especialista em Data Mining e ferramentas aplicadas em IA	Diagramação Joyce Matos

Erratas e arquivos de apoio: No site da editora relatamos, com a devida correção, qualquer erro encontrado em nossos livros, bem como disponibilizamos arquivos de apoio se aplicáveis à obra em questão.

Acesse o site www.altabooks.com.br e procure pelo título do livro desejado para ter acesso às erratas, aos arquivos de apoio e/ou a outros conteúdos aplicáveis à obra.

Suporte Técnico: A obra é comercializada na forma em que está, sem direito a suporte técnico ou orientação pessoal/exclusiva ao leitor.

A editora não se responsabiliza pela manutenção, atualização e idioma dos sites referidos pelos autores nesta obra.

Dados Internacionais de Catalogação na Publicação (CIP) de acordo com ISBD

P624d   Pierson, Lillian

           Data science para leigos / Lillian Pierson ; traduzido por Eveline Machado. - Rio de Janeiro : Alta Books, 2019.
           384 p. ; il. ; 17cm x 24cm. – (Para Leigos).

           Tradução de: Data science for dummies
           Inclui índice.
           ISBN: 978-85-508-0480-4

           1. Data Science. 2. Dados. I. Machado, Eveline. II. Título. III. Série.

           CDD 005.13
2018-1887   CDU 004.62

Elaborado por Vagner Rodolfo da Silva - CRB-8/9410

Rua Viúva Cláudio, 291 – Bairro Industrial do Jacaré
CEP: 20.970-031 — Rio de Janeiro (RJ)
Tels.: (21) 3278-8069 / 3278-8419
www.altabooks.com.br — altabooks@altabooks.com.br
www.facebook.com/altabooks — www.instagram.com/altabooks

Sobre a Autora

Lillian Pierson é engenheira e consultora especializada em big data e data science. Ela prepara profissionais e estudantes para compreender os dados de que precisam para competir na atual economia baseada em dados. Além deste livro, é autora de dois livros técnicos muito recomendados: *Big Data/Hadoop For Dummies* e *Managing Big Data Workflows For Dummies*.

Lillian passou a última década treinando e prestando consultoria para grandes corporações do setor privado, como IBM, BMC, Dell e Intel, assim como para organizações governamentais, do governo local até a Marinha norte-americana. Como fundadora da Data-Mania LLC, Lillian ministra cursos de treinamento online e presenciais, além de workshops e análogos na área de big data, data science e análise de dados.

Dedicatória

Dedico este livro à minha família — Vitaly e Ariana Ivanov. Sem seu amor e companheirismo, a vida não seria boa nem a metade do que é.

Agradecimentos da Autora

Estendo grandes agradecimentos a todas as pessoas que me ajudaram a produzir este livro. Muito obrigada a Russ Mullen, por suas edições técnicas. E mais, agradeço muito a Katie Mohr, Paul Levesque, Becky Whitney e toda a equipe editorial e de produção da Wiley.

Sumário Resumido

Prefácio xxiii

Introdução 1

Parte 1: Começando 5
CAPÍTULO 1: Compreendendo o Data Science 7
CAPÍTULO 2: Explorando Encadeamentos e Infraestrutura da Engenharia de Dados 17
CAPÍTULO 3: Aplicando Informações Baseadas em Dados nos Negócios e no Setor 33

Parte 2: Usando o Data Science para Extrair Significado de Seus Dados 49
CAPÍTULO 4: Aprendizagem de Máquina: Aprendendo com Sua Máquina a partir dos Dados 51
CAPÍTULO 5: Matemática, Probabilidade e Modelagem Estatística 61
CAPÍTULO 6: Usando o Agrupamento para Subdividir os Dados 81
CAPÍTULO 7: Modelando com Instâncias 93
CAPÍTULO 8: Criando Modelos que Operam os Dispositivos da Internet das Coisas 107

Parte 3: Criando Visualizações que Claramente Comuniquem Significados 115
CAPÍTULO 9: Observando os Princípios do Design da Visualização de Dados .. 117
CAPÍTULO 10: Usando o D3.js para a Visualização dos Dados 141
CAPÍTULO 11: Aplicativos com Base na Web para o Design da Visualização 157
CAPÍTULO 12: Explorando as Melhores Práticas no Design de Painéis 173
CAPÍTULO 13: Criando Mapas a partir de Dados Espaciais 179

Parte 4: Computação em Data Science 199
CAPÍTULO 14: Usando Python em Data Science 201
CAPÍTULO 15: Usando o R de Código Aberto para o Data Science 225
CAPÍTULO 16: Usando o SQL no Data Science 241
CAPÍTULO 17: Fazendo Data Science com Excel e KNIME 255

Parte 5: Aplicando a Especialização do Domínio para Resolver Problemas Reais com o Data Science 267
CAPÍTULO 18: Data Science no Jornalismo: Definindo as Perguntas 269
CAPÍTULO 19: Aprofundando-se no Data Science Ambiental 287
CAPÍTULO 20: Data Science para Orientar o Crescimento no E-Commerce 299
CAPÍTULO 21: Usando o Data Science para Descrever e Prever Atividades Criminosas. 315

Parte 6: A Parte dos Dez 325
CAPÍTULO 22: Dez Recursos Fenomenais dos Dados Abertos 327
CAPÍTULO 23: Dez Ferramentas e Aplicativos Gratuitos de Data Science 339

Índice 353

Sumário

PREFÁCIO xxiii

INTRODUÇÃO 1
    Sobre Este Livro 2
    Penso Que. 2
    Ícones Usados Neste Livro 2
    Além Deste Livro. 3
    De Lá para Cá, Daqui para Lá. 3

PARTE 1: COMEÇANDO 5

CAPÍTULO 1: Compreendendo o Data Science 7
    Vendo Quem Pode Usar o Data Science 8
    Analisando as Peças do Quebra-cabeça 10
        Coletando, consultando e consumindo dados 10
        Aplicando a modelagem matemática nas tarefas do
        data science. 11
        Derivando informações de métodos estatísticos 12
        Codificar, codificar, codificar — é apenas uma parte do jogo. 12
        Aplicando o data science em uma área de conhecimento . . . 12
        Comunicando ideias com dados 14
    Explorando as Alternativas de Solução do Data Science 14
        Montando a própria equipe interna 14
        Terceirizando as exigências para os consultores
        particulares de data science. 15
        Aproveitando as soluções de plataforma em nuvem. 15
    Permitindo que o Data Science o Torne Mais Competitivo 16

**CAPÍTULO 2: Explorando Encadeamentos e
Infraestrutura da Engenharia de Dados** 17
    Definindo Big Data com Três Vs 18
        Lutando com o volume de dados 18
        Lidando com a velocidade dos dados. 18
        Lidando com a variedade de dados. 19
    Identificando as Fontes de Big Data 20
    Entendendo a Diferença entre Data Science e Engenharia
    de Dados. 21
        Definindo data science. 21
        Definindo a engenharia de dados 22
        Comparando cientistas e engenheiros de dados 23

Entendendo os Dados no Hadoop..........................24
    Examinando o MapReduce.....................24
    Entrando no processamento em tempo real..........26
    Armazenando dados no sistema de arquivos distribuídos Hadoop (HDFS)..........................27
    Reunindo tudo na plataforma Hadoop................28
Identificado Soluções Alternativas de Big Data.................28
    Apresentando as plataformas de processamento paralelo em massa (MPP).......................29
    Apresentando os bancos de dados NoSQL...........29
Engenharia de Dados em Ação: Um Estudo de Caso..........30
    Identificando o desafio de negócio.....................30
    Resolvendo problemas corporativos com a engenharia de dados.................................32
    Com orgulho dos benefícios...........................32

CAPÍTULO 3: Aplicando Informações Baseadas em Dados nos Negócios e no Setor 33

Aproveitando o Data Science Corporativo.....................34
Convertendo Dados Brutos em Informações Úteis com a Análise de Dados..........................35
    Tipos de análise.......................................35
    Desafios comuns na análise..........................36
    Administração dos dados............................36
Agindo com Base nas Informações de Negócio...............38
Diferenciando Inteligência de Negócio e Data Science..........39
    Inteligência de negócio definida......................40
    Tipos de dados usados na inteligência de negócio..........40
    Tecnologias e conjuntos de habilidades úteis para a inteligência de negócio..........................41
Definindo o Data Science Centrado no Negócio................41
    Tipos de dados úteis no data science centrado no negócio..43
    Tecnologias e conjuntos de habilidades úteis ao data science centrado no negócio..................44
    Criando valor comercial com métodos de aprendizagem de máquina..........................44
Diferenciando Inteligência e Data Science Centrado no Negócio. 45
Sabendo Quem Chamar para Obter um Trabalho Bem-feito....46
Explorando o Data Science nos Negócios: Uma História de Sucesso Comercial Orientada a Dados....................47

PARTE 2: USANDO O DATA SCIENCE PARA EXTRAIR SIGNIFICADO DE SEUS DADOS 49

CAPÍTULO 4: Aprendizagem de Máquina: Aprendendo com Sua Máquina a partir dos Dados............51

Definindo a Aprendizagem de Máquina e Seus Processos......52
    Vendo as etapas do processo de aprendizagem de máquina..........................52

Familiarizando-se com os termos da aprendizagem
de máquina 53
Considerando os Estilos de Aprendizado 53
Aprendendo com algoritmos supervisionados 53
Aprendendo com algoritmos não supervisionados 54
Aprendendo com o reforço. 54
Vendo o que Você Pode Fazer. 56
Selecionando algoritmos com base na função 56
Usando o Spark para gerar uma análise de big data
em tempo real. 59

CAPÍTULO 5: Matemática, Probabilidade e Modelagem Estatística 61

Explorando a Probabilidade e a Estatística Inferencial 62
Distribuições da probabilidade. 63
Probabilidade condicional com Naïve Bayes 65
Quantificando a Correlação 66
Calculando a correlação com o r de Pearson 66
Classificando os pares de variáveis com a correlação
de postos de Spearman 67
Reduzindo a Dimensionalidade dos Dados com a Álgebra Linear . 67
Decompondo os dados para reduzir a dimensionalidade . . . 67
Reduzindo a dimensionalidade com a análise fatorial. 69
Reduzindo a dimensionalidade e removendo os valores
atípicos com a PCA. 70
Modelando as Tomadas de Decisão com Múltiplos Critérios 71
Aproveitando o MCDM tradicional. 71
Focando o MCDM fuzzy 72
Apresentando os Métodos de Regressão 73
Regressão linear 73
Regressão logística 74
Métodos de regressão dos quadrados mínimos
ordinários (OLS) 75
Detectando os Valores Atípicos 75
Analisando os valores extremos. 75
Detectando os valores atípicos usando uma análise com
uma variável 76
Detectando os valores atípicos usando uma análise com
diversas variáveis 77
Apresentando a Análise da Série Temporal 78
Identificando padrões nas séries temporais 78
Modelando os dados da série temporal com uma variável . . 79

CAPÍTULO 6: Usando o Agrupamento para Subdividir os Dados 81

Apresentando os Fundamentos do Agrupamento 81
Conhecendo os algoritmos de agrupamento 82
Vendo para as métricas de similaridade de agrupamento . . . 84

Identificando os Agrupamentos em Seus Dados 85
    Agrupamento com o algoritmo k-vizinhos próximos 86
    Calculando os agrupamentos com a estimativa de
      densidade do kernel (KDE) 87
    Agrupamento com algoritmos hierárquicos 88
    Lidando com a vizinhança DBScan 90
Categorizando os Dados com os Algoritmos da Árvore de
  Decisão e da Floresta Aleatória 91

CAPÍTULO 7: Modelando com Instâncias 93
Reconhecendo a Diferença entre Agrupamento e Classificação. . 94
    Reapresentando os conceitos do agrupamento 94
    Conhecendo os algoritmos de classificação 95
Compreendendo os Dados com a Análise do Vizinho
  Mais Próximo 97
Classificando os Dados com os Algoritmos do Vizinho
  Mais Próximo Médio 98
Classificando com os Algoritmos K-Vizinhos Próximos 101
    Compreendendo como funciona o algoritmo k-vizinhos
      próximos 102
    Sabendo quando usar o algoritmo k-vizinhos próximos 103
    Explorando as aplicações comuns dos algoritmos
      k-vizinhos próximos 104
Resolvendo Problemas Reais com os Algoritmos do Vizinho
  Mais Próximo 104
    Vendo os algoritmos k-vizinhos próximos em ação 104
    Vendo os algoritmos do vizinho mais próximo médio
      em ação 105

**CAPÍTULO 8: Criando Modelos que Operam os
Dispositivos da Internet das Coisas** 107
Traçando um Quadro Geral do Vocabulário e das Tecnologias . 108
    Aprendendo o jargão 108
    Adquirindo plataformas IoT 110
    Spark streaming para a IoT 110
    Reconhecendo o contexto com a fusão sensorial 111
Examinando as Abordagens do Data Science 111
    Adotando a série temporal 112
    Análise geoespacial 112
    Envolvendo-se com o aprendizado profundo 113
Avançando na Inovação da Inteligência Artificial 113

**PARTE 3: CRIANDO VISUALIZAÇÕES QUE
CLARAMENTE COMUNIQUEM SIGNIFICADOS** 115

**CAPÍTULO 9: Observando os Princípios do Design da
Visualização de Dados** 117
Visualizações de Dados: As Três Principais 118

Narração dos dados para os tomadores de decisão
organizacional..118
Exibindo dados para os analistas........................118
Projetando dados artísticos para ativistas 119
Projetando para Atender às Necessidades do Seu Público-alvo..119
Etapa 1: Livre debate (sobre Brenda) 120
Etapa 2: Defina a finalidade.............................121
Etapa 3: Escolha um design funcional....................121
Escolhendo o Estilo de Design Mais Apropriado 122
Induzindo uma resposta cuidadosa e precisa.............122
Produzindo uma forte resposta emocional 123
Escolhendo como Adicionar Contexto.......................124
Criando contexto com os dados 125
Criando contexto com anotações 125
Criando contexto com elementos gráficos................125
Selecionando o Tipo Certo de Gráfico de Dados 127
Gráficos padrão.......................................127
Gráficos comparativos.................................130
Diagramas estatísticos.................................134
Estruturas da topologia 135
Diagramas espaciais e mapas...........................138
Escolhendo um Gráfico de Dados..........................140

CAPÍTULO 10: Usando o D3.js para a Visualização dos Dados ..141
Apresentando a Biblioteca D3.js 142
Sabendo Quando Usar o D3.js (e Quando Não)...............143
Iniciando no D3.js.......................................143
Introdução ao HTML e DOM............................144
Introdução ao JavaScript e SVG 145
Introdução às Folhas de Estilo em Cascata (CSS) 146
Introdução aos servidores web e PHP 147
Implementando Mais Conceitos Avançados e Práticas no D3.js.148
Conhecendo a sintaxe em cadeia 151
Conhecendo as escalas 152
Conhecendo transições e interações 153

CAPÍTULO 11: Aplicativos com Base na Web para o Design da Visualização 157
Projetando Visualizações de Dados para Colaboração.........158
Visualizando e colaborando com o Plotly.................159
Falando sobre o Tableau Public 161
Visualizando Dados Espaciais com Ferramentas
Geográficas Online 162
Criando mapas bonitos com o OpenHeatMap 163
Criando mapas e análise de dados espaciais com
o CartoDB 164
Visualizando com Código Aberto: Plataformas de Visualização
de Dados na Web 166

Sumário   **xvii**

Criando gráficos bonitos com o Google Fusion Tables 166
Usando o iCharts para a visualização de dados
baseada na web 167
Usando o RAW para a visualização de dados da web 168
Sabendo Quando Optar por Infográficos 170
Criando infográficos legais com o Infogr.am 170
Criando infográficos legais com o Piktochart. 172

CAPÍTULO 12: Explorando as Melhores Práticas no Design de Painéis 173

Focando o Público 174
Começando com a Imagem Geral. 175
Obtendo os Detalhes Certos 176
Testando Seu Design. 178

CAPÍTULO 13: Criando Mapas a partir de Dados Espaciais 179

Entendendo os Fundamentos do GIS. 180
Bancos de dados espaciais 181
Formatos de arquivo no GIS 182
Projeções do mapa e sistemas de coordenadas. 186
Analisando os Dados Espaciais 188
Consultando os dados espaciais 188
Funções de buffering e proximidade. 189
Usando a análise da sobreposição de camadas 189
Reclassificando os dados espaciais 191
Introdução ao QGIS de Código Aberto. 191
Conhecendo a interface do QGIS. 192
Adicionando uma camada vetorial no QGIS. 193
Exibindo dados no QGIS 194

PARTE 4: COMPUTAÇÃO EM DATA SCIENCE 199

CAPÍTULO 14: Usando Python em Data Science 201

Classificando os Tipos de Dados do Python 203
Números no Python 204
Strings no Python 204
Listas no Python 204
Tuplas no Python. 205
Conjuntos no Python 205
Dicionários no Python 205
Fazendo Bom Uso dos Loops no Python. 206
Divertindo-se com as Funções. 207
Mantendo a Calma com as Classes. 209
Verificando Algumas Bibliotecas Úteis do Python 210
Dizendo olá para a biblioteca NumPy 211

Ficando íntimo da biblioteca SciPy....................213
Vendo a oferta do Pandas..............................214
Ligando-se ao MatPlotLib para a visualização de dados....214
Aprendendo com os dados usando o Scikit-learn.........215
Analisando os Dados com o Python — Exercício..............216
Instalando o Python nos SOs Mac e Windows............217
Carregando os arquivos CSV............................218
Calculando uma média ponderada......................219
Desenhando linhas de tendência.......................222

CAPÍTULO 15: Usando o R de Código Aberto para o Data Science......................................225

Vocabulário Básico do R..................................226
Entrando nas Funções e Operadores.......................229
Iterando no R..232
Observando Como os Objetos Funcionam...................234
Classificando os Pacotes de Análise Estatística Populares......237
Examinando os Pacotes para Visualização, Mapeamento e Gráfico no R..238
Visualizando as estatísticas do R com o ggplot2...........238
Analisando as redes com statnet e igraph................239
Mapeando e analisando os padrões de ponto espacial com o spatstat..240

CAPÍTULO 16: Usando o SQL no Data Science.................241

Compreendendo os Bancos de Dados Relacionais e o SQL....242
Trabalhando no Design do Banco de Dados................245
Definindo os tipos de dados..............................246
Designando limites corretamente.......................246
Normalizando seu banco de dados.....................247
Integrando SQL, R, Python e Excel em Sua Estratégia de Data Science...249
Estreitando o Foco com as Funções do SQL.................249

CAPÍTULO 17: Fazendo Data Science com Excel e KNIME......255

Facilitando a Vida com o Excel............................255
Usando o Excel para entender rapidamente seus dados...256
Reformatando e resumindo com tabelas dinâmicas.......261
Automatizando as tarefas do Excel com macros..........262
Usando o KNIME para a Análise de Dados Avançada........264
Reduzindo a rotatividade do cliente via KNIME...........265
Usando o KNIME para obter o máximo dos seus dados sociais..265
Usando o KNIME para a boa administração ambiental.....266

PARTE 5: APLICANDO A ESPECIALIZAÇÃO DO DOMÍNIO PARA RESOLVER PROBLEMAS REAIS COM O DATA SCIENCE 267

CAPÍTULO 18: Data Science no Jornalismo: Definindo as Perguntas 269
    Quem É o Público?..270
        Quem criou seus dados........................271
        Quem compõe o público........................271
    O quê: Indo Direto ao Ponto 272
    Dando Vida ao Jornalismo de Dados: Orçamento Oculto.......273
    Quando Aconteceu?...274
        Quando como o contexto da sua história 274
        Quando o público mais se importa?....................275
    Onde a História Importa?................................275
        Onde a história é relevante?...........................276
        Onde a história deve ser publicada?..................276
    Por que a História Importa.............................276
        Perguntando por que para gerar e ampliar uma narrativa..277
        Por que seu público deve se importar 277
    Como Desenvolver, Contar e Apresentar a História 278
        Integrando o como como fonte de dados e contexto da história...............................278
        Encontrando histórias em seus dados 278
        Apresentando uma história baseada em dados..........279
    Coletando Dados para Sua História 279
        Extraindo dados 279
        Configurando alertas de dados 280
    Encontrando e Contando a História dos Dados............281
        Apontando tendências estranhas e valores atípicos 281
        Examinando o contexto para entender a importância dos dados 283
        Enfatizando a história com a visualização................284
        Criando narrativas convincentes e altamente focadas 285

CAPÍTULO 19: Aprofundando-se no Data Science Ambiental ..287
    Modelando as Interações entre Meio Ambiente e Seres Humanos com a Inteligência Ambiental 288
        Examinando os tipos de problemas resolvidos...........288
        Definindo a inteligência ambiental......................289
        Identificando as grandes organizações que trabalham na inteligência ambiental 290
        Causando impactos positivos com a inteligência ambiental.291
    Modelando Recursos Naturais Brutos....................293
        Explorando a modelagem dos recursos naturais..........293
        Envolvendo-se no data science 294

Modelando recursos naturais para resolver problemas ambientais..........294
Usando a Estatística Espacial para Prever a Variação Ambiental no Espaço..........295
  Solucionando problemas ambientais com a análise preditiva espacial..........296
  Descrevendo o data science envolvido..........296
  Abordando problemas ambientais com a estatística espacial..........297

CAPÍTULO 20: Data Science para Orientar o Crescimento no E-Commerce..........299

Entendendo os Dados para o Crescimento do E-Commerce...302
Otimizando os Sistemas Comerciais de E-Commerce..........303
  Pescando na análise..........304
  Falando sobre o teste de estratégias..........308
  Segmentando e direcionando para o sucesso..........311

CAPÍTULO 21: Usando o Data Science para Descrever e Prever Atividades Criminosas..........315

Análise Temporal para Prevenção e Monitoramento de Crimes.316
Previsão e Monitoramento do Crime Espacial..........317
  Mapeamento do crime com a tecnologia GIS..........317
  Indo além com a análise de alocação do local..........318
  Analisando as estatísticas espaciais complexas para entender melhor o crime..........319
Investigando Problemas com o Data Science para a Análise de Crimes..........322
  Dobrando-se aos direitos civis..........322
  Impondo limites técnicos..........323

PARTE 6: A PARTE DOS DEZ..........325

CAPÍTULO 22: Dez Recursos Fenomenais dos Dados Abertos..........327

Explorando o Data.gov..........328
Verificando os Dados Abertos do Canadá..........330
Entrando no Data.gov.uk..........330
Verificando os Dados do U. S. Census Bureau..........331
Conhecendo os Dados da NASA..........332
Administrando os Dados do World Bank..........333
Conhecendo os Dados do Knoema..........334
Entrando na Fila com os Dados do Quandl..........336
Explorando os Dados do Exversion..........337
Mapeando os Dados Espaciais do OpenStreetMap..........338

Sumário   xxi

CAPÍTULO 23: **Dez Ferramentas e Aplicativos Gratuitos de Data Science** 339

    Criando Visualizações de Dados Personalizadas e da Web com Pacotes R Gratuitos 340

        Resplandecendo com o RStudio 340

        Criando gráficos com o rCharts 341

        Mapeando com o rMaps 341

    Examinando Ferramentas para Extrair, Coletar e Trabalhar 342

        Extraindo dados com import.io 342

        Coletando imagens com ImageQuilts 343

        Administrando dados com DataWrangler 344

    Examinando as Ferramentas de Exploração de Dados.........345

        Ficando por dentro do Gephi 345

        Aprendizagem de máquina com o conjunto WEKA 347

    Avaliando as Ferramentas de Visualização da Web............348

        Colocando um pouco do Weave na manga 348

        Verificando as ofertas de visualização de dados do Knoema 349

ÍNDICE 353

Prefácio

Vivemos em tempos empolgantes, até mesmo revolucionários. Quando nossas interações diárias passam do mundo físico para o digital, quase toda atitude que tomamos gera dados. As informações transbordam de nossos dispositivos móveis e de cada troca online. Os sensores e máquinas coletam, armazenam e processam informações sobre o ambiente à nossa volta. Conjuntos de dados novos e enormes agora são abertos e acessíveis ao público.

Essa inundação de informações nos dá o poder de tomar decisões mais conscientes, reagir mais rapidamente à mudança e compreender melhor o mundo que nos rodeia. Contudo, pode ser trabalhoso saber por onde começar para compreender todo esse dilúvio de dados. Quais dados devem ser coletados? Quais métodos devem ser considerados? E, o mais importante, como obtemos respostas a partir dos dados para responder às perguntas mais urgentes sobre nossos negócios, vidas e mundo?

O data science é o segredo para tornar essa tempestade de informações útil. Simplificando, ele é a arte de coletar dados para prever nosso comportamento futuro, descobrir padrões que nos ajudarão a priorizar ou obter informações produtivas ou, ainda, extrair sentidos desse montante de dados inexplorados.

Com frequência, digo que uma das minhas versões favoritas da palavra "big", em big data, é "expansivo". A revolução dos dados se espalha por tantas áreas que agora é obrigatório que todos os profissionais, independentemente de sua área de atuação, compreendam como usá-los, exatamente como as pessoas tiveram que aprender a manejar computadores nas décadas de 1980 e 1990. Este livro é planejado para ajudá-lo a fazer isso.

Tenho visto pessoalmente o quanto o conhecimento de data science pode transformar radicalmente as organizações e o mundo. Na DataKind, utilizamos o poder do data science a serviço da humanidade, engajando especialistas na área e de setores sociais para trabalhar em projetos que lidam com os problemas críticos humanitários. Também orientamos discussões sobre como o data science pode ser aplicado para resolver os maiores desafios do mundo. Desde usar imagens de satélite e estimar os níveis de pobreza, até problematizar décadas de violações dos direitos humanos e impedir mais atrocidades, as equipes na DataKind têm trabalhado com muitas organizações humanitárias diferentes e sem fins lucrativos apenas para iniciar suas jornadas nesse campo. Uma lição ressoa através de cada projeto que fazemos: as pessoas e organizações mais comprometidas em usar dados de maneiras novas e responsáveis são as que mais terão sucesso nesse novo cenário.

Apenas segurar este livro já representa que você também está dando seus primeiros passos nessa jornada. Se você é um pesquisador experiente procurando atualizar algumas técnicas de data science ou é completamente novato no mundo dos dados, o *Data Science Para Leigos* irá prepará-lo com as habilidades necessárias para vislumbrar o que pode realizar. Você conseguirá expor novas descobertas a partir de seus dados materiais, desde apresentar novas informações e a última campanha de marketing até compartilhar aprendizados sobre como prevenir a propagação de doenças.

Estamos de fato em uma era de vanguarda, e aqueles que aprenderem o data science conseguirão fazer parte dessa nova aventura emocionante, guiando nosso caminho por onde passarmos. Para você, essa aventura começa agora. Bem-vindo a bordo!

Jake Porway

Fundador e diretor-executivo da DataKind

Introdução

O poder do big data e do data science está revolucionando o mundo. Das empresas modernas às escolhas de estilo de vida do cidadão digital de hoje, as informações do data science conduzem mudanças e melhorias em áreas diversas. Embora o data science seja um assunto desconhecido para muitos, qualquer pessoa que deseje fazer a diferença em sua carreira precisa compreendê-lo.

Este livro é um manual de referência para orientá-lo nas complexas áreas englobadas por big data e data science. Se você deseja entender o que acontece no mundo ao seu redor, este é o livro. Se for um gerente organizacional que busca compreender como as implementações de data science e big data podem melhorar seu negócio, este é o livro. Se for um analista técnico, ou mesmo um desenvolvedor, que anseia por um livro de consulta rápida sobre como a aprendizagem de máquina e os métodos de programação funcionam no universo do data science, este é o livro.

Mas se estiver buscando um treinamento prático aprofundado em áreas muito específicas envolvidas em implementar, de fato, as iniciativas de data science e big data, este *não* será o melhor livro para você. Procure em outro lugar, porque esta obra é um manual breve e geral sobre *todas* as áreas englobadas por data science e big data. Para manter o livro para leigos, não me aprofundo ou restrinjo a nenhuma área. Muitos cursos online estão disponíveis para dar suporte às pessoas que desejam despender tempo e energia explorando essas frestas estreitas. Sugiro que as pessoas complementem este material com cursos em áreas específicas de seu interesse.

Embora outras obras que tratam deste tema tendam a se concentrar no uso do Microsoft Excel para aprender as técnicas básicas de data science, *Data Science Para Leigos* vai além, apresentando a linguagem de programação estatística R, Python, D3.js, SQL, Excel e muitos aplicativos de fonte aberta que você pode usar para começar a praticá-lo. Alguns livros sobre data science são desnecessariamente prolixos, com os autores girando em círculos e sem chegar ao ponto. Não aqui. Diferentemente dos livros academicistas, muito conservadores, escrevi este livro em uma linguagem amistosa e acessível — porque o data science é um assunto amistoso e acessível!

Para ser honesta, até agora o reino do data science tem sido dominado por alguns gênios selecionados que tendem a apresentar o assunto de maneira desnecessariamente técnica e intimidadora. O data science básico não é tão confuso nem difícil de entender. O *data science* é simplesmente a prática de usar um conjunto de técnicas e metodologias analíticas para derivar e comunicar informações úteis e valiosas a partir de dados brutos. A finalidade do data science é otimizar os processos e dar suporte à tomada de decisão melhorada e com dados relatados, gerando, assim, um aumento no valor — com o *valor* sendo representado por várias vidas salvas, dólares preservados ou porcentagem de rendimentos aumentada. Em *Data Science Para Leigos* apresento muitos conceitos e abordagens que você poderá usar ao extrair informações valiosas de seus dados.

Muitas vezes, os cientistas de dados ficam tão envolvidos analisando a casca das árvores que simplesmente esquecem de procurar o caminho para sair da floresta. Essa armadilha comum é a que você deve evitar a todo custo. Trabalhei muito para assegurar que este livro apresente a finalidade essencial de cada técnica de data science, e os objetivos que você pode conseguir utilizando-as.

Sobre Este Livro

De acordo com o padrão *Para Leigos*, este livro se organiza em um formato modular e fácil de acessar, que lhe permite que o use como um guia útil e uma referência prática. Em outras palavras, você não precisa lê-lo por completo, do início ao fim. Basta ir na parte que deseja e relegar o resto. Tomei muito cuidado para usar exemplos reais que ilustram conceitos de data science que podem ser muito abstratos. Os endereços da web e códigos de programação aparecem em monofonte.

Penso que...

Ao escrever este livro, supus que os leitores estão minimamente aptos do ponto de vista técnico para dominar as tarefas avançadas no Microsoft Excel — tabelas dinâmicas, agrupamento, classificação, plotagem e outros. Ter grandes habilidades em álgebra, estatística básica ou até em cálculo comercial ajuda também. Bobagem ou não, espero muito que todos os leitores tenham uma especialização em algum tema no qual possam aplicar o que apresento neste livro. Como os cientistas de dados devem ser capazes de entender intuitivamente as implicações e aplicações das informações derivadas de dados, o especialista no assunto é o componente-chave do data science.

Ícones Usados Neste Livro

Quando você avançar neste livro, verá os seguintes ícones nas margens:

DICA

Este ícone marca as dicas (sério?) e os atalhos que você pode seguir para facilitar o domínio do assunto.

Este ícone registra informações especialmente importantes a saber. Para obtê-las, basta ver o material apresentado por esses ícones.

Este ícone destaca informações de natureza altamente técnica, que você normalmente pode pular.

Este ícone aconselha a ter cautela! Ele sinaliza as informações importantes, que evitam dores de cabeça.

Além Deste Livro

Este livro inclui os seguintes recursos externos:

» **Folha de Cola do Data Science:** Este livro vem com uma Folha de Cola prática, que lista os atalhos úteis, assim como as definições resumidas dos processos essenciais e conceitos descritos no livro. Você pode usá-la como uma referência rápida e fácil ao fazer o data science. Para obter a Folha de Cola, basta acessar www.altabooks.com.br e buscar por *Folha de Cola Data Science* na caixa Pesquisa.

» **Conjuntos de Dados para Tutorial de Data Science**: Este livro tem alguns tutoriais que contam com conjuntos de dados externos. Você pode baixá-los no repositório GitHub deste curso em https://github.com/BigDataGal/Data-Science-for-Dummies (conteúdo em inglês), também disponível para download em www.altabooks.com.br (procure pelo título do livro).

» **Imagens em maior resolução**: Também procurando pelo título do livro no site da Editora Alta Books citado anteriormente, você encontrará as imagens da obra disponíveis em maior resolução. Isso facilitará a visualização dos tons de cinza, que às vezes não ficam tão nítidos nas impressões.

De Lá para Cá, Daqui para Lá

Apenas para enfatizar, a estrutura articulada deste livro permite que você escolha e comece a ler em qualquer lugar desejado. Embora não precise ler do início ao fim, alguns bons capítulos para iniciar são os Capítulos 1, 2 e 9.

1 Começando

NESTA PARTE . . .

Conheça o data science.

Defina o big data.

Explore soluções para os problemas do big data.

Veja como os negócios reais fazem bom uso do data science.

> **NESTE CAPÍTULO**
>
> » Usando o data science em diferentes setores
>
> » Reunindo os diferentes componentes do data science
>
> » Identificando as soluções viáveis do data science para seus próprios desafios de dados
>
> » Dominando o mercado com o data science

Capítulo **1**

Compreendendo o Data Science

Há algum tempo, *todos* nós somos completamente inundados por dados. Eles vêm de cada computador, dispositivo móvel, câmera e sensor imaginável — e agora, até de relógios e tecnologias em roupas. Os dados são gerados em toda interação de mídia social que fazemos, todo arquivo que salvamos, foto que fazemos e pesquisa que realizamos; são até gerados quando fazemos algo tão simples quanto pedir ao mecanismo de busca favorito instruções para chegar à sorveteria mais próxima.

Embora a imersão em dados não seja nova, é notável que o fenômeno está se acelerando. Lagos, poças e rios de informação transformaram-se em inundações e verdadeiros tsunamis de dados estruturados, semiestruturados e não estruturados, que jorram de quase toda atividade ocorrida nos mundos digital e físico. Bem-vindo ao universo do *big data!*

Se você for como eu, pode ter imaginado: "O que interessa em todos esses dados? Por que usar recursos complexos para gerá-los e coletá-los?". Apesar de, até uma década atrás, ninguém estar bem preparado para usar grande parte dos dados gerados, as tendências hoje mudaram definitivamente. Especialistas conhecidos como *engenheiros de dados* constantemente encontram maneiras inovadoras e poderosas de capturar, combinar e condensar volumes enormes de dados de modos inimagináveis, e outros especialistas, conhecidos como *cientistas de dados*, tirando informações úteis e valiosas a partir desses dados.

Na verdade, o data science representa a otimização de processos e recursos. Ele produz *informações de dados* — conclusões ou previsões úteis derivadas de dados que você pode usar para entender e melhorar seu negócio, investimentos, saúde e até seu estilo de vida e vida social. Usar as informações do data science é como conseguir enxergar no escuro. Para qualquer objetivo ou busca imaginada, é possível encontrar métodos do data science para ajudar a prever a rota mais direta de onde você está até onde deseja estar — e antecipar cada desvio na estrada entre os dois lugares.

Vendo Quem Pode Usar o Data Science

Os termos *data science* e *engenharia de dados* geralmente são mal usados e confusos, portanto, começarei esclarecendo que esses dois campos são, na verdade, domínios de especialização separados e distintos. *Data science* é a ciência da computação que extrai informações significativas a partir de dados brutos e comunica-as, com eficiência, em atividades práticas. A *engenharia de dados*, por outro lado, é um domínio da engenharia dedicado a criar e manter sistemas que superam as obstruções do processamento de dados e os problemas do tratamento de dados para os aplicativos que consomem, processam e armazenam grandes volumes, variedades e velocidades de dados. No data science e na engenharia de dados, normalmente você trabalha com estas três variedades de dados:

» **Estruturados:** Os dados são armazenados, processados e manipulados em um sistema de gerenciamento do banco de dados relacional (RDBMS).

» **Não estruturados:** Os dados são normalmente gerados a partir de atividades humanas e não se encaixam em um formato de banco de dados estruturado.

» **Semiestruturados:** Os dados não se encaixam em um sistema de banco de dados estruturado, todavia, são estruturados por etiquetas (tags) úteis para criar uma forma de ordem e hierarquia nos dados.

Muitas pessoas acreditam que apenas as grandes organizações, com bons recursos financeiros, implementam as metodologias do data science para otimizar seu negócio, mas este não é o caso. A proliferação de dados criou uma demanda por informações, e essa demanda está incorporada em muitos aspectos de nossa cultura moderna — desde o passageiro de Uber que espera o motorista para pegá-lo exatamente na hora e local previstos pelo aplicativo, até o visitante online que espera que a plataforma Amazon recomende as melhores alternativas de produto para poder comparar com outros, análogos, antes de fazer uma compra. Os dados e a necessidade de informações baseadas neles são onipresentes. Como todos os tipos de organização reconhecem que estão mergulhados em um ambiente competitivo, do tipo cada um por si e com base em dados, a habilidade com os dados surge como uma função essencial e indispensável em praticamente toda linha de negócio.

O que isso significa para a pessoa comum? Primeiro, que os funcionários devem cada vez mais dar suporte a um conjunto de exigências tecnológicas que avança progressivamente. Por quê? Bem, quase todas as indústrias confiam cada vez mais nas tecnologias de dados e nas informações que incitam. Como consequência, muitas pessoas têm uma necessidade contínua de aprimorar suas habilidades técnicas, ou enfrentam a possibilidade real de serem substituídas por um funcionário com mais conhecimento tecnológico.

A boa notícia é que atualizar essas habilidades técnicas geralmente não requer que as pessoas voltem para a faculdade — Deus me livre —, sejam graduadas em estatística, ciência da computação ou de dados. A má notícia é que, mesmo para um profissional treinado e autodidata, sempre é um trabalho extra manter-se relevante no setor e ter conhecimento técnico. Quanto a isso, a revolução dos dados não é tão diferente de nenhuma outra mudança que atingiu a indústria no passado. O fato é que, para fazer a diferença, você precisa de tempo e esforço para adquirir apenas as habilidades que o mantêm atualizado. Quando estiver aprendendo o data science, você poderá fazer alguns cursos, aprender sozinho com recursos online, ler livros sobre o tema e ir a eventos em que poderá aprender o que precisa saber para permanecer no jogo.

Quem pode usar o data science? Você. Sua organização. Seu patrão. Qualquer pessoa que tenha um pouco de compreensão e treinamento pode usar as informações dos dados para melhorar suas vidas, carreiras e a prosperidade de seus negócios. O data science representa uma mudança no modo como você aborda o mundo. Quanto aos resultados exatos, as pessoas geralmente costumavam fazer adivinhações, agir e esperar pelo resultado desejado. Porém, com as informações dos dados, agora elas têm acesso a uma visão preditiva necessária para realmente orientar a mudança e conseguir os resultados de que precisam.

Você pode usar as informações dos dados para fazer mudanças nas seguintes áreas:

» **Sistemas comerciais:** Otimize o retorno em investimento (o ROI fundamental) para qualquer atividade mensurável.

» **Desenvolvimento técnico da estratégia de marketing:** Use as informações de dados e a análise preditiva para identificar as estratégias que funcionam, elimine os esforços abaixo do desempenho e teste novas abordagens.

» **Mantenha as comunidades seguras:** Aplicativos de policiamento preditivo ajudam as pessoas que aplicam a lei a prever e antecipar atividades locais criminosas.

» **Torne o mundo um lugar melhor para os menos afortunados:** Os cientistas de dados das nações desenvolvidas usam dados sociais, móveis e de sites para gerar análises reais que melhoram a eficiência da resposta humanitária a desastres, epidemias, problemas de escassez de alimentos e outros.

Analisando as Peças do Quebra-cabeça

Para usar o data science de forma prática, no verdadeiro significado do termo, você precisa de um conhecimento analítico de matemática e estatística, habilidades de codificação necessárias para trabalhar com os dados e uma mínima especialização no assunto. Sem ela, você pode dizer-se apenas matemático ou estatístico. Igualmente, um programador de software sem especialização no assunto e sem prática analítica pode ser considerado mais um engenheiro de software ou desenvolvedor, mas não um cientista de dados.

Como a demanda por informações provenientes dos dados aumenta exponencialmente, toda área é forçada a adotar o data science. Assim, diferentes tipos de data science surgiram. A seguir, estão apenas alguns títulos sob os quais os especialistas de toda disciplina usam o data science: cientista de dados consultor tecnológico (ad tech), diretor de análise digital bancária, cientista de dados clínicos, cientista de dados da engenharia geográfica, cientista de dados de análise geoespacial, analista político, cientista de dados de personalização varejista e analista de informática clínica em farmacometria. Visto que sem um planejamento estratégico aparentemente ninguém controla quem é um cientista de dados, nas seções a seguir explico os principais componentes que fazem parte de qualquer função do data science.

Coletando, consultando e consumindo dados

Os engenheiros de dados têm o trabalho de capturar e combinar grandes volumes de *big data* estruturado, não estruturado e semiestruturado — os dados que excedem a capacidade de processamento dos sistemas de banco de dados convencionais porque são grandes demais, movem-se muito rápido ou não se encaixam nos requisitos estruturais da arquitetura de banco de dados tradicional. Novamente, as tarefas da engenharia de dados são separadas do trabalho realizado no data science, que se concentra mais em análise, previsão e visualização. Apesar dessa distinção, sempre que os cientistas de dados coletam, consultam e consomem dados durante o processo de análise, realizam um trabalho parecido com o do engenheiro de dados (a função anteriormente exposta neste capítulo).

Embora informações valiosas possam ser geradas a partir de uma única fonte de dados, em geral, a combinação de várias fontes relevantes fornece as informações contextuais necessárias para orientar melhor as decisões baseadas em dados. Um cientista de dados pode trabalhar com os vários conjuntos de dados armazenados em um único banco de dados ou até com armazenamentos de dados diferentes. (Para saber mais sobre como combinar os conjuntos de dados, veja o Capítulo 3.) Em outras ocasiões, os dados de origem são armazenados e processados em uma plataforma em nuvem, criada por engenheiros de software e de dados.

Não importa como os dados são combinados ou onde são armazenados, se você for um cientista de dados, quase sempre terá que *consultá-los*, ou seja, escrever comandos para extrair os conjuntos de dados relevantes a partir dos sistemas de armazenamento. Na maioria das vezes, você usará o Structured Query Language (SQL) para consultá-los. (O Capítulo 16 é sobre SQL, portanto, se a abreviação o assusta, vá para o capítulo agora.)

Se você usa um aplicativo ou faz uma análise personalizada com uma linguagem de programação como R ou Python, pode escolher entre vários formatos de arquivo aceitos universalmente:

> » **Arquivos com valores separados por vírgula (CSV):** Quase toda marca de desktop e aplicativo de análise da web aceita esse tipo de arquivo, assim como as linguagens de script usadas comumente, como Python e R.

> » **Scripts:** A maioria dos cientistas de dados sabe usar a linguagem de programação Python ou R para analisar e visualizar os dados. Esses arquivos de script terminam com a extensão .py, .ipynb (Python) ou .r (R).

> » **Arquivos do aplicativo:** O Excel é útil para fazer análises de amostragem, rápidas e fáceis, em conjuntos de dados pequenos e médios. Esses arquivos de aplicativo têm a extensão .xls ou .xlsx. Os aplicativos de análise geoespacial, como ArcGIS e QGIS, salvam com seus próprios formatos de arquivo patenteados (extensão .mxd para o ArcGIS e extensão .qgs para o QGIS).

> » **Arquivos de programação da web:** Se você estiver criando visualizações de dados baseadas na web e personalizadas, poderá trabalhar no D3.js — ou no Data-Driven Documents, uma biblioteca JavaScript para a visualização de dados. Quando você trabalha no D3.js, usa dados para manipular os documentos da web utilizando os arquivos .html, .svg e .css.

Aplicando a modelagem matemática nas tarefas do data science

O data science conta muito com as habilidades matemáticas de um profissional (na área estatística, como descrito na seção a seguir) precisamente porque são necessárias para interpretar os dados. Essas habilidades também são valiosas no data science porque você pode usá-las para fazer previsões, modelagem de decisão e teste de hipótese.

LEMBRE-SE

A *matemática* usa métodos determinísticos para formar uma descrição *quantitativa* (ou *numérica*) do mundo; a *estatística* é uma forma de ciência derivada da matemática, mas foca em usar uma abordagem *estocástica* (de probabilidades) e métodos inferenciais para elaborar uma descrição quantitativa do mundo. Mais sobre isso é analisado no Capítulo 5.

Os cientistas de dados usam métodos matemáticos para criar modelos de decisão, gerar aproximações e fazer previsões sobre o futuro. O Capítulo 5 apresenta muitas abordagens matemáticas aplicadas complexas que são úteis ao trabalhar com data science.

LEMBRE-SE

Para fins deste livro, suponho que você tenha um conjunto de habilidades bem sólido em matemática básica — seria bom se tivesse habilitação em cálculo ou até em álgebra linear. Porém, tento alcançar os leitores no nível em que estão. Entendo que você pode trabalhar com base em um conhecimento matemático limitado (álgebra avançada ou, talvez, cálculo comercial), portanto, passo os conceitos matemáticos avançados usando uma abordagem simples e fácil, para todos entenderem.

Derivando informações de métodos estatísticos

Em data science, os métodos estatísticos são úteis para compreender melhor o significado de seus dados, validar hipóteses, simular cenários e fazer previsões de eventos futuros. Conhecimentos estatísticos avançados são um pouco raros, mesmo entre analistas quantitativos, engenheiros e cientistas; porém, se você quiser se dar bem em data science, reserve um tempo para entender alguns métodos estatísticos básicos, como regressão linear e logística, classificação naïve Bayes e análise da série temporal. Esses métodos estão no Capítulo 5.

Codificar, codificar, codificar — é apenas uma parte do jogo

A codificação é inevitável quando trabalhamos com data science. Você precisa saber escrever o código para instruir o computador a manipular, analisar e visualizar seus dados como deseja. As linguagens de programação, como Python e R, são importantes para escrever scripts para a manipulação, análise e visualização dos dados, e o SQL é útil para consultá-los. A biblioteca D3.js do JavaScript é uma nova opção para fazer visualizações de dados legais, personalizadas, interativas e baseadas na web.

Embora a codificação seja uma exigência do data science, ela não precisa ser a *coisa* assustadora que as pessoas falam por aí. Sua codificação pode ser tão extravagante e complexa quanto você deseja, mas também é possível adotar uma abordagem bem simples. Embora essas habilidades sejam primordiais para o sucesso, você pode aprender com muita facilidade a codificação básica para praticar um data science de alto nível. Dediquei os Capítulos 10, 14, 15 e 16 a ajudá-lo a entender como usar o D3.js para a visualização de dados da web, codificar no Python e R, e consultar no SQL (respectivamente).

Aplicando o data science em uma área de conhecimento

Os estatísticos têm mostrado certa obstinação ao aceitar a importância do data science. Muitos gritaram: "O data science não é novo! É apenas outro nome para o que fazemos desde sempre". Embora eu possa simpatizar com sua perspectiva, sou forçada a ficar com o grupo dos cientistas de dados que declara notoriamente que o data science é autônomo e definitivamente distinto das abordagens estatísticas que o compõem.

Minha postura sobre a natureza única do data science é baseada, até certo ponto, no fato de que os cientistas de dados geralmente usam as linguagens de computação não utilizadas na estatística tradicional e adotam abordagens derivadas do campo da matemática. Mas a principal distinção entre a estatística e o data science é a necessidade de especialização no assunto.

Como os estatísticos geralmente têm apenas uma especialização limitada nos campos fora da estatística, quase sempre são forçados a consultar um especialista para verificar exatamente o que suas descobertas significam e decidir a melhor direção na qual prosseguir. Por outro lado, os cientistas de dados precisam ter uma grande especialização na área na qual trabalham. Eles geram conceitos complexos e usam sua especialização de domínio para entender exatamente como esses conceitos se relacionam com a área em que atuam.

Esta lista descreve algumas maneiras como os especialistas no assunto aplicam o data science para melhorar o desempenho de seus respectivos setores:

» Os **engenheiros** usam a aprendizagem de máquina para otimizar a eficiência da energia no design de estruturação moderno.

» Os **cientistas de dados clínicos** trabalham na personalização dos planos de tratamento e usam a informática na assistência médica para prever e prevenir futuros problemas de saúde nos pacientes em risco.

» Os **cientistas dos dados de marketing** usam a regressão logística para prever e prevenir a *rotatividade de clientes* (a perda ou a oscilação de clientes de um produto ou serviço para um concorrente). Falo mais sobre como diminuir a rotatividade de clientes nos Capítulos 3 e 20.

» Os **jornalistas de dados** `limpam` os sites (em outras palavras, extraem dados em massa diretamente das páginas de um site) para obter dados atualizados para descobrir e informar os acontecimentos mais recentes. (Falo mais sobre o jornalismo de dados no Capítulo 18.)

» Os **cientistas de dados na análise de crimes** usam a modelagem preditiva espacial para prever, prevenir e impedir atividades criminosas. (Veja o Capítulo 21 para obter todos os detalhes sobre como usar o data science para descrever e prever a atividade criminosa.)

» As **pessoas que fazem o bem com o uso de dados** usam a aprendizagem de máquina para classificar e dar informações vitais sobre as comunidades afetadas por desastres, para dar um suporte de decisão em tempo real na resposta humanitária, que você pode ler no Capítulo 19.

Comunicando ideias com dados

Como cientista de dados, você deve ter habilidades de comunicação oral e escrita aguçadas. Se um cientista de dados não puder comunicar-se, todo o conhecimento e informação no mundo não servirão de *nada* para sua organização. Os cientistas de dados precisam conseguir explicar as informações de dados de um modo que os membros da equipe possam entender. Não apenas isso, precisam conseguir produzir visualizações de dados e narrativas escritas claras e significativas. Na maioria das vezes, as pessoas precisam ver algo por si mesmas para entender. Os cientistas de dados devem ser criativos e pragmáticos em seus meios e métodos de comunicação. (Trato dos tópicos da visualização de dados e narrativa baseada em dados com mais detalhes nos Capítulos 9 e 18, respectivamente.)

Explorando as Alternativas de Solução do Data Science

As organizações e seus líderes ainda lutam com o melhor uso de big data e data science. A maioria sabe que a análise avançada é capaz de conferir uma tremenda vantagem competitiva para suas organizações, mas poucos têm ideia das opções disponíveis ou benefícios exatos que o data science oferece. Nesta seção, apresento três alternativas principais de solução do data science e descrevo os benefícios que sua implementação acarreta.

Montando a própria equipe interna

Muitas organizações acham que é financeiramente vantajoso estabelecer a própria equipe interna de profissionais dedicados aos dados. Isso economiza o dinheiro que gastariam para conseguir resultados parecidos contratando consultores independentes ou implantando uma solução de análise já pronta baseada em nuvem. Três opções para criar uma equipe data science interna são:

- » **Treinar os funcionários existentes.** Se você quiser equipar sua organização com o poder do data science e análise, o treinamento em data science (alternativa mais barata) poderá tornar o pessoal existente muito especializado, com capacitação em dados, para compor sua equipe interna.

- » **Contratar pessoas treinadas.** Algumas organizações atendem a seus requisitos contratando cientistas de dados experientes ou recém-formados em data science. O problema dessa opção é que não há pessoas suficientes por aí, e se você quiser encontrar pessoas que queiram participar, comumente exigirão altos salários. Lembre-se, além das exigências de matemática, estatística e codificação, os cientistas de dados devem ter um alto nível de especialização no campo específico no qual atuam. Por isso é extremamente difícil encontrá-los. Até que as universidades tornem a habilitação em dados uma parte integrante de todo programa educativo, encontrar cientistas de dados altamente especializados e capacitados para atender às necessidades organizacionais será praticamente impossível.

» **Treinar os funcionários existentes e contratar alguns especialistas.** Outra boa opção é treinar os funcionários existentes para as tarefas de data science de alto nível e, então, trazer alguns cientistas de dados experientes para atender às exigências de estratégia e solução de problemas mais avançadas do data science.

Terceirizando as exigências para os consultores particulares de data science

Muitas organizações preferem terceirizar suas necessidades de data science e análise para um especialista externo, usando uma das duas estratégias gerais:

» **Abrangente:** Esta opção atende à organização inteira. Para criar uma implementação avançada de data science para sua empresa, você pode contratar um consultor particular para ajudar no desenvolvimento de uma estratégia abrangente. Esse tipo de serviço provavelmente terá um custo, mas você recebe informações muitíssimo valiosas em retorno. Um estrategista conhecerá as opções disponíveis para atender a seus requisitos, assim como os benefícios e desvantagens de cada uma. Com a estratégia em mãos e um especialista de plantão disponível para ajudá-lo, você poderá gerir com muita facilidade a tarefa de criar uma equipe interna.

» **Individual:** É possível aplicar soluções fragmentadas em problemas específicos que surgem, ou surgiram, em sua organização. Se você não estiver preparado para o processo complexo do design abrangente de estratégia e implementação, poderá contratar trabalhos específicos de um consultor particular de data science. Essa abordagem de tratamento pontual ainda oferece vantagens de data science sem precisar que você reorganize a estrutura e as finanças da organização inteira.

Aproveitando as soluções de plataforma em nuvem

Uma solução em nuvem possibilita a análise de dados para profissionais que têm apenas um nível modesto de capacitação. Alguns viram a explosão do big data e data science vindo de longe. Embora ainda seja recente para a maioria, os profissionais e organizações bem informados vêm trabalhando rápido e com empenho para se preparar. Aplicativos em nuvem novos e privados, como o Trusted

Analytics Platform ou TAP (http://trustedanalytics.org) (conteúdo em inglês), se dedicam a tornar mais fácil e rápido que as organizações implementem suas iniciativas de big data. Outros serviços em nuvem, como o Tableau, oferecem opções automatizadas de dados e código de fonte aberta — desde a modelagem estatística simples e básica até a análise e a visualização de dados. Embora você ainda precise entender a relevância estatística, matemática e substancial das informações de dados, aplicativos como o Tableau oferecem excelentes resultados sem precisar que os usuários saibam escrever código ou scripts.

LEMBRE-SE

Se você decidir usar soluções de plataforma baseadas em nuvem para ajudar sua organização a atingir seus objetivos com o data science, ainda precisará de uma equipe interna treinada e habilitada para projetar, executar e interpretar os resultados quantitativos dessas plataformas. A plataforma não eliminará a necessidade de um treinamento interno e qualificação em data science; ela simplesmente potencializará sua organização para que atinja mais prontamente seus objetivos.

Permitindo que o Data Science o Torne Mais Competitivo

Neste livro, espero mostrar a força do data science e como você pode usá-la para atingir mais rapidamente seus objetivos pessoais e profissionais. Não importa o setor no qual você trabalha, adquirir habilidades em data science poderá transformá-lo em um profissional com maior representação no mercado. A lista a seguir descreve apenas alguns dos principais setores que podem aproveitar o data science e a análise:

>> **Corporações, empresas de pequeno e médio portes (SMEs) e empresas e-commerce:** Otimização dos custos de produção, maximização das vendas, aumentos do ROI de marketing, otimização da produtividade da equipe, redução da rotatividade de clientes, aumento de valor no ciclo de vida do cliente, exigências de inventário e previsão de vendas, otimização do modelo de preços, detecção de fraudes, filtro de colaboração, mecanismos de recomendação e melhorias na logística.

>> **Governos:** Otimização dos processos de negócio e produtividade da equipe, melhorias no suporte de decisão do gerenciamento, previsão de finanças e orçamento, controle e otimização dos gastos e detecção de fraudes.

>> **Academia:** Melhorias na alocação de recursos e no gerenciamento do desempenho dos alunos, reduções de abandonos, otimização dos processos de negócio, previsão de finanças e orçamento, e aumento do ROI de recrutamento.

> **NESTE CAPÍTULO**
>
> » Definindo big data
>
> » Vendo algumas fontes de big data
>
> » Diferenciando data science e engenharia de dados
>
> » Reforçando no Hadoop
>
> » Explorando soluções para os problemas de big data
>
> » Verificando um projeto de engenharia de dados real

Capítulo **2**

Explorando Encadeamentos e Infraestrutura da Engenharia de Dados

Há muita euforia em torno do big data atualmente, mas a maioria das pessoas realmente não sabe nem entende o que é ou como pode usá-lo para melhorar suas vidas e profissões. Este capítulo define o termo big data, explica de onde vem e como é usado, e descreve as funções que os engenheiros e cientistas de dados desempenham no ambiente do big data. Neste capítulo, apresento os conceitos fundamentais do big data, dos quais você precisa para começar a gerar suas próprias ideias e planos sobre como aproveitar o big data e o data science para melhorar seu estilo de vida e fluxo de negócio. (*Sugestão:* você conseguiria melhorar seu estilo de vida dominando algumas das tecnologias analisadas neste capítulo — o que certamente levaria a mais oportunidades para chegar a uma posição bem remunerada, que também oferece excelentes benefícios para o estilo de vida.)

Definindo Big Data com Três Vs

Big data são os dados que excedem a capacidade de processamento dos sistemas de banco de dados convencionais porque são muito grandes, movem-se muito rápido ou não se encaixam nos requisitos estruturais das arquiteturas de bancos de dados comuns. Se os volumes de dados se classificam em terabytes ou petabytes, as soluções da engenharia de dados devem ser planejadas para atender aos requisitos de destino e uso pretendidos dos dados.

PAPO DE ESPECIALISTA

Quando se fala sobre dados comuns, provavelmente você ouve as palavras *kilobyte* e *gigabyte* usadas como medidas — 10^3 e 10^9 bytes, respectivamente. Por outro lado, quando se fala em big data, palavras como *terabyte* e *petabyte* vêm à tona — 10^{12} e 10^{15} bytes, respectivamente. Um *byte* é uma unidade de dados com 8 bits.

Três características (conhecidas como "os três Vs") definem o big data: volume, velocidade e variedade. Como os três Vs do big data estão se expandindo frequentemente, tecnologias de dados mais recentes e inovadoras devem ser continuamente desenvolvidas para gerenciar os problemas do big data.

LEMBRE-SE

Em uma situação na qual é necessário adotar uma solução de big data para resolver um problema causado pela velocidade, volume ou variedade de seus dados, você ultrapassou o domínio dos dados comuns, e o problema que tem em mãos é de big data.

Lutando com o volume de dados

O limite inferior do volume do big data começa em apenas 1 terabyte e não há um limite superior. Se sua organização possui, pelo menos, 1 terabyte de dados, provavelmente é uma boa candidata a uma implementação do big data.

CUIDADO

Em sua forma bruta, grande parte do big data tem um *valor baixo*, ou seja, a proporção entre valor e dados é baixa no big data bruto. O big data é composto de números enormes de transações muito pequenas com vários formatos. Esses componentes adicionais de big data produzem um valor real apenas depois de serem agregados e analisados. Os engenheiros de dados têm o trabalho de prepará-los e os cientistas de dados, de analisá-los.

Lidando com a velocidade dos dados

Muito big data é criado com processos automatizados e instrumentação atualmente e, como seus custos de armazenamento são relativamente baixos, a velocidade do sistema é, muitas vezes, o fator limitador. O big data tem baixo valor. Como consequência, você precisa de sistemas capazes de consumir muitos dados em curto prazo para gerar informações rápidas e valiosas.

Nos termos da engenharia, *velocidade dos dados* é o volume de dados por tempo de unidade. O big data entra em um sistema médio em velocidades que variam de 30 kilobytes (K) por segundo até 30 *gigabytes* (GB) por segundo. Muitos sistemas com engenharia de dados precisam ter uma latência inferior a 100 milissegundos, medida desde o momento em que os dados são criados até quando o sistema responde. As exigências da velocidade de processamento podem facilmente chegar a mil mensagens por segundo nos sistemas de big data! Os dados que se movem em tempo real e com alta velocidade são um obstáculo para tomar decisões rápidas. A capacidade das tecnologias para o tratamento e o processamento dos dados geralmente limita as velocidades deles.

LEMBRE-SE

Há vários tipos de ferramentas de consumo de dados. Algumas das mais populares são descritas nesta lista:

» **Apache Sqoop:** Você pode usar essa ferramenta de transferência de dados para transferi-los rapidamente entre um sistema de dados relacional e o *sistema de arquivos distribuídos Hadoop (HDFS)* — ele usa clusters de servidores comuns para armazenar o big data. O HDFS possibilita, financeiramente, o tratamento e armazenamento de big data ao distribuir tarefas de armazenamento nos clusters de servidores comuns e baratos. É o sistema de armazenamento principal usado na implementação do big data.

» **Apache Kafka:** Esse sistema de mensagens distribuído atua como um agente de mensagens pelo qual as mensagens podem ser enviadas, e obtidas, para o HDFS. É possível usar o Kafka para consolidar e facilitar as chamadas de dados e os envios que os consumidores fazem para e a partir do HDFS.

» **Apache Flume:** Esse sistema distribuído basicamente lida com os dados de registro e eventos. Você pode usá-lo para transferir grandes quantidades de dados não estruturados para e a partir do HDFS.

Lidando com a variedade de dados

O big data fica ainda mais complexo quando você adiciona dados não estruturados e semiestruturados às fontes de dados estruturadas. Esses dados com *alta variedade* vêm de muitas fontes. O ponto principal é que são compostos de uma combinação de conjuntos de dados com arquétipos específicos subjacentes (estruturados, não estruturados ou semiestruturados). Os dados heterogêneos e com alta variedade são geralmente compostos por qualquer combinação de dados gráficos, arquivos JSON, arquivos XML, dados de mídia social, dados tabulares estruturados, dados de blogues e dados gerados a partir do fluxo de cliques.

Os dados *estruturados* podem ser armazenados, processados e manipulados em um sistema de gerenciamento do banco de dados relacional (RDBMS) tradicional. Esses dados podem ser gerados por pessoas ou máquinas, e são derivados de todos os tipos de fontes, desde fluxos de cliques e formulários da web até transações de ponto de venda e sensores. Os dados *não estruturados* são completamente autônomos — comumente gerados a partir de atividades humanas e não se encaixam em um formato de banco de dados estruturado. Tais dados podem ser derivados de postagens de blogues, e-mails e documentos do Word. Os dados *semiestruturados* não se encaixam em um sistema de banco de dados estruturado, mas são estruturados por tags úteis para criar ordem e hierarquia nos dados. Os semiestruturados são comumente encontrados em bancos de dados e sistemas de arquivos. Eles podem ser armazenados como arquivos de log, arquivos XML ou arquivos de dados JSON.

DICA

Fique familiarizado com o termo *data lake* — ele é utilizado pelos profissionais no setor de big data para se referir a um sistema de armazenamento de dados não hierarquizados que é usado para manter volumes enormes de dados multiestruturados em uma arquitetura plana de armazenamento. O HDFS pode ser usado como um repositório de armazenamento data lake, mas também é possível usar a plataforma Amazon Web Services S3 para atender aos mesmos requisitos em nuvem (a plataforma Amazon Web Services S3 é uma arquitetura de nuvem disponível para armazenar big data).

Identificando as Fontes de Big Data

O big data é continuamente gerado por pessoas, máquinas e sensores em todo lugar. As fontes típicas incluem dados de mídia social, transações financeiras, prontuários, fluxos de cliques, arquivos de log e a *Internet das Coisas* — uma rede de conexões digitais que reúne o conjunto sempre em expansão de dispositivos eletrônicos que usamos em nosso cotidiano. A Figura 2-1 mostra várias fontes populares de big data.

FIGURA 2-1: Fontes populares de big data.

Entendendo a Diferença entre Data Science e Engenharia de Dados

Data science e engenharia de dados são dois ramos diferentes no *paradigma do big data* — uma abordagem na qual velocidades, variedades e volumes enormes de dados estruturados, não estruturados e semiestruturados são capturados, processados, armazenados e analisados usando um conjunto de técnicas e tecnologias completamente novas em comparação com as usadas décadas atrás.

São úteis para derivar conhecimento e informações úteis de dados brutos. São elementos essenciais para qualquer sistema abrangente de suporte de decisão, e necessários para formular estratégias robustas para um futuro gerenciamento e crescimento do negócio. Embora os termos *data science* e *engenharia de dados* geralmente sejam usados alternadamente, são domínios de especialização distintos. Nas seções a seguir, apresento os conceitos fundamentais para o data science e a engenharia de dados e, então, mostro as diferenças de como funcionam no sistema de processamento de dados de uma organização.

Definindo data science

Se a *ciência* é um método sistemático com o qual as pessoas estudam e explicam fenômenos específicos do domínio que ocorrem na natureza, você pode considerar o *data science* como o domínio científico dedicado à descoberta de conhecimento via análise de dados.

PAPO DE ESPECIALISTA

O termo *específico do domínio* refere-se ao setor ou campo cujos métodos de data science são usados para explorar.

Os cientistas de dados usam técnicas matemáticas e abordagens algorítmicas para derivar soluções para problemas corporativos e científicos complexos. Os profissionais do data science usam métodos preditivos para derivar informações que seriam impossíveis de outro modo. Nos negócios e na ciência, os métodos do data science auxiliam nas tomadas de decisão mais robustas:

» **Nos negócios,** a finalidade do data science é fornecer às organizações informações de dados necessárias para otimizar seus processos burocráticos e ter uma máxima eficiência e geração de renda.

» **Na ciência,** os métodos do data science são usados para fornecer resultados e desenvolver protocolos para atingir os objetivos específicos em questão.

O data science é um campo amplo e multidisciplinar. Para ser considerado um verdadeiro cientista de dados, você precisa ter especialização em matemática e estatística, programação de computador e em seu próprio campo de domínio.

CAPÍTULO 2 **Explorando Encadeamentos e Infraestrutura...** 21

Usando suas habilidades de data science, é possível:

» Usar a aprendizagem de máquina para otimizar os usos da energia e reduzir as pegadas de carbono corporativas.

» Otimizar estratégias para conseguir os objetivos nos negócios e na ciência.

» Prever níveis de contaminação desconhecidos a partir de conjuntos de dados ambientais esparsos.

» Planejar sistemas automatizados de prevenção contra roubo e fraude para detectar anomalias e disparar alarmes com base em resultados algorítmicos.

» Construir mecanismos de recomendação de sites para usar nas aquisições de terras e desenvolvimento de bens imobiliários.

» Implementar e interpretar a análise preditiva e técnicas de previsão para a ampliação do valor de negócio resultante.

Os cientistas de dados devem ter uma especialização quantitativa extensa e diversificada para resolver esses tipos de problemas.

PAPO DE ESPECIALISTA

Aprendizagem de máquina é a prática de aplicar algoritmos para aprender, e fazer previsões automatizadas, com os dados.

Definindo a engenharia de dados

Se a *engenharia* é a prática de usar a ciência e a tecnologia para planejar e criar sistemas que resolvem problemas, é possível considerar a *engenharia de dados* como o domínio da engenharia dedicado a criar e manter sistemas de dados para superar as obstruções no processo de dados e problemas em seu tratamento, que surgem devido ao alto volume, velocidade e variedade do big data.

Os engenheiros de dados usam as habilidades da ciência da computação e engenharia de software para criar sistemas para resolver problemas, lidar e manipular os grandes conjuntos de dados. Os engenheiros, geralmente, têm experiência em trabalhar e criar estruturas de processamento em tempo real e plataformas de processamento paralelo em massa (MPP) (analisado posteriormente neste capítulo), assim como RDBMSs. Normalmente, eles codificam em Java, C++, Scala e Python. Sabem como implantar o Hadoop MapReduce ou Spark para lidar, processar e aprimorar o big data em conjuntos de dados com tamanho mais gerenciável. Para simplificar, em relação ao data science, a finalidade da engenharia de dados é planejar soluções de big data criando plataformas de processamento de dados coerentes, modulares e dimensionáveis a partir das quais os cientistas derivam informações.

LEMBRE-SE

A maioria dos sistemas planejados é *construída*; eles são desenvolvidos ou elaborados no mundo físico. Entretanto, a engenharia de dados é diferente. Envolve planejar, criar e implementar soluções de software para os problemas no mundo dos dados, que pode parecer abstrato quando comparado com a realidade física da Ponte Golden Gate ou da Represa de Aswan.

Usando a engenharia de dados, você pode, por exemplo:

» Criar aplicativos de Software como Serviço (SaaS) em grande escala.

» Criar e personalizar os aplicativos Hadoop e MapReduce.

» Planejar e criar bancos de dados relacionais e arquiteturas distribuídas em alta escala para o processo de big data.

» Criar uma plataforma integrada para resolver simultaneamente problemas de consumo de dados, armazenamento, aprendizagem de máquina e gerenciamento do sistema, tudo em uma só interface.

Os engenheiros de dados devem dispor de habilidades sólidas em ciência da computação, design de bancos de dados e engenharia de softwares para realizar esse tipo de trabalho.

PAPO DE ESPECIALISTA

Software como Serviço (SaaS) é um termo que descreve os serviços de software hospedados em nuvem que são disponibilizados para os usuários via internet.

Comparando cientistas e engenheiros de dados

Com frequência, as funções do cientista de dados e do engenheiro de dados são confundidas e entrelaçadas por gerentes de contratação. A maioria das descrições de cargos das empresas contratantes geralmente diverge quanto aos títulos e funções, ou simplesmente exige que os candidatos sejam da área de data science e engenharia de dados.

DICA

Ao contratar alguém para ajudá-lo a entender seus dados, defina os requisitos claramente antes de descrever a função. Como os cientistas de dados devem ser especializados nas áreas específicas em que atuam, esse requisito geralmente afasta a necessidade de os cientistas também terem especialização em engenharia de dados (embora alguns tenham experiência em plataformas de dados de engenharia). E se você contratar um engenheiro de dados com habilidades em data science, normalmente essa pessoa não terá muita especialização fora dessa área. Esteja preparado para chamar um especialista no assunto para ajudá-lo.

Como muitas organizações combinam e confundem as funções em seus projetos de dados, os cientistas de dados algumas vezes passam muito tempo aprendendo a fazer o trabalho de um engenheiro de dados e vice-versa. Para obter um produto de alta qualidade em menos tempo, contrate um engenheiro para processar seus dados e um cientista para entendê-los.

CAPÍTULO 2 **Explorando Encadeamentos e Infraestrutura...** 23

Por fim, lembre-se que engenheiro e cientista de dados são apenas duas pequenas funções em uma estrutura organizacional maior. Os gerentes, funcionários intermediários e líderes organizacionais também desempenham um papel significativo no sucesso de qualquer iniciativa baseada em dados. O principal benefício da incorporação do data science e da engenharia de dados aos seus projetos é a utilização de dados externos e internos para dar suporte às decisões da sua organização.

Entendendo os Dados no Hadoop

Como os três Vs do big data (volume, velocidade e variedade) não permitem lidar com o big data usando sistemas de gerenciamento de banco de dados relacionais tradicionais, os engenheiros tiveram que inovar. Para resolver as limitações dos sistemas relacionais, eles se voltaram para a plataforma de processamento de dados Hadoop e reduziram o big data a conjuntos de dados menores, mais gerenciáveis e passíveis de análise pelos cientistas.

LEMBRE-SE

Quando você ouvir as pessoas usarem o termo *Hadoop* atualmente, em geral estarão se referindo a um ecossistema Hadoop que inclui HDFS (para o armazenamento de dados), MapReduce (para o processamento de dados em massa), Spark (para o processamento de dados em tempo real) e YARN (para o gerenciamento de recursos).

Nas seções a seguir, apresentarei os sistemas de arquivos distribuídos MapReduce, Spark e Hadoop. Também apresentarei as linguagens de programação que você pode usar para desenvolver aplicativos nessas estruturas.

Examinando o MapReduce

MapReduce é uma estrutura de processamento distribuída e paralela que pode ser usada para processar enormes volumes de dados *em lotes (batch)*, e na qual os dados são coletados e processados como uma unidade cujos tempos de conclusão de processamento estão em horas ou dias. O MapReduce converte os dados brutos em conjuntos de tuplas, combinando e reduzindo elas em conjuntos menores (em relação ao MapReduce, as *tuplas* se referem a pares de chave-valor pelos quais os dados são agrupados, classificados e processados). Em termos leigos, o MapReduce usa a computação distribuída paralela para transformar o big data em dados gerenciáveis.

PAPO DE ESPECIALISTA

Processamento distribuído paralelo se refere a uma estrutura poderosa na qual os dados são processados muito rapidamente via distribuição e processamento das tarefas nos clusters dos servidores comuns.

As operações do MapReduce implementam uma sequência de tarefas de mapa e redução em um conjunto distribuído de servidores. Na *tarefa do mapa*, você

24 PARTE 1 **Começando**

delega os dados a pares de chave-valor e os transforma e filtra. Então, atribui os dados a nós para o processamento. Na *tarefa de redução*, você agrega esses dados em conjuntos de dados menores. Os dados da etapa de redução são transformados em um *formato de chave-valor* padrão, no qual a *chave* atua como o identificador do registro e o *valor* é identificado pela chave. Os nós de computação dos clusters processam as tarefas de mapa e redução definidas pelo usuário.

Esse trabalho é feito em duas etapas:

1. Mapeie os dados.

Os dados de entrada devem primeiro ser delegados a pares de chave-valor e divididos em fragmentos, atribuídos às tarefas do mapa. Cada *cluster de computação* (grupo de nós conectados entre si que realizam uma tarefa de computação compartilhada) é atribuído a várias tarefas do mapa, que são, depois, distribuídas entre seus nós. Ao se processarem os pares de chave-valor, pares intermediários são gerados. Os pares de chave-valor intermediários são classificados por seus valores de chave e essa lista é dividida em um novo conjunto de fragmentos. Qualquer que seja a contagem desses fragmentos, será igual à das tarefas de redução.

2. Reduza os dados.

Toda tarefa de redução tem um fragmento atribuído. A tarefa de redução apenas processa o fragmento e produz uma saída, que também é um par de chave-valor. As tarefas de redução são também distribuídas entre os diferentes nós do cluster. Depois da conclusão da tarefa, o resultado final é gravado em um sistema de arquivos.

Resumindo, é possível usar o MapReduce como uma ferramenta de processamento em batch para diminuir e entender volume, velocidade e variedade enormes de dados usando as tarefas do mapa e de redução para marcar os dados com pares (chave, valor) e, então, reduzir esses pares em conjuntos de dados menores por meio de *operações de agregação* — operações que combinam diversos valores de um conjunto de dados em um único valor. Um diagrama da arquitetura do MapReduce é mostrado na Figura 2-2.

DICA

Se seus dados não servirem para marcação e processamento com chaves, valores e agregação, o processo de mapear e reduzir *geralmente* não atenderá às suas necessidades.

CAPÍTULO 2 **Explorando Encadeamentos e Infraestrutura...** 25

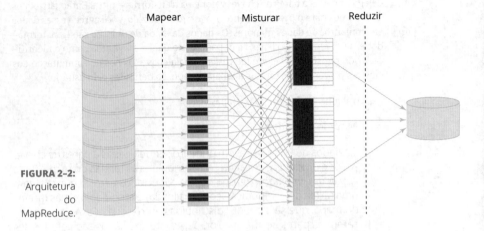

FIGURA 2-2: Arquitetura do MapReduce.

Entrando no processamento em tempo real

Você lembra que o MapReduce é um processador em batch e não pode processar dados de fluxo em tempo real? Bem, algumas vezes, você precisa consultar os fluxos de big data em tempo real e não pode simplesmente fazer isso usando o MapReduce. Nesses casos, use uma estrutura de processamento em tempo real.

Uma *estrutura de processamento em tempo real* é — como o nome diz — uma estrutura que processa os dados em tempo real (ou quase) quando eles surgem e vão para o sistema. As estruturas de tempo real processam os dados em microbatches e informam os resultados em segundos ao invés de horas ou dias, como o MapReduce. As estruturas de processamento em tempo real também:

» **Reduzem o tempo de processamento das tarefas do MapReduce para aumentar a eficiência do tempo geral do sistema**: As soluções nessa categoria incluem o Apache Storm e o Apache Spark, em que o processamento do fluxo ocorre quase em tempo real.

» **Implantam métodos de consulta inovadores para facilitar a consulta em tempo real ao big data**: Algumas soluções nessa categoria são o Dremel, do Google, Apache Drill, Shark for Apache Hive e Impala da Cloudera.

Embora o MapReduce tenha sido historicamente a principal estrutura de processamento em um sistema Hadoop, recentemente o Spark fez alguns avanços maiores ao assumir a posição do MapReduce. *Spark* é um aplicativo de computação na memória que você pode usar para consultar, explorar, analisar e até executar algoritmos de aprendizagem de máquina nos dados de entrada e de fluxo em tempo quase real. Sua vantagem está na velocidade de processamento — a capacidade de processar e fazer previsões a partir de fontes de big data contínuas em apenas três segundos não é brincadeira. Grandes revendedores, como a Cloudera, vêm exigindo um incremento no Spark para que ele possa ser usado como um substituto completo do MapReduce, mas isso ainda não aconteceu.

As estruturas de processamento contínuo em tempo real são muito úteis em várias áreas, desde análises de estoques e mercados financeiros até otimizações de e-commerce, e desde detecção de fraudes em tempo real até logística de pedidos otimizada. Independentemente do setor em que trabalha, se o seu negócio é impactado por fluxos de dados em tempo real gerados por pessoas, máquinas ou sensores, uma estrutura de processamento em tempo real seria útil ao otimizar e gerar valor para sua organização.

Armazenando dados no sistema de arquivos distribuídos Hadoop (HDFS)

O sistema de arquivos distribuídos Hadoop (HDFS) usa clusters de hardware comum para armazenar os dados. O hardware em cada cluster é conectado e composto de *servidores comuns* — servidores genéricos de baixo custo e baixo desempenho que oferecem recursos de computação avançados quando executados em paralelo em um cluster. Esses servidores comuns também são chamados de *nós*. A computação comum diminui drasticamente os custos envolvidos ao armazenar o big data.

O HDFS é caracterizado por três recursos principais:

» **Blocos HDFS:** No armazenamento de dados, um *bloco* é uma unidade de armazenamento que contém um número máximo de registros. Por padrão, os blocos HDFS são capazes de armazenar 64MB de dados.

» **Redundância:** Os conjuntos de dados armazenados no HDFS são divididos e armazenados em blocos. Esses blocos são replicados (três vezes, por padrão) e armazenados em vários servidores diferentes no cluster, como um backup ou *redundância*.

» **Tolerância a falhas:** Um sistema será descrito como *tolerante a falhas* se for criado para dar continuidade às operações bem-sucedidas, apesar da falha de um ou mais subcomponentes. Como o HDFS incorporou a redundância em vários servidores de um cluster, se um servidor falhar, o sistema simplesmente irá recuperar os dados em outro.

CUIDADO

Não pague por custos de armazenamento de dados desnecessários. Armazenar big data é relativamente barato, mas não gratuito. Na verdade, os custos de armazenamento variam até US$20 mil por servidor comum em um cluster Hadoop. Por isso, apenas dados importantes devem ser consumidos e armazenados.

CAPÍTULO 2 **Explorando Encadeamentos e Infraestrutura...** 27

> ## COMO JAVA, SCALA, PYTHON E SQL SE ENCAIXAM EM SEUS PLANOS DE BIG DATA
>
> O MapReduce é implementado em Java e a linguagem nativa do Spark é o Scala. Porém, grandes passos foram dados para abrir essas tecnologias a um grupo maior de usuários. Agora, é possível usar o Python para programar trabalhos do Spark (por uma biblioteca denominada PySpark), e você pode usar o SQL (analisado no Capítulo 16) para consultar os dados do HDFS (usando ferramentas como Hive e Spark SQL).

Reunindo tudo na plataforma Hadoop

A plataforma Hadoop é a principal opção para processamento, armazenamento e gerenciamento de dados em grande escala. Essa plataforma de fonte aberta geralmente é composta por HDFS, MapReduce, Spark e YARN, todos operando em conjunto.

Em uma plataforma Hadoop, as cargas de trabalho dos aplicativos executados no HDFS (como MapReduce e Spark) são divididas entre os nós do cluster e a saída é armazenada no HDFS. Um cluster Hadoop pode ser composto de milhares de nós. Para manter os custos dos processos de entrada e saída (E/S) baixos, as operações do MapReduce são realizadas o mais próximo possível dos dados — os processadores das tarefas de redução são posicionados o mais perto possível dos dados da tarefa do mapeamento de saída que devem ser processados. Esse design facilita o compartilhamento dos requisitos computacionais no processamento do big data.

O Hadoop também dá suporte à organização hierárquica. Alguns de seus nós são classificados como nós principais e outros, como escravos. O serviço principal, conhecido como *JobTracker*, é designado para controlar vários serviços escravos. Um único serviço escravo (também chamado de *TaskTracker*) é distribuído para cada nó. O JobTracker controla os TaskTrackers e atribui as tarefas MapReduce do Hadoop a eles. O YARN, gerenciador de recursos, age como um sistema integrado que faz o gerenciamento dos recursos e o agendamento das funções.

Identificado Soluções Alternativas de Big Data

Além do Hadoop, há mais soluções alternativas de big data no horizonte. Elas possibilitam trabalhar com o big data em tempo real ou usar tecnologias alternativas de bancos de dados para lidar com ele e processá-lo. Nas seções a seguir, apresentarei as plataformas de processamento paralelo em massa (MPP) e os bancos de dados NoSQL que permitem trabalhar com o big data fora do ambiente do Hadoop.

LEMBRE-SE

A conformidade ACID significa consonância com *a*tomicidade, *c*onsistência, *i*solamento e *d*urabilidade, o padrão pelo qual as transações de bancos de dados precisas e confiáveis são asseguradas. Nas soluções big data, a maioria dos sistemas de bancos de dados não tem a conformidade ACID, mas isso não é necessariamente um grande problema, pois a maior parte dos sistemas big data usa um sistema de suporte de decisão (DSS) que processa em batch os dados antes de serem lidos. Um DSS é um sistema de informação usado para o suporte de decisão organizacional. Um DSS não transacional não demonstra nenhuma exigência de conformidade ACID real.

Apresentando as plataformas de processamento paralelo em massa (MPP)

As plataformas de processamento paralelo em massa (MPP) podem ser usadas, ao contrário do MapReduce, como uma abordagem alternativa para o processamento de dados distribuído. Se o seu objetivo for implantar o processamento paralelo em um armazenamento de dados tradicional, o MPP pode ser a solução perfeita.

Para entender como o MPP se compara com a estrutura de processamento paralelo do MapReduce padrão, considere que o MPP executa tarefas de computação paralelas a um custo, o hardware personalizado, ao passo que o MapReduce as executa em servidores comuns e baratos. Como consequência, as capacidades de processamento do MPP são limitadas pelo custo. Porém, ele é mais rápido e fácil de usar do que os trabalhos do MapReduce padrão. Isso porque o MPP pode ser consultado através da Linguagem de Consulta Estruturada (SQL), mas os trabalhos nativos do MapReduce são controlados por linguagem de programação Java mais complexa.

Apresentando os bancos de dados NoSQL

O RDBMS tradicional não está preparado para lidar com as demandas do big data. Isso porque ele é projetado para lidar apenas com conjuntos de dados relacionais construídos a partir de dados armazenados em linhas e colunas claras; por isso, é capaz de ser consultado via SQL. Os RDBMSs não são capazes de lidar com dados não estruturados e semiestruturados. E mais, os RDBMSs simplesmente não dispõem das capacidades de processamento e tratamento necessárias para atender aos requisitos de volume e velocidade do big data.

Nesse ponto, entra o NoSQL. Os bancos de dados *NoSQL* são sistemas de bancos de dados distribuídos e não relacionais planejados para aumentar o desafio do big data. Os bancos de dados NoSQL destoam da arquitetura de bancos de dados relacionais e tradicionais e oferecem uma solução muito mais dimensionável e eficiente. Os sistemas NoSQL facilitam a consulta, sem utilização do SQL, a dados não relacionais, sem esquema, semiestruturados e não estruturados. Por isso, os bancos de dados NoSQL são capazes de lidar com fontes de dados estruturados, semiestruturados e não estruturados comuns nos sistemas de big data.

O NoSQL oferece quatro categorias de bancos de dados não relacionais: gráficos, documentos, armazenamentos de chave-valor e armazenamentos de famílias de colunas. Como o NoSQL dispõe de uma funcionalidade nativa para cada um desses tipos de estrutura de dados, ele fornece uma funcionalidade de armazenamento e recuperação muito eficiente para a maioria dos tipos de dados não relacionais. Essa adaptação e eficiência torna o NoSQL uma opção muito popular para lidar com o big data e superar os desafios de processamento que o acompanham.

Os aplicativos NoSQL Apache Cassandra e MongoDB são usados para o armazenamento e o processamento de dados em tempo real. O Apache Cassandra é um tipo popular de banco de dados NoSQL para o armazenamento de chave-valor e o MongoDB é um tipo de banco de dados NoSQL destinado a documentos. Ele usa esquemas dinâmicos e armazena documentos no estilo JSON. O MongoDB é o tipo mais popular de armazenamento de documentos no mercado NoSQL.

PAPO DE ESPECIALISTA

Algumas pessoas afirmam que o termo *NoSQL* significa Não Apenas SQL, e outras dizem que representa bancos de dados Sem SQL. A discussão é bem complexa e não há uma resposta simples. Para facilitar, apenas considere o NoSQL como uma classe de sistemas não relacionais fora do âmbito dos RDBMSs consultados através do SQL.

Engenharia de Dados em Ação: Um Estudo de Caso

Uma empresa de telecomunicações listada na Fortune 100 tinha grandes conjuntos de dados armazenados em *silos de dados* separados — repositórios de dados desconectados e isolados de outros sistemas de armazenamento usados pela organização. Para derivar informações de dados que levassem a um aumento da receita, a empresa decidiu conectar todos os seus silos de dados e integrar essa fonte compartilhada a outras, contextuais, externas e fora da empresa também.

Identificando o desafio de negócio

A empresa listada na Fortune 100 era completamente equipada com todos os sistemas corporativos tradicionais: ERP, ECM, CRM — o pacote completo. Lentamente, com o passar dos anos, esses sistemas aumentaram e se dividiram em silos de informação separados. (Verifique a Figura 2-3 para entender a explicação.) Por causa da estrutura isolada dos sistemas, os dados úteis acabaram perdidos e escondidos em uma confusão de sistemas de armazenamento separados em silos. Mesmo que a empresa conhecesse os dados que tinha, seria muito difícil acessá-los, integrá-los e utilizá-los. A empresa realmente acreditava que essa restrição limitava seu crescimento comercial.

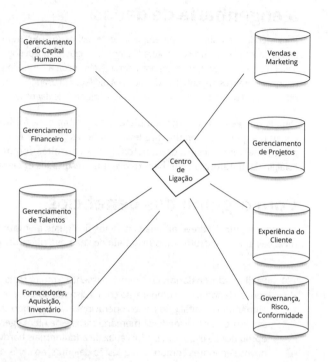

FIGURA 2-3: Silos de dados reunidos por um ponto de junção em comum.

Para otimizar suas vendas e o retorno dos investimentos em marketing, a empresa quis integrar os conjuntos de dados externos abertos e as fontes de dados sociais relevantes que fornecessem informações mais profundas para seus clientes atuais e em potencial. Mas, para criar uma visão de 360º do mercado-alvo e da base de clientes, ela precisava desenvolver uma plataforma sofisticada, na qual os dados pudessem ser integrados, extraídos e analisados.

A empresa estabeleceu os três objetivos a seguir para o projeto:

» Gerenciar e extrair valor dos conjuntos de dados separados e isolados.

» Aproveitar as informações das fontes de dados externas, fora da empresa ou sociais para fornecer serviços novos, estimulantes e úteis que criam valor.

» Identificar as tendências e problemas específicos na atividade dos concorrentes, ofertas de produtos, segmentos de clientes no setor e perfis dos membros da equipe de vendas.

Resolvendo problemas corporativos com a engenharia de dados

Para atender aos objetivos da empresa, os engenheiros moveram os conjuntos de dados da empresa para os clusters Hadoop. Um cluster hospedou os dados de vendas, outro, os de recursos humanos e um terceiro ficou a cargo do gerenciamento de talentos. Então, os engenheiros de dados os modelaram usando o *formato de dados vinculados*, que facilita a reunião de diferentes conjuntos de dados nos clusters Hadoop.

Depois que essa arquitetura da plataforma de big data foi implementada, as consultas que tradicionalmente levariam horas para ser realizadas passaram a ser feitas em questão de minutos. Novas consultas foram geradas após a criação da plataforma e também retornaram resultados eficientes em minutos.

Com orgulho dos benefícios

A lista a seguir descreve alguns benefícios dos quais a empresa de telecomunicações agora desfruta como resultado de sua nova plataforma de big data:

» **Fácil de dimensionar:** O dimensionamento é muito mais fácil e barato com o Hadoop, em comparação com o sistema anterior. Ao invés de aumentar o capital e os gastos operacionais comprando computadores, servidores e capacidade de memória caros e de última geração, a empresa optou por se expandir. Ela foi capaz de adquirir mais hardware e adicionar novos servidores comuns em questão de horas, ao invés de dias.

» **Desempenho:** Com suas capacidades de processamento e armazenamento distribuídas, os clusters Hadoop fornecem informações mais rapidamente e produzem mais informações de dados a um custo menor.

» **Alta disponibilidade e confiabilidade:** A empresa descobriu que a plataforma Hadoop está fornecendo proteção dos dados e alta disponibilidade, à medida que os clusters se expandem. E mais, os clusters Hadoop aumentaram a confiabilidade do sistema por conta da sua configuração de *Superação de falha (failover) automática*, que facilita a troca automática para os sistemas de tratamento de dados redundantes e de backup em caso de falhas do sistema principal.

NESTE CAPÍTULO

» Vendo os benefícios do data science centrado no negócio

» Entendendo a inteligência de negócio (BI) a partir do data science centrado no negócio

» Encontrando o especialista para ligar quando você quiser um trabalho bem-feito

» Vendo como um negócio real faz um bom uso do data science

Capítulo **3**

Aplicando Informações Baseadas em Dados nos Negócios e no Setor

Para os nerds e geeks por aí, o data science é interessante por si só, mas, para a maioria das pessoas, é interessante apenas por causa dos benefícios que pode gerar. A maioria dos gerentes corporativos e líderes organizacionais se importa pouco com codificação e algoritmos estatísticos complexos. Por outro lado, eles estão extremamente interessados em encontrar novas formas de aumentar os lucros, elevar as taxas de vendas e reduzir as ineficiências. Neste capítulo, apresentarei o conceito de data science centrado no negócio, analisarei como ele difere da inteligência de negócio tradicional e falarei sobre como você pode usar as informações de negócio derivadas dos dados para melhorar os resultados finais do seu negócio.

O mundo dos negócios moderno está absolutamente inundado de dados. Isso porque cada linha de negócio, sistema eletrônico, computador desktop, laptop, celular corporativo e funcionário criam continuamente novos dados relacionados aos negócios como um produto natural e orgânico de trabalho. Esses dados são estruturados ou não estruturados, alguns são grandes e outros, pequenos, rápidos ou lentos; talvez sejam dados tabulares, dados de vídeo, dados espaciais ou dados para os quais ninguém propôs ainda um nome. Mas, embora existam muitas variedades e variações entre os tipos de conjuntos de dados produzidos, o desafio é um só: extrair informações dos dados que agreguem valor à organização quando tratados. Neste capítulo, examino os desafios envolvidos em derivar valor das informações úteis geradas a partir de dados de negócio brutos.

Aproveitando o Data Science Corporativo

O negócio é complexo. O data science é complexo. Às vezes, é fácil ficar preso vendo as árvores e esquecer de procurar uma saída da floresta. Por isso, em todas as áreas de negócio, é extremamente importante permanecer focado no objetivo final. De fato, não importa qual é a sua linha de negócio, o verdadeiro objetivo é sempre o mesmo: o crescimento dos lucros. Seja aumentando a eficiência ou as taxas de vendas e a fidelidade dos clientes, o objetivo final é criar uma taxa de crescimento mais estável e com lucros sólidos para seu negócio. A lista a seguir descreve algumas formas de usar o data science centrado no negócio e a inteligência de negócio para ajudar a aumentar os lucros:

» **Diminuir os riscos financeiros.** Um cientista de dados de negócio pode diminuir o risco financeiro em negócios de e-commerce usando métodos de detecção de anomalias na série temporal para encontrar fraudes em tempo real — diminuindo a ocorrência de enganos como "Sem Apresentação de Cartão" e a incidência de invasões de contas, para citar dois exemplos.

» **Aumentar a eficiência dos sistemas e processos.** Essa é uma função de otimização dos sistemas de negócio realizada pelo cientista de dados e pelo analista de negócio. Ambos usam a análise para otimizar processos corporativos, estruturas e sistemas, mas seus métodos e fontes de dados são diferentes. O objetivo final aqui deve ser reduzir os gastos desnecessários de recursos e aumentar o retorno no investimento para os gastos justificados.

» **Aumentar as taxas de vendas.** Para aumentar as taxas de vendas das suas ofertas, você pode contratar um cientista de dados de negócio para ajudá-lo a encontrar as melhores formas de aumentar as vendas e fazer vendas cruzadas, aumentar a fidelidade dos clientes, aumentar as conversões em cada camada do funil e definir com exatidão questões de propaganda e descontos. É provável que o seu negócio já esteja empregando muitas dessas táticas, mas um cientista de dados de negócio pode ver todos os dados relacionados ao negócio e, a partir daí, fornecer informações que potencializem esses esforços.

Convertendo Dados Brutos em Informações Úteis com a Análise de Dados

Transformar seus dados brutos em informações úteis é o primeiro passo no processo de tornar os dados coletados em algo que realmente traga vantagens para você. Os cientistas de dados de negócio usam a *análise de dados* para gerar informações a partir de dados brutos.

Tipos de análise

Listados aqui, em ordem crescente de complexidade, estão os quatro tipos de análise de dados que muito provavelmente você verá:

- **Análise descritiva:** Esse tipo de análise responde à pergunta "O que aconteceu?". A análise descritiva é baseada em dados diacrônicos e correntes. Um analista de negócio ou um cientista de dados de negócio baseia a inteligência de negócio diária e moderna na análise descritiva.

- **Análise de diagnóstico:** Esse tipo de análise serve para encontrar respostas para a pergunta "Por que isso, em particular, aconteceu?" ou "O que deu errado?". A análise de diagnóstico é útil para deduzir e inferir o sucesso ou fracasso dos subcomponentes de qualquer iniciativa baseada em dados.

- **Análise preditiva:** Embora esse tipo de análise tenha base em dados diacrônicos e correntes, a análise preditiva vai além da descritiva. A *análise preditiva* envolve a criação de um modelo complexo e descritivo para prever um futuro evento ou tendência. Em um contexto comercial, essas análises seriam realizadas pelo cientista de dados de negócio.

- **Análise prescritiva:** Esse tipo de análise visa otimizar os processos, estruturas e sistemas com uma ação informada e baseada na análise preditiva; basicamente, informa o que você deve fazer com base em uma estimativa informada do que acontecerá. Os analistas de negócio e cientistas de dados de negócio podem gerar uma análise prescritiva, mas seus métodos e fontes de dados são diferentes.

Idealmente, a empresa deve adotar os quatro tipos de análise de dados, mas a análise prescritiva é o meio mais correto e eficiente para gerar valor a partir das informações dos dados.

Desafios comuns na análise

Em geral, a análise indica pelo menos dois desafios na empresa. Primeiro, as organizações normalmente têm dificuldade para fazer novas contratações com base em conjuntos de habilidades específicos que incluam a análise. Segundo, mesmo analistas experientes, em geral, têm dificuldade para comunicar informações complexas de modo compreensível para os tomadores de decisão do gerenciamento.

Para superar esses desafios, a organização deve criar e promover uma cultura que valorize e aceite produtos de análise. A empresa deve orientar todos os níveis da organização para que o gerenciamento tenha uma noção básica da análise e do sucesso que pode ser obtido com a sua implementação. Por outro lado, os cientistas de dados de negócio devem dispor de um conhecimento de trabalho substancial sobre negócios em geral e, em particular, uma compreensão sólida sobre o negócio em questão. Um conhecimento do negócio consistente é um dos três requisitos principais para qualquer cientista de dados de negócio; os outros dois são uma grande capacidade de codificação e habilidades de análise quantitativa via modelagens matemáticas e estatísticas.

Administração dos dados

A administração dos dados é outra parte importante do trabalho de converter dados em informações. Para criar uma análise a partir de dados brutos, quase sempre você precisará usar a *administração dos dados* — processos e procedimentos voltados para a limpeza e conversão de dados de um determinado formato e estrutura para outro, de modo que sejam precisos e atendam ao formato de consumo das ferramentas de análise e scripts. A lista a seguir destaca algumas práticas e problemas que considero mais relevantes para a administração dos dados:

» **Extração dos dados:** Os cientistas de dados de negócio primeiramente devem identificar quais conjuntos de dados são relevantes para um problema específico e, então, extrair as quantidades de dados necessárias para resolvê-lo. (Esse processo de extração é comumente referido como *extração de dados*.)

» **Preparação dos dados:** A preparação consiste em limpar os dados brutos obtidos na extração e convertê-los em um formato que permita um consumo mais conveniente. Esse processo é composto das seis etapas indicadas no próximo parágrafo.

» **Governança dos dados:** Os padrões de governança são úteis como medida de controle de qualidade para assegurar que as fontes de dados manuais e automatizadas estejam de acordo com os padrões do modelo em mãos. Os padrões da governança dos dados devem ser aplicados de modo que os dados estejam na granularidade correta quando forem armazenados e estiverem prontos para o uso.

Granularidade é a medida do nível de detalhe de um conjunto de dados. A granularidade dos dados é determinada pelo tamanho relativo dos subagrupamentos nos quais os dados são divididos.

» **Arquitetura de dados:** A arquitetura de TI é o segredo. Se os seus dados estão isolados em repositórios separados e fixos — os *silos de dados* abomináveis sobre os quais todos reclamam —, eles acabam disponíveis apenas para algumas pessoas em determinada linha de negócio. As estruturas de dados em silos resultam em cenários nos quais a maioria dos dados de uma organização simplesmente fica indisponível para o uso da organização inteira. (Não é necessário dizer que as estruturas de dados em silos são um grande desperdício e ineficientes.)

Ao se preparar para analisar os dados, siga este processo de seis etapas:

1. **Importe.** Leia os conjuntos de dados relevantes em seu aplicativo.

2. **Limpe.** Remova os registros isolados, duplicados e fora da faixa e padronize as letras maiúsculas e minúsculas.

3. **Transforme.** Nessa etapa, você deve tratar os valores ausentes, lidar com os atípicos e dimensionar suas variáveis.

4. **Processe.** Processar seus dados envolve a análise deles, recodificação das variáveis, concatenação e outros métodos de reformatação de seu conjunto de dados para prepará-los para a análise.

5. **Registre.** Nessa etapa, você deve apenas criar um registro que descreva seu conjunto de dados. Esse registro deve incluir a estatística descritiva, informações sobre os formatos da variável, fonte dos dados e métodos de coleta, entre outros itens. Assim que você gerar esse registro, armazene-o em um lugar fácil de lembrar, para o caso de precisar compartilhar esses detalhes com os outros usuários do conjunto de dados processado.

6. **Faça um backup.** A última etapa da preparação dos dados é fazer um backup do conjunto de dados processado para dispor de uma versão limpa e atual — qualquer que seja.

Agindo com Base nas Informações de Negócio

Depois de transformar seus dados em informações úteis, a segunda etapa da obtenção de valor adicionado a partir dos dados brutos consiste em tomar ações decisivas com base nessas informações. Na empresa, a única finalidade justificável para destinar tempo à derivação de informações dos dados brutos é o aumento dos lucros do negócio através das ações. A falha em tomar uma ação a partir das informações baseadas em dados resulta em uma completa e total perda de recursos que foram gastos com a sua derivação, sem nenhum benefício para a organização. Uma organização deve estar pronta e equipada para mudar, evoluir e progredir quando houver novas informações de negócio disponíveis.

LEMBRE-SE

O que gosto de chamar de *arco da informação para ação*, o processo de tomar ações decisivas com base nas informações dos dados, deve ser formalizado em um plano de ação escrito e, então, implementado rigorosamente para efetuar melhorias contínuas e iterativas em sua organização — *iterativas* porque envolvem sucessivas implantações e testes para otimizar todas as áreas do negócio com base nas informações úteis geradas a partir dos dados organizacionais. Esse plano de ação não deve ser adotado de modo vago pela organização e depois nunca mais visto.

Para preparar melhor sua organização para tomar uma ação a partir das informações derivadas dos dados de negócio, é necessário dispor dos seguintes profissionais e sistemas e estar preparado para ir frente:

- » **Dados corretos, momento e lugar certos:** Essa parte não é complicada — você só precisa dispor dos dados corretos, coletados e disponibilizados nos lugares e momentos certos, ou seja, quando forem mais necessários.
- » **Cientistas e analistas de negócio:** Tenha ao seu dispor cientistas de dados e analistas de negócio prontos para lidar com os problemas quando surgirem.
- » **Gerenciamento instruído e motivado:** Instrua e encoraje os líderes da sua organização de modo a dispor de uma equipe de gerenciamento que compreenda, valorize e use com eficiência as informações de negócio obtidas na análise.
- » **Cultura organizacional informada e participativa:** Se a cultura da sua organização indica inexperiência ou falta de compreensão do valor dos dados, comece a encorajar uma cultura corporativa que priorize informações de dados e análise. Considere a opção de promover treinamento, workshops e eventos.

» **Procedimentos escritos com cadeias de responsabilidade indicadas claramente:** Mantenha processos documentados e combinados em sua organização para que, quando chegar o momento, ela esteja preparada para responder. Novas informações são geradas o tempo todo, mas o crescimento é obtido apenas com ajustes iterativos e ações baseadas na evolução constante das informações dos dados. A organização precisa dispor de procedimentos claramente definidos e abertos a alterações quando necessárias.

» **Avanço na tecnologia:** Sua empresa deve estar sempre atualizada diante dos desenvolvimentos tecnológicos que surgem rapidamente. O espaço de análise está passando por uma transformação acelerada, muito acelerada! Existem muitas maneiras de acompanhar esse fenômeno. Se você dispõe de especialistas internos, poderá atribuir a eles a responsabilidade contínua de monitorar os avanços do setor e, então, sugerir as mudanças necessárias para atualizar sua organização. Uma alternativa para isso é adquirir assinaturas de Softwares como Serviço (SaaS) com base em nuvem e contar com as atualizações da plataforma SaaS para ficar por dentro das tecnologias mais inovadoras e atuais.

CUIDADO

Ao contar com as plataformas SaaS para atualizações, você deve confirmar se o revendedor é diligente em se manter atualizado quanto aos avanços do setor e sem deixar que as novidades passem em branco. Certifique-se de que ele tenha um histórico sólido e se mantenha atualizado, e que a sua prestação de serviços foi confiável desde o início. Embora você mesmo possa acompanhar o setor e verificar as atualizações com o revendedor quando novas tecnologias surgirem, isso se tornará sua responsabilidade. A menos que seja um especialista em tecnologia de dados com muito tempo livre para pesquisar e questionar sobre os avanços nos padrões da indústria, será melhor escolher um revendedor confiável que tenha uma excelente reputação em oferecer tecnologias atualizadas e de ponta para os clientes.

Diferenciando Inteligência de Negócio e Data Science

Os cientistas de dados e analistas de negócio que atuam com inteligência de negócio são como primos: ambos usam dados para trabalhar no mesmo objetivo comercial, mas sua abordagem, tecnologia e função diferem em graus mensuráveis. Nas seções a seguir, defino, comparo e diferencio a inteligência de negócio e o data science centrado no negócio.

CAPÍTULO 3 **Aplicando Informações Baseadas em Dados...** 39

Inteligência de negócio definida

A finalidade da inteligência de negócio é transformar dados brutos em informações de negócio que os líderes e gerentes podem usar para tomar decisões derivadas dos dados. Os analistas de negócio usam as ferramentas de inteligência de negócio para dar suporte à tomada de decisões de gerenciamento de negócio. Se você quiser criar painéis de suporte à decisão, visualizações ou relatórios a partir de conjuntos completos de médio porte de dados de negócio estruturados, pode usar as ferramentas e métodos de inteligência de negócio.

A inteligência de negócio (BI) é composta de

- » **Conjuntos de dados mais internos:** *Internos* são os dados de negócio e informações fornecidas pelos gerentes e interessados da sua organização.
- » **Ferramentas, tecnologias e conjuntos de habilidades:** Aqui os exemplos incluem o processamento analítico online, ETC (extrair, transformar e carregar dados de um banco de dados para outro), armazenamento de dados e tecnologia da informação para aplicativos de negócio.

Tipos de dados usados na inteligência de negócio

As informações geradas na inteligência de negócio (BI) são derivadas de conjuntos padrão de dados de negócio estruturados. As soluções BI são construídas, em grande parte, com base em *dados transacionais*, gerados durante um evento de transação, como, por exemplo, uma venda ou transferência de dinheiro entre contas bancárias. Os dados transacionais são um subproduto normal das atividades de negócio que ocorrem em uma organização e todos os tipos de suposições podem ser derivadas a partir deles. A lista a seguir descreve as possíveis perguntas que você pode responder usando a BI para derivar informações desses tipos de dados:

- » **Atendimento ao cliente:** "Em quais áreas de negócio há os maiores tempos de espera do cliente?"
- » **Vendas e marketing:** "Quais táticas de marketing são as mais eficientes e por quê?"
- » **Operações:** "A operação do serviço de assistência é eficiente? Há ações imediatas que devem ser tomadas para resolver um problema nessa área?"
- » **Desempenho do funcionário:** "Quais funcionários são os mais produtivos? E os menos produtivos?"

Tecnologias e conjuntos de habilidades úteis para a inteligência de negócio

Para aprimorar as funções da BI, verifique se seus dados estão organizados de modo a proporcionar um fácil acesso e uma apresentação ideal. Você pode usar bancos de dados multidimensionais para ajudar. Diferentemente dos relacionais ou *simples*, os bancos de dados *multidimensionais* organizam os dados em cubos, que são armazenados como vetores (arrays) multidimensionais. Se você quiser que a sua equipe BI trabalhe com os dados de origem da forma mais rápida e fácil possível, pode usar bancos de dados multidimensionais para armazenar os dados em um cubo ao invés de armazená-los em vários bancos de dados relacionais, que podem ou não ser compatíveis entre si.

Essa estrutura de dados cúbica permite o *Processamento Analítico Online (OLAP)*, uma tecnologia com a qual você pode acessar e usar fácil e rapidamente seus dados para todos os tipos de operações e análises diferentes. Para demonstrar o conceito do OLAP, imagine que você tem um cubo de dados de vendas com três dimensões: tempo, região e unidade comercial. É possível *decompor* os dados para exibir apenas um retângulo — uma região de vendas, por exemplo. Você pode *analisar* os dados para exibir um subconjunto de tempo, região(ões) e unidade(s) comercial(is). Pode *expandir* ou *detalhar* para exibir dados altamente especificados ou resumidos, respectivamente. E pode s*omar*, ou adicionar, os números em uma dimensão para totalizar os números da unidade comercial, por exemplo, ou apenas exibir as vendas por tempo e região.

O OLAP é apenas um tipo de *sistema de armazenamento de dados* — um repositório de dados centralizado que você pode usar para armazenar e acessar seus dados. Um sistema de armazenamento de dados mais tradicional e comumente empregado nas soluções de inteligência de negócio é um *data mart*, que você pode usar para armazenar uma área de foco em particular que pertence a apenas uma linha de negócio na empresa. *Extrair, transformar e carregar (ETC)* é o processo utilizado para extrair, transformar e carregar os dados em seu banco ou armazenamento de dados. Normalmente, essa análise requer muito conhecimento e treinamento em tecnologia de negócio e da informação. Como disciplina, a BI conta com tecnologias de TI e habilidades tradicionais.

Definindo o Data Science Centrado no Negócio

Na empresa, o data science tem a mesma finalidade da inteligência de negócio: converter dados brutos em informações que os líderes e gerentes de negócio podem usar para tomar ações com base nos dados. Se você dispor de grandes conjuntos de fontes de dados estruturados e não estruturados, completos ou não, e quiser convertê-los em informações valiosas para dar suporte às decisões da empresa, chame um cientista de dados. O data science centrado no negócio é multidisciplinar e incorpora os seguintes elementos:

LEMBRE-SE

» **Análise quantitativa:** Pode vir na forma de modelagem matemática, análise estatística multivariada, previsão e/ou simulações.

O termo *multivariada* se refere a mais de uma variável. Uma análise estatística multivariada é uma análise estatística simultânea de mais de uma variável.

» **Habilidades de programação:** Você precisa das habilidades de programação necessárias para analisar os dados brutos e torná-los acessíveis aos usuários do negócio.

» **Conhecimento do negócio:** Você precisa conhecer seu negócio e ambiente para que entender melhor a relevância das suas descobertas.

O data science é uma disciplina pioneira. Os cientistas de dados geralmente utilizam o método científico para a exploração dos dados, formação e teste de hipóteses (por meio das modelagens de simulação e estatísticas). Os cientistas de dados de negócio geram informações de dados valiosas, geralmente explorando padrões e anomalias nos dados de negócio. Em regra, o data science no contexto do negócio é composto de

» **Conjuntos de dados internos e externos:** O data science é flexível. Você pode criar muito facilmente mash-ups de dados de negócio a partir de fontes internas e externas de dados estruturados e não estruturados. (Um *mash-up de dados* é uma combinação de duas ou mais fontes de dados, que são analisadas em conjunto para oferecer aos usuários uma visão mais completa da situação específica.)

» **Ferramentas, tecnologias e conjuntos de habilidades:** Aqui os exemplos poderiam incluir o uso de plataformas baseadas em nuvem, programação estatística e matemática, aprendizagem de máquina, análise de dados usando Python e R e visualização de dados avançada.

Como os analistas de negócio, os cientistas geram produtos de suporte de decisão para os gerentes de negócio e líderes organizacionais. Esses produtos incluem painéis analíticos e visualizações de dados, mas geralmente não incluem relatórios de dados tabulares nem tabelas.

Tipos de dados úteis no data science centrado no negócio

É possível usar o data science para derivar informações de negócio de conjuntos padrão de dados de negócio estruturados (como a BI) ou de conjuntos de big data estruturado, semiestruturado e não estruturado. As soluções de data science não estão limitadas aos dados transacionais localizados em um banco de dados relacional; você pode usá-lo para criar informações valiosas a partir de todas as fontes disponíveis. Essas fontes de dados incluem

» **Dados de negócio transacionais:** Uma fonte consagrada, os dados de negócio transacionais são um tipo de dado estruturado usado na BI tradicional e incluem dados de gerenciamento, atendimento ao cliente, vendas, marketing, operacionais e de desempenho do funcionário.

» **Dados sociais relacionados à marca ou ao negócio:** Um fenômeno mais recente, os dados cobertos por essa orientação incluem os não estruturados gerados por e-mails, mensagens instantâneas e redes sociais, como Twitter, Facebook, LinkedIn, Pinterest e Instagram.

» **Dados de máquina a partir de operações de negócio:** As máquinas geram automaticamente dados não estruturados, como os gerados por SCADA, máquina ou sensor.

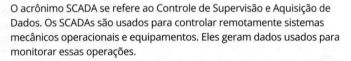

O acrônimo SCADA se refere ao Controle de Supervisão e Aquisição de Dados. Os SCADAs são usados para controlar remotamente sistemas mecânicos operacionais e equipamentos. Eles geram dados usados para monitorar essas operações.

» **Áudio, vídeos, imagens e dados de arquivos PDF:** Esses formatos consagrados são fontes de dados não estruturados.

Você pode ter ouvido falar em *dados obscuros* — dados operacionais que a maioria das organizações coleta e armazena, mas nunca usa. Armazenar e não usar esses dados é puro prejuízo para um negócio. Por outro lado, com alguns cientistas e engenheiros de dados brilhantes na equipe, a mesma organização poderia usar esse recurso para a otimização da segurança, marketing, processos de negócio e mais. Se a sua organização tem dados obscuros, alguém deveria se adiantar e acender a luz.

CAPÍTULO 3 **Aplicando Informações Baseadas em Dados...** 43

Tecnologias e conjuntos de habilidades úteis ao data science centrado no negócio

Como, em regra, os produtos do data science são gerados a partir do big data, as soluções da plataforma em nuvem são comuns. Os dados usados no data science geralmente são derivados das soluções de big data com engenharia de dados, como o Hadoop, MapReduce, Spark e as plataformas de processamento paralelo em massa (MPP). (Para saber mais sobre essas tecnologias, verifique o Capítulo 2.) Os cientistas de dados são inovadores de vanguarda e devem pensar de modo diferente para oferecer soluções precisas para os problemas. Muitos cientistas de dados tendem a considerar soluções de fonte aberta, quando disponíveis. Quanto aos custos, essa abordagem beneficia as organizações que empregam esses cientistas.

Em geral, os cientistas de dados de negócio usam técnicas de aprendizagem de máquina para encontrar padrões (e derivar informações preditivas) em meio a enormes conjuntos de dados relacionados a uma linha de negócio ou ao negócio em geral. Eles são especializados em matemática, estatística e programação, e normalmente usam essas habilidades para gerar modelos preditivos. Geralmente, sabem programar em Python ou R. A maioria sabe usar o SQL para consultar dados relevantes em bancos de dados estruturados. Em geral, são habilidosos ao comunicar as informações dos dados para os usuários finais; no data science centrado no negócio, os usuários finais são os gerentes de negócio e os líderes organizacionais. Os cientistas de dados devem ser capazes de usar meios verbais, orais e visuais para comunicar informações cruciais.

LEMBRE-SE

Embora os cientistas de dados de negócio atuem com o suporte de decisão na empresa, são diferentes do analista de negócio, pois normalmente dispõem de um grande conhecimento acadêmico e profissional em matemática, ciência ou engenharia, ou em todas. Dito isso, os cientistas de dados de negócio também têm um bom conhecimento sobre gerenciamento de negócio.

Criando valor comercial com métodos de aprendizagem de máquina

Uma análise do data science no negócio estaria incompleta sem uma descrição dos métodos populares de aprendizagem de máquina usados para gerar valor de negócio, como descrito nesta lista:

» **Regressão linear:** Você pode usá-la para fazer previsões de vendas, otimização dos preços, marketing e avaliação de risco financeiro.

» **Regressão logística:** Use a regressão logística para prever a rotatividade de clientes, o gasto com anúncios versus resposta e o valor do ciclo de vida de um cliente, além de monitorar como as decisões de negócio afetam as taxas de rotatividade previstas.

» **Naïve Bayes:** Se você quiser criar um detector de spam, analisar o sentimento do cliente ou categorizar automaticamente os produtos, clientes ou concorrentes, poderá fazê-lo com o classificador Naïve Bayes.

» **Agrupamento k-vizinhos próximos:** O agrupamento k-vizinhos próximos é útil para a modelagem de custos e segmentação de clientes (para a otimização do marketing).

» **Agrupamento hierárquico:** Se quiser modelar processos de negócio ou segmentar clientes com base nas respostas da pesquisa, o agrupamento hierárquico provavelmente será útil.

» **Classificação k-vizinho mais próximo:** O k-vizinho mais próximo é um tipo de aprendizado com base em instância. Você pode usá-lo para a classificação de documentos textuais, modelagem de previsão do perigo financeiro e análise e classificação de concorrentes.

» **Análise do componente principal:** A análise do componente principal é um método de redução da dimensionalidade que você pode usar para descobrir fraudes, reconhecer vozes e detectar spams.

DICA

Se você quiser saber mais sobre como funcionam esses algoritmos de aprendizagem de máquina, continue lendo! Eles serão explicados na Parte 2 deste livro.

Diferenciando Inteligência e Data Science Centrado no Negócio

As semelhanças entre BI e data science centrado no negócio são bastante óbvias. No entanto, são as diferenças que a maioria das pessoas tem problemas para discernir. A finalidade da BI e do data science centrado no negócio é converter dados brutos em informações úteis que gerentes e líderes poderão usar para tomar decisões de negócio.

A BI e o data science centrado no negócio diferem quanto à abordagem. Embora a BI possa usar métodos avançados, como a previsão, esses métodos são gerados com base em suposições simples elaboradas a partir de dados diacrônicos ou correntes. Assim, a BI extrapola o passado e o presente para prever o futuro. Ela parte dos dados do presente ou do passado para obter informações relevantes, que ajudam a monitorar as operações de negócio e auxiliam os gerentes na tomada de decisões de curto e médio prazo.

Por outro lado, os profissionais do data science centrado no negócio buscam fazer novas descobertas usando métodos matemáticos ou estatísticos avançados para analisar e gerar previsões a partir de grandes quantidades de dados de

CAPÍTULO 3 **Aplicando Informações Baseadas em Dados...** 45

negócio. Essas informações preditivas geralmente são relevantes para o futuro da empresa em longo prazo. O cientista de dados de negócio tenta descobrir novos paradigmas e formas de interpretar os dados para oferecer uma nova perspectiva para a organização, suas operações e relações com os clientes, fornecedores e concorrentes. Portanto, o cientista de dados de negócio deve conhecer o negócio e seu ambiente. Ele deve dispor de conhecimento do negócio para determinar como a descoberta é relevante para uma linha de negócio ou para a organização inteira.

Outras diferenças básicas entre a BI e o data science centrado no negócio são:

» **Fontes de dados:** A BI usa apenas dados estruturados de bancos de dados relacionais, ao passo que o data science centrado no negócio pode usar dados estruturados e não estruturados, como os gerados por máquinas ou nas conversas em mídias sociais.

» **Resultados:** Os produtos da BI incluem relatórios, tabelas de dados e painéis de suporte da decisão, ao passo que os produtos do data science centrado no negócio envolvem a análise do painel ou outro tipo de visualização de dados avançada, mas raramente relatórios de dados tabulares. Os cientistas de dados normalmente comunicam suas descobertas com palavras ou visualizações de dados, não com tabelas e relatórios. Isso porque os conjuntos de dados de origem, com os quais os cientistas de dados trabalham, geralmente são mais complexos do que um gerente de negócio comum conseguiria entender.

» **Tecnologia:** A BI parte dos bancos de dados relacionais, armazenamentos de dados, OLAP e tecnologias ETC, ao passo que o data science centrado no negócio normalmente parte de dados de sistemas com engenharia de dados que usam o Hadoop, MapReduce ou processamento paralelo em massa.

» **Especialização:** A BI depende essencialmente de TI e da especialização da tecnologia, enquanto o data science centrado no negócio conta com a especialização em estatística, matemática, programação e negócios.

Sabendo Quem Chamar para Obter um Trabalho Bem-feito

Como a maioria dos gerentes de negócio não sabe como realizar por conta própria o trabalho avançado com os dados, é muito vantajoso pelo menos saber quais tipos de problemas são mais adequados para um analista de negócio e quais devem ficar a cargo do cientista de dados.

Se você quiser usar as informações de dados da empresa para aperfeiçoar seu negócio de modo que os processos funcionem com mais eficácia e eficiência, chame um analista de negócio. As organizações empregam analistas de negócio para que alguém cubra as responsabilidades associadas ao gerenciamento dos requisitos, análise do processo comercial e melhorias no planejamento dos processos de negócio, sistemas de TI, estruturas organizacionais e estratégias de negócio. Os analistas de negócio examinam os dados da empresa e identificam quais processos precisam de melhorias. Então, criam especificações escritas que detalham exatamente quais mudanças podem ser feitas para se obterem resultados melhores. Eles produzem painéis interativos e relatórios de dados tabulares para complementar suas recomendações e ajudar os gerentes de negócio a entenderem melhor o que acontece na empresa. Por fim, os analistas de negócio usam os dados de negócio para facilitar a concretização dos objetivos estratégicos da organização e oferecer suporte na forma de orientações sobre quais melhorias procedimentais devem ser implementadas.

Por outro lado, se você busca respostas a partir dos seus dados para perguntas muito específicas e só pode obtê-las apenas por meio de análise avançada e modelagem de dados de negócio, chame um cientista. Muitas vezes, um cientista de dados pode dar suporte ao trabalho de um analista de negócio. Nesses casos, o cientista pode ser solicitado a analisar problemas relacionados a dados muito específicos e, então, informar os resultados para o analista de negócio para lhe dar suporte e fazer recomendações. Os analistas de negócio podem usar as descobertas dos cientistas de dados de negócio para determinar como melhor atender a um requisito ou criar uma solução de negócio.

Explorando o Data Science nos Negócios: Uma História de Sucesso Comercial Orientada a Dados

A Southeast Telecommunications Company estava perdendo muitos de seus clientes devido à *rotatividade*; eles simplesmente estavam migrando para outros provedores de serviço telecom. Como é muito mais caro adquirir novos clientes do que manter os existentes, o gerenciamento da Southeast queria encontrar um modo de reduzir as taxas de rotatividade. Portanto, ela contratou a Analytic Solutions, Inc. (ASI), uma empresa de análise de negócio. A ASI entrevistou os funcionários, gerentes regionais, supervisores e os funcionários da linha de frente e da área de serviços de assistência da Southeast. Depois de consultar o pessoal, ela coletou dados de negócio relevantes para a retenção de clientes.

A ASI começou examinando a importância de vários anos de dados sobre os clientes da Southeast para desenvolver uma compreensão mais aguda a respeito do comportamento dos clientes e determinar por que algumas pessoas migraram após anos de fidelidade, enquanto outras continuaram com a empresa. Os conjuntos de dados dos clientes continham os registros do número de vezes que um cliente havia contatado o serviço de assistência da Southeast, bem como o número de reclamações dos clientes e os minutos e megabytes de dados que cada cliente usava por mês. A ASI também reuniu dados demográficos e pessoais (pontuação de crédito, idade e região, por exemplo) contextualmente relevantes para a avaliação.

Ao examinar os dados do cliente, a ASI descobriu as seguintes informações. No intervalo de um ano antes de trocar os provedores de serviço:

» 84% dos clientes que deixaram a Southeast tinham feito duas ou mais chamadas para o serviço de assistência nos nove meses antes de trocar os provedores.

» 60% dos clientes que migraram apresentaram quedas acentuadas de uso nos seis meses antes de trocar.

» 44% dos clientes que trocaram fizeram pelo menos uma reclamação na Southeast nos seis meses anteriores à troca. (Os dados mostraram uma sobreposição significativa entre esses clientes e aqueles que tinham ligado para o serviço de assistência.)

Com base nesses resultados, a ASI preparou um modelo de regressão logística para os dados históricos, visando identificar os clientes que tinham mais probabilidade de incorrer na rotatividade. Com o auxílio desse modelo, a Southeast conseguiu identificar e direcionar os esforços de retenção aos clientes que ela tinha mais probabilidade de perder. Esses esforços ajudaram a Southeast a melhorar seus serviços através da identificação das fontes de insatisfação; aumentar os retornos no investimento por meio da restrição dos esforços de retenção apenas a clientes com risco de rotatividade (ao invés de todos os clientes); e o mais importante, diminuir a rotatividade geral de clientes, preservando, assim, o lucro da empresa inteira.

E mais, a Southeast não implementou esses esforços de retenção em um único evento: a empresa incorporou a análise da rotatividade aos seus procedimentos operacionais regulares. No final daquele ano, e nos seguintes, houve uma redução drástica nas taxas de rotatividade de clientes em geral.

Usando o Data Science para Extrair Significado de Seus Dados

NESTA PARTE . . .

Domine o básico por trás das abordagens da aprendizagem de máquina.

Explore a importância da matemática e da estatística para o data science.

Trabalhe com algoritmos de agrupamento e com base em instância.

Confira como as análises da Internet das Coisas estão revolucionando o mundo.

NESTE CAPÍTULO

» Compreendendo o processo de aprendizagem de máquina

» Explorando os estilos do aprendizado de máquina e algoritmos

» Resumindo noções de algoritmos, aprendizado profundo e Apache Spark

Capítulo **4**

Aprendizagem de Máquina: Aprendendo com Sua Máquina a partir dos Dados

Se você viu as últimas notícias, sem dúvidas já ouviu falar sobre *aprendizagem de máquina*. Geralmente, ela é citada quando os repórteres cobrem matérias sobre alguma invenção surpreendente na área da inteligência artificial. Neste capítulo, você entrará no universo da aprendizagem de máquina, e no Capítulo 8 vai conferir como funciona este novo mundo de invenções da inteligência artificial.

Definindo a Aprendizagem de Máquina e Seus Processos

Aprendizagem de máquina é a prática de aplicar modelos algorítmicos em dados de maneira iterativa, para que o seu computador descubra padrões ou tendências ocultas que você pode usar para fazer previsões. Ela também é chamada de *aprendizado algorítmico*. A aprendizagem de máquina abriga uma seleção grande e sempre em expansão de possibilidades de uso, inclusive:

- Propaganda na internet em tempo real
- Personalização de propaganda na internet
- Pesquisas na internet
- Filtragem de spam
- Mecanismos de recomendação
- Processamento de linguagem natural e análise de sentimento
- Reconhecimento facial automático
- Previsão da rotatividade de clientes
- Modelagem da pontuação de crédito
- Análise de sobrevivência de equipamentos mecânicos

Vendo as etapas do processo de aprendizagem de máquina

Há três etapas principais na aprendizagem de máquina: configuração, aprendizado e aplicação. A configuração inclui a aquisição dos dados, processamento prévio, seleção do recurso (o processo de selecionar as variáveis mais adequadas para a tarefa em questão) e divisão dos dados em conjuntos de treinamento e teste. Os dados de treinamento servem para treinar o modelo e os *dados de teste* para testar a precisão das previsões do modelo. A etapa de aprendizado envolve experimentação, treinamento, criação e teste do modelo. A etapa da aplicação consiste em implantar o modelo e realizar a previsão.

Uma boa regra prática para dividir os dados em conjuntos de teste e treinamento é aplicar uma amostragem aleatória, visando obter os dois terços do conjunto de dados original que serão usados para treinar o modelo. Use o terço restante dos dados como teste para verificar as previsões do modelo.

Familiarizando-se com os termos da aprendizagem de máquina

Antes de nos aprofundarmos na análise dos métodos de aprendizagem de máquina, você precisa conhecer o vocabulário, algumas vezes confuso, associado à área. Como a aprendizagem de máquina é um desdobramento da estatística e da ciência da computação tradicionais, ela adotou termos de ambos os campos e adicionou novos. Veja o que precisa saber:

» **Instância:** É o mesmo que *linha* (em uma tabela de dados), *observação* (em estatística) e *ponto de dados*. Os profissionais da aprendizagem de máquina também são conhecidos por chamar instância de *caso*.

» **Recurso:** É o mesmo que *coluna* ou *campo* (em uma tabela de dados) e *variável* (em estatística). Nos métodos de regressão, esse recurso também é chamado de *variável independente* (VI).

» **Variável-alvo:** É o mesmo que *previsão* ou *variável dependente* (VD) em estatística.

LEMBRE-SE

Na aprendizagem de máquina, a *seleção do recurso* é um processo bem simples para escolher as variáveis apropriadas; na *engenharia de recursos*, você precisa de uma boa especialização na área e grandes habilidades de data science para projetar manualmente as variáveis de entrada a partir do conjunto de dados subjacente. Você deve usar a engenharia de recursos nos casos em que seu modelo precisa de uma melhor representação do problema a ser resolvido do que está disponível no conjunto de dados brutos.

Considerando os Estilos de Aprendizado

Existem três estilos principais na aprendizagem de máquina: supervisionado, não supervisionado e semissupervisionado. Os métodos supervisionado e não supervisionado estão por trás de quase todas as aplicações da aprendizagem de máquina e o aprendizado semissupervisionado é promissor.

Aprendendo com algoritmos supervisionados

Os algoritmos de aprendizado supervisionados requerem que os dados de entrada tenham recursos rotulados (i.e., possuam o valor do resultado). Esses algoritmos leem as características já conhecidas desses dados para produzir um modelo de saída que prevê com sucesso os rótulos dos novos pontos de dados de entrada não rotulados. Você deve usar o aprendizado supervisionado

CAPÍTULO 4 **Aprendizagem de Máquina: Aprendendo...** 53

quando tem um conjunto de dados rotulados composto de valores históricos que oferecem boas previsões para os eventos futuros. Pode ser utilizado na análise de sobrevivência, na detecção de fraudes e em outros casos. A regressão logística é um tipo de algoritmo de aprendizado supervisionado. Você pode ler mais sobre esse assunto na próxima seção.

Aprendendo com algoritmos não supervisionados

Os algoritmos de aprendizado não supervisionados recebem dados não rotulados e tentam agrupar observações em categorias, com base em semelhanças subjacentes nos recursos de entrada, como indicado na Figura 4-1. A análise de componente principal, agrupamento k-vizinhos próximos e decomposição de valor único são exemplos de algoritmos de aprendizagem de máquina não supervisionados. Os casos de uso mais populares incluem mecanismos de recomendação, sistemas de reconhecimento facial e segmentação dos clientes.

FIGURA 4-1: A aprendizagem de máquina não supervisionada divide os dados não rotulados em subgrupos.

Aprendendo com o reforço

O aprendizado de reforço (ou *semissupervisionado*) é um modelo de aprendizado com base em comportamento. É fundamentado em uma mecânica parecida com o modo como os seres humanos e os animais aprendem. O modelo recebe "recompensas" com base em como se comporta e depois aprende a maximizar a soma de suas recompensas, adaptando as decisões tomadas para ganhar o máximo de recompensas possível. O aprendizado por reforço é um conceito promissor em data science.

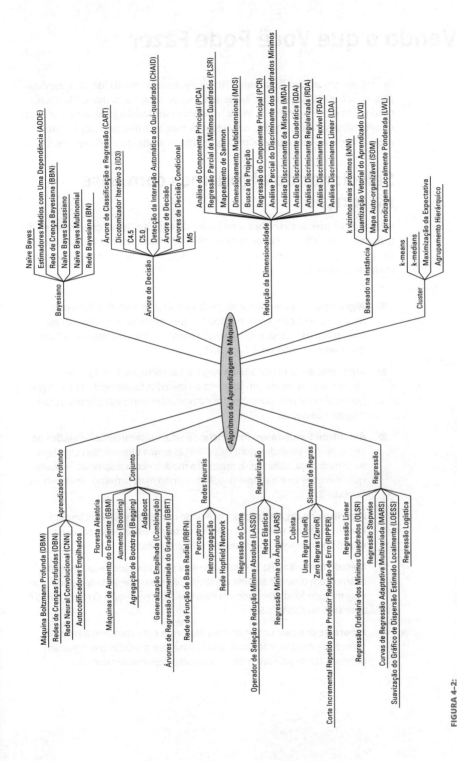

FIGURA 4-2:
Os algoritmos da aprendizagem de máquina podem ser divididos por função.

CAPÍTULO 4 **Aprendizagem de Máquina: Aprendendo...** 55

Vendo o que Você Pode Fazer

Se está apenas se familiarizando com os algoritmos envolvidos na aprendizagem de máquina ou pretende saber mais sobre os avanços que estão acontecendo, esta seção é para você. Primeiro, ofereço uma visão geral dos algoritmos da aprendizagem de máquina, divididos por função, e descrevo mais sobre suas áreas avançadas, incorporadas pelo aprendizado profundo e pelo Apache Spark.

Selecionando algoritmos com base na função

Quando você precisar escolher uma classe de algoritmos da aprendizagem de máquina, será útil considerar cada modelo com base em sua funcionalidade. Em grande parte, a funcionalidade algorítmica se inclui nas categorias mostradas na Figura 4-2.

- » **Algoritmo de regressão:** Você pode usar esse tipo de algoritmo para modelar as relações entre os recursos em um conjunto de dados. Leia mais sobre os métodos de regressão linear e logística e sobre os mínimos quadrados ordinários no Capítulo 5.

- » **Algoritmo de aprendizado da regra de associação:** Esse tipo de algoritmo consiste em um conjunto de métodos fundamentado em regras que você pode usar para descobrir associações entre os recursos de um conjunto de dados.

- » **Algoritmo baseado em instância:** Se você quiser usar observações em seu conjunto de dados para classificar as novas observações com base na semelhança, utilize esse tipo. Para modelar com instâncias, é possível usar métodos como a classificação k-vizinho mais próximo, abordada no Capítulo 7.

- » **Algoritmo de regularização:** Você pode usar essa regularização para introduzir informações adicionais de modo a impedir o sobreajuste do modelo ou resolver um problema mal formulado.

- » **Método Naïve Bayes:** Se quiser prever a probabilidade de um evento ocorrer com base em alguma evidência contida em seus dados, pode usar esse método fundamentado em classificação e regressão. O Naïve Bayes é abordado no Capítulo 5.

- » **Árvore de decisão:** Uma estrutura de árvore é útil como ferramenta de suporte de decisão. Você pode usá-la para criar modelos que prevejam possíveis consequências associadas a uma determinada decisão.

- » **Algoritmo de agrupamento:** É possível usar esse tipo de método de aprendizagem de máquina não supervisionado para descobrir subgrupos em um conjunto de dados não rotulado. Os agrupamentos k-vizinhos próximos e hierárquico são abordados no Capítulo 6.

- » **Método de redução da dimensão:** Se você estiver procurando um método para usar como filtro para remover informações redundantes, interferências e valores atípicos dos seus dados, considere as técnicas de redução da dimensão, como a análise do fator e do componente principal. Esses tópicos são abordados no Capítulo 5.

- » **Rede neural:** Uma rede neural imita o modo como o cérebro resolve os problemas usando uma camada de unidades neurais interconectadas como meio de aprender e inferir regras a partir de dados observacionais. Geralmente, é usada no reconhecimento de imagem e aplicativos de visão por computador.

Imagine que está pensando em ir à praia. Você nunca vai à praia se estiver chovendo nem com temperatura abaixo de 23°C. Essas são as duas entradas para sua decisão. Sua preferência por não ir à praia quando está chovendo é muito mais forte do que não ir quando faz menos de 23°C. Portanto, as duas entradas serão avaliadas proporcionalmente. Para qualquer instância que informe a decisão de ir à praia ou não, você deve considerar esses dois critérios, somar o resultado e decidir se vai. Se decidir ir, seu limite de decisão terá sido atendido. Se optar por não ir, o limite de decisão não terá sido atendido. É uma analogia simplista ao funcionamento das regras neurais.

LEMBRE-SE

Agora, uma definição mais técnica. O tipo mais simples de rede neural é o *perceptron*. Ela aceita mais de uma entrada, que pesa e soma em uma camada do processador com base na função de ativação e, de acordo com o limite definido, gera um resultado. Uma *função de ativação* é uma função matemática que transforma as entradas em um sinal de saída. A camada do processador é chamada de *camada oculta*. Uma *rede neural* é uma camada de perceptrons conectados que funcionam em conjunto, como uma unidade, para aceitar entradas e retornar saídas que indicam quando algum critério é atendido. Um recurso-chave das redes neurais é a sua capacidade de *autoaprendizado*, em outras palavras, sua habilidade de se adaptar, aprender e se otimizar segundo as mudanças em seus dados de entrada. A Figura 4-3 é um esquema que representa a forma como uma percepção é estruturada.

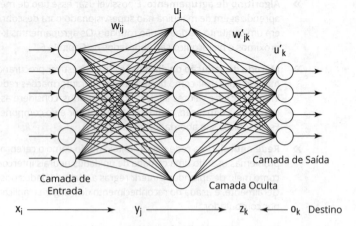

FIGURA 4-3: As redes neurais são camadas conectadas de unidades neurais artificiais.

» **Método de aprendizado profundo:** Esse método incorpora as redes neurais tradicionais em camadas sucessivas para viabilizar um treinamento das camadas profundas que gera saídas preditivas. Falarei mais sobre esse tópico na próxima seção.

» **Algoritmo de grupo:** É possível agrupar os algoritmos para combinar as abordagens da aprendizagem de máquina e obter resultados melhores do que os produzidos por qualquer método isolado.

Se você usa o Gmail, deve aproveitar sua funcionalidade de resposta automática. Como sabe, esse recurso consiste nas três mensagens de uma linha que você pode escolher para responder automaticamente a uma mensagem enviada por alguém. Bem, essa funcionalidade de resposta automática no Gmail é chamada de SmartReply e se baseia em algoritmos de aprendizado profundo. Outra inovação baseada no aprendizado profundo é o Facebook DeepFace, o recurso do Facebook que reconhece e sugere automaticamente tags para as pessoas que aparecem em suas fotos. A Figura 4-4 indica um esquema que representa o modo como uma rede de aprendizado profundo é estruturada.

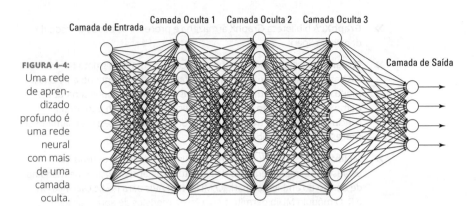

FIGURA 4-4: Uma rede de aprendizado profundo é uma rede neural com mais de uma camada oculta.

O aprendizado profundo é um método de aprendizagem de máquina que usa redes neurais hierárquicas para aprender com os dados de modo iterativo e adaptável. É uma abordagem ideal para aprender padrões de dados não rotulados e não estruturados. Basicamente, utiliza o mesmo conceito da rede neural, porém os algoritmos de aprendizagem de máquina têm duas ou mais camadas ocultas. Na verdade, os aplicativos de visão por computador são conhecidos por implementar mais de 150 camadas ocultas em uma única rede neural profunda. Quanto mais camadas ocultas existirem, mais complexa será a decisão que o algoritmo poderá tomar.

Usando o Spark para gerar uma análise de big data em tempo real

O Apache Spark é um aplicativo de computador distribuído na memória que você pode usar para implantar algoritmos de aprendizagem de máquina em fontes big data quase em tempo real e gerar uma análise a partir de fontes de big data contínuas. Como ele processa os dados em microbatches com ciclos de três segundos, é possível usá-lo para diminuir bastante o tempo das informações nos casos em que o tempo é essencial. Ele fica sobre o HDFS e age como uma estrutura de processamento secundária, sendo usado paralelamente ao processamento em batch de grande escala feito pelo MapReduce. O Spark é composto dos seguintes submódulos:

» **Spark SQL:** Você deve usar esse módulo para trabalhar e consultar dados estruturados. No Spark, é possível verificar os dados usando o SparkSQL, seu pacote SQL predefinido. Você também pode consultar os dados estruturados usando o Hive. Contudo, nesse caso, é necessário usar a linguagem HiveQL e fazer as consultas com o mecanismo de processamento do Spark.

» **GraphX:** A biblioteca GraphX armazena e processa os dados da rede de dentro do Spark.

» **Streaming:** É nesse módulo que o processamento de big data ocorre. Ele basicamente divide uma fonte de dados de fluxo contínuo em fluxos muito menores, denominados *Dstreams* ou fluxos de dados separados. Como os Dstreams são pequenos, esses ciclos em batch podem ser concluídos dentro de três segundos. Por isso, esse processo é chamado de processamento microbatch.

» **MLlib:** Nesse submódulo ocorre a análise dos dados, produção de estatísticas e implementação de algoritmos de aprendizagem de máquina de dentro do ambiente Spark. O MLlib tem APIs para Java, Scala, Python e R. O módulo MLlib permite a criação de modelos de aprendizagem de máquina no Python ou R, mas extrai os dados diretamente do HDFS (não via repositório intermediário). Isso ajuda a diminuir a dependência que os cientistas de dados algumas vezes têm dos engenheiros de dados. E mais, os cálculos são famosos por serem 100 vezes mais rápidos quando processados na memória com o Spark, em comparação com a estrutura MapReduce padrão.

Para implementar o Spark, baixe a estrutura de fonte aberta no site do Apache Spark: http://spark.apache.org/downloads.html (conteúdo em inglês). Uma opção é executar o Spark em nuvem por meio do serviço Apache Databricks https://databricks.com (conteúdo em inglês).

> **NESTE CAPÍTULO**
>
> » Conhecendo o básico da probabilidade estatística
> » Quantificando a correlação
> » Reduzindo a dimensionalidade do conjunto de dados
> » Criando modelos de decisão usando a tomada de decisão com vários critérios
> » Entendendo métodos de regressão
> » Observando o panorama da detecção de valores atípicos
> » Falando da análise da série temporal

Capítulo **5**

Matemática, Probabilidade e Modelagem Estatística

A matemática e a estatística não são os monstros assustadores de que tanto falam por aí. No data science, a necessidade de se trabalhar com esses métodos quantitativos é simplesmente um fato da vida e não motivo para pânico. Embora você deva dispor de conhecimentos suficientes em matemática e estatística para resolver um problema, não precisa estudar nem se graduar nessas áreas.

Apesar da opinião de muitos estatísticos puristas, o campo do data science não é igual ao da estatística. Os cientistas de dados dispõem de conhecimentos avançados em um ou vários campos e usam estatística, matemática, codificação e grandes habilidades de comunicação para descobrir, entender e comunicar as informações de dados contidas nos conjuntos de dados brutos relacionados à área de especialização. A estatística é um componente crucial dessa fórmula, mas não mais fundamental que os outros. Neste capítulo, apresento noções básicas sobre probabilidade, análise de correlação, redução da dimensionalidade, modelagem da decisão, análise de regressão, detecção do valor atípico e análise da série temporal.

Explorando a Probabilidade e a Estatística Inferencial

A probabilidade é um dos conceitos mais básicos em estatística. Até para começar a entender seus dados a partir da estatística, você precisa saber algo tão básico quanto se a estatística é *descritiva* ou *inferencial*. Também é necessário dispor de bons conhecimentos básicos sobre distribuição da probabilidade. As seções a seguir abordam esses e outros conceitos.

Uma *estatística* é o resultado derivado da realização de uma operação matemática com dados numéricos. Em geral, ela é utilizada na tomada de decisão. Há dois tipos de estatística:

» **Descritiva:** Fornece uma descrição que indica uma característica de um conjunto de dados numéricos, inclusive quanto à sua distribuição, tendência central (como média, mínimo ou máximo) e dispersão (como desvio padrão e variância).

» **Inferencial:** Em vez de priorizar descrições pertinentes de um conjunto de dados, a estatística inferencial analisa uma seção menor do conjunto de dados e deduz informações importantes sobre o conjunto maior. Use esse tipo de estatística para obter informações sobre uma medida do mundo real de seu interesse.

É verdade que a estatística descritiva expõe as características de um conjunto de dados numérico, mas isso não informa por que você deve se importar. De fato, a maioria dos cientistas de dados está interessada na estatística descritiva apenas pelo que ela revela sobre as medidas reais descritas. Por exemplo, uma estatística descritiva geralmente é associada a um *grau de precisão*, que indica o valor da estatística como uma estimativa da medida real.

Para entender melhor esse conceito, imagine que o proprietário de um negócio queira estimar os lucros do próximo trimestre. Ele pode obter uma média dos lucros dos últimos trimestres para usar como uma estimativa de quanto ganhará no próximo período. Mas se os lucros dos trimestres anteriores variaram muito, uma estatística descritiva que estime a *variação* do valor do lucro previsto (a quantidade pela qual a estimativa do valor poderia diferir dos lucros reais que ele terá) indicaria apenas a distância entre o valor previsto e a realidade. (Nada mau ter uma informação assim, certo?)

DICA

É possível usar a estatística descritiva de muitas maneiras: para detectar valores atípicos, por exemplo, planejar os requisitos de pré-processamento dos recursos ou identificar rapidamente quais recursos você pode querer, ou não, usar em uma análise.

Como a descritiva, a *estatística inferencial* é usada para mostrar algo sobre uma medida real. Para isso, fornece informações sobre uma pequena seleção de dados. Você pode então usá-las para deduzir algo sobre o conjunto de dados maior a partir do qual foram obtidas essas informações. Na estatística, essa seleção de dados menor é conhecida como *amostra* e o conjunto de dados completo e maior, a partir do qual a amostra é obtida, como *população*.

Se o seu conjunto de dados for grande demais para ser analisado totalmente, obtenha uma amostra menor a partir dele, analise-a e faça inferências sobre o conjunto total com base no que aprendeu analisando a amostra. É possível também usar a estatística inferencial nas situações em que você simplesmente não consegue coletar os dados da população inteira. Nesse caso, use os dados que tem para fazer inferências sobre toda a população. Outras vezes, há situações em que as informações completas sobre a população não estão disponíveis. Nesses casos, use a estatística inferencial para estimar os valores dos dados que faltam com base no que aprendeu analisando os dados disponíveis.

CUIDADO

Para que uma inferência seja válida, você precisa selecionar com cuidado sua amostra de modo a obter uma verdadeira representação da população. Mesmo que a sua amostra seja representativa, os números no conjunto de dados sempre mostrarão algum *ruído*, ou seja, uma variação aleatória, o que indica que a estatística de amostra não é exatamente idêntica à da população correspondente.

Distribuições da probabilidade

Imagine que você acabou de chegar a Las Vegas e se instalou na sua mesa favorita de roleta no Bellagio. Quando a roleta gira, você intuitivamente entende que há uma chance igual de que a bola caia em qualquer casa do cilindro na roda. A casa na qual a bola irá parar é totalmente aleatória. Da mesma forma, a *probabilidade*, ou possibilidade, de a bola parar em qualquer casa em relação à outra é a mesma. Como a bola pode parar em qualquer casa, com igual probabilidade, há uma distribuição igual de probabilidade ou uma *distribuição de probabilidade uniforme* — a bola tem a mesma chance de parar em qualquer casa diante do cilindro.

Mas as casas da roleta não são todas iguais — há 18 casas pretas e 20 vermelhas ou verdes. Por causa dessa organização, há uma probabilidade de 18/38 de a bola parar em uma casa preta. Sendo assim, você pretende fazer apostas sucessivas de que a bola irá parar em uma casa preta.

Seus ganhos líquidos nesse caso podem ser considerados como uma *variável aleatória*, que corresponde à medida de uma característica ou valor associado a um objeto, pessoa ou lugar (algo no mundo real), cuja ocorrência é imprevisível. Porém, essa imprevisibilidade não significa que você não saiba nada sobre a característica em questão. E mais, é possível usar o que sabe para tomar suas decisões. Veja como...

Uma *média ponderada* é o valor médio de uma medida em um número muito grande de pontos de dados. Se você tiver uma média ponderada de seus ganhos (sua variável aleatória) na distribuição da probabilidade, isso produzirá um valor de esperança matemática, ou expectância, — um valor esperado para seus ganhos líquidos em um número sucessivo de apostas. (Uma expectância também pode ser considerada como o melhor palpite, caso você tenha um.) Descrita mais formalmente, uma *expectância* é a média ponderada de uma medida associada a uma variável aleatória. Se o seu objetivo for modelar uma variável imprevisível para tomar decisões informadas por dados com base no que você sabe sobre a probabilidade em uma população, poderá usar as variáveis aleatórias e as distribuições da probabilidade.

LEMBRE-SE

Ao considerar a probabilidade de um evento, você deve saber quais outros eventos são possíveis. Sempre defina o conjunto de eventos como *mutuamente exclusivos* — apenas um pode ocorrer por vez. (Pense nos seis possíveis resultados ao se rolar um dado.) A probabilidade tem estas duas características importantes:

» A probabilidade de qualquer evento nunca é inferior a 0 ou superior a 1.

» A soma da probabilidade de todos os eventos sempre é igual a 1.

A distribuição da probabilidade é classificada nestes dois tipos:

» **Discreta:** Uma variável aleatória na qual os valores podem ser contados por agrupamentos.

» **Contínua:** Uma variável aleatória que atribui possibilidades a uma faixa de valor.

LEMBRE-SE

Para entender as distribuições discreta e contínua, pense nas duas variáveis de um conjunto de dados que descrevem carros. Uma variável "cor" teria uma distribuição discreta porque os carros têm apenas uma gama limitada de cores (preto, vermelho ou azul, por exemplo). As observações seriam contadas por agrupamento de cores. Uma variável que descreva os quilômetros que os carros percorrem por litro de combustível, ou "km/l", teria uma distribuição contínua porque cada carro pode ter seu próprio valor para "km/l".

» **Distribuições normais (numéricas contínuas):** Representadas graficamente por uma curva simétrica em forma de sino, essas distribuições modelam fenômenos que tendem a alguns valores de observação mais prováveis (no topo do sino, na curva); as observações nas duas extremidades são menos prováveis.

> **Distribuições binomiais (numéricas discretas):** Modelam o número de sucessos que podem ocorrer em um determinado número de tentativas quando apenas dois resultados são possíveis (a velha situação de jogar cara ou coroa com uma moeda, por exemplo). As variáveis *binárias*, que assumem apenas um dos dois valores, têm uma distribuição binomial.

> **Distribuições categóricas (não numéricas):** Representam as variáveis categóricas não numéricas ou *variáveis ordinais* (um caso especial de variável numérica que pode ser agrupada e classificada como categórica).

Probabilidade condicional com Naïve Bayes

É possível usar o método *Naïve Bayes* de aprendizagem de máquina, emprestado diretamente da estatística, para prever a probabilidade de um evento ocorrer quando houver uma evidência definida em seus dados de recursos — algo denominado *probabilidade condicional*. O Naïve Bayes, com base em classificação e regressão, será especialmente útil se você precisar classificar dados de texto.

Para ilustrar melhor o conceito, considere o conjunto de dados Spambase disponível no repositório do aprendizado de máquina da UCI (`https://archive.ics.uci.edu/ml/datasets/Spambase`) — conteúdo em inglês. Esse conjunto de dados contém 4.601 registros de e-mails e, em seu último campo, indica quando cada e-mail é spam. A partir desse conjunto de dados, você pode identificar características comuns entre os e-mails de spam. Assim que tiver definido os recursos comuns que indicam esse status, você poderá criar um classificador Naïve Bayes, que irá prever com confiabilidade se um e-mail recebido é spam com base na evidência empírica apresentada em seu conteúdo. Em outras palavras, o modelo prevê se um e-mail é spam — o *evento* — com base nos recursos apresentados em seu conteúdo — a *evidência*.

Há três tipos populares de Naïve Bayes:

> **MultinomialNB:** Use essa versão se as suas variáveis (categóricas ou contínuas) descrevem contagens de frequência separadas, como palavras. Essa versão do Naïve Bayes opera com uma distribuição multinomial, como geralmente ocorre com dados de texto. Ela não excetua valores negativos.

> **BernoulliNB:** Se os seus recursos forem binários, você deve usar o Bernoulli Naïve Bayes multinomial para fazer previsões. Essa versão classifica dados de texto, mas não é tão reconhecida pela qualidade quanto o MultinomialNB. Se você quiser usar o BernoulliNB para fazer previsões a partir de variáveis contínuas, a ferramenta funcionará. Contudo, primeiramente é necessário subdividi-las em agrupamentos discretos de intervalos (processo também conhecido como *compartimentação*).

» **GaussianNB:** Use essa versão quando todos os recursos preditivos forem distribuídos normalmente. Não é uma boa opção para classificar dados de texto, mas poderá ser uma ótima escolha se os seus dados tiverem valores positivos e negativos (e se os recursos tiverem distribuição normal, evidentemente).

CUIDADO

Antes de criar um classificador Bayes simplificado, considere que o modelo tem uma suposição *a priori*. Suas previsões supõem que as condições do passado ainda são verdadeiras. Prever valores futuros a partir dos valores históricos gera resultados incorretos quando as circunstâncias do presente mudam.

Quantificando a Correlação

Muitos métodos estatísticos e de aprendizagem de máquina supõem que seus recursos são independentes. Porém, para testar se isso está correto, você precisa avaliar sua *correlação*, ou seja, definir até que ponto as variáveis demonstram interdependência. Nesta seção, ofereço uma rápida introdução à correlação Pearson e à correlação de postos de Spearman.

DICA

A correlação é quantificada pelo valor de uma variável denominada r, que oscila entre -1 e 1. Quanto mais próximo o valor r estiver de 1 ou -1, maior será a correlação entre as duas variáveis. Se as suas variáveis tiverem um valor r próximo a 0, isso pode indicar que são variáveis independentes.

Calculando a correlação com o r de Pearson

Se você quiser descobrir relações dependentes entre variáveis contínuas em um conjunto de dados, deve usar a estatística para estimar essa correlação. A forma mais simples de análise de correlação é a *correlação de Pearson*, que supõe que:

» Seus dados são distribuídos normalmente.
» Você tem variáveis contínuas e numéricas.
» Suas variáveis são relacionadas linearmente.

CUIDADO

Como a correlação de Pearson tem muitas condições, use-a *apenas* para determinar se existe uma relação linear entre duas variáveis, mas não exclua as demais possíveis relações. Se você obtiver um valor r próximo a 0, isso indicará que não há uma relação linear entre as variáveis, mas que uma relação não linear entre elas ainda pode existir.

Classificando os pares de variáveis com a correlação de postos de Spearman

A correlação de postos de Spearman é um teste bastante comum para determinar a correlação entre variáveis comuns. Aplicando-a, você converte pares de variáveis numéricas em classificações de postos calculando a força da relação entre as variáveis e classificando-as segundo essa correlação.

A correlação de postos de Spearman supõe que:

» Suas variáveis são comuns.

» Suas variáveis estão relacionadas de modo não linear.

» Seus dados estão distribuídos de modo anormal.

Reduzindo a Dimensionalidade dos Dados com a Álgebra Linear

Qualquer cientista de dados de nível intermediário deve ter um bom conhecimento de álgebra linear e cálculos com matrizes. Os objetos de vetor (array) e da matriz são a estrutura de dados básica na computação analítica. Você precisa deles para realizar operações matemáticas e estatísticas em conjuntos de dados grandes e *multidimensionais* — conjuntos com um número muito elevado de recursos diferentes para serem controlados simultaneamente. Nesta seção, você irá conferir exatamente como usar a álgebra linear e os métodos da aprendizagem de máquina para reduzir a dimensionalidade de um conjunto de dados.

Decompondo os dados para reduzir a dimensionalidade

Antes de mais nada, você precisa entender o conceito de *autovetor*. Para conceitualizar um autovetor, considere uma matriz denominada A. Agora, considere um valor diferente de zero denominado x e que Ax = λx para um escalar λ. Nesse cenário, o escalar λ é chamado de *autovalor* da matriz. Ele pode assumir um valor 0. E mais, x é o autovetor que corresponde a λ; entretanto, não pode corresponder a um vetor nulo.

Certo. Então, o que você pode fazer com toda essa teoria? Bem, para começar, usando um método da álgebra linear denominado *decomposição em valores singulares (SVD)*, é possível reduzir a dimensionalidade do seu conjunto de dados ou o número de recursos que você controla durante a execução de uma análise. Os algoritmos de redução da dimensão serão opções ideais se você precisar compactar seu conjunto de dados enquanto também remove informações redundantes e o ruído.

O método da álgebra linear SVD decompõe a matriz de dados em três matrizes resultantes, como indicado na Figura 5-1. O produto dessas matrizes, quando multiplicado, informa a matriz original. O SVD é útil quando você deseja remover informações redundantes compactando seu conjunto de dados.

Veja com atenção a imagem:

```
A = u * v * S
```

» **A:** É a matriz que mantém todos os seus dados originais.

» **u:** É um vetor singular à esquerda (um autovetor) de A e mantém todas as informações importantes e não redundantes sobre as observações de seus dados.

» **v:** É um autovetor singular à direita de A. Mantém todas as informações importantes e não redundantes sobre as colunas nos recursos do seu conjunto de dados.

» **S:** É a raiz quadrada do autovetor de A. Contém todas as informações sobre os procedimentos realizados com a compressão.

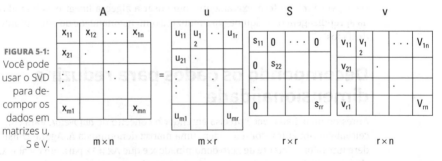

FIGURA 5-1: Você pode usar o SVD para decompor os dados em matrizes u, S e V.

Embora pareça complicado, é muito simples. Imagine que você tenha compactado seu conjunto de dados e isso resultou em uma matriz S de soma igual a 100. Se o primeiro valor em S for 97 e o segundo 94, isto significará que as duas primeiras colunas contêm 94% das informações do conjunto de dados. Em outras palavras, as duas primeiras colunas da matriz u e as duas primeiras linhas da matriz v contêm 94% das informações importantes mantidas em seu conjunto de dados original, A. Para isolar apenas as informações importantes e não redundantes, você deve manter apenas essas duas colunas e descartar o resto.

Ao reconstruir sua matriz a partir do produto escalar de S, u e v, você provavelmente notará que a matriz resultante não corresponde exatamente ao seu conjunto de dados original. Não se preocupe! São os dados que restam após muitas informações redundantes e interferências terem sido filtradas pelo SVD.

LEMBRE-SE

Ao decidir o número de linhas e colunas a serem mantidas, você pode excluir algumas. Contudo, mantenha pelo menos 70% das informações originais do conjunto de dados.

Reduzindo a dimensionalidade com a análise fatorial

A *análise fatorial* segue as mesmas linhas do SVD, ou seja, é um método que você pode usar para filtrar as informações redundantes e o ruído em seus dados. Um produto do campo da psicometria, esse método foi desenvolvido para derivar uma causa-raiz nos casos em que uma causa-raiz compartilhada resulta em uma variância compartilhada — quando a variância de uma variável se correlaciona com a de outras variáveis no conjunto de dados.

PAPO DE
ESPECIALISTA

A variabilidade de variáveis mede quanta variância existe em torno de sua média. Quanto maior a variância de uma variável, mais informações conterá.

Quando houver uma variância compartilhada em seu conjunto de dados, isso significa que a redundância das informações está em jogo. É possível usar a análise fatorial ou a análise de componentes principais para retirar dos seus dados as informações de redundância. Você pode conferir mais sobre análise de componentes principais na seção a seguir, mas agora se concentre na análise fatorial. Você pode usá-la para compactar as informações do seu conjunto de dados em um conjunto reduzido de *variáveis latentes* significativas sem informações redundantes — as variáveis inferidas e significativas que fundamentam um conjunto de dados, mas que não são diretamente observadas.

A análise fatorial opera com as seguintes suposições:

» Seus recursos são *métricos*; variáveis numéricas sobre as quais cálculos significativos podem ser feitos.

» Seus recursos devem ser contínuos ou ordinais.

» Você tem mais de 100 observações em seu conjunto de dados e, pelo menos, cinco por recurso.

» Sua amostra é homogênea.

» Há uma correlação r > 0,3 entre os recursos do seu conjunto de dados.

Na análise fatorial, você deve executar uma regressão nos recursos para descobrir variáveis latentes subjacentes ou fatores. Em seguida, é possível usar esses fatores como variáveis em análises futuras para representar o conjunto de dados original a partir do qual elas derivaram. Basicamente, a análise fatorial é o processo de ajustar um modelo e preparar um conjunto de dados para a análise reduzindo a sua dimensionalidade e a redundância das informações.

Reduzindo a dimensionalidade e removendo os valores atípicos com a PCA

A *análise de componentes principais (PCA)* é outra técnica de redução da dimensionalidade bastante relacionada com o SVD: esse método estatístico não supervisionado encontra as relações entre os recursos em seu conjunto de dados, transforma-os e os reduz a um conjunto de *componentes principais* de informações não redundantes — recursos não correlacionados que incorporam e explicam as informações contidas no conjunto de dados (ou seja, sua variância). Esses componentes funcionam como uma representação sintética e refinada do conjunto de dados, sem redundância de informações, ruído e valores atípicos. Você pode selecionar esses componentes reduzidos e usá-los como entrada em algoritmos de aprendizagem de máquina, fazendo previsões com base em uma representação compactada dos dados.

O modelo PCA trabalha com estas duas suposições:

» A normalidade multivariada é desejável, mas não obrigatória.

» As variáveis no conjunto de dados devem ser contínuas.

Embora a PCA seja equivalente a uma análise fatorial, há duas grandes diferenças: em primeiro lugar, a PCA não regride para encontrar uma causa subjacente da variância compartilhada, mas decompõe um conjunto de dados para representar sucintamente as informações mais importantes em um número reduzido de recursos. A outra principal diferença do PCA consiste em não especificar o número de componentes a serem descobertos no conjunto de dados na primeira vez em que se executa o modelo. Os resultados do modelo inicial informam quantos componentes devem ser mantidos para que, então, seja novamente executada a análise para extraí-los.

Uma pequena quantidade de informações de seu conjunto de dados original não será capturada pelos componentes principais. Mantenha apenas os componentes que capturam, pelo menos, 95% da variância total do conjunto de dados. Os demais componentes não serão tão úteis e, portanto, você pode se livrar deles.

Para usar o PCA na detecção dos valores atípicos, basta plotar os componentes principais em um diagrama de dispersão x-y e examinar visualmente as áreas que podem conter valores atípicos. Esses pontos de dados correspondem aos valores atípicos em potencial e vale a pena investigá-los.

Modelando as Tomadas de Decisão com Múltiplos Critérios

A vida é complicada. Em geral, somos forçados a tomar decisões nas quais vários critérios diferentes entram em jogo e comumente não fica claro qual deles deve ter prioridade. Os matemáticos, por obrigação profissional, devem propor abordagens quantitativas que podem ser usadas para fins de suporte de decisão quando houver vários critérios ou alternativas aplicáveis a cada escolha. Para mais informações, vá para o Capítulo 4, no qual abordo redes neurais e aprendizado profundo. Outro método que atende a essa mesma finalidade de suporte de decisão é a *tomada de decisão com múltiplos critérios* (MCDM, para abreviar).

Aproveitando o MCDM tradicional

Os métodos MCDM são aplicáveis a qualquer processo, da gestão de carteiras de ações à avaliação das tendências de moda, do controle de epidemias à tomada de decisões voltadas para o desenvolvimento rural. Em qualquer situação em que haja dois ou mais critérios nos quais basear sua decisão, você pode usar os métodos MCDM para avaliar as alternativas.

Para utilizar a tomada de decisão com múltiplos critérios, as duas suposições a seguir devem ter atendidas:

» **Avaliação com múltiplos critérios:** Você deve dispor de mais de um critério a ser otimizado.

» **Sistema de soma zero:** Otimizar um critério significa sacrificar, pelo menos, um outro critério. Ou seja, deve haver compromissos entre critérios — ganhar em relação a um significa perder em relação a, no mínimo, outro.

A melhor maneira de se obter uma boa compreensão sobre o MCDM é observar sua aplicação na resolução de um problema real. O MCDM é comumente usado na teoria da carteira de investimentos. A precificação dos instrumentos financeiros individuais geralmente reflete o nível de risco contraído, mas uma carteira em sua totalidade pode ser uma mistura de investimentos sem nenhum risco (letras de câmbio do governo norte-americano, por exemplo) e investimentos de risco mínimo, moderado e alto. Seu nível de aversão ao risco dita o caráter geral da sua carteira de investimentos. Os investidores avessos a altos riscos buscam investimentos mais seguros e menos lucrativos, e os entusiastas do risco, investimentos mais arriscados. No processo de avaliar o risco de um investimento em potencial, você provavelmente consideraria os seguintes critérios:

» **Aumento potencial de ganhos:** Aqui, um investimento avaliado como abaixo de um limiar de potencial de aumento de ganhos recebe a pontuação 0; qualquer coisa acima desse limite recebe 1.

» **Classificação da qualidade dos ganhos:** Se um investimento estiver contido em uma classe de classificação para a qualidade dos ganhos, receberá a pontuação 0; do contrário, 1.

Para quem não é de Wall Street, a *qualidade dos ganhos* se refere a várias medidas usadas para determinar o nível de autenticidade dos ganhos informados por uma empresa; essas medidas tentam responder à pergunta "Esses valores informados são críveis?".

» **Desempenho dos dividendos:** Quando um investimento não atinge um limite definido de desempenho dos dividendos, recebe 0; se atinge ou ultrapassa esse limite, 1.

PAPO DE ESPECIALISTA

Na matemática, cada *conjunto* é um grupo de números que compartilha alguma característica semelhante. Na teoria dos conjuntos tradicional, a membresia é *binária*, ou seja, um indivíduo pertence a um conjunto ou não. Se o indivíduo for membro, será representado pelo número 1. Se não, por 0. O MCDM é caracterizado pela membresia binária.

Imagine que esteja avaliando 20 investimentos em potencial diferentes. Nessa avaliação, cada critério deve ser pontuado para cada investimento. Para eliminar más escolhas de investimento, basta somar as pontuações dos critérios de cada alternativa. Em seguida, descarte qualquer investimento que não tenha uma pontuação 3 no total, e fique com aqueles que estiverem dentro de certo limite de aumento dos ganhos em potencial, que tenham uma boa qualidade de ganhos e cujos dividendos estejam em um nível aceitável para você.

Focando o MCDM fuzzy

Se quiser avaliar a adequação dentro de uma faixa em vez de usar os termos 0 ou 1 da membresia binária, poderá usar a *tomada de decisão fuzzy com múltiplos critérios (FMCDM)*. Com o FMCDM, é possível avaliar os mesmos tipos de problemas avaliados com o MCDM. O termo *fuzzy* se refere ao fato de que os critérios usados para avaliar as alternativas dispõem de uma faixa de aceitabilidade, ao contrário do critério do conjunto binário associado ao MCDM tradicional. As avaliações baseadas em critérios fuzzy geram uma faixa de resultados em potencial, cada um com seu próprio nível de adequação como solução.

Um recurso importante do FMCDM: provavelmente você dispõe de uma lista com vários critérios fuzzy. Contudo, eles não podem ter a mesma importância em sua avaliação. Para corrigir isso, atribua pesos aos critérios para quantificar a sua importância relativa.

Apresentando os Métodos de Regressão

Os algoritmos da aprendizagem de máquina da variedade de regressão vieram da área da estatística, e fornecem aos cientistas de dados um conjunto de métodos que descreve e quantifica as relações entre as variáveis de um conjunto de dados. Use as técnicas de regressão se quiser determinar a intensidade de correlação entre as variáveis dos seus dados. É possível usá-la para prever os futuros valores a partir de valores históricos, mas tenha cuidado. Os métodos de regressão supõem uma relação de causa e efeito entre as variáveis, mas as circunstâncias estão sempre sujeitas a fluxos. Prever valores futuros a partir de dados históricos pode gerar resultados incorretos quando as circunstâncias atuais mudarem. Nesta seção, explicarei em detalhes regressão linear, regressão logística e métodos dos mínimos quadrados ordinários.

Regressão linear

Regressão linear é um método da aprendizagem de máquina que você pode usar para descrever e quantificar a relação entre sua variável-alvo, y — *variável dependente*, no jargão da estatística — e os recursos do conjunto de dados escolhidos para serem usados como variáveis preditoras (ou variáveis explicativas — comumente designadas como conjunto de dados X na aprendizagem de máquina). Quando se usa apenas uma variável como preditora, a regressão linear é tão simples quanto a fórmula de álgebra do ensino fundamental II y=mx+b. Mas você também pode usar a regressão linear para quantificar a correlação entre diversas variáveis em um conjunto de dados, no que se denomina *regressão linear múltipla*. Antes de ficar muito entusiasmado com o uso da regressão linear, verifique se você conhece os seus limites:

» A regressão linear funciona apenas com variáveis numéricas, não categóricas.

» Se houver valores ausentes em seu conjunto de dados, isso causará problemas. Resolva a questão dos valores ausentes antes de tentar criar um modelo de regressão linear.

» Se seus dados contiverem valores atípicos, seu modelo produzirá resultados imprecisos. Verifique-os antes de continuar.

» A regressão linear supõe que há uma relação linear entre os recursos do conjunto de dados e a variável-alvo. Confira se este é o caso e, se não for, use uma transformação logarítmica para compensar.

» O modelo de regressão linear supõe que todos os recursos são independentes entre si.

» Os erros de previsão, ou *residuais,* devem ser distribuídos normalmente.

DICA

Não se esqueça do tamanho do conjunto de dados! Uma boa regra prática é que você deve ter, pelo menos, 21 observações por recurso preditor, caso espere gerar resultados confiáveis com a regressão linear.

Regressão logística

A regressão logística é um método da aprendizagem de máquina que você pode usar para estimar os valores de uma variável-alvo categórica com base em seus recursos selecionados. Sua variável-alvo deve ser numérica e conter valores que descrevam a classe do alvo ou a categoria. Algo interessante sobre a regressão logística é que, além de prever a classe de observações de sua variável-alvo, indica a probabilidade de cada uma de suas estimativas. Embora a regressão logística seja como a linear, seus requisitos são mais simples, no sentido de que:

» Não é necessário existir uma relação linear entre recursos e variável-alvo.

» Os resíduos não precisam estar distribuídos normalmente.

» Os recursos preditores não precisam ter uma distribuição normal.

Ao decidir se a regressão logística é uma boa escolha, considere os seguintes limites:

» Os valores ausentes devem ser tratados ou removidos.

» Sua variável-alvo deve ser binária ou ordinal.

» Os recursos preditores devem ser independentes entre si.

A regressão logística requer um número maior de observações (em relação à regressão linear) para produzir um resultado confiável. A regra prática é que você deve ter, pelo menos, 50 observações por recurso preditor, caso espere gerar resultados confiáveis.

Métodos de regressão dos quadrados mínimos ordinários (OLS)

Os *quadrados mínimos ordinários (OLS)* são um método estatístico que ajusta uma linha de regressão linear a um conjunto de dados. Com o OLS, você faz isso elevando ao quadrado os valores da distância vertical, que representam as distâncias entre os pontos de dados e a linha de melhor ajuste, somando as distâncias ao quadrado e ajustando a colocação da linha de melhor ajuste de modo que o valor da soma dos quadrados das distâncias seja minimizado. Use o OLS se quiser construir uma função que seja uma boa aproximação de seus dados.

Como sempre, não espere que o valor real seja idêntico ao previsto pela regressão. Os valores previstos pela regressão são apenas estimativas mais próximas dos valores reais no modelo.

O OLS é particularmente útil para ajustar uma linha de regressão aos modelos que contêm mais de uma variável independente. Assim, é possível usá-lo para estimar um alvo a partir dos recursos do conjunto de dados.

Ao serem utilizados métodos de regressão do OLS para ajustar uma linha de regressão com mais de uma variável independente, duas ou mais variáveis independentes (VIs) podem aparecer inter-relacionadas. Quando isso ocorre, chama-se *multicolinearidade*. A multicolinearidade tende a afetar negativamente a confiabilidade das VIs como preditoras quando examinadas separadamente umas das outras. Felizmente, a multicolinearidade não diminui a confiabilidade geral de previsão do modelo quando considerada coletivamente.

Detectando os Valores Atípicos

Muitas abordagens estatísticas e da aprendizagem de máquina supõem que não existam valores atípicos em seus dados. A remoção deles é uma parte importante da preparação dos seus dados para a análise. Nesta seção, apresentarei diversos métodos que você pode usar para descobrir os valores atípicos em seus dados.

Analisando os valores extremos

Valores atípicos são pontos de dados com valores muito diferentes da maioria dos pontos de dados que compõem uma variável. É importante encontrá-los e removê-los porque, sem tratamento, desviam a distribuição das variáveis, fazem a variância parecer falsamente alta e causam uma má representação nas correlações das variáveis.

A maioria dos modelos estatísticos e da aprendizagem de máquina supõe que seus dados não contêm valores atípicos. Portanto, localizá-los e removê-los é uma parte crítica da preparação de seus dados para a análise. Além disso, você pode usar a detecção de valores atípicos para localizar anomalias que indiquem fraude, falha no equipamento ou ataques cibernéticos à segurança. Em outras palavras, a detecção de valores atípicos é um método de preparação dos dados e um método analítico por si só.

Os valores atípicos se enquadram nas três categorias a seguir:

» **Pontual:** Os valores atípicos pontuais são pontos de dados com valores anômalos, se comparados com a faixa normal de valores em um recurso.

» **Contextual:** Os valores atípicos contextuais são pontos de dados anômalos presentes em um contexto específico. Por exemplo, se examinar os dados de janeiro de uma estação meteorológica de Orlando, Flórida, e vir uma leitura de temperatura informando -5ºC, isso será anormal, porque a temperatura média lá é de 21ºC em janeiro. Mas imagine que esses dados de janeiro fossem de uma estação meteorológica de Anchorage, Alasca — uma leitura de temperatura informando -5ºC nesse contexto não é anormal.

» **Coletivo:** Esses valores atípicos aparecem próximos uns dos outros e, entre eles, há valores parecidos que são anômalos para a maioria dos valores no recurso.

Você pode detectar os valores atípicos por meio de uma abordagem com uma ou múltiplas variáveis.

Detectando os valores atípicos usando uma análise com uma variável

A detecção dos valores atípicos com uma variável acontece quando você visualiza os recursos em seu conjunto de dados e os examina individualmente para obter os valores anômalos. Existem dois métodos simples para fazer isso:

» Rotulagem Tukey de valor atípico
» Diagrama de caixa Tukey

É complicado detectar os valores atípicos com a rotulagem do valor atípico Tukey, mas, se quiser fazer isso, o segredo é conferir a distância que separa os valores mínimo e máximo dos percentis 25 e 75. A distância entre o *1º quartil* (em 25%) e o *3º quartil* (em 75%) é chamada de *intervalo interquartil (IQR)* e indica a dispersão dos dados. Quando se deparar com uma variável, analise sua dispersão, seus valores Q1/Q3 e valores mínimo e máximo para decidir se ela pode conter valores atípicos.

DICA

Eis uma boa regra geral: a = Q1 - 1,5*IQR e b = Q3 + 1,5*IQR. Se seu valor mínimo for menor que a, ou o valor máximo, que b, provavelmente a variável terá valores atípicos.

Em comparação, um diagrama de caixa Tukey é um modo muito fácil de localizar os valores atípicos. Cada diagrama de caixa tem margens definidas em 1,5*IQR. Qualquer valor além dessas margens será um valor atípico. A Figura 5-2 mostra os valores atípicos quando aparecem em um diagrama de caixa Tukey.

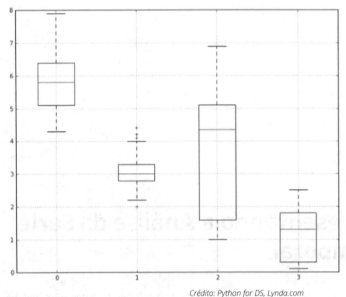

FIGURA 5-2: Localizando os valores atípicos com um diagrama de caixa Tukey.

Crédito: Python for DS, Lynda.com

Detectando os valores atípicos usando uma análise com diversas variáveis

Algumas vezes, os valores atípicos aparecem apenas em combinações de pontos de dados a partir de variáveis diferentes. Esses valores realmente destroem os algoritmos da aprendizagem de máquina e, portanto, é importante detectá-los e removê-los. Você pode usar a análise com múltiplas variáveis dos valores atípicos para fazer isso. Uma abordagem possível para a detecção dos valores atípicos consiste em considerar duas ou mais variáveis de uma vez e examiná-las juntas para obtê-los. Existem vários métodos que você pode utilizar, como:

» Matriz com gráfico de dispersão

» Diagrama de caixa

CAPÍTULO 5 **Matemática, Probabilidade e Modelagem Estatística**   77

» Agrupamento espacial com base em densidade de aplicativos com ruído (DBScan) — que será analisado no Capítulo 6

» Análise de componentes principais (mostrada na Figura 5-3)

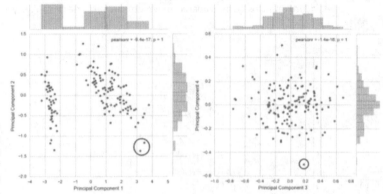

FIGURA 5-3: Usando o PCA para localizar os valores atípicos.

Crédito: Python for DS, Lynda.com

Apresentando a Análise da Série Temporal

Uma *série temporal* é apenas uma coleção de dados sobre valores de atributo ao longo do tempo. A análise da série temporal tem como objetivo prever as futuras instâncias de verificação com base em dados observacionais do passado. Para prever os valores futuros a partir dos dados em seu conjunto, use as técnicas de série temporal.

Identificando padrões nas séries temporais

As séries temporais mostram padrões específicos. Veja a Figura 5-4 para compreendê-los melhor. As séries temporais *constantes* ficam mais ou menos no mesmo nível com o passar do tempo, mas estão sujeitas a erros aleatórios. Por outro lado, as séries *com tendência* mostram um movimento linear estável para cima ou para baixo. Sendo constantes ou com tendência, as séries temporais também podem, algumas vezes, indicar *sazonalidade* — flutuações previsíveis e cíclicas que ocorrem regularmente e de modo periódico durante um ano. Como um exemplo de série temporal sazonal, considere quantos negócios mostram um aumento nas vendas durante o período de férias.

Se optar por incluir a sazonalidade em seu modelo, incorpore-a em um trimestre, mês ou período de seis meses, conforme o caso. A série temporal pode indicar *processos não estacionários* ou um comportamento cíclico imprevisível, não relacionado à sazonalidade e resultante de condições econômicas ou de todo o setor. Como não são previsíveis, os processos não estacionários não podem ser antecipados. Você deve transformar os dados não estacionários em estacionários antes de realizar uma avaliação.

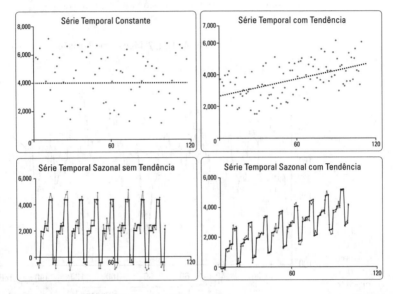

FIGURA 5-4: Uma comparação de padrões indicados pela série temporal.

Veja as linhas sólidas na Figura 5-4. Elas representam os modelos matemáticos usados para prever os pontos na série temporal. Os modelos matemáticos indicados representam previsões muito boas e precisas porque são um ajuste muito próximo dos dados reais. Os dados reais contêm um erro aleatório, o que impossibilita previsões perfeitas.

Modelando os dados da série temporal com uma variável

Assim como a análise com diversas variáveis consiste na verificação das relações entre diversas variáveis, a *análise com uma variável* é a observação quantitativa de apenas uma variável por vez. Quando você modela a série temporal com uma variável, estrutura as mudanças que representam as alterações em uma variável com o passar do tempo.

A média móvel autorregressiva (ARMA) é uma classe de métodos de previsão que você pode usar para prever valores futuros a partir de dados correntes e diacrônicos. Como seu nome indica, a família de modelos ARMA combina técnicas de *autorregressão* (análises que supõem que as observações anteriores são bons preditores dos valores futuros, e realizam uma análise de autorregressão para prevê-los) e técnicas da *média móvel* — modelos que medem o nível da série temporal constante e, então, atualizam o padrão de previsão, caso qualquer mudança seja detectada. Se estiver procurando um modelo simples ou que funcione apenas para um pequeno conjunto de dados, o modelo ARMA não será uma boa opção. Uma alternativa, nesse caso, seria utilizar apenas a regressão linear simples. Na Figura 5-5, é possível observar que os dados de previsão do modelo e os reais estão muito próximos.

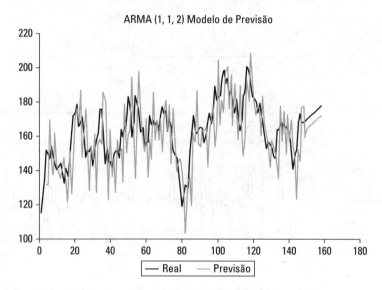

FIGURA 5-5: Um exemplo do modelo de previsão ARMA.

LEMBRE-SE

Para obter resultados confiáveis com o modelo ARMA, você precisa ter, pelo menos, 50 observações.

NESTE CAPÍTULO

» Compreendendo os fundamentos do agrupamento

» Aplicando o agrupamento em seus dados com o algoritmo k-vizinhos próximos e a estimativa da densidade do kernel

» Conhecendo os algoritmos de agrupamento hierárquico e de vizinho mais próximo

» Verificando a árvore de decisão e os algoritmos de floresta aleatória

Capítulo **6**

Usando o Agrupamento para Subdividir os Dados

Os cientistas usam o agrupamento para subdividir seus dados não rotulados em subconjuntos. Os fundamentos do agrupamento são relativamente fáceis de entender, mas as coisas rapidamente ficam complicadas quando se começa a usar alguns algoritmos mais avançados. Neste capítulo, apresento os fundamentos do agrupamento. Depois, indico diversos algoritmos que oferecem soluções de agrupamento, que atendem às suas demandas com base nas características específicas do seu conjunto de dados.

Apresentando os Fundamentos do Agrupamento

Inicialmente, para compreender os métodos avançados de agrupamento de dados, dedique tempo suficiente a aprender adequadamente os fundamentos por trás de todas as formas de agrupamento. O agrupamento é uma *forma de aprendizagem de máquina* — a parte automática é feita por seu computador e a *aprendizagem* refere-se a um algoritmo repetido continuamente até que certo conjunto de condições predeterminadas seja atendido. Os algoritmos de aprendizado geralmente são executados até que os resultados da análise final não mudem, não importando quantas vezes cada algoritmo tenha que ler os dados.

O agrupamento é um dos dois tipos principais de aprendizagem de máquina: no aprendizado *não supervisionado*, os dados no conjunto não são rotulados. Por isso, os algoritmos devem usar métodos inferenciais para descobrir padrões, relações e correlações no conjunto de dados brutos. Para exemplificar o uso do agrupamento, uso um conjunto de amostra disponível nos conjuntos de dados abertos do World Bank sobre o rendimento e a escolaridade dos países. Esses dados indicam a porcentagem do rendimento obtido por 10% da camada mais pobre da população e a porcentagem de crianças que completaram o ensino primário em cada país.

PAPO DE ESPECIALISTA

Para a análise deste capítulo, selecionei os dados estatísticos médios divulgados entre 2000 e 2003. (Alguns países divulgam essas estatísticas com base em períodos de mais de um ano. De 2000 a 2003, esses dados foram integralmente comunicados por 81 dos 277 países.)

CUIDADO

Nos conjuntos de dados sobre a porcentagem de crianças que completaram a escola primária, alguns declararam ter obtido mais de 100%. Isso porque alguns países contabilizam idades diferentes nessa estatística, mas os dados foram *normalizados* para que a distribuição da porcentagem fosse proporcionalmente redimensionada na faixa de países representados no conjunto de dados. Em outras palavras, embora a escala total exceda 100%, os valores foram normalizados para que se tornassem proporcionais entre si e fosse possível fazer a comparação. Assim, o fato de que alguns países declaram taxas de conclusão superiores a 100% não tem nenhum efeito adverso na análise feita neste capítulo.

Conhecendo os algoritmos de agrupamento

Você deve usar os algoritmos de agrupamento para subdividir os conjuntos de dados não rotulados em grupos de observações mais similares para um recurso predefinido. Se o seu conjunto de dados descreve vários recursos de um conjunto de observações que devem ser agrupadas pelas semelhanças, use os algoritmos de agrupamento. Existem diferentes métodos de agrupamento, cuja aplicação depende do modo selecionado para a divisão do conjunto de dados. Os dois principais tipos de algoritmos de agrupamento são:

» **Particional:** Algoritmos que criam apenas um conjunto agrupamentos.

» **Hierárquico:** Algoritmos que criam conjuntos separados de agrupamentos aninhados, cada um em seu próprio nível hierárquico.

Leia sobre essas duas abordagens mais adiante neste capítulo. Mas, antes, veja a Figura 6-1, que representa um diagrama de dispersão simples dos conjuntos de dados de Renda e Educação por País.

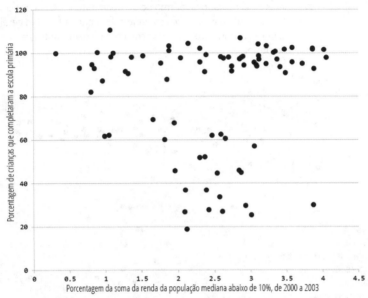

FIGURA 6-1:
Um diagrama de dispersão simples.

No agrupamento não supervisionado, você começa com esses dados e, em seguida, os divide em subconjuntos. Esses subconjuntos, chamados de *agrupamentos*, são compostos de observações semelhantes entre si. Na Figura 6-1, parece que há, pelo menos, dois agrupamentos, provavelmente três: um na parte inferior, com baixa renda e educação; e os países com alta educação podem ser divididos entre alta e baixa renda.

A Figura 6-2 mostra o resultado da *investigação* ou da formulação de uma estimativa visual dos agrupamentos nesse conjunto de dados.

DICA

Embora você possa formular estimativas visuais dos agrupamentos, é possível obter resultados muito mais precisos com conjuntos de dados maiores usando algoritmos para gerar os agrupamentos. A estimativa visual é um método aproximado, útil apenas para conjuntos de dados menores com complexidade mínima. Os algoritmos produzem resultados exatos e repetidos, e você pode usá-los para gerar agrupamentos a partir de várias dimensões de dados em seu conjunto.

CAPÍTULO 6 **Usando o Agrupamento para Subdividir os Dados** 83

Os algoritmos de agrupamento são úteis nas situações em que as seguintes características são verdadeiras:

» Você conhece e compreende o conjunto de dados que está analisando.

» Antes de executar o algoritmo de agrupamento, você não precisa ter uma ideia exata da natureza dos conjuntos (agrupamentos). Em geral, nem sabe quantos subconjuntos estão no conjunto de dados antes de executar o algoritmo.

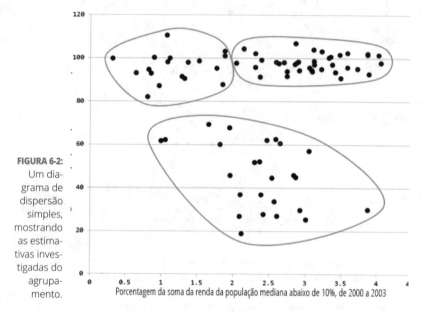

FIGURA 6-2: Um diagrama de dispersão simples, mostrando as estimativas investigadas do agrupamento.

» Os subconjuntos (agrupamentos) são determinados apenas pelo conjunto de dados que está analisando.

» Seu objetivo é determinar um modelo que descreva os subconjuntos em um único conjunto de dados e apenas nele.

DICA

Para adicionar mais dados ao seu conjunto depois de ter criado o modelo, reconstrua-o do zero para obter resultados mais completos e precisos a partir do modelo.

Vendo para as métricas de similaridade de agrupamento

Os métodos de classificação têm base no cálculo de semelhança ou diferença entre duas observações. Se seu conjunto de dados for *numérico* — composto apenas de recursos numéricos — e puder ser representado em um diagrama n dimensional, você poderá usar várias métricas geométricas para dimensionar seus dados multidimensionais.

Um *diagrama n dimensional* é um diagrama de dispersão multidimensional, que você pode usar para plotar *n* dimensões de dados.

Algumas métricas geométricas comumente usadas para calcular as distâncias entre as observações são simplesmente funções geométricas diferentes, úteis para modelar as distâncias entre os pontos:

» **Métrica euclidiana:** A medida da distância entre os pontos plotados em um plano euclidiano.

» **Métrica de Manhattan:** A medida da distância entre os pontos nos quais a distância é calculada como a soma do valor absoluto das diferenças entre as coordenadas cartesianas de dois pontos.

» **Métrica da distância Minkowski:** A generalização das métricas da distância euclidiana e de Manhattan. Muitas vezes, elas podem ser usadas alternadamente.

» **Métrica de semelhança dos cossenos:** A métrica do cosseno mede a semelhança de dois pontos de dados com base em sua orientação, determinada pelo cosseno do ângulo entre eles.

Finalmente, para dados não numéricos, é possível usar métricas como a *métrica de distância Jaccard*, um índice que compara o número de recursos que duas observações têm em comum. Por exemplo, para mostrar uma distância Jaccard, veja estas duas strings de texto:

Saint Louis de Ha-ha, Quebec

St-Louis de Ha!Ha!, QC

Quais recursos essas strings de texto têm em comum? E quais são diferentes entre elas? A métrica Jaccard gera um valor de índice numérico que quantifica a semelhança entre as strings de texto.

Identificando os Agrupamentos em Seus Dados

Você pode usar muitos algoritmos diferentes para o agrupamento, mas a velocidade e a robustez do algoritmo k-vizinhos próximos justificam a sua excelente reputação entre cientistas de dados experientes. Alternativas como os métodos de estimativa da densidade do kernel e os algoritmos hierárquicos e de vizinho mais próximo também identificam os agrupamentos em seu conjunto de dados.

Agrupamento com o algoritmo k-vizinhos próximos

O algoritmo de agrupamento *k-vizinhos próximos* é simples, rápido e não supervisionado, e você pode usá-lo para prever os agrupamentos em um conjunto de dados. O modelo faz sua previsão com base no *número de centroides presentes* — representado por *k*, um parâmetro do modelo que você deve definir — e nos valores médios mais próximos, medidos pela distância euclidiana entre as observações. Como os recursos de um conjunto de dados geralmente estão em escalas distintas, a diferença entre elas distorce os resultados do cálculo da distância. Para evitar esse problema, dimensione suas variáveis antes de usar o k-vizinhos próximos para prever os agrupamentos de dados.

A qualidade dos agrupamentos depende muito da correção do valor *k* especificado. Se seus dados tiverem duas ou três dimensões, uma faixa razoável de valores *k* poderá ser visualmente determinada. Na aproximação investigada do agrupamento no diagrama de dispersão de dados do Renda e Educação do World Bank (consulte a Figura 6-2), uma estimativa visual do valor *k* indicaria três agrupamentos, ou *k* = 3.

DICA

Ao se definir o valor *k*, é possível escolher o número de centroides pela visualização do diagrama de dispersão (se seu conjunto de dados tiver duas ou três dimensões) ou dos agrupamentos óbvios e significativos nas variáveis do conjunto. É possível selecionar o número de centroides com base nos agrupamentos que você sabe que existem no conjunto de dados, ou no número de agrupamentos que deseja que existam no conjunto de dados. Seja qual for o caso, use seu conhecimento subjetivo sobre o conjunto de dados ao escolher o número de agrupamentos a serem modelados.

Porém, se seu conjunto de dados tiver mais do que três dimensões, você deve usar métodos computacionais para gerar um bom valor para *k*. Tal método é o *coeficiente de silhueta*, que calcula a distância média de cada ponto a partir de todos os outros em um agrupamento e, então, compara esse valor com a distância média até cada ponto nos outros agrupamentos. Felizmente, como o algoritmo k-vizinhos próximos é eficiente, não requer muita capacidade de processamento computacional, e você pode calcular com facilidade esse coeficiente para uma grande faixa de valores *k*.

O algoritmo k-vizinhos próximos situa os centros do agrupamento de exemplo em uma plotagem *n* dimensional, e avalia se movê-los em qualquer direção pode resultar em um novo centro com *densidade* mais alta, ou seja, com mais observações próximas a ele. Os centros são movidos das regiões de densidade menor para as de densidade maior, até que todos os centros estejam dentro da região de *densidade máxima local* — o centro verdadeiro, em que cada agrupamento tem um número máximo de pontos próximos do seu centro. Sempre que possível, você mesmo deve tentar posicionar os centros manualmente. Se não for possível, basta situá-los aleatoriamente e executar o algoritmo várias vezes para ver com que frequência você acaba com os mesmos agrupamentos.

Um ponto fraco do algoritmo k-vizinhos próximos é a possibilidade de produzir resultados incorretos colocando os centros de agrupamento em áreas de *densidade mínima local*. Isso acontece quando os centros ficam perdidos em *regiões de baixa densidade* (isto é, regiões da plotagem que têm poucos pontos relativamente plotados) e o *movimento direcional* com base no algoritmo (o movimento que deve aumentar a densidade dos pontos) começa a saltar e oscilar entre os agrupamentos mais distantes. Nesses casos, o centro fica preso em um espaço de baixa densidade localizado entre duas zonas de densidade de pontos altos. Isso resulta em agrupamentos com erros, devido aos centros que convergem em áreas de baixa densidade mínima local. Ironicamente, isso acontece com mais frequência quando os dados subjacentes estão muito bem colocados em agrupamentos, com as regiões apertadas e densas separadas por grandes áreas esparsas.

DICA

Para experimentar, comece colocando seus dados em agrupamentos com os métodos k-vizinhos próximos usando o pacote de agrupamento do R ou a biblioteca Scikit-learn do Python. Para saber mais sobre o pacote de agrupamento do R, acesse (conteúdo em inglês):

```
http://cran.r-project.org/web/packages/cluster/
   cluster.pdf;
        para saber mais sobre Scikit-learn,
confira
        http://scikit-learn.org
```

Calculando os agrupamentos com a estimativa de densidade do kernel (KDE)

Caso não fique satisfeito com o algoritmo k-vizinhos próximos, um modo alternativo de identificar os agrupamentos em seus dados é usar uma função de suavização da densidade. A *estimativa de densidade do kernel* (KDE) é um método de suavização; coloca um *kernel* — uma função de ponderação que serve para quantificar a densidade — em cada ponto de dados no conjunto e soma os kernels para gerar uma estimativa de densidade do kernel para a região em geral. As áreas com maior densidade de pontos apresentarão a maior soma de densidade do kernel, e as áreas com menor densidade, a menor soma de densidade do kernel.

Como os métodos de suavização do kernel não operam com a colocação do centro do agrupamento nem das técnicas para estimar os agrupamentos, não há neles o risco de gerar agrupamentos errados colocando os centros em áreas de densidade mínima local. Onde os algoritmos k-vizinhos próximos geram definições rígidas entre os pontos em agrupamentos diferentes, a KDE desenvolve uma plotagem da mudança de densidade gradual entre as observações. Por isso, é útil ao se investigar os agrupamentos. A Figura 6-3 mostra como fica o diagrama de dispersão Renda e Educação do World Bank depois da aplicação de uma KDE.

Na Figura 6-3, é possível ver que os espaços em branco entre os agrupamentos foram reduzidos. Quando você olha a figura, fica bastante óbvio que existem, pelo menos, três agrupamentos e possivelmente mais, caso sejam permitidos agrupamentos pequenos.

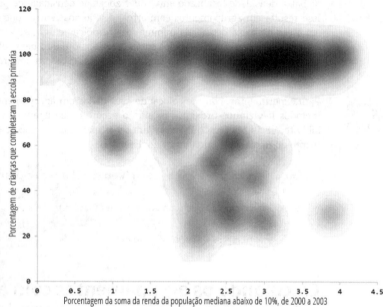

FIGURA 6-3: A suavização da KDE do diagrama de dispersão dos dados Renda e Educação do World Bank.

Agrupamento com algoritmos hierárquicos

Um algoritmo hierárquico de agrupamento é outra alternativa para o agrupamento k-vizinhos próximos. Em comparação com o k-vizinhos próximos, o algoritmo hierárquico de agrupamento é mais lento, pesado e não supervisionado. Ele prevê os agrupamentos em um conjunto de dados calculando a distância e gerando um link entre cada observação e seu vizinho mais próximo. Em seguida, usa essas distâncias para prever os subgrupos em um conjunto de dados. Para fazer um estudo estatístico ou analisar dados biológicos ou ambientais, o agrupamento hierárquico pode ser a solução de aprendizagem de máquina ideal.

Para examinar visualmente os resultados de seu agrupamento hierárquico, gere um *dendrograma* — uma ferramenta de visualização que representa as semelhanças e o desvio entre os grupos em um agrupamento de dados. É possível usar vários algoritmos diferentes para criar um dendrograma, e o algoritmo escolhido dita onde e como ocorre o ramificação nos agrupamentos. E mais, os dendrogramas podem ser criados *de baixo para cima* (montando pares de pontos para serem agregados em grupos cada vez maiores) ou *de cima para baixo* (começando com o conjunto de dados completo e dividindo-o em grupos cada vez menores). Ver os resultados do dendrograma facilita a definição do número adequado de agrupamentos para seu conjunto de dados. No exemplo do dendrograma mostrado na Figura 6-4, o conjunto subjacente tem três ou quatro agrupamentos.

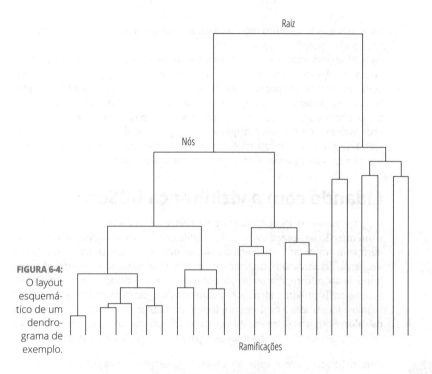

FIGURA 6-4: O layout esquemático de um dendrograma de exemplo.

No agrupamento hierárquico, a distância entre as observações é medida de três modos diferentes: euclidiano, Manhattan ou cosseno. E mais, a ligação é formada por três métodos distintos: vizinhança, completo e média. Para decidir quais parâmetros de distância e ligação usar, a abordagem mais acessível é a da tentativa e erro. Basta experimentar cada combinação e comparar os resultados de seu modelo. Fique com o que produzir a previsão mais precisa.

Os algoritmos de agrupamento hierárquico requerem mais cálculos do que os k-vizinhos próximos porque, a cada iteração do agrupamento hierárquico, as observações devem ser comparadas com muitas outras. Porém, a vantagem é que os algoritmos de agrupamento hierárquico não estão sujeitos aos erros causados pela convergência do centro nas áreas com densidade mínima local (como ocorre com os algoritmos de agrupamento k-vizinhos próximos).

Se estiver trabalhando com um conjunto de dados grande, cuidado! O agrupamento hierárquico provavelmente será um *caminho* lento demais.

Se quiser começar a trabalhar com os algoritmos de agrupamento hierárquico, confira o pacote `hclust` do R ou (novamente) a biblioteca `Scikit-learn` do Python. (Se estiver curioso sobre o `hclust`, acesse este site — conteúdo em inglês):

```
https://stat.ethz.ch/R-manual/R-
      patched/library/stats/html/hclust.html
```

Os algoritmos k-vizinhos próximos e o agrupamento hierárquico não são bem executados quando os agrupamentos são *não globulares* — uma configuração na qual alguns pontos em um agrupamento estão mais próximos dos pontos de um agrupamento diferente, do que dos pontos no centro de seu próprio agrupamento. Se seu conjunto de dados apresentar um agrupamento não globular, você poderá usar os algoritmos de agrupamento de vizinho mais próximo, como o DBScan, para determinar se cada ponto está mais próximo de seus vizinhos no mesmo agrupamento ou próximo de suas observações dos vizinhos em outros agrupamentos. (A Figura 6-5, na seção a seguir, mostra um exemplo do agrupamento de vizinho mais próximo.)

Lidando com a vizinhança DBScan

O *agrupamento espacial com base em densidade de aplicações com ruído (DBScan)* é um método de aprendizado não supervisionado, que trabalha colocando em agrupamento as *amostras centrais* (áreas densas de um conjunto de dados) enquanto demarca simultaneamente as *amostras não centrais* (partes do conjunto de dados comparativamente esparsas). É o algoritmo de agrupamento de vizinho mais próximo ideal para examinar duas ou mais variáveis ao mesmo tempo e identificar os valores atípicos. É particularmente útil para identificar os valores atípicos *coletivos*, que aparecem próximos uns dos outros — todos com valores semelhantes e anômalos para a maioria dos valores na variável.

Com o DBScan, adote uma abordagem iterativa e de experimentação para encontrar o número ideal de valores atípicos para uma inspeção. Ao experimentar o modelo DBScan, os valores atípicos devem compor 5% ou menos das observações do conjunto de dados. Você deve ajustar os parâmetros do modelo até isolar esse pequeno grupo selecionado de observações.

Os algoritmos de agrupamento de vizinho mais próximo geralmente são eficientes, mas podem ter estes dois pontos fracos:

» **O agrupamento de vizinho mais próximo pode requerer muitos cálculos.** A cada iteração desse método, cada ponto de dado pode ter que ser comparado com todos os outros pontos no conjunto.

FIGURA 6-5: Saída de exemplo de um algoritmo de agrupamento de vizinho mais próximo.

> » **Com o agrupamento de vizinho mais próximo, você pode precisar fornecer um modelo com os valores empíricos dos parâmetros correspondentes ao tamanho e à densidade esperados do agrupamento.** Se estimar incorretamente um desses parâmetros, o algoritmo identificará equivocadamente os agrupamentos e você terá que iniciar de novo esse longo processo para corrigir o problema. Se optar pelo método DBScan, será solicitado a especificar esses parâmetros. (Como alternativa, você pode experimentar os algoritmos do vizinho mais próximo médio e o k-vizinho mais próximo, analisados no Capítulo 7.)

DICA

Inicialmente, para evitar a utilização de suposições ruins nos parâmetros de tamanho e densidade do agrupamento, você pode usar um algoritmo k-vizinhos próximos rápido e determinar valores razoáveis.

Categorizando os Dados com os Algoritmos da Árvore de Decisão e da Floresta Aleatória

Quando os algoritmos de agrupamento falham, os da árvore de decisão e da floresta aleatória simplesmente oferecem uma solução de aprendizagem de máquina alternativa perfeita. Em certos casos, você pode ficar bloqueado ao tentar colocar os dados em agrupamento e classificá-los a partir de um conjunto de dados não numérico. São em momentos como esses que você pode usar o modelo da árvore de decisão para colocar seus dados em agrupamento e classificá-los corretamente.

O algoritmo da *árvore de decisão* desenvolve um conjunto de regras do tipo sim ou não, que você pode aplicar aos novos dados e ver exatamente como serão caracterizados pelo modelo. Mas é necessário ter cuidado ao usar os modelos da árvore de decisão devido ao seu alto risco de *propagação de erros*, que ocorre sempre que uma das regras do modelo está incorreta. Os erros são gerados nos resultados das decisões tomadas com base nessa regra incorreta e, então, propagados nas outras decisões subsequentes tomadas nesse desvio da árvore.

Para assimilar a dinâmica desse tipo de algoritmo, considere um conjunto de dados geralmente usado nas demonstrações da aprendizagem de máquina — a lista dos nomes de passageiros do *Titanic*. Usando um modelo simples da árvore de decisão, é possível prever que, se um passageiro era uma mulher ou um menino com uma grande família, ela ou ele provavelmente sobreviveram à catástrofe. A Figura 6-6 mostra essa determinação.

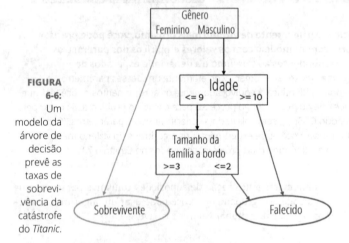

FIGURA 6-6: Um modelo da árvore de decisão prevê as taxas de sobrevivência da catástrofe do *Titanic*.

Por último, os algoritmos da floresta aleatória, embora sejam uma alternativa que demanda muito tempo, são mais eficazes. Ao invés de criar uma árvore a partir dos dados, o algoritmo cria árvores aleatórias e determina qual classifica melhor os dados de teste. Esse método elimina o risco da propagação de erros inerente aos modelos da árvore de decisão.

> **NESTE CAPÍTULO**
>
> » Conferindo um panorama do aprendizado com base em instância
>
> » Diferenciando a classificação dos métodos de agrupamento
>
> » Resolvendo os algoritmos de vizinho mais próximo
>
> » Dominando os recursos básicos e características dos algoritmos k-vizinhos mais próximos
>
> » Vendo como os algoritmos do vizinho mais próximo são usados no varejo

Capítulo **7**

Modelando com Instâncias

Os cientistas de dados usam métodos de classificação para criar modelos preditivos que podem ser usados para prever a classificação das futuras observações. A classificação é uma forma de *aprendizagem de máquina supervisionada*: o algoritmo de classificação aprende com os dados rotulados. Os rótulos dos dados facilitam que seus modelos tomem decisões com base em regras lógicas definidas. Seu algoritmo de agrupamento básico, como o método dos k-vizinhos mais próximos (k-vizinhos próximos), ajuda a prever os subgrupos contidos nos conjuntos de dados não rotulados. Porém, há mais do que apenas o básico. Acho que é hora de levar as coisas a outro nível e explorar a família baseada em instâncias dos algoritmos da aprendizagem de máquina.

Os *classificadores do aprendizado com base em instância* são *aprendizes preguiçosos* supervisionados — não têm nenhum treinamento e simplesmente guardam os dados de treinamento na memória para prever as classificações para os novos pontos de dados. Esse tipo de classificador vê as instâncias — observações em um conjunto de dados — e, para cada nova observação, pesquisa os dados de treinamento para obter as observações mais semelhantes. Em seguida, classifica a nova observação com base em sua semelhança com as instâncias no conjunto de treinamento. Os classificadores com base em instância incluem:

» k-vizinhos mais próximos (kNN)
» Mapas auto-organizáveis
» Regressão localmente ponderada

Quando não se tem certeza sobre a distribuição de seu conjunto de dados, os classificadores com base em instância podem ser uma boa opção. Contudo, primeiramente verifique se você conhece seus limites. Esses classificadores não são muito adequados para:

» Dados com ruído (com variação aleatória inexplicável)
» Conjuntos de dados com recursos pouco importantes ou irrelevantes
» Conjuntos de dados com valores ausentes

Para manter este capítulo o mais simples possível, continuarei a explicação do algoritmo de classificação k-vizinhos próximos (carinhosamente conhecido como kNN). Contudo, como os conceitos envolvidos no kNN são um pouco capciosos, primeiramente apresentarei os métodos mais simples do vizinho mais próximo antes da abordagem kNN.

Reconhecendo a Diferença entre Agrupamento e Classificação

A finalidade dos algoritmos de agrupamento e classificação é entender e extrair valor dos grandes conjuntos de dados estruturados e não estruturados. Se estiver trabalhando com volumes enormes de dados não estruturados, é razoável tentar particioná-los em algum tipo de agrupamento lógico antes de tentar analisá--los. Os métodos de classificação e de agrupamento permitem dar uma olhada rápida nos dados em massa e, então, formar algumas estruturas lógicas com base no que você encontra neles antes de se aprofundar na análise detalhada.

Reapresentando os conceitos do agrupamento

Em sua forma mais simples, os *agrupamentos* são conjuntos de pontos de dados não rotulados que compartilham valores de atributo semelhantes e os *algoritmos do agrupamento* são os métodos que agrupam esses pontos de dados em agrupamentos diferentes com base em suas semelhanças. Você verá os algoritmos do agrupamento sendo usados para a classificação de doenças na medicina, mas também os verá na classificação de clientes em pesquisas de marketing e na avaliação de risco à saúde do meio ambiente na engenharia ambiental.

Conhecendo os algoritmos de classificação

Você pode ter ouvido falar de classificação e pensado ser o mesmo conceito que agrupamento. Muitas pessoas já pensaram assim, mas este não é o caso. Na *classificação*, seus dados são *rotulados*. Portanto, antes de analisá-los, você já sabe o número de classes nas quais devem ser agrupados. Também já sabe qual classe deve ser atribuída a cada ponto de dados. Por outro lado, com os métodos de *agrupamento*, seus dados são do tipo *não rotulado*. Portanto, não há nenhum conceito predefinido de quantos agrupamentos são apropriados. Você deve contar com os algoritmos de agrupamento para classificar e colocar em agrupamento os dados do modo mais adequado.

Com os algoritmos de classificação, você usa o que sabe sobre um conjunto de dados rotulado existente para gerar um modelo preditivo que classifica as futuras observações. Se seu objetivo for usar seu conjunto de dados e seus subconjuntos conhecidos para criar um modelo que preveja a categoria das futuras observações, use os algoritmos de classificação. Ao implementar uma classificação supervisionada, você já conhece os *rótulos* do seu conjunto de dados — usados para subdividir as observações em *classes*. A classificação ajuda a verificar a adequação de seus dados nas classes predefinidas do conjunto de dados, para que você possa criar um modelo preditivo e classificar as futuras observações.

A Figura 7-1 mostra como são classificados os conjuntos de dados Renda e Educação do World Bank segundo o recurso Continente.

Na Figura 7-1, é possível ver que, em alguns casos, os subconjuntos que você pode identificar com uma técnica de agrupamento correspondem à categoria Continentes, mas, em outros casos, não. Por exemplo, veja o país asiático isolado no meio das observações africanas. É Butão. É possível usar os dados desse conjunto para criar um modelo que preveja uma classe de continente para as observações de entrada. No entanto, quando se introduz um ponto de dados para um novo país indicando estatísticas semelhantes às de Butão, esse novo país pode ser categorizado como parte do continente asiático ou africano, dependendo de como o seu modelo foi definido.

Agora, imagine uma situação na qual seus dados originais não incluam Butão e você usa o modelo para prever o continente de Butão como um novo ponto de dados. Nesse cenário, o modelo iria prever incorretamente que Butão faz parte do continente africano. Esse é um exemplo de *sobreajuste do modelo*, situação na qual um padrão está tanto ajustado ao seu conjunto de dados subjacente, como a seu ruído ou erro aleatório, que se torna um preditor errôneo de novas observações.

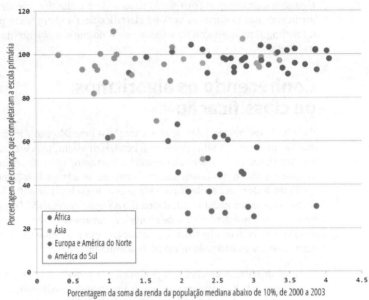

FIGURA 7-1: Uma classificação dos dados do World Bank, segundo a categoria Continente.

Para evitar o sobreajuste de seus modelos, divida seus dados em um conjunto de treinamento e um de teste. Uma proporção típica é atribuir 70% dos dados ao conjunto de treinamento e os 30% restantes ao de teste. Crie seu modelo com o conjunto de treinamento e, então, use o de teste para avaliar o modelo fingindo que suas observações são desconhecidas. Você pode avaliar a precisão do seu modelo comparando as classes atribuídas às observações do conjunto de teste com as classes verdadeiras dessas observações.

A generalização em excesso do modelo também é problemática. A *generalização em excesso* é o oposto do sobreajuste: acontece quando um cientista de dados tenta evitar uma classificação errada devido ao sobreajuste e acaba tornando o modelo extremamente genérico. Os modelos excessivamente gerais acabam atribuindo a toda classe um baixo grau de confiança. Para demonstrar a generalização excessiva de um modelo, considere novamente os conjuntos de dados Renda e Educação do World Bank. Se o modelo usou a presença de Butão para colocar dúvidas sobre cada novo ponto de dados em sua vizinhança, você terá um modelo fraco, que trata todos os pontos vizinhos como africanos, mas com uma baixa probabilidade. Esse modelo seria um executor preditivo ruim.

Uma boa metáfora para o excesso de sobreajuste e generalização é a conhecida máxima: "Se anda como um pato e grasna como um pato, então é um pato". O sobreajuste transformaria esta frase em: "É um pato se, e apenas se, anda e grasna exatamente como eu mesmo observei um determinado pato andar e grasnar. Como nunca observei um pato pintado australiano andar e grasnar, um pato pintado australiano não deve ser realmente um pato." Por outro lado, a generalização em excesso diria: "Se anda em duas pernas e emite qualquer som nasal e agudo, é um pato. Portanto, Fran Fine, o personagem de Fran na comédia norte-americana dos anos 1990, *The Nanny*, deve ser um pato."

LEMBRE-SE

Fique atento ao constante perigo da generalização e do sobreajuste excessivos. Encontre um bom meio-termo entre os dois.

Ao classificar os dados, tenha estes dois pontos em mente:

> » **As previsões do modelo são tão boas quanto seus dados subjacentes.** No exemplo de dados do World Bank, se outros fatores, como a expectativa de vida ou o uso de energia *per capita*, fossem adicionados ao modelo, sua capacidade preditiva aumentaria.
>
> » **As previsões do modelo são tão boas quanto a categorização do conjunto de dados subjacente.** Por exemplo, o que você faria com países, como a Rússia, que se estendem por dois continentes? Diferenciaria a África do Norte da Subsaariana? Juntaria a América do Norte com a Europa porque tendem a compartilhar recursos semelhantes? Você considera a América Central como parte da América do Norte ou do Sul?

Compreendendo os Dados com a Análise do Vizinho Mais Próximo

Em essência, os métodos do vizinho mais próximo selecionam o valor de atributo de uma observação e localizam outra com valor de atributo numericamente mais próximo. Como a técnica do vizinho mais próximo é um método de classificação, é possível usá-la para realizar tarefas científicas, como deduzir a estrutura molecular de uma proteína humana vital ou descobrir as principais relações da evolução biológica; ou tarefas comerciais, como projetar mecanismos de recomendação para sites de e-commerce ou criar modelos preditivos para as transações dos clientes. As aplicações são ilimitadas.

Uma boa analogia para o conceito do vizinho mais próximo é a tecnologia de GPS. Imagine que esteja precisando muito de um latte gelado do Starbucks, mas não tem ideia de onde fica a loja mais próxima. O que fazer? Uma solução fácil é simplesmente perguntar ao smartphone onde fica a loja mais próxima.

Quando você faz isso, o sistema procura os estabelecimentos do Starbucks situados a uma proximidade razoável do seu local. Depois de gerar uma lista de resultados, o sistema informa o endereço do Starbucks mais próximo, isto é, o vizinho mais próximo.

Como o termo *vizinho mais próximo* sugere, a finalidade básica da análise do vizinho mais próximo é examinar seu conjunto de dados e encontrar a observação quantitativamente mais parecida com sua observação. Note que as comparações das semelhanças podem ser baseadas em qualquer atributo quantitativo, como distância, idade, rendimento, peso ou qualquer outro fator que descreva a observação que está investigando. O atributo comparativo mais simples é a distância.

Ainda na analogia com o Starbucks, as coordenadas *x, y, z* da loja, informadas por seu smartphone, são parecidas com as coordenadas *x, y, z* do seu local. Em outras palavras, seu local está mais próximo, em termos de distância física real. O *atributo* quantitativo comparado é a distância, seu local atual é a *observação* e o Starbucks informado é a *observação mais parecida*.

LEMBRE-SE

As análises modernas do vizinho mais próximo quase sempre são realizadas por algoritmos de computação. O algoritmo do vizinho mais próximo é conhecido como *algoritmo com ligação simples*, que aglutina agrupamentos que compartilham, pelo menos, uma *borda conectiva* (definida pelo par de observações mais próximas pertencentes a agrupamentos diferentes). Nas seções a seguir, você aprenderá os fundamentos do algoritmo do vizinho mais próximo médio e o k-vizinho próximo.

Classificando os Dados com os Algoritmos do Vizinho Mais Próximo Médio

Os algoritmos do vizinho mais próximo médio são classificações básicas, porém, poderosas. São úteis para encontrar e classificar as observações mais semelhantes de uma média. Os algoritmos do vizinho mais próximo médio são usados no reconhecimento de padrões, na análise estrutural química e biológica e na modelagem de dados espaciais. São mais usados em biologia, química, engenharia e geociências.

Nesta seção, você aprenderá como usar os algoritmos do vizinho mais próximo médio para comparar vários atributos entre as observações e, depois, identificar quais são as mais parecidas. Também irá conferir como usar os algoritmos do vizinho mais próximo médio para identificar padrões importantes em seu conjunto de dados.

A finalidade de usar um algoritmo do vizinho mais próximo médio é classificar as observações com base na média das distâncias aritméticas entre elas. Se seu objetivo for identificar e agrupar as observações pela semelhança média, o algoritmo do vizinho mais próximo médio será uma ótima maneira de fazer isso.

Em relação aos classificadores do vizinho mais próximo, um conjunto de dados é composto de observações, cada uma com as variáveis x e y. Uma variável x representa o valor de entrada, ou *recurso*, e y, o rótulo dos dados ou a variável--alvo. Para assimilar os termos corretamente, considere o seguinte exemplo.

Suponha que Stu, um amistoso analista de negócio que trabalha nos arredores, use os algoritmos do vizinho mais próximo médio para fazer uma análise de classificação nos conjuntos de dados do banco de dados da sua organização. Ele está comparando os funcionários com base nas quatro categorias a seguir:

» Idade

» Número de filhos

» Renda anual

» Tempo de serviço

Porém, em seu conjunto de dados (mostrado na Tabela 7-1), cada funcionário na organização de Stu é representado por uma *tupla* com cinco dimensões ou um conjunto de cinco categorias.

» Funcionário Mike: (34, 1, 120.000, 9, 0)

» Funcionária Liz: (42, 0, 90.000, 5, 0)

» Funcionário Jin: (22, 0, 60.000, 2, 0)

» Funcionária Mary: (53, 3, 180.000, 30, 1)

Usando as variáveis idade, número de filhos, renda anual e tempo de serviço como recursos preditivos, o analista de negócio Stu calcula as diferenças aritméticas médias entre cada um dos funcionários. A Figura 7-2 mostra as distâncias calculadas entre cada um dos funcionários.

TABELA 7-1 **Dados do Analista Stu**

Nome do Funcionário	Idade	Número de Filhos	Renda Anual	Tempo de Serviço	Qualificado para Aposentar
Mike	34	1	$120.000	9	0
Liz	42	0	$90.000	5	0
Jin	22	0	$60.000	2	0
Mary	53	3	$180.000	30	1

Mike	34	1	120.000	9
Liz	42	0	90.000	5
Distância entre os funcionários	8	1	30.000	4
Mike	34	1	120.000	9
Jin	22	0	60.000	2
Distância entre os funcionários	12	1	60.000	7
Mike	34	1	120.000	9
Mary	53	3	180.000	30
Distância entre os funcionários	19	2	60.000	21
Liz	42	0	90.000	5
Jin	22	0	60.000	2
Distância entre os funcionários	20	0	30.000	3
Liz	42	0	90.000	5
Mary	53	3	180.000	30
Distância entre os funcionários	11	3	90.000	25
Jin	22	0	60.000	2
Mary	53	3	180.000	30
Distância entre os funcionários	31	3	120.000	28

FIGURA 7-2: As distâncias entre as tuplas dos funcionários.

Depois de obter essa medida aritmética da distância entre os funcionários, Stu encontra o *vizinho mais próximo médio* definindo uma média das distâncias de separação. A Figura 7-3 mostra a semelhança média.

Em seguida, Stu agrupa os funcionários pela distância de separação média entre eles. Como os valores da distância de separação média entre Mike, Liz e Jin são os menores, são agrupados em uma classe 0. Como as distâncias de separação média de Mary são bem diferentes das outras, ela é colocada em sua própria classe — a classe 1.

Mas isso faz sentido? Bem, você está trabalhando com um conjunto de dados rotulado e pode ver que o atributo Qualificado para Aposentar assume apenas um dos dois possíveis valores. Portanto, sim. Se o algoritmo prevê duas classificações nos dados, essa é uma previsão razoável. E mais, se Stu obtiver novos pontos de dados de entrada não rotulados em relação à qualificação para aposentadoria de uma pessoa, provavelmente poderá usar esse algoritmo para prever a qualificação com base nos outros quatro recursos.

FIGURA 7-3: Localizando a semelhança média entre os funcionários.

Localizando a Semelhança Média	
Distância Média (Mike - Liz)	
Valor Médio de Distância (Média de 8, 1, 30000, 4)	7503.25
Distância Média (Mike - Jin)	
Valor Médio de Distância (Média de 12, 1, 60000, 7)	15005
Distância Média (Mike - Mary)	
Valor Médio de Distância (Média de 19, 2, 60000, 21)	15010.5
Distância Média (Liz - Jin)	
Valor Médio de Distância (Média de 20, 0, 30000, 3)	7505.75
Distância Média (Liz - Mary)	
Valor Médio de Distância (Média de 11, 3, 90000, 25)	22509.75
Distância Média (Jin - Mary)	
Valor Médio de Distância (Média de)	30015.5

Classificando com os Algoritmos K-Vizinhos Próximos

O k-vizinhos próximos é um classificador da aprendizagem de máquina supervisionado que usa as observações que memoriza dentro de um conjunto de dados de teste para prever as classificações aplicáveis a observações novas e não rotuladas. O kNN faz suas previsões com base na *semelhança* — quanto mais parecidas forem as observações de treinamento com as de entrada, mais provavelmente o classificador irá atribuí-las à mesma classe. O kNN funcionará melhor se seu conjunto de dados:

» Tiver baixo ruído

» Não tiver valores atípicos

» For rotulado

» For composto apenas de recursos selecionados relevantes

» For composto de grupos diferentes

CUIDADO

Se estiver trabalhando com um grande conjunto de dados, talvez não queira usar o kNN, porque provavelmente levará tempo demais para fazer previsões a partir de conjuntos de dados maiores.

No contexto mais amplo da aprendizagem de máquina, o kNN é conhecido como algoritmo *preguiçoso*, ou seja, tem pequena ou nenhuma fase de treinamento. Ele apenas memoriza os dados de treinamento e usa essas informações como base para classificar as novas observações. O objetivo do kNN é estimar a classe do ponto de consulta P com base nas classes dos seus k-vizinhos próximos. Portanto, a dinâmica do kNN é bem parecida com o funcionamento do cérebro humano.

O algoritmo kNN é uma generalização do algoritmo do vizinho mais próximo. Em vez de considerar o vizinho mais próximo, você considera a quantidade k de vizinhos mais próximos dentro de um conjunto de dados que contém n número de pontos de dados; k define quantos vizinhos mais próximos influenciarão o processo de classificação. No kNN, o classificador categoriza o ponto de consulta P por rótulos de classificação encontrados em uma maioria de pontos k-mais próximos em torno do ponto de consulta.

O kNN será um bom método de classificação a usar se você souber pouco sobre a distribuição de seu conjunto de dados. E mais, se tiver uma boa ideia da distribuição e dos *critérios de seleção dos recursos* dele — para identificar e remover o ruído no conjunto de dados — poderá aproveitar essas informações para fazer melhorias significativas no desempenho do algoritmo.

O kNN está entre os métodos de classificação mais simples e fáceis de implementar, e ainda gera resultados competitivos quando comparados a alguns métodos mais sofisticados da aprendizagem de máquina. Provavelmente por causa da sua simplicidade e dos seus resultados competitivos, o algoritmo kNN foi classificado entre os dez algoritmos de extração de dados mais influentes pela comunidade de pesquisa acadêmica.

Compreendendo como funciona o algoritmo k-vizinhos próximos

Para usar o kNN, você só precisa escolher um ponto de consulta — geralmente chamado P — no conjunto de dados de amostra e calcular os k-vizinhos próximos até esse ponto. O ponto de consulta P é classificado com um rótulo igual ao da maioria dos k pontos mais próximos em torno dele. (A Figura 7-4 apresenta uma visão panorâmica do processo.)

Os k-vizinhos próximos são quantificados pela distância ou semelhança com base em outro atributo quantitativo.

Considere o exemplo a seguir: um conjunto de dados é representado por [1, 1, 4, 3, 5, 2, 6, 2, 4] e o ponto P é igual a 5. A Figura 7-4 mostra como o kNN seria aplicado a esse conjunto de dados.

Agora, se você determinasse que k é igual a 3, haveria, com base na distância, três vizinhos mais próximos do ponto 5. Esses vizinhos são 4, 4 e 6. Portanto, com base no algoritmo kNN, o ponto de consulta P será classificado como 4, porque este é o número da maioria na quantidade k de pontos mais próximos a ele. Igualmente, o kNN continua definindo outros pontos de consulta usando o mesmo princípio da maioria.

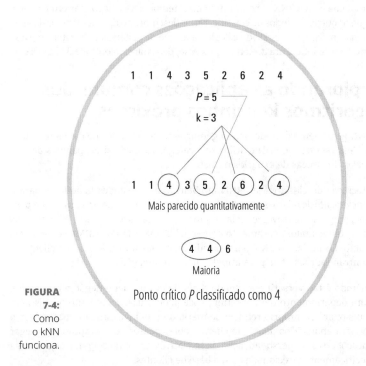

FIGURA 7-4: Como o kNN funciona.

Ponto crítico *P* classificado como 4

LEMBRE-SE

Ao usar o kNN, é fundamental escolher um valor *k* que minimize o *ruído*, ou seja, a variação aleatória inexplicável. Ao mesmo tempo, você deve escolher um valor *k* que inclua pontos de dados suficientes no processo de seleção. Se os pontos de dados não estiverem distribuídos uniformemente, em geral será mais difícil predeterminar um valor adequado para *k*. Tenha cuidado ao selecionar um valor *k* ideal para cada conjunto de dados analisado.

DICA

Os valores *k* grandes tendem a produzir menos ruído e mais *suavização da borda* — uma definição mais clara e menos sobreposta — entre as classes do que os valores *k* pequenos.

Sabendo quando usar o algoritmo k-vizinhos próximos

O kNN é particularmente útil no *aprendizado com vários rótulos* — o aprendizado supervisionado no qual o algoritmo é aplicado para que *aprenda* (detecte padrões) automaticamente a partir de diversos conjuntos de instâncias. Cada um desses conjuntos pode ter várias classes por si só. No aprendizado com vários rótulos, o algoritmo aprende a prever vários rótulos de classe para cada nova instância encontrada.

CAPÍTULO 7 **Modelando com Instâncias** 103

O problema com o kNN é exigir muito mais tempo para categorizar um exemplo do que os outros métodos de classificação. O desempenho do classificador do vizinho mais próximo depende do cálculo da função de distância e do valor do parâmetro *k* do vizinho. Para acelerar o processo, determine valores ideais para *k* e *n*.

Explorando as aplicações comuns dos algoritmos k-vizinhos próximos

O kNN geralmente é usado para o gerenciamento do banco de dados na internet. Nesse sentido, o kNN é útil para a categorização de sites, páginas da web e outras dinâmicas de usuários na web.

As técnicas de classificação kNN também trazem grandes benefícios para o *gerenciamento de relações com cliente (CRM)*, um conjunto de processos que permite à empresa desenvolver relações melhores com seus clientes e, ao mesmo tempo, obter maior rendimento comercial. A maioria dos CRMs se beneficia bastante ao utilizar o kNN para extrair dados das informações dos clientes e encontrar padrões úteis para impulsionar sua retenção.

O método é tão versátil que, sendo dono de um pequeno negócio ou gerente de um departamento de marketing, você poderá usar facilmente o kNN para impulsionar seu próprio retorno de marketing no investimento. Basta usar o kNN para analisar os dados do cliente, obter padrões de compra e empregar as descobertas na personalização de iniciativas de marketing que sejam mais especificamente direcionadas à sua base de clientes.

Resolvendo Problemas Reais com os Algoritmos do Vizinho Mais Próximo

Os métodos do vizinho mais próximo são bastante usados para entender e criar valor a partir dos padrões identificados nos dados comerciais do setor de varejo. Nas seções a seguir, apresento dois casos expressivos nos quais os algoritmos kNN e kNN médio são usados para simplificar o gerenciamento e a segurança nas operações diárias do varejo.

Vendo os algoritmos k-vizinhos próximos em ação

As técnicas do k-vizinhos próximos aplicáveis ao reconhecimento de padrões geralmente são usadas para a prevenção de roubos nos negócios de varejo modernos. Naturalmente, você está acostumado a ver câmeras de circuito fechado em quase toda loja que visita, mas a maioria das pessoas não tem ideia de como os dados reunidos a partir desses dispositivos são usados.

É possível imaginar alguém nos bastidores monitorando essas câmeras em busca de atividades suspeitas, e talvez as coisas fossem assim no passado. Mas, agora, um sistema de vigilância moderno é inteligente o bastante para analisar e interpretar os dados do vídeo por si só, sem precisar de assistência humana. Os sistemas modernos agora usam o k-vizinhos próximos para reconhecer padrões visuais que examinam e detectam pacotes ocultos na caixa inferior de um carrinho de compras na saída. Se um objeto que corresponde exatamente a algo listado no banco de dados for detectado, o preço do produto identificado pode até ser automaticamente adicionado à conta do cliente. Embora essa prática de cobrança automática ainda não seja muito usada, a tecnologia foi desenvolvida e já está disponível.

O k-vizinhos próximos também é usado no varejo para detectar padrões no uso do cartão de crédito. Muitos aplicativos novos de software que examinam transações usam os algoritmos kNN para analisar dados do registro e identificar padrões incomuns que indiquem uma atividade suspeita. Por exemplo, se os dados do registro indicarem que muitas informações de um cliente estão sendo inseridas manualmente em vez de o cartão ser escaneado e processado automaticamente, isso poderá indicar que o funcionário a cargo do registro está, na verdade, furtando informações pessoais de um cliente. Da mesma forma, se os dados de registro apontarem que determinado produto foi devolvido ou trocado várias vezes, isso pode indicar que os funcionários estão descumprindo a política de devolução ou tentando ganhar dinheiro com devoluções falsas.

Vendo os algoritmos do vizinho mais próximo médio em ação

A classificação do algoritmo do vizinho mais próximo médio e a detecção de padrões pontuais podem ser usadas em supermercados para identificar padrões-chave no comportamento de compra dos clientes e, depois, aumentar as vendas e a satisfação dos clientes antecipando o seu comportamento. Considere a história a seguir:

> Como em outras mercearias, o comportamento do comprador na Waldorf Food Co-op (fictícia) tende a apresentar padrões fixos. Os gerentes até comentam o estranho fato de que os membros de uma determinada faixa etária tendem a visitar a loja durante a mesma janela de tempo, e a comprar os mesmos tipos de produtos. Um dia, o gerente Mike foi extremamente proativo e decidiu contratar um cientista de dados para analisar os dados dos clientes e fornecer detalhes exatos sobre essas tendências estranhas que tinha notado. Quando o cientista de dados Dan chegou,

descobriu rapidamente um padrão entre os trabalhadores de meia-idade do sexo masculino: apresentavam a tendência de visitar a mercearia apenas durante os finais de semana ou no final do dia durante a semana, e, se entravam na loja em uma quinta-feira, quase sempre compravam cerveja.

Munido dessas informações, o gerente Mike rapidamente usou o que sabia para maximizar as vendas de cerveja nas noites de quinta-feira oferecendo descontos, pacotes e promoções. Não só o dono da loja ficou contente com o aumento no rendimento, como também os clientes do sexo masculino da Waldorf Food Co-op, porque tinham mais do que queriam, no momento em que queriam.

NESTE CAPÍTULO

» Entendo o vocabulário da IoT e os componentes tecnológicos

» Conferindo como o data science suporta a IoT

» Entendendo a poderosa combinação e a IoT

Capítulo **8**

Criando Modelos que Operam os Dispositivos da Internet das Coisas

A *Internet das Coisas (IoT)* é uma rede de dispositivos conectados que usam a internet para se comunicar. Isso parece assustador, certo? É como no filme *Ela*, no qual as comunicações entre as máquinas fazem com que comecem a pensar e agir de modo autônomo. Mas, na verdade, a IoT representa o futuro em matéria de informação, eficiência e assistência virtual — tudo o que os seres humanos modernos adoram e desejam.

O surgimento da IoT foi facilitado por três fatores principais:

» Aumento na adoção de práticas de aprendizagem de máquina

» Aumento na implantação de tecnologias com sensores

» Aumento nas capacidades de processamento de dados em tempo real

A boa notícia para os cientistas de dados é que o data science está na raiz de cada um desses três fatores, o que torna a IoT uma área ideal para especialização.

Como o data science, a própria IoT não é o fim do jogo. O mais inspirador e impressionante sobre a IoT é a sua implementação em diferentes *mercados verticais* — áreas de nicho de aplicações comercial e industrial (por exemplo, produção, óleo e gás, varejo, banco etc.). Para conferir alguns exemplos, considere os seguintes tipos de tecnologias emergentes:

» **Processamento industrial:** A detecção inicial de falhas em equipamentos é processada em tempo real nos dados do sensor de vibração.

» **Ambiental:** Monitoramento urbano habilitado por sensor e recomendações formuladas com base em leituras, em tempo real, de dispositivos que medem a qualidade do ar nas cidades, visibilidade, padrões de tráfego, qualidade da água, riscos de incêndio e poluição sonora (ambiental ou em outros espaços).

» **Boa forma:** O controle da boa forma em tempo real e recomendações de exercícios são acessíveis via processamento em tempo real e análise dos dados do sensor de movimento tridimensional.

Para aprender sobre como a IoT funciona, as tecnologias que a suportam e os avanços que promete promover, leia as seções a seguir.

Traçando um Quadro Geral do Vocabulário e das Tecnologias

A Internet das Coisas tem a sua própria classe de tecnologia. Possui um vocabulário específico e um conjunto de tecnologias subjacentes. Antes de entrar no data science da IoT, reserve um momento para se familiarizar com as quatro seções a seguir.

Aprendendo o jargão

Antes de estudar o data science e as inovações relacionadas à IoT, você precisa aprender o vocabulário fundamental. A *névoa* — ou *nuvem IoT* — é uma rede de serviços em nuvem que conectam os dispositivos à IoT habilitada. Os requisitos de análise de processamento de big data com base em nuvem são suportados por esses serviços de nuvem IoT. Eles usam a análise e o processamento dos dados com base em nuvem para suportar a IoT e facilitar as operações inteligentes, adaptáveis e autônomas do dispositivo.

Os *dispositivos de borda* são dispositivos com IoT habilitada conectados à nuvem IoT. Além de estarem conectados à névoa, compartilham algo em comum: geram dados por meio de vários aparelhos, inclusive sensores, hodômetros, câmeras, sensores de contato e de pressão, scanners a laser, termômetros, detectores de fumaça, microfones, medidores elétricos, de gás e de água, e muitos outros.

CUIDADO

Os dispositivos conectados à IoT geram muitos dados! Algumas estimativas contabilizam os dados gerados por eles em mais de 2,5 milhões de terabytes por dia. Sem a devida filtragem e tratamento, o volume e a velocidade desses dados seriam inúteis. Para otimizar as operações dos dispositivos usando os dados gerados por eles, o armazenamento e o processamento dos dados devem ser estratégicos.

A boa notícia é que nem todos os dados produzidos nos dispositivos periféricos precisam ser movidos para a nuvem para processamento, armazenamento e análise. Na verdade, a maioria dos dispositivos periféricos vem com *aplicativos embutidos nos dispositivos* capazes de processar e derivar as informações localmente, usando os dados criados pelos aparelhos do dispositivo em tempo real. A implementação de processamento e análise de dados localmente são chamados de *processamento de borda* e ajudam a economizar recursos:

» **Detectando os dados úteis para as operações de análise em execução no dispositivo e descartando os demais:** Isso reduz a transferência de dados e a sobrecarga de armazenamento.

» **Lidando com as implantações analíticas localmente e eliminando a necessidade de transferir os dados para e a partir da nuvem:** Uma vantagem desses aplicativos analíticos incorporados pelo dispositivo é que retornam os resultados mais rapidamente do que se os dados fossem processados em nuvem.

Quando o processamento ocorre localmente ou em nuvem, os aplicativos analíticos IoT que implementam algoritmos da aprendizagem de máquina adaptativos são chamados de *aplicativos IoT adaptativos*. Eles viabilizam o ajuste e a adaptação às condições locais nas quais o dispositivo opera. Mais adiante neste capítulo, você irá conferir um resumo dos métodos populares da aprendizagem de máquina aplicáveis ao data science na IoT. A Figura 8-1 mostra como alguns desses componentes ajudam a esquematizá-los.

Como a maioria das coisas relacionadas à IoT, os profissionais de IoT são uma categoria à parte. Os *desenvolvedores de aplicativos em nuvem IoT* são cientistas de dados e engenheiros, que priorizam exclusivamente o desenvolvimento de aplicativos IoT adaptativos voltados para a implantação em dispositivos locais. Por sua vez, o *desenvolvedor IoT*, em regra, é responsável por criar produtos e sistemas que atendam às principais demandas da nuvem IoT inteira, inclusive todos os seus dispositivos IoT conectados, fontes de dados e ambientes de computação em nuvem.

FIGURA 8-1: Esquema conceitual da rede IoT.

Adquirindo plataformas IoT

As plataformas IoT são divididas em plataformas de hardware e software. As *plataformas de hardware IoT* são componentes de hardware que você pode usar para conectar dispositivos à nuvem IoT, mover os dados e gerenciar as operações do dispositivo localmente. Cada plataforma dispõe do seu próprio conjunto de recursos básicos. Portanto, você precisará definir o que atende às suas necessidades específicas; algumas plataformas do hardware IoT são o Raspberry Pi, o Intel Edison e os produtos Arduino. As *plataformas de software IoT* oferecem serviços como gerenciamento do dispositivo, integração, segurança, protocolos de coleção de dados, análise e visualização limitada dos dados. Novamente, cada solução apresenta a sua própria combinação exclusiva de recursos. Portanto, pesquise; os principais revendedores são a plataforma IoT AWS e o IBM IoT Foundation Device Cloud.

Spark streaming para a IoT

O Spark é a estrutura ideal para o processamento e a análise integrados de big data em tempo real. Em relação à IoT, cada fluxo do sensor pode ser transformado em *DStreams* do Spark — fluxos de dados separados que são a abstração de dados fundamental no *módulo Streaming* do Spark (o módulo no qual ocorre o processamento dos dados). Depois de incluir seus dados nos DStreams, será bem mais simples construir operações analíticas automatizadas de filtragem, processamento e detecção com base no conteúdo do DStream. Dependendo do que é detectado, notificações e alertas sobre informações críticas são emitidos de volta para os aplicativos IoT em tempo real. Você pode usar as *operações de janela* do Spark Streaming nas fontes do DStream para agregar rápida e facilmente processamento e alertas em qualquer intervalo de tempo regular escolhido. Por fim, para realizar uma análise comparativa, é possível usar os Conjuntos de Dados Distribuídos Resilientes (RDD) do Spark — uma coleção de objetos que não muda e uma estrutura de dados Spark fundamental — para armazenar quaisquer conjuntos de dados históricos relevantes na memória.

CUIDADO

Em geral, os dispositivos de borda apresentam atrasos na transmissão dos dados devido a eventos como congestionamento da rede e conectividade intermitente. A alta latência é comum. Para resolver isso, analise os dados com base na data e hora específicas em que foram gerados e não quando chegam à nuvem IoT.

Reconhecendo o contexto com a fusão sensorial

Estão ocorrendo grandes avanços na IoT com a *conscientização contextual* — processo em que os sensores geram dados que podem ser usados nos serviços de reconhecimento em tempo real do contexto do dispositivo que gera os dados. Esse reconhecimento do contexto é viabilizado por uma tecnologia chamada *fusão sensorial*, na qual os dados de vários sensores diferentes são combinados por um microcontrolador que oferece uma visão mais ampla e detalhada do que acontece em um ambiente local. As tecnologias que suportam a fusão sensorial incluem o EM Microelectronic, NXP e Apache Flink.

Examinando as Abordagens do Data Science

Para criar modelos IoT e aplicativos preditivos, é necessário conhecer Python e SQL, abordados nos Capítulos 14 e 16, respectivamente. É possível usar o Python para a administração dos dados, visualização, análise de série temporal e aprendizagem de máquina. Conhecer SQL é útil para consultar dados nos bancos tradicionais ou no Sistema de Arquivos Distribuídos Hadoop. (Mais sobre esse tópico no Capítulo 2.) Para aprender mais sobre os métodos analíticos específicos e a sua relação com o data science, continue lendo.

CUIDADO

Um problema específico dos dados IoT é que, em geral, são *esparsos* — grande parte dos seus valores é vazia ou "NaN" — "não um número". Prepare-se para *inserir* muitos valores ausentes — e substituí-los por aproximações — quando processar previamente os dados para a análise.

CAPÍTULO 8 **Criando Modelos que Operam os Dispositivos...** 111

Adotando a série temporal

Como a maioria dos dados do sensor IoT é composta de séries temporais, você deve demonstrar competência ao criar e usar modelos de série temporal. Uma utilidade dos modelos de série temporal na IoT é diminuir o overhead (dados de controle do protocolo de comunicação) da transmissão de dados em redes de sensor sem fio. (Você entenderá o motivo depois de ler a lista a seguir.) Esses dois modelos de série temporal são importantes para o data science da IoT:

» **Modelos de média móvel:** Os modelos de média móvel fazem previsões com base na média das observações do passado. Eles atualizam a predição sempre que um desvio significativo dos valores previstos for detectado. Os modelos de média móvel são importantes para a IoT devido a seu recurso automático de atualização, como será explicado em detalhes a seguir.

» **Modelos autorregressivos integrados de média móvel (ARIMA):** O ARIMA combina a classe autorregressiva de médias móveis (ARMA) dos métodos de previsão (abordados no Capítulo 5) com o processo de *diferenciação* — tornam uma série temporal fixa calculando a diferença entre as observações consecutivas. Ao se implantar o modelo ARIMA em um nó do sensor, é possível diminuir bastante a quantidade de dados transmitida para análise na nuvem IoT. Isso porque apenas os dados que ficam fora da faixa dos erros de previsão são enviados, e o modelo se atualiza continuamente de acordo com as mudanças significativas indicadas nas leituras do sensor.

Análise geoespacial

Assim como os nós do sensor criam dados rotulados com data e hora, também produzem dados rotulados com a marca da sua localização geoespacial. Cada observação ocorre em seu tempo — e lugar —, logo, a localização é muito importante para a IoT. Muitos aplicativos IoT consideram a localização de um dispositivo de borda, e a sua proximidade em relação a outros dispositivos conectados. Tudo isso requer capacidades multidimensionais de processamento e análise dos dados geoespaciais que apenas um aplicativo GIS — aplicativo com um *sistema de informações geográficas* — pode oferecer. O GIS, junto com as tecnologias de dados e da rede IoT, facilita a análise de tempo e espaço geográfico em tempo real, permitindo que informações geográficas sejam enviadas no momento e no local certos, ou seja, precisamente quando forem úteis. As análises geoespaciais em tempo real geram resultados importantes e, às vezes, salvam vidas, quando usadas para:

» Identificar e envolver os clientes locais enquanto estiverem nos arredores.

» Monitorar os ativos do campo para obter sinais precoces de falha do equipamento.

» Acionar uma resposta de emergência com o reconhecimento da situação em tempo real.

Envolvendo-se com o aprendizado profundo

O aprendizado profundo é um desenvolvimento empolgante na IoT, pois viabiliza a execução de operações autônomas adaptáveis na rede de máquinas. Como vimos no Capítulo 4, *aprendizado profundo* é um algoritmo da aprendizagem de máquina que implanta camadas de redes neurais hierárquicas para aprender com os dados de maneira iterativa e adaptável. Do mesmo modo como os modelos da média móvel e ARIMA se atualizam, os modelos do aprendizado profundo se ajustam e aprendem com os dados, apesar das mudanças e irregularidades presentes nos dados do sensor de entrada.

Listei abaixo alguns dos requisitos que um modelo de aprendizado profundo deve observar quando implantado no ambiente IoT:

» O modelo deve lidar de modo autônomo com os requisitos de pré-processamento do conjunto de dados esparsos.

» O modelo deve aprender com os dados não rotulados.

» O modelo deve autoavaliar seus resultados e otimizar os parâmetros, se necessário.

» O modelo não deve ter uma tendência para o sobreajuste.

PAPO DE ESPECIALISTA

O aprendizado por reforço também pode ser útil para gerar análises a partir dos dados IoT. O *aprendizado por reforço* — ou aprendizagem de máquina semissupervisionada — é um método promissor que treina os modelos via lógica do sistema de recompensa, que lembra bastante o modo como os seres humanos aprendem. Um agente do aprendizado por reforço aprende por conta própria interagindo com seu ambiente e escolhendo as ações com que pode obter o máximo possível de recompensas. Você pode definir as regras de atribuição de recompensas e o agente aprenderá a praticar ações que maximizem o número de recompensas recebidas.

Avançando na Inovação da Inteligência Artificial

Para entender a inteligência artificial e seu lugar na IoT, primeiro é necessário compreender as principais diferenças entre os termos *inteligência artificial, aprendizagem de máquina* e *IoT*. O termo *inteligência artificial (IA)* se refere a sistemas predefinidos que imitam o comportamento humano ao tomarem decisões criteriosas derivadas das saídas do modelo de rede neural artificial. Muitas tecnologias IA implementam o aprendizado profundo ou aprendizado por reforço, mas tradicionalmente a inteligência motriz por trás da IA eram as redes neurais

CAPÍTULO 8 **Criando Modelos que Operam os Dispositivos...** 113

artificiais. Como explico no Capítulo 4, as redes neurais são um tipo de método da aprendizagem de máquina entre muitos. Portanto, para deixar claro, a aprendizagem de máquina não é IA, mas engloba alguns métodos relacionados às decisões tomadas pelas tecnologias IA. Em síntese, a *aprendizagem de máquina* é apenas a prática de aplicar modelos algorítmicos nos dados para descobrir padrões ocultos ou tendências que você pode usar para fazer previsões.

A IoT é uma rede de dispositivos conectados e inteligentes, em que muitos deles dependem de uma saída dos modelos de aprendizagem de máquina para direcionar e gerenciar as operações dos dispositivos. Nesse sentido, embora alguns dispositivos IoT sejam considerados uma forma de inteligência artificial, nem todos os dispositivos conectados à IoT são tecnologias IA. Alguns são gerenciados por sistemas de controle tradicionais, que não incluem a aprendizagem de máquina nem a análise avançada, como o SCADA — Controle de Supervisão e Aquisição de Dados. Esses dispositivos ainda seriam IoT, mas não são considerados tecnologias IA.

A inteligência artificial existe há algum tempo — desde os anos 1940, na verdade. Algumas das inovações IA mais recentes são:

» **Carros autônomos:** Carros que implantam a aprendizagem de máquina para tomar decisões necessárias para operar e dirigir sozinhos. A supervisão humana ainda é necessária para assegurar a segurança do passageiro.

» **Robótica militar:** Os robôs militares armados implantam a aprendizagem de máquina para agir de modo autônomo em ambientes de conflito.

» **AlphaGo:** O aplicativo de jogos do Google usou o aprendizado profundo para ganhar US$1 milhão, vencendo Lee Sedol no jogo chinês chamado Go.

Contudo, a IoT lidera sua própria geração de avanços da IA. Um tipo de inovação já disponível é a casa inteligente. Para entender como a IoT se combina com a IA para produzir uma casa inteligente, imagine que é verão e faz muito calor do lado de fora. Quando você sai para trabalhar, o ar-condicionado sempre fica desligado, e quando você chega em casa às 17h, leva muito tempo para esfriar a casa. Bem, com os avanços da IoT e da IA, é possível conectar o GPS do seu telefone, um sensor de temperatura externo e o ar-condicionado. A rede pode aprender quais recursos indicam a sua chegada iminente — como a saída do trabalho, hora da saída e a direção do percurso — para prever o momento da sua chegada. A rede pode usar a leitura da temperatura externa para aprender por quanto tempo e a quantos graus o ar-condicionado deve funcionar e, então, diminuir a temperatura do cômodo de acordo com a configuração selecionada. Dessa forma, quando você chegar, a temperatura da casa estará perfeita e não será necessário esperar, ligar ou desligar os sistemas. Eles poderão agir de modo autônomo, com base no que aprenderam com os vários dispositivos conectados e nos parâmetros definidos.

3
Criando Visualizações que Claramente Comuniquem Significados

NESTA PARTE . . .

Explore os princípios do design da visualização de dados.

Use os recursos D3.js para criar visualizações dinâmicas.

Trabalhe com aplicativos de visualização de dados com base na web.

Crie mapas usando dados espaciais.

> **NESTE CAPÍTULO**
>
> » Criando o layout dos tipos básicos de visualização de dados
>
> » Escolhendo o tipo perfeito de visualização de dados para as necessidades de seu público
>
> » Escolhendo o estilo de design perfeito
>
> » Adicionando contexto
>
> » Criando mensagens visuais claras e poderosas com o gráfico de dados certo

Capítulo **9**

Observando os Princípios do Design da Visualização de Dados

Qualquer definição padrão de data science deve especificar que a sua finalidade é extrair significado e valor de dados brutos. Localizar e derivar informações desses dados está no centro do data science, mas essas informações não significarão nada se você não souber como comunicar suas descobertas para as pessoas. A visualização dos dados é um excelente meio pelo qual você pode comunicar visualmente o significado. Porém, para preparar bem as visualizações, você deve conhecer e realmente entender o público-alvo e a principal finalidade planejada. Também deve entender os principais tipos de gráficos disponíveis, bem como os benefícios e desvantagens essenciais de cada um. Neste capítulo, apresento os princípios básicos do design da visualização de dados.

A *visualização de dados* é uma representação visual que transmite o significado e a importância dos dados e de suas informações. Como as visualizações são destinadas a públicos e níveis de habilidades muito diferentes, o primeiro passo para projetar uma ótima visualização de dados é *conhecer o público*. Há diversos tipos, formas e tamanhos de públicos. Você pode projetar para leitores jovens e ansiosos da revista *Rolling Stone* ou comunicar descobertas científicas para um grupo de pesquisa. Seu público pode consistir de membros do conselho e tomadores de decisões organizacionais ou uma organização da sociedade civil local.

Visualizações de Dados: As Três Principais

Todo público é composto de uma classe específica de consumidores, sendo que cada um possui necessidades específicas de visualização de dados. Portanto, você precisa definir a quem irá se dirigir. Primeiro, apresentarei os três principais tipos de visualizações de dados e, então, explicarei como escolher a melhor opção para atender às necessidades do seu público.

Narração dos dados para os tomadores de decisão organizacional

Às vezes, você precisa preparar visualizações de dados para um público menos técnico, talvez para ajudar seus membros a tomarem decisões de negócio mais conscientes. A finalidade desse tipo de visualização é contar ao público a história por trás dos dados. Na narração dos dados, o público depende de você para entender os dados por trás da visualização. Portanto, transforme as informações úteis em histórias visuais que o público possa entender.

Com a *narração dos dados*, seu objetivo deve ser criar uma visualização, clara e altamente focada, para que os membros do público extraiam rapidamente significados sem ter que fazer muito esforço. Essas visualizações são mais bem transmitidas na forma de imagens estáticas. Porém, os especialistas em tomada de decisão podem preferir um painel interativo para usar e explorar um pouco as hipóteses.

Exibindo dados para os analistas

Quando projetar para um público de analistas cuidadosos e lógicos, você poderá criar visualizações de dados bem mais abertas. A finalidade desse tipo de visualização é ajudar os membros do público a explorarem visualmente os dados e chegarem às próprias conclusões.

Ao usar as técnicas da *exibição dos dados*, seu objetivo deve ser exibir muitas informações contextuais que deem suporte à formulação das próprias interpretações pelos membros do público. Essas visualizações devem apresentar mais dados contextuais e menos foco conclusivo para que as pessoas possam analisar os dados por si mesmas e chegar às próprias conclusões. Essas visualizações são mais bem transmitidas como imagens estáticas ou painéis interativos dinâmicos.

Projetando dados artísticos para ativistas

Você pode projetar para um público de idealistas, sonhadores e agentes de mudança. Ao projetar para esse público, você deseja que a visualização dos dados defenda uma ideia! É possível supor que os membros típicos do público não sejam muito analíticos. Porém, o que lhes falta em habilidade matemática é compensado pelas suas convicções sólidas.

Essas pessoas entendem sua visualização de dados como uma forma de fazer uma declaração. Para projetar para esse público, os dados artísticos são o caminho. O principal objetivo dos *dados artísticos* é entreter, provocar, perturbar ou realizar qualquer ação necessária para obter uma manifestação alta, clara e que chame a atenção. Os dados artísticos têm pouca relação com a narrativa e não abrem espaço para que os espectadores formulem as próprias interpretações.

LEMBRE-SE

Os cientistas de dados têm a responsabilidade ética de sempre apresentar dados com precisão. Eles nunca devem distorcer a mensagem dos dados para se adequar ao que o público deseja ouvir — nem mesmo para os dados artísticos! Os públicos não técnicos nem mesmo reconhecem ou veem os possíveis problemas. Eles contam com o cientista de dados para oferecer representações honestas e precisas, ampliando, assim, o nível de responsabilidade ética que o cientista deve assumir.

Projetando para Atender às Necessidades do Seu Público-alvo

Para criar uma visualização de dados funcional, você deve conhecer seu público-alvo e, então, projetar com precisão de acordo com as suas necessidades. Mas, para tomar cada decisão de design tendo em mente o seu público-alvo, você precisa executar algumas etapas e confirmar se realmente entende os consumidores-alvo da visualização.

Para obter as informações necessárias sobre o seu público e finalidade, observe este processo:

1. Livre debate.

Pense em um membro específico do público da sua visualização e faça o maior número de suposições fundamentadas que puder sobre as suas motivações.

DICA

Dê um nome a esse membro (imaginário) e selecione outras características de identificação. Sempre imagino uma mãe divorciada com 45 anos e dois filhos, chamada Brenda.

CAPÍTULO 9 **Observando os Princípios do Design...** 119

2. Defina a finalidade.

Para restringir a finalidade da visualização, defina exatamente a ação ou resultado esperado dos membros do público.

3. Escolha um design funcional.

Examine os três principais tipos de visualização de dados (analisados anteriormente neste capítulo) e decida qual pode ajudá-lo mais a conseguir o resultado esperado.

As seções a seguir detalham esse processo.

Etapa 1: Livre debate (sobre Brenda)

Para debater corretamente, pegue uma folha de papel e pense sobre o membro imaginário do seu público (Brenda) para criar uma visualização de dados mais funcional e eficiente. Responda as perguntas a seguir para entendê-la melhor e, assim, compreender e projetar melhor para o público-alvo.

Forme uma imagem de como é o cotidiano de Brenda: o que faz quando acorda de manhã, o que faz após o almoço e como é seu local de trabalho. Pense também em como Brenda usará sua visualização.

Para formar uma visão completa de quem é Brenda e determinar como atender melhor às suas necessidades, faça estas perguntas:

- Onde Brenda trabalha? O que ela faz para viver?
- Qual tipo de educação técnica ou experiência ela tem, se houver?
- Quantos anos Brenda tem? É casada? Tem filhos? Como é sua aparência? Onde mora?
- Quais questões sociais, políticas, causais ou profissionais são importantes para Brenda? O que ela pensa sobre si mesma?
- Com quais problemas ou questões Brenda tem que lidar todo dia?
- Como a sua visualização de dados ajuda Brenda a resolver problemas profissionais ou familiares? Como isso melhora sua autoestima?
- Por meio de qual via você apresentará a visualização à Brenda; por exemplo, pela internet ou em uma reunião de equipe?
- O que Brenda precisa fazer com a visualização de dados?

Digamos que Brenda seja gerente de um departamento de zoneamento no condado de Irvine. Ela tem 45 anos, é divorciada e tem dois filhos prestes a saírem para a faculdade. Ela é muito interessada na política local e, às vezes, deseja integrar o conselho dos representantes do condado. Para ocupar esse cargo, Brenda precisa ter um "diferencial" maior em seu currículo de gestão do condado. Grande parte da autorrealização de Brenda vem do trabalho e da sua grande habilidade de tomar boas decisões de gestão para seu departamento.

Até agora, Brenda teve que gerenciar seu departamento com base em sua intuição, apoiada por alguns relatórios de sistemas de negócio diferentes. Ela não é muito analítica, mas sabe o bastante para entender o que vê. O problema é que Brenda não tinha as ferramentas de visualização necessárias para mostrar todos os dados relevantes que deveria considerar. Como não tem tempo nem habilidade para codificar algo sozinha, ela espera com calma. Brenda está empolgada com o fato de você ir à reunião da equipe na próxima segunda-feira para apresentar as alternativas de visualização de dados disponíveis, que irão ajudá-la a tomar decisões de gerenciamento baseadas em dados.

Etapa 2: Defina a finalidade

Depois de debater sobre o membro típico do público (veja a seção anterior), você pode definir com muito mais facilidade o que exatamente está tentando conseguir com a visualização dos dados. Está tentando fazer com que os clientes se sintam de um jeito específico sobre si mesmos ou sobre o ambiente que os cerca? Está tentando fazer uma afirmação? Busca influenciar os tomadores de decisão organizacional para que tomem boas decisões? Ou simplesmente deseja expor os dados para que todos os espectadores entendam e deduzam o que farão?

Voltando à Brenda hipotética: quais decisões ou processos está tentando ajudá-la a implementar? Bem, você precisa compreender seus dados e, então, apresentá-los de modo que ela possa entendê-los claramente. O que está acontecendo na mecânica interna do seu departamento? Usando sua visualização, você procura orientar Brenda a fazer escolhas de gerenciamento mais prudentes e eficazes.

Etapa 3: Escolha um design funcional

Lembre-se de que há três tipos principais de visualização para escolher: narrativa, dados artísticos e exibição. Se estiver projetando para os tomadores de decisões organizacionais, muito provavelmente usará a narrativa dos dados para comunicar diretamente ao público o seu significado para a sua linha de negócio. Se estiver projetando para uma organização de justiça social ou campanha política, os dados artísticos poderão impactar melhor, de modo drástico e eficiente. Por fim, se estiver projetando para engenheiros, cientistas ou estatísticos, opte pela exibição de dados para que esses profissionais analíticos tenham espaço e descubram as coisas por si mesmos.

Voltando à Brenda, que não é excepcionalmente analítica e depende de você para ajudá-la a tomar excelentes decisões baseadas em dados, você precisa empregar técnicas da *narrativa dos dados*. Crie uma visualização de dados estática ou interativa com algum contexto, mas não exagere. Os elementos visuais do design devem contar uma história clara, para que Brenda não precise lidar com toneladas de complexidades e compreenda o que você está tentando contar sobre seus dados e sua linha de negócio.

Escolhendo o Estilo de Design Mais Apropriado

Os analíticos podem dizer que a única finalidade de uma visualização de dados é transmitir números e fatos via gráficos — não é necessário se preocupar com a sua aparência ou design. Mas as pessoas mais artísticas podem querer *sentir* algo para realmente entender. Verdade seja dita, uma boa visualização de dados não é destituída de arte e fria, nem completamente abstrata na sua forma. Pelo contrário, sua beleza e design estão em algum ponto entre esses dois extremos.

Para escolher o estilo de design mais apropriado, primeiro você deve considerar o seu público (analisado anteriormente neste capítulo) e, então, definir como será a sua resposta à visualização. Se quiser atrair o público com uma ideia mais profunda e analítica na visualização, utilize um estilo de design que induza uma resposta atenta e precisa em seus espectadores. Mas, se quiser que a visualização dos dados alimente a paixão do público, use um estilo de design emocionalmente convincente.

Induzindo uma resposta cuidadosa e precisa

Ao preparar uma visualização de dados para executivos, engenheiros, cientistas ou tomadores de decisão organizacional, mantenha o design simples e elegante usando a exibição dos dados ou a visualização da narrativa. Para induzir um sentimento lógico e atenção em seu público, inclua muitos gráficos de barras, diagramas de dispersão e gráficos de linha. As opções de cores devem ser bastante tradicionais e conservadoras. A aparência deve gritar "chique corporativo". (Veja a Figura 9-1.) As visualizações desse estilo servem para comunicar de maneira rápida e clara o que acontece nos dados — direta, concisa e adequadamente. As melhores visualizações de dados desse tipo ostentam uma aparência elegante.

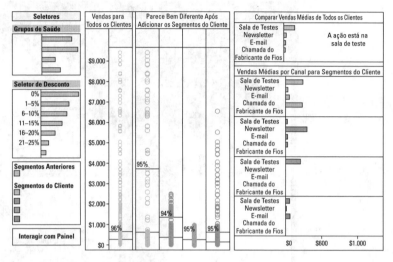

FIGURA 9-1: Esse estilo de design transmite um sentimento cuidadoso e preciso.

Produzindo uma forte resposta emocional

Ao projetar uma visualização de dados para influenciar ou persuadir pessoas, incorpore um design artístico que cause uma resposta passional em seu público-alvo. Essas visualizações geralmente se encaixam na categoria dos dados artísticos, mas uma parte da narrativa dos dados extremamente criativa também inspira esse tipo de resposta emocional intensa. As visualizações de dados emocionalmente provocadoras em geral dão suporte a questões sociais, políticas ou ambientais. Essas visualizações incluem elementos de design leves e artísticos que fluem e serpenteiam, como indicado na Figura 9-2. E mais, optar por cores ricas e dramáticas pode influenciar as emoções do espectador. Esse estilo de visualização deixa muito espaço para a criatividade artística e experimentação.

DICA

Mantenha os elementos artísticos relevantes e reconheça aqueles que prejudicam a impressão desejada, particularmente ao projetar para pessoas analíticas.

CAPÍTULO 9 **Observando os Princípios do Design...** 123

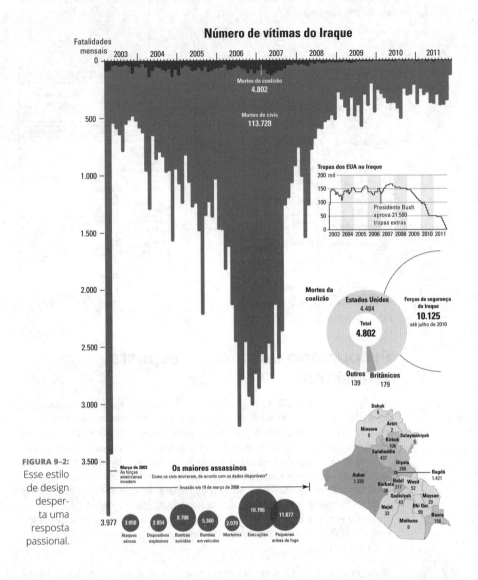

FIGURA 9-2: Esse estilo de design desperta uma resposta passional.

Escolhendo como Adicionar Contexto

Adicionar contexto ajuda as pessoas a entenderem o valor e a importância relativa das informações que a sua visualização de dados transmite. Adicionar contexto aos estilos de visualização de dados corretos e precisos ajuda a criar uma sensação de perspectiva relativa. Com dados artísticos puros, você deve omitir o contexto porque, com eles, apenas se apresenta uma ideia e não se adicionam informações que possam tirar a atenção do ponto em questão.

Criando contexto com os dados

Na exibição dos dados, você deve incluir dados contextuais relevantes para as principais métricas indicadas na visualização, como, por exemplo, em uma situação na qual são descritas as taxas de conversão para vendas de e-commerce. A principal métrica seria representada pela porcentagem de usuários que se convertem em clientes ao fazerem uma compra. Os dados contextuais relevantes para essa métrica incluem as taxas de abandono do carrinho de compras, o número médio de sessões antes de um usuário fazer uma compra, o número médio de páginas visitadas antes de fazer uma compra ou as páginas específicas visitadas antes de alguém decidir se tornar um cliente. Esse tipo de informação contextual ajuda os espectadores a entender o "porquê e como" por trás das conversões de vendas.

Adicionar dados contextuais tende a descentralizar o foco de uma visualização de dados. Portanto, adicione esses dados apenas nas visualizações destinadas a um público analítico. Essas pessoas estão em uma posição melhor para assimilar as informações adicionais e usá-las para chegar às próprias conclusões; para outros tipos de público, o contexto é apenas uma distração.

Criando contexto com anotações

Algumas vezes, é possível criar contexto de forma mais adequada pela inclusão de anotações que forneçam um título e uma pequena descrição do contexto dos dados apresentados. (Veja a Figura 9-3.) Esse método de criar contexto é mais adequado à narrativa ou à exibição dos dados. Uma boa anotação é igualmente útil para públicos analíticos e não analíticos.

Criando contexto com elementos gráficos

Outra maneira eficiente de criar contexto em uma visualização dos dados é incluir elementos gráficos que transmitam a sua importância relativa. Tais elementos gráficos incluem linhas de tendência da média móvel, alertas com um valor, linhas de tendência do alvo (como indicado na Figura 9-4) ou benchmarks preditivos.

FIGURA 9-3: Usando a anotação para criar contexto.

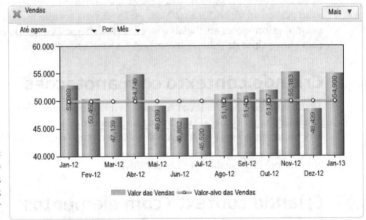

FIGURA 9-4: Usando elementos gráficos para criar contexto.

SABENDO QUANDO SER PERSUASIVO

O design persuasivo deve confirmar ou refutar uma ideia. Ele não deixa espaço para a interpretação do público. Em geral, as visualizações de dados persuasivas invocam uma forte resposta emocional. O design persuasivo é adequado para os dados artísticos e a narração dos dados. Porém, como não deixa muito espaço para a interpretação do público, não é útil para a exibição dos dados. Use o design persuasivo quando estiver fazendo visualizações de dados em nome de organizações sociais, políticas ou ativistas.

Selecionando o Tipo Certo de Gráfico de Dados

Sua escolha do tipo de gráfico de dados pode contribuir para ou prejudicar a visualização dos dados. Como provavelmente você tem que representar muitos aspectos diferentes de seus dados, é possível misturar e combinar diferentes classes e tipos de gráficos. Mesmo em uma classe, certos tipos gráficos são melhores do que outros; portanto, crie representações de teste para ver qual tipo de gráfico transmite a mensagem de forma mais clara e óbvia.

Este livro apresenta apenas os tipos de gráficos mais usados (entre as centenas disponíveis). Não se afaste muito do caminho. Quanto mais você se afastar dos gráficos familiares, mais difícil será para as pessoas entenderem as informações que deseja transmitir.

Escolha o tipo de gráfico que apresente de modo mais claro as tendências de dados que pretende mostrar. É possível exibir a mesma tendência de dados de muitas maneiras, mas alguns métodos apresentam mensagens visuais com mais eficiência do que outros. O propósito é transmitir a mensagem de forma clara e completa para o seu público, de modo que as pessoas possam usar a visualização para compreender os dados apresentados.

Entre os tipos mais úteis de gráficos de dados estão os gráficos padrão, gráficos comparativos, diagramas estatísticos, estruturas de topologia, diagramas espaciais e mapas. As próximas seções mostram cada tipo.

Gráficos padrão

Ao criar visualizações de dados para um público de pessoas não analíticas, escolha os gráficos padrão. Quanto mais estranhos e complexos forem seus gráficos, mais difícil será para as pessoas não analíticas entenderem. E nem todos os tipos são desinteressantes — você tem uma boa variedade para escolher, como a lista a seguir mostra:

» **Área:** Os gráficos de área (veja a Figura 9-5) são um modo divertido, porém simples, de comparar e contrastar visualmente os valores do atributo. Você poderá usá-los para contar de fato uma história visual quando tiver escolhido a narração e a exibição dos dados.

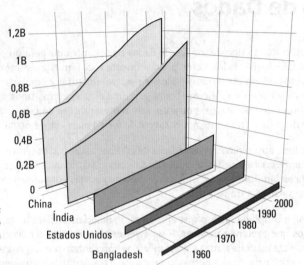

FIGURA 9-5: Gráfico de área tridimensional.

Fonte: Lynda.com, Python for DS

> » **Barra:** Os gráficos de barras (veja a Figura 9-6) são uma maneira simples de comparar e contrastar os valores dos parâmetros na mesma categoria. Eles são mais adequados para a narração e a exibição dos dados.

> » **Linha:** Os gráficos de linhas (veja a Figura 9-7) mostram, em geral, as mudanças nos dados da série temporal, mas também podem plotar relações entre dois ou até três parâmetros. Os gráficos de linhas são tão versáteis que você pode usá-los em todos os tipos de design da visualização de dados.

> » **Setor (também referidos como em forma de pizza):** Os gráficos de setores (veja a Figura 9-8) estão entre os mais usados e fornecem um modo simples de comparar os valores dos parâmetros na mesma categoria. Porém, sua simplicidade pode ser uma faca de dois gumes; as pessoas muito analíticas tendem a zombar deles, precisamente porque parecem muito simples e, portanto, você pode querer omiti-los nas visualizações com exibição de dados.

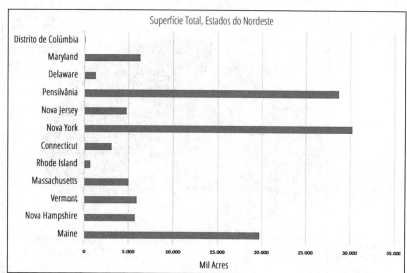

FIGURA 9-6: Gráfico de barras.

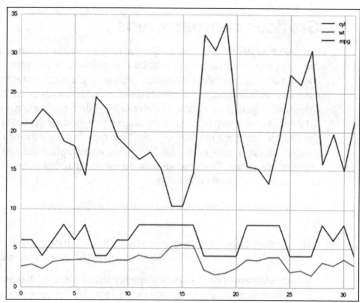

FIGURA 9-7: Gráfico de linhas.

Fonte: Lynda.com, Python for DS

CAPÍTULO 9 **Observando os Princípios do Design...** 129

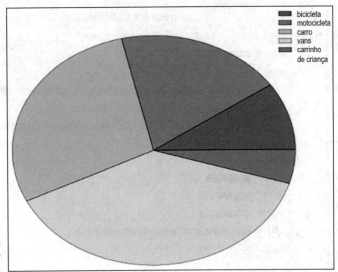

FIGURA 9-8: Gráfico de setores.

Fonte: Lynda.com, Python for DS

Gráficos comparativos

Um *gráfico comparativo* exibe o valor relativo de vários parâmetros em uma categoria compartilhada, ou a relação dos parâmetros em várias categorias compartilhadas. A principal diferença entre os gráficos comparativos e padrão é que os primeiros podem comparar simultaneamente mais de um parâmetro e categoria. Os gráficos padrão, por outro lado, podem exibir e comparar apenas a diferença entre um parâmetro de qualquer categoria. Os gráficos comparativos são voltados para um público com, pelo menos, conhecimentos analíticos básicos. Portanto, você pode usar facilmente esses gráficos na narração ou na exibição dos dados. Visualmente falando, os gráficos comparativos são mais complexos do que os do tipo padrão.

Esta lista compara alguns tipos diferentes de gráficos populares:

» Os **diagramas de bolhas** (veja a Figura 9-9) usam o tamanho da bolha e a cor para demonstrar a relação entre três parâmetros da mesma categoria.

» Os **diagramas de círculos agrupados** (veja a Figura 9-10) usam o tamanho do círculo e o agrupamento para visualizar as relações entre categorias, parâmetros e valores relativos.

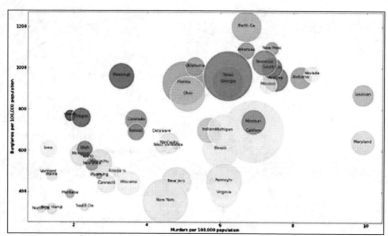

FIGURA 9-9: Gráfico de bolhas.

» Os **gráficos de Gantt** (veja a Figura 9-11) são gráficos de barras que usam barras horizontais, e em que é possível visualizar os requisitos do cronograma para o gerenciamento de projetos. Esse tipo de gráfico é útil quando você está desenvolvendo um plano para a entrega do projeto. Também é útil para determinar a sequência na qual as tarefas devem ser concluídas para atender aos prazos da entrega.

Escolha os gráficos de Gantt para o gerenciamento de projetos e o cronograma.

» Os **gráficos empilhados** (veja a Figura 9-12) são usados para comparar vários atributos dos parâmetros na mesma categoria. Para facilitar a comparação visual, resista ao desejo de incluir parâmetros em excesso.

» Os **mapas de árvore** agregam parâmetros de categorias afins e, então, usam a área para mostrar o tamanho relativo de cada categoria em comparação com o todo, como indicado na Figura 9-13.

» As **nuvens de palavras** usam o tamanho e a cor para demonstrar a diferença relativa na frequência das palavras usadas no corpo do texto, como indicado na Figura 9-14. As cores geralmente são usadas para indicar as classificações das palavras por tipo de uso.

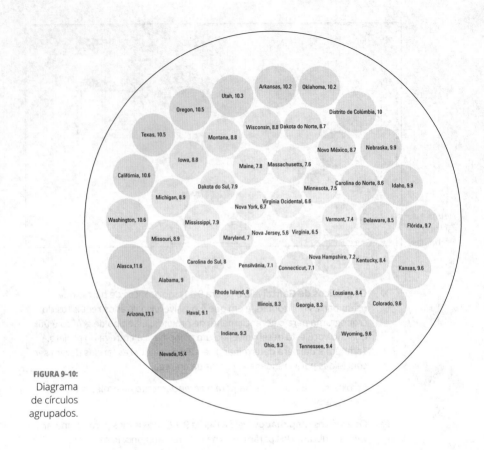

FIGURA 9-10: Diagrama de círculos agrupados.

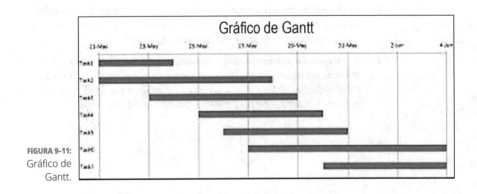

FIGURA 9-11: Gráfico de Gantt.

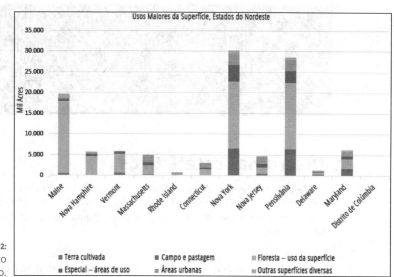

FIGURA 9-12: Gráfico empilhado.

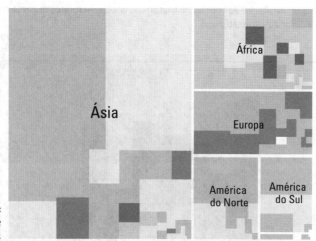

FIGURA 9-13: Mapa de árvores.

CAPÍTULO 9 **Observando os Princípios do Design...** 133

FIGURA 9-14: Nuvem de palavras simples.

Diagramas estatísticos

Os diagramas estatísticos, que mostram os resultados das análises estatísticas, geralmente são úteis apenas para um público profundamente analítico (e não para criar dados artísticos). Suas opções de diagramas estatísticos são descritas nesta lista:

» **Histograma:** Diagrama que plota a frequência e a distribuição de uma variável como retângulos em um gráfico, o histograma (veja a Figura 9-15) ajuda a entender rapidamente a distribuição e a frequência dos dados em um conjunto.

DICA

Familiarize-se com os histogramas. Você verá muitos durante a criação de análises estatísticas.

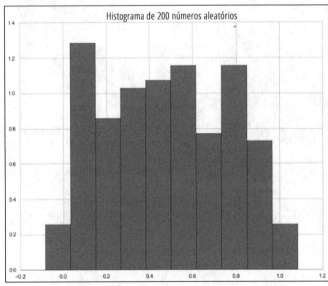

FIGURA 9-15: Histograma.

Fonte: Lynda.com, Python for DS

134 PARTE 3 **Criando Visualizações que Claramente Comuniquem Significados**

» **Diagrama de dispersão:** Ótima maneira de descobrir rapidamente tendências e valores atípicos importantes em um conjunto de dados, um diagrama de dispersão plota os pontos de dados de acordo com os seus valores x e y para apresentar visualmente qualquer padrão significativo. (Veja a Figura 9-16.) Se você usa a narração ou a exibição de dados, comece gerando um diagrama de dispersão rápido para ter uma ideia das áreas do conjunto de dados que podem ser interessantes — áreas que poderiam indicar potencialmente relações importantes ou produzir histórias persuasivas.

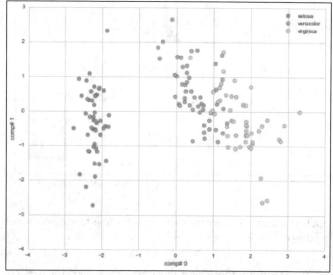

FIGURA 9-16: Diagrama de dispersão.

Fonte: Lynda.com, Python for DS

» **Matriz do diagrama de dispersão:** Uma boa escolha para explorar as relações entre diversas variáveis, a matriz do diagrama de dispersão coloca seus diagramas de dispersão em uma série visual que representa as correlações entre diversas variáveis, como indicado na Figura 9-17. Descobrir e verificar as relações entre as variáveis ajuda a identificar grupos entre as variáveis e identificar os valores atípicos em seu conjunto de dados.

Estruturas da topologia

Topologia é a prática de usar estruturas geométricas para descrever e modelar as relações e conexões entre entidades e variáveis em um conjunto de dados. Você precisa entender as estruturas básicas da topologia para projetar com precisão a sua exibição visual, que deve corresponder à estrutura fundamental subjacente dos conceitos representados.

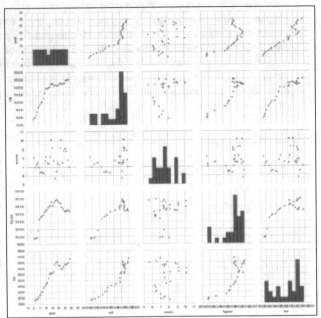

FIGURA 9-17: Matriz do diagrama de dispersão.

Fonte: Lynda.com, Python for DS

A lista a seguir descreve uma série de estruturas topológicas populares no data science:

» **Estruturas topológicas lineares:** Representando uma relação um para um pura, as estruturas topológicas lineares são mais usadas nas visualizações dos dados que apresentam padrões de fluxo da série temporal. Todo processo que ocorra apenas por meio de uma série sequencial de eventos dependentes é linear (veja a Figura 9-18), e você pode representá-lo efetivamente usando esta estrutura topológica subjacente.

FIGURA 9-18: Topologia linear.

» **Modelos de grafos:** Esses tipos de modelos fundamentam as redes de comunicação de grupos e os padrões de fluxo do tráfego. Você pode usar a topologia de grafo para representar as relações de muitos para muitos (veja a Figura 9-19), como aquelas que formam a base das plataformas da mídia social.

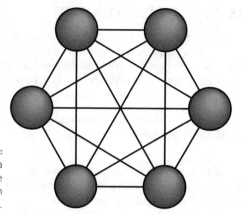

FIGURA 9-19: Topologia de rede de grafo em malha.

LEMBRE-SE

Em uma estrutura da relação de *muitos para muitos*, cada variável ou entidade estabelece mais de uma ligação com as outras variáveis ou entidades nesse mesmo conjunto de dados.

» **Topologia de rede em árvore:** Essa topologia representa uma classificação *hierárquica*, na qual uma rede é distribuída de cima para baixo — os nós atuam como receptores e distribuidores das conexões e as linhas representam as conexões entre eles. Os nós finais agem apenas como receptores e não como distribuidores (veja a Figura 9-20). A classificação hierárquica fundamenta as metodologias de agrupamento e da aprendizagem de máquina no data science. As estruturas da rede em árvore podem representar relações de um para muitos, como aquelas que fundamentam uma árvore genealógica ou estrutura de taxonomia.

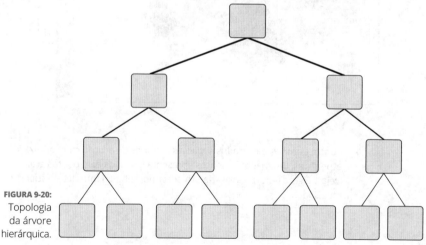

FIGURA 9-20: Topologia da árvore hierárquica.

CAPÍTULO 9 **Observando os Princípios do Design. . .** 137

Diagramas espaciais e mapas

Diagramas e mapas são dois modos diferentes de visualizar os dados espaciais. Um *mapa* é apenas uma imagem plana que representa a localização, forma e tamanho dos recursos na superfície da Terra. Um *diagrama espacial*, visualmente mais complexo que um mapa, mostra os valores e a distribuição das localizações para os atributos de um recurso espacial.

A lista a seguir descreve alguns tipos de diagramas espaciais e mapas comumente usados na visualização dos dados:

» **Coroplético:** Apesar do nome sofisticado, o mapa coroplético consiste de, realmente, apenas dados espaciais plotados de acordo com polígonos com delimitação da área ao invés de pontos, linhas ou uma cobertura reticulada. Para entender melhor o conceito, veja a Figura 9-21. Neste mapa, cada divisa de estado representa um polígono com *delimitação da área*. A cor e a forma da área dentro de cada limite representa o valor relativo do atributo do estado, onde as áreas escuras têm um valor de atributo maior e as claras, menor.

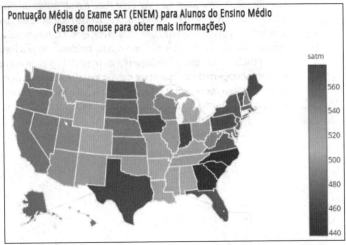

FIGURA 9-21: Mapa coroplético.

Fonte: Lynda.com, Python for DS

» **Ponto:** Composto de dados espaciais plotados de acordo com localizações específicas, um mapa de pontos apresenta os dados com pontos gráficos (veja a Figura 9-22) ao invés de um polígono, linha ou formato de superfície reticulada.

FIGURA 9-22: Mapa de pontos.

» **Superfície reticulada:** Este mapa espacial pode ser qualquer coisa, desde um mapa de imagens por satélite até uma cobertura da superfície com valores que foram interpolados a partir de pontos de dados espaciais subjacentes. (Veja a Figura 9-23.)

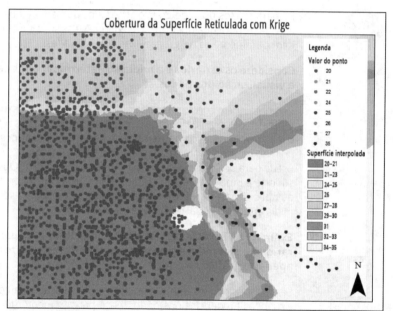

FIGURA 9-23: Mapa com superfície reticulada.

LEMBRE-SE

Se você é um designer de visualização dos dados ou consumidor, precisa conhecer algumas armadilhas comuns. Para simplificar, uma visualização dos dados pode enganar, caso não seja construída corretamente. Os problemas comuns incluem os gráficos de setores que não totalizam 100%, gráficos de barras com uma escala que começa em um lugar estranho e gráficos de barras de várias colunas com eixos verticais não correspondentes.

CAPÍTULO 9 **Observando os Princípios do Design...**   139

Escolhendo um Gráfico de Dados

Quando você quiser criar mensagens visuais claras e poderosas com o gráfico de dados correto, siga as três etapas indicadas nesta seção para experimentar e determinar se a opção escolhida comunica efetivamente o significado dos dados:

1. **Faça as perguntas que a sua visualização dos dados deve responder e examine a visualização para determinar se as respostas dessas perguntas chamam sua atenção.**

   Antes de pensar nos gráficos que irá usar, primeiramente considere as perguntas que deseja responder para o seu público. Em uma situação de marketing, o público pode querer saber por que as suas taxas de conversão em geral são baixas. Ou, se estiver projetando para gerentes comerciais, eles podem querer saber por que os tempos de serviço são mais lentos em certas áreas do atendimento ao cliente do que em outras.

   LEMBRE-SE

   Embora muitos tipos de gráficos de dados possam atender à mesma finalidade, para qualquer opção, verifique se as suas escolhas respondem claramente as perguntas exatas e esperadas.

2. **Considere os usuários e a mídia ao determinar onde será usada a visualização dos dados.**

   Pergunte quem consumirá sua visualização dos dados usando a mídia e determine se a sua opção de gráficos de dados faz sentido nesse contexto. Um público de cientistas irá consumi-lo ou você irá usá-lo no marketing de conteúdo para gerar tráfego na internet? Você deseja usá-lo para provar uma ideia em uma sala de reuniões? Ou deseja dar suporte a uma história em uma futura publicação em jornal? Escolha os tipos de gráfico de dados adequados aos clientes esperados e à mídia através da qual consumirão a visualização.

3. **Examine a visualização dos dados uma última vez para assegurar que a sua mensagem seja transmitida com clareza usando apenas o gráfico de dados.**

   Se os espectadores têm que raciocinar para fazer uma comparação visual das tendências dos dados, você provavelmente deve usar um tipo de gráfico diferente. Se eles precisam ler números ou anotações para entender o que está acontecendo, isso não é nada bom. Experimente outras formas de gráfico e veja se consegue transmitir a mensagem visual com mais eficiência.

   Basta fechar os olhos e se perguntar o que você quer responder com a sua visualização dos dados. Em seguida, abra os olhos e analise a sua visualização de novo. As respostas chamam sua atenção? Se não, tente outro tipo de gráfico.

NESTE CAPÍTULO

» Compreendendo os recursos básicos e as características das visualizações de dados do D3.js

» Familiarizando-se com os conceitos básicos de HTML, JavaScript, CSS e PHP

» Descobrindo os recursos mais avançados do D3.js

Capítulo **10**

Usando o D3.js para a Visualização dos Dados

Você pode bolar uma visualização dos dados que atenda perfeitamente as necessidades específicas do seu público-alvo em uma sala de reuniões do saguão, mas o que funciona no mundo real pode não ser eficaz em um ambiente virtual da web. Neste capítulo, explico como você pode usar a tecnologia D3.js para criar visualizações personalizadas baseadas na web — o tipo correto de visualização caso pretenda exibir o seu trabalho online. O diferencial da programação no D3.js consiste em criar visualizações de dados dinâmicas absolutamente maravilhosas, com as quais o seu público pode interagir e explorar a partir dos navegadores, sem nenhum recurso adicional.

DICA

O D3.js não é apenas mais uma opção disponível para construir visualizações de dados dinâmicas baseadas na web — ele é simplesmente excelente. As demais opções incluem a biblioteca jQuery Javascript (http://jquery.com), biblioteca JpGraph PHP (http://jpgraph.net), HighCharts (http://highcharts.com) e iCharts (http://icharts.net) — conteúdos em inglês.

Apresentando a Biblioteca D3.js

O D3.js é uma biblioteca JavaScript de código aberto que conquistou o mundo da visualização de dados logo no seu lançamento, em 2011. Foi criado (e é mantido) por Mike Bostock — o famoso guru da visualização de dados e editor gráfico do *New York Times*. É possível usar essa biblioteca para criar Documentos Dirigidos por Dados (D3) de alta qualidade em pouco tempo e com uma fração do esforço necessário para codificar em JavaScript simples (ou comum).

Basicamente, o *D3.js* é uma coleção de classes e funções que pode ser usada para executar cadeias muito mais longas de comandos de baixo nível JavaScript com apenas um pouco de codificação. O D3.js chama apenas uma classe especial de comandos na biblioteca JavaScript — aqueles geralmente usados na visualização dos dados. Você usa esses comandos em ações como desenhar eixos, plotar elementos e recalcular posições durante o dimensionamento dos gráficos.

Se o seu objetivo for criar visualizações de dados *dinâmicas* baseadas na web — que mudam em resposta às interações do usuário —, o D3.js será a biblioteca JavaScript perfeita para fazê-lo.

Se quiser que os usuários interajam com a sua visualização de dados e escolham os dados a serem exibidos, crie uma visualização dinâmica.

Com as visualizações de dados dinâmicas, seus usuários podem:

- Interagir com a visualização para escolher os dados a serem exibidos
- Ver dados extras quando passarem o mouse sobre a visualização ou clicarem em partes dela
- Extrair níveis mais profundos de dados relacionados para obter exibições mais detalhadas de partes interessantes dos dados
- Explorar visualizações animadas que apresentem mudanças com o tempo
- Escolher várias transições diferentes entre as exibições

A biblioteca D3.js ainda está sendo desenvolvida. Com Mike Bostock e muitos outros usuários contribuindo com novos tipos de visualizações, a capacidade da biblioteca se expande diariamente. A filosofia de design do D3.js é bem aberta. Ela não impede o uso de personalizações de visualizações de dados predefinidas. Pelo contrário, essa biblioteca aceita a criatividade e imaginação individual de cada usuário.

Sabendo Quando Usar o D3.js (e Quando Não)

A principal finalidade do D3.js no mundo da visualização dos dados é produzir visualizações criativas, interativas e baseadas na web com apenas um pouco de código. Muito poderoso e aberto, o D3.js também é mais complexo do que outras bibliotecas JavaScript, aplicativos web e pacotes de software. Como o D3.js opera com a mesma sintaxe básica do JavaScript, você precisa de noções operacionais básicas de JavaScript para codificar no D3.js. Além de conhecer um pouco de JavaScript, você precisa dominar um amplo vocabulário e um estilo de programação antes de começar. Este capítulo apresenta noções básicas de introdução ao D3.js, mas, para conferir um curso mais abrangente, veja os tutoriais que Mike Bostock desenvolveu e hospeda em seu repositório GitHub: `https://github.com/mbostock/d3/wiki/Tutorials` (conteúdo em inglês).

Com alguns recursos de aprendizado do D3.js, é possível aprender o JavaScript e o D3.js ao mesmo tempo. Mas muitos tutoriais online pressupõem um nível de experiência de programação que você pode não ter.

DICA

Como é necessário enfrentar uma significativa curva de aprendizado para dominar até mesmo os conceitos básicos do D3.js, use essa biblioteca apenas para criar visualizações únicas, interativas, dimensionáveis e baseadas na web. Caso contrário, prefira as visualizações de dados estáticas. Estruturas mais simples e menos abertas de criação de visualizações de dados estáticas são mais fáceis e podem fornecer tudo o que você precisa.

Porém, ao escolher o D3.js, você encontrará milhares de exemplos de código aberto online para aprender e criar. Além dos tutoriais de Mike Bostock, outro bom ponto de partida está nos tutoriais do D3.js, disponíveis em `www.dashingd3js.com/table-of-contents` (conteúdo em inglês).

Esses tutoriais oferecem uma introdução ao estudo da criação de visualizações com dados. A partir daí, você poderá seguir para tópicos mais avançados, como a criação de diagramas claros e expansíveis e gráficos de rede ajustáveis e direcionados. Você pode até mesmo usar o D3.js para criar um calendário com mapa de calor a fim de visualizar as tendências da série temporal em seus dados. Novas opções e alternativas surgem quase diariamente.

Iniciando no D3.js

Quero apresentar os conceitos subjacentes que você precisa dominar para criar visualizações de dados dinâmicas baseadas na web usando o D3.js. Nas seções a seguir, explico noções básicas de JavaScript, HTML, CSS e PHP. Essas linguagens estão ligadas à criação de visualizações com o D3.js. Também demonstro como você pode otimizar o trabalho no lado do cliente realizado pela linguagem JavaScript. (Trabalho no *lado do cliente* é a parte do serviço realizada em seu computador e não no servidor de rede.) Se não quiser parar por aí, você pode aprender mais sobre o Modelo de Objeto de Documentos (DOM) do JavaScript e como ele interage com a Linguagem de Marcação de Hipertexto (HTML) para produzir mudanças dinâmicas no HTML de uma página da web.

Na seção "Introdução ao JavaScript e SVG", mais adiante neste capítulo, explico como você pode usar o D3.js para exibir e modificar com eficiência o *Gráfico Vetorial Escalável (SVG)* — um formato de imagem com base em XML útil para servir imagens a designs de visualização interativa e aplicativos de animação — em sua visualização de dados. Saiba mais sobre como fazer mudanças gerais no estilo de uma página da web com Folhas de Estilo em Cascata (CSS) na seção "Introdução às Folhas de Estilo em Cascata (CSS)", mais adiante neste capítulo. Por fim, a seção "Introdução aos servidores web e PHP", deste capítulo, explica como minimizar a quantidade necessária de trabalho no lado do cliente implantando programas PHP em um servidor web.

Introdução ao HTML e DOM

A Linguagem de Marcação de Hipertexto (HTML) é a estrutura de uma página web. Ela fornece o conteúdo estático observado em muitos sites, especialmente nos mais antigos. O HTML é reconhecível por seu texto simples e interatividade limitada. Os únicos recursos interativos disponíveis nos sites puramente fundamentados em HTML são, talvez, alguns hiperlinks que levam a outras páginas estáticas e entediantes desses sites.

Você pode usar o HTML para exibir um texto simples com uma série de tags que dão instruções para o navegador do cliente. O código HTML abaixo é muito básico, mas pelo menos dá uma ideia do que está envolvido:

```
<html>
    <head>
        <title>This is a simple HTML page</title>
    </head>
    <body>
    <p>This is a paragraph.</p>
    </body>
</html>
```

Caso você não saiba, o HTML se baseia em tags de início e terminação de comandos. O box anterior contém alguns bons exemplos, como `<p> </p>` e `<body> </body>`.

O JavaScript usa o Modelo de Objetos de Documento (DOM) do HTML. Com o DOM do HTML, o JavaScript pode interagir com as tags do HTML e o seu conteúdo. O DOM trata as tags como camadas hierárquicas, exatamente como os objetos em uma linguagem de programação orientada a objetos (como o JavaScript). Por exemplo, a tag `<body>` no código HTML indicado anteriormente é filha da tag `<html>` de alto nível; ela tem uma irmã, `<head>`, e uma filha, `<p>`. No DOM, essa tag `<p>` é totalmente definida pelo caminho percorrido a partir do topo do modelo (`html > body > p`, por exemplo). Com o DOM, é possível controlar as seleções de objetos com base nas propriedades de atributo do objeto.

No D3.js, a finalidade do HTML é fornecer um esqueleto básico de tags estáticas e o conteúdo da página web para interação via DOM do JavaScript, de modo a produzir páginas HTML dinâmicas e variáveis. O D3.js tem base em uma estrutura básica do HTML. Embora o HTML seja estático, se tornará dinâmico no D3.js se a interação de um programador ou usuário fizer com que os scripts predeterminados promovam mudanças dinâmicas no código HTML subjacente. Dessa forma, o HTML exibido será dinâmico e diferente do que foi originalmente enviado ao navegador.

Introdução ao JavaScript e SVG

A linguagem JavaScript oferece um modo simples de realizar o trabalho no *lado do cliente* (na máquina do usuário). A parte mais lenta de qualquer interação entre usuário e site é o envio dos dados do servidor para o computador do cliente pela internet. Essa interação pode ser acelerada se você, ao invés de enviar todas as informações necessárias para a exibição no navegador, transmitir uma cadeia de instruções muito mais curtas e simples, que o navegador web do cliente usará para recriar essas informações e, então, criar uma página web usando a própria velocidade de processamento do computador do cliente. É assim que o trabalho no lado do cliente é feito.

PAPO DE ESPECIALISTA

Se o seu objetivo for manter um nível decente de segurança, sem precisar de plug-ins ou permissões especiais para executar o código em seu navegador, o JavaScript oferece uma solução incrível. Além disso, ele é *rápido!* Como se trata de uma linguagem de programação para navegadores, o JavaScript não tem o ônus dos recursos avançados que tornam as outras linguagens mais versáteis, porém, lentas.

Uma observação sobre o Internet Explorer da Microsoft: diferentes versões do Internet Explorer são compatíveis com versões distintas do JavaScript. É um problema complexo que, algumas vezes, deixa até programadores de JavaScript experientes a ponto de arrancar os cabelos. Como regra prática, o JavaScript não é executado nas versões do IE anteriores ao IE8.

No JavaScript, a apresentação gráfica é baseada nos Gráficos Vetoriais Escaláveis (SVG) — um formato de imagem vetorial que fornece imagens para visualizações interativas e animações baseadas na web. No D3.js, o SVG funciona como um formato de arquivo que armazena gráficos vetoriais para usar em visualizações de dados bidimensionais, interativas e baseadas na web. Os gráficos vetoriais requerem muito menos largura de banda do que as imagens porque contêm apenas instruções sobre como desenhá-las, ao contrário das apresentações rasterizadas, pixel a pixel, das imagens. Se o seu objetivo for implantar rapidamente gráficos com base na web que também apresentem a possibilidade de dimensionamento sem perda, o SVG será a solução perfeita. Ele é ideal para a criação de elementos gráficos, como barras, linhas e marcadores.

LEMBRE-SE

Você pode usar o D3.js para selecionar, adicionar, modificar ou remover elementos SVG em uma página, exatamente como ocorre com os elementos HTML. Como o D3.js é mais útil para trabalhar com elementos gráficos com base na web, grande parte do script do D3.js irá interagir com os elementos SVG.

Introdução às Folhas de Estilo em Cascata (CSS)

A finalidade das Folhas de Estilo em Cascata (CSS) é definir a aparência dos elementos visuais repetidos, como fontes, larguras de linha e cores. É possível usar a CSS para especificar as características visuais dos elementos da página de uma só vez e, então, aplicar com eficiência essas características em um documento HTML completo (ou apenas em partes do documento definido no DOM, se desejar). Se quiser fazer mudanças gerais de uma só vez na aparência dos elementos da página web, use a CSS.

PAPO DE
ESPECIALISTA

Se estiver criando visualizações em várias páginas de um site, poderá criar um arquivo .css de documento separado e chamar esse documento, ao invés de colocar as CSS em cada página. Assim, quando você fizer uma mudança no documento .css, ela será aplicada automática e coletivamente às páginas.

Como exemplo, a CSS básica para uma página web simples pode conter o seguinte:

```
<style type="text/css">
    p {
    font-family: arial, verdana, sans-serif;
font-size: 12 pt;
color: black;
    }
.highlighted {
    color: red;
}
</style>
```

O exemplo anterior apresentaria o texto neste exemplo de HTML:

```
<p>This text is black and <span
       class="highlighted">this text is
       red.</span></p>
```

A CSS anterior e o código HTML geram o texto na tag <p>, que tem um valor padrão preto, ao passo que o objeto interno é designado como uma classe highlighted, que gera um texto em vermelho.

O D3.js aproveita a CSS para desenhar e estilizar elementos de texto e desenhados para que você possa definir e converter a aparência geral da sua visualização em um bloco de código compacto e fácil de ler.

Introdução aos servidores web e PHP

Embora uma das principais finalidades do JavaScript e do D3.js seja maximizar a parte do trabalho realizada na máquina do cliente, parte do serviço é melhor executada no servidor web. (Caso não esteja familiarizado com o termo, um *servidor web* pode ser considerado como um computador com base no servidor que envia informações pela internet para os usuários quando visitam um site.)

Em programação, as palavras *cliente* e *usuário* são usadas alternadamente. Ambas se referem ao usuário final ou ao computador do usuário final.

Como exemplo do funcionamento dos servidores web, considere um site de vendas com milhões de produtos disponíveis para compra. Quando você pesquisa um tipo de produto, é claro que o site não envia o catálogo inteiro de produtos da empresa e espera que seu computador reduza as informações do produto. Ao contrário, o servidor web do site processa os parâmetros de pesquisa definidos e envia apenas as informações relevantes que respondam as perguntas da pesquisa em questão.

LEMBRE-SE

Na programação web, em geral, você tem um banco de dados SQL configurado como fonte de informações principal e um programa PHP que define o código HTML a ser enviado para o computador do cliente. Você usa os programas PHP para consultar o banco de dados SQL e determinar as informações que devem ser enviadas para o cliente. O PHP é uma linguagem de script executada em um servidor e produz um código HTML dinâmico em resposta às interações do usuário.

Antes do D3.js, era necessário dispor de muito mais tempo e largura de banda para desenvolver visualizações de dados interativas e baseadas na web. Agora, com a eficiente combinação do PHP/D3.js, as coisas são mais simples. Em resposta a uma solicitação do usuário, o PHP seleciona as informações no servidor e as envia para o computador do cliente, na forma de HTML e com código CSS, JavaScript e D3.js incorporado. Nesse ponto, o D3.js pode assumir e expandir o HTML. Se necessário, o D3.js pode até mesmo fazer expansões dinâmicas de HTML em resposta às interações adicionais do usuário. Esse processo usa apenas uma fração da largura da banda e do tempo que seriam necessários em uma configuração baseada apenas no PHP ou no JavaScript.

Implementando Mais Conceitos Avançados e Práticas no D3.js

Nesta seção, vamos conferir como os recursos mais avançados do D3.js podem auxiliar a otimizar a eficiência do uso da biblioteca na criação de visualizações de dados dinâmicas. Na seção a seguir, explico como usar a famosa *sintaxe em cadeia*, que encadeia as funções e os métodos em uma única linha de código para minimizar seus requisitos de codificação. Você também pode aprender a usar as funções de escala e eixo para definir ou mudar automaticamente as proporções e os elementos das saídas gráficas na seção "Conhecendo as escalas", mais adiante neste capítulo. Na seção "Conhecendo transições e interações", ainda neste capítulo, você verá como usar transições e interações para maximizar a exploração, a análise e o aprendizado por parte do público com a visualização de dados do produto final.

Para as demais partes do capítulo, consulte a Listagem 10-1 (um arquivo HTML completo que contém elementos CSS, JavaScript e D3.js) ao analisar os exemplos. Não se estresse demais com a lista em si. Sei que é extensa, mas basta examiná-la e, em seguida, concentre-se nos fragmentos que cito para uma análise posterior.

Para fins de referência, o código indicado na Listagem 10-1 produz um gráfico de barras interativo, como apresentado na Figura 10-1.

LISTAGEM 10-1: Um Arquivo HTML com os Elementos CSS, JavaScript e D3.js

```
<!DOCTYPE html>
<html>
<head>
    <meta http-equiv="content-type" content="text/html;
            charset=UTF-8">
    <title>D3.js example</title>
        <script type='text/javascript'
            src="http://d3js.org/d3.v3.min.js"></script>
    <style type='text/css'>
      rect:hover {
      fill: brown;
}
    </style>

<script type='text/javascript'>//<![CDATA[
window.onload=function(){
var column_data = [{
    position: 0,
    quantity: 5
}, {
    position: 1,
    quantity: 20
```

```js
}, {
    position: 2,
    quantity: 15
}, {
    position: 3,
    quantity: 25
}, {
    position: 4,
    quantity: 10
}];
var total_width = 400;
var total_height = 200;

var scale_y = d3.scale.linear()
    .domain([0, d3.max(column_data, function (d) {
    return d.quantity;
})])
    .range([0, total_height]);

var scale_x = d3.scale.ordinal()
    .domain(d3.range(column_data.length))
    .rangeRoundBands([0, total_width], 0.05);

var position = function (d) {
    return d.position;
};

var svg_container = d3.select("body")
    .append("svg")
    .attr("width", total_width)
    .attr("height", total_height);

svg_container.selectAll("rect")
    .data(column_data, position)
    .enter()
    .append("rect")
    .attr("x", function (d, i) {
    return scale_x(i);
})
    .attr("y", function (d) {
    return total_height - scale_y(d.quantity);
})
    .attr("width", scale_x.rangeBand())
    .attr("height", function (d) {
    return scale_y(d.quantity);
})
    .attr("fill", "teal");
```

LISTAGEM 10-1: *(continuação)*

```
var sort = function () {
    bars_to_sort = function (a, b) {
        return b.quantity - a.quantity;
    };

    svg_container.selectAll("rect")
        .sort(bars_to_sort)
        .transition()
        .delay(0)
        .duration(300)
        .attr("x", function (d, n) {
        return scale_x(n);
    });
};

d3.select("#sort").on("click", sort);
d3.select("#unsort").on("click", unsort);

function unsort() {
    svg_container.selectAll("rect")
        .sort(function (a, b) {
        return a.position - b.position;
    })
        .transition()
        .delay(0)
        .duration(1200)
        .attr("x", function (d, i) {
        return scale_x(i);
    });

};
}//]]>

</script>

</head>

<body>
    <button id="sort" onclick="sortBars()">Sort</button>
    <button id="unsort" onclick="unsort()">Unsort</button>
    <p>
</body>
</html>
```

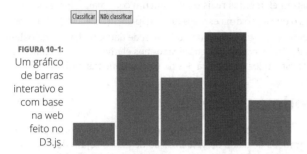

FIGURA 10-1: Um gráfico de barras interativo e com base na web feito no D3.js.

Conhecendo a sintaxe em cadeia

Como mencionei anteriormente neste capítulo, na seção "Introdução ao HTML e DOM", é possível usar o D3.js para transformar um esqueleto básico do HTML em uma visualização complexa modificando os elementos da página. A biblioteca D3.js usa uma sintaxe do operador eficiente chamada *sintaxe em cadeia*. A finalidade da sintaxe em cadeia é articular diversos métodos, viabilizando, assim, a realização de várias ações com apenas uma linha de código. Ao invés da sintaxe com pares de nome-valor (como ocorre na CSS), o D3.js encadeia diversas expressões, sendo que cada uma cria um novo objeto e seleção para a seguinte.

O conceito fundamental por trás do D3.js consiste nas seleções Append, Enter e Exit. Esses métodos selecionam, adicionam ou removem as tags HTML *vinculadas*, ou atribuídas, aos seus dados. A seleção Append se refere aos elementos de dados existentes emparelhados com as tags HTML existentes. Quando existem mais elementos de dados do que tags, a seleção Enter adiciona tags emparelhadas com os elementos de dados excedentes. Quando houver mais tags do que elementos de dados, você pode usar a seleção Exit para remover as tags.

Na seção abaixo, retirada da Listagem 10-1, observe o bloco de código que desenha as barras do gráfico:

```
svg_container.selectAll("rect")
    .data(column_data, position)
    .enter()
    .append("rect")
    .attr("x", function (d, i) {
    return scale_x(i);
```

Esse script D3.js define um objeto `svg_container`. O primeiro elemento, `selectAll("rect")`, define o contêiner para todos os elementos `"rect"` no documento. Para esse contêiner, o script percorre os dados em `column_data` e `position` e vincula cada item de dado a um dos `rect`s no contêiner. Para lidar com os itens de dados que (ainda) não têm um `rect` no contêiner, a expressão `enter` cria novos elementos com espaço reservado, que podem ser transformados em elementos reais do documento com mais expressões. De fato, isso é apenas o que a próxima expressão — append("rect") — faz ao criar um novo elemento rect para cada novo item de dado. A ideia principal é que os conjuntos de dados podem ser encadeados aos elementos do documento a fim de criá-los, destruí-los e modificá-los de várias maneiras muito flexíveis.

Conhecendo as escalas

No D3.js, a função scale plota os documentos de entrada para produzir faixas de modo que os gráficos de saída da visualização de dados sejam desenhados nas devidas proporções de escala. Na seção abaixo, retirada da Listagem 10-1, observe como as variáveis scale são definidas com o D3.js:

```
var scale_y = d3.scale.linear()
    .domain([0, d3.max(column_data, function (d)
{
    return d.quantity;
})])
    .range([0, total_height]);

var scale_x = d3.scale.ordinal()
    .domain(d3.range(column_data.length))
    .rangeRoundBands([0, total_width], 0.05);
```

Um dos principais recursos do D3.js é a sua capacidade de efetuar internamente cálculos complexos e enfadonhos. Uma parte importante dessa operação ocorre nas plotagens da escala. Para mapear automaticamente a faixa de dados de acordo com as dimensões de pixel reais no gráfico, use a função scale e modifique um ou ambos os parâmetros sem precisar efetuar um novo cálculo manualmente.

A partir desse fragmento, é possível observar que a altura total do gráfico foi especificada como .range. Isso significa que você não precisa calcular as margens, posições ou o modo como os valores mapeiam as posições fixas.

A seção abaixo, retirada da Listagem 10-1, mostra que o maior valor quantity na faixa de altura total é 25:

```
var column_data = [{
    position: 0,
    quantity: 5
}, {
    position: 1,
    quantity: 20
}, {
```

```
        position: 2,
        quantity: 15
}, {
        position: 3,
        quantity: 25
}, {
        position: 4,
        quantity: 10
}];

var total_width = 400;
var total_height = 200;
```

Ao mapear automaticamente a faixa dos seus dados (0[nd]25) de acordo com a altura real do pixel do seu gráfico, você pode mudar um ou ambos os parâmetros sem efetuar um novo cálculo manualmente.

LEMBRE-SE

Embora seja possível usar o D3.js para colocar automaticamente os rótulos do eixo e marcas de escala, a biblioteca também pode lidar com todos os cálculos envolvidos nas faixas de datas. Essa funcionalidade deixa espaço para que você se concentre na aparência geral da visualização ao invés de se preocupar com a sua mecânica.

Conhecendo transições e interações

A grande beleza do D3.js está no modo como você pode usá-lo para incorporar, com facilidade, elementos dinâmicos em sua visualização de dados baseada na web. Para encorajar os usuários a explorarem e analisarem os dados em sua visualização dinâmica, crie recursos que ofereçam muita interatividade. Além disso, incorporar transições em sua visualização dinâmica pode ajudar a capturar o interesse de seu público. As transições no D3.js criam o apelo estético de uma visualização de dados por meio da incorporação de elementos de movimento ao design.

Para conferir um exemplo perfeito de interatividade do D3.js, veja o código abaixo, retirado da Listagem 10-1:

```
<style type='text/css'>
    rect:hover {
    fill: brown;
}
  </style>
```

Aqui, uma única parte do código CSS muda a cor das barras sempre que o usuário passa o cursor sobre elas.

Em outro fragmento retirado da Listagem 10-1 (indicado abaixo), observe o código que define uma função `sort` e, então, cria botões para fazer a transição das barras entre os estados classificado e não classificado (se você tentasse reproduzir o mesmo efeito com o JavaScript comum, seria tedioso e demorado):

```
var sort = function () {
    bars_to_sort = function (a, b) {
        return b.quantity - a.quantity;
    };
    svg_container.selectAll("rect")
        .sort(bars_to_sort)
        .transition()
        .delay(0)
        .duration(300)
        .attr("x", function (d, n) {
        return scale_x(n);
    });
};

d3.select("#sort").on("click", sort);
d3.select("#unsort").on("click", unsort);

function unsort() {
    svg_container.selectAll("rect")
        .sort(function (a, b) {
        return a.position - b.position;
    })
        .transition()
        .delay(0)
        .duration(1200)
        .attr("x", function (d, i) {
        return scale_x(i);
    });
};
```

```
};
}//]]>

</script>
</head>
<body>
    <button id="sort" onclick="sortBars()">Sort</button>
    <button id="unsort" onclick="unsort()">Unsort</button>
    <p>
</body>
</html>
```

A Wikipédia do D3.js contém uma galeria de visualizações que dão uma ideia do enorme potencial dessa biblioteca (`https://github.com/d3/d3/wiki/Gallery` — conteúdo em inglês). Na web, é possível encontrar novas maneiras de usar a biblioteca e incrementá-la de modo a melhorar a sua eficiência em aplicações específicas. Como um designer moderno da visualização de dados interativa, você pode usar as habilidades de D3.js para criar praticamente tudo o que imaginar.

NESTE CAPÍTULO

» Verificando as plataformas colaborativas online de visualização de dados

» Avaliando suas opções para análise e mapeamento de dados espaciais com base na web

» Descobrindo algumas plataformas não colaborativas poderosas de visualização de dados

» Examinando as melhores plataformas de visualização para o design infográfico criativo

Capítulo **11**
Aplicativos com Base na Web para o Design da Visualização

Nos últimos anos, a World Wide Web viu um aumento impressionante no número de ferramentas online acessíveis e voltadas para a visualização dos dados e o design infográfico. Portanto, você não precisa mais comprar, baixar, instalar e manter pacotes de software patenteados para fazer esse tipo de trabalho. Agora, há uma quantidade aparentemente ilimitada de soluções de código aberto na web que podem auxiliá-lo a concretizar praticamente qualquer objetivo de visualização. Neste capítulo, você conhecerá as melhores opções disponíveis para ajudá-lo a atingir seus objetivos específicos.

Caso não tenha muitos conhecimentos técnicos, não se preocupe. Em muitos desses aplicativos da web, basta transferir seus dados (geralmente com uma operação simples de copiar e colar), formatá-los e experimentar rapidamente diferentes ofertas gráficas. Em geral, a parte mais difícil do trabalho consiste em encontrar respostas para as seguintes perguntas (bastante convenientes):

» Meus dados ficam melhores em um gráfico de barras ou um diagrama de linhas?

» Meus dados ficam melhores em um mapa ou um gráfico de bolhas?

» Devo adotar algo um pouco mais criativo, como uma nuvem de texto ou um mapa de calor?

Prepare-se para conhecer algumas das ferramentas de visualização mais populares e eficientes da web. Para cada serviço, indico a descrição da plataforma, exemplos dos tipos de gráfico oferecidos pelo aplicativo e alguns links em que é possível encontrar e explorar as visualizações por conta própria.

Os dados do exemplo foram retirados do conjunto de dados da American Communities Survey da U.S. Census Bureau (www.census.gov/programs-surveys/acs — conteúdo em inglês), que indica o número de pessoas por estado que, durante o ano de 2011, mudaram de endereço, mas permaneceram na mesma região. (Curiosamente, essas mudanças para as proximidades são três vezes mais comuns em Nevada do que em Nova Jersey.)

Projetando Visualizações de Dados para Colaboração

As *plataformas de visualização de dados colaborativas* são plataformas da web em que é possível projetar visualizações de dados e, então, compartilhá-las com outros usuários da plataforma e receber comentários sobre o design ou sobre as informações transmitidas dos dados.

As plataformas de visualização de dados colaborativas já foram descritas como o YouTube da visualização de dados, mas, na verdade, são bem mais interativas. Essas plataformas são como uma versão do YouTube que permite copiar e editar instantaneamente cada vídeo usando suas próprias ferramentas de software para, em seguida, republicar o vídeo em seus próprios canais sociais.

As plataformas colaborativas são muito eficientes quando se trabalha em equipe. Em vez de enviar versões por e-mail ou estudar (Deus me livre) um sistema de controle de versões dedicado, como o GitHub, você e seus colegas de equipe podem usar os recursos de compartilhamento da plataforma para trabalhar nas visualizações em equipe.

Mesmo que você não precise ou queira trabalhar com colaboradores, as plataformas colaborativas ainda têm muito a oferecer, como análise de dados úteis e ferramentas de visualização. Essas ferramentas geralmente são tão (e algumas vezes ainda mais) poderosas quanto os pacotes desktop comparados — mas lembre-se de que elas geralmente exigem que os usuários compartilhem publicamente seus dados e resultados para que outras pessoas possam exibir, modificar ou usar esses resultados de acordo com as suas necessidades específicas.

DICA

Muitos sites oferecem planos *freemium*, que permitem manter seu trabalho privativo caso você adquira uma conta paga.

Visualizando e colaborando com o Plotly

A plataforma colaborativa Plotly busca atender às demandas de colaboração de dados de profissionais e não profissionais. Essa poderosa ferramenta não se resume à visualização dos dados. Ela vai além e disponibiliza as ferramentas necessárias para entender seus dados a partir de análises estatísticas avançadas. O Plotly conta até com uma integração perfeita com ambientes de programação dedicados, como Python, MATLAB e R.

Se você deseja um modo rápido e fácil de criar visualizações de dados interessantes e atraentes, o Plotly é uma ótima solução. Embora ele priorize os tipos de gráfico de dados tradicionais, é muito mais fácil retratar variáveis pelo tamanho ou cor no Plotly do que na maioria dos aplicativos da web. Se você trabalha em um dos campos STEM, essa plataforma pode ser particularmente útil às suas necessidades. Além dos diagramas de bolha padrão e gráficos de linha, barras e área, o Plotly oferece histogramas, histogramas bidimensionais, mapas de calor, gráficos de dispersão, diagramas de caixa e de dispersão tridimensionais e gráficos de superfície tridimensionais e polares.

Quanto à funcionalidade colaborativa, o Plotly dispõe de recursos para compartilhamento de mídia social, comentários dos usuários, modificação e compartilhamento da visualização, compartilhamento de dados e uso do código embutido para incorporar e exibir a visualização diretamente em seu site, caso queira.

PAPO DE
ESPECIALISTA

Para os especialistas de plantão, um excelente recurso colaborativo do Plotly é o seu compartilhamento de código. Cada visualização hospedada no Plotly oferece uma opção para ver e copiar o código-fonte da visualização dos dados.

Antes de usar o Plotly, é necessário assinar uma conta. Para isso, clique no botão Sign-up no canto superior direito da home page do Plotly (em `https://plot.ly` — conteúdo em inglês). Felizmente, a plataforma Plotly tem uma grande base de usuários e é um desenvolvimento ativo e com novos recursos sendo adicionados o tempo todo. Se você tiver problemas, poderá encontrar muitas respostas na extensa documentação online (em `http://help.plot.ly` — conteúdo em inglês) ou na seção do Plotly para Perguntas e Respostas técnicas no site do Stack Overflow (`http://stackoverflow.com/questions/tagged/plotly` — conteúdo em inglês).

As Figuras 11-1 e 11-2 apresentam duas visualizações criadas com o Plotly: um conjunto de diagramas de caixa interativos que representam a distribuição de algumas variáveis do conjunto de dados `mtcars` (disponível no repositório GitHub deste livro, em https://github.com/BigDataGal/Data-Science-for-Dummies — conteúdo em inglês, e disponível para download em www.altabooks.com.br, procure pelo título do livro) e um diagrama de dispersão em 3D que mostra a classificação básica final das observações no banco de dados iris (também disponível no repositório GitHub deste livro). (*Observação:* também é possível obter esses conjuntos de dados e toneladas de outros gratuitamente no pacote `R  datasets`, disponível no CRAN, em https://stat.ethz.ch/R-manual/R-devel/library/datasets/html/00Index.html — conteúdo em inglês.) Por último, para conferir todas as novas visualizações quando forem publicadas, consulte o Graphing News Feed do Plotly (em https://plot.ly/feed — conteúdo em inglês).

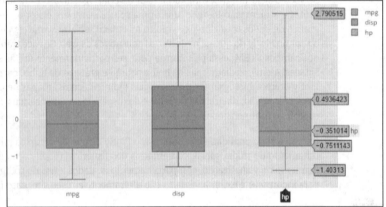

FIGURA 11-1: Diagramas de caixa interativos no Plotly.

Fonte: Lynda.com, Python for DS

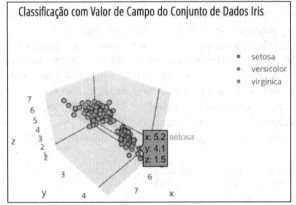

FIGURA 11-2: Diagrama de dispersão tridimensional no Plotly.

Fonte: Lynda.com, Python for DS

Falando sobre o Tableau Public

O Tableau Public (www.tableausoftware.com/public — conteúdo em inglês) é um aplicativo desktop gratuito com um pacote completo para a criação de gráficos. Se o nome soa familiar, talvez seja porque o Tableau Public é a versão gratuita do popular programa Tableau Desktop. Devido às limitações do freeware, o aplicativo não permite salvar os arquivos localmente no seu computador. Todo o seu trabalho deve ser transferido para o servidor em nuvem do Tableau Public, a menos que você compre o software.

O Tableau Public cria três níveis de documento: planilha, painel e história. Na planilha, você pode criar gráficos individuais a partir de dados importados do Access, Excel ou arquivos com formato de texto .csv. Em seguida, poderá usar o Tableau para executar facilmente ações como escolher entre diferentes tipos de gráficos de dados e arrastar colunas para eixos ou subgrupos diferentes.

CUIDADO

Você deve aprender com a experiência de trabalhar com o fluxo do aplicativo e a sua nomenclatura; por exemplo, *dimensões* são dados categóricos e *medidas* são dados numéricos.

O Tableau oferece muitos tipos diferentes de gráficos padrão: gráficos de barra, linha, bolha e Gantt, diagramas de dispersão e mapas geográficos. O Tableau Public pode ainda analisar o tipo de dados à sua disposição e sugerir os tipos de gráficos que podem representá-los melhor. Por exemplo, imagine que você tenha duas dimensões e uma medida. Nessa situação, um gráfico de barras é uma escolha popular porque você tem duas categorias de dados e apenas uma medida numérica para elas. Mas se tiver duas dimensões e duas medidas, um gráfico de dispersão poderá ser uma boa opção porque permite visualizar dois conjuntos de dados numéricos para duas categorias de dados.

É possível usar um painel do Tableau para combinar os gráficos com anotações de texto ou outros gráficos de dados. Você também pode usar o painel para adicionar filtros interativos, como caixas de seleção ou cursores, de modo que os usuários possam interagir com seus dados e visualizar apenas determinadas séries temporais ou categorias. Em uma história do Tableau, é possível combinar vários painéis em um tipo de apresentação de slides que representa uma história linear contada a partir dos seus dados.

Finalmente, você pode usar a galeria online do Tableau Public para colaborar e compartilhar todas as planilhas, painéis e histórias geradas no aplicativo. Também pode incorporar esses produtos a sites através de links para o servidor em nuvem do Tableau Public.

Visualizando Dados Espaciais com Ferramentas Geográficas Online

Com o advento de Sistemas de Informações Geográficas (GIS) online, como o Google Maps, Open Street Map e Bing Maps, a visualização dos dados geográficos não é mais um atributo exclusivo de cartógrafos e gurus do GIS. Os aplicativos de mapeamento da web agora possibilitam que os apaixonados por dados, com acesso a uma grande variedade de informações, analisem e mapeiem com rapidez e facilidade os dados espaciais.

A finalidade de todos os aplicativos geográficos da web consiste realmente em apresentar *dados geográficos* — dados quantitativos e qualitativos associados a determinados locais. Essa área do data science dialoga bastante com a cartografia e a estatística espacial. Você poderá aprender mais sobre o GIS no Capítulo 13.

Geralmente, os novatos ficam confusos com um aspecto importante da visualização dos dados geográficos: eles são sempre apresentados como uma área em forma de ponto, linha ou polígono em um mapa.

Para definir uma área com limites específicos, como as divisas de municípios, fronteiras de países, distritos de vendas ou áreas de foco político, use um polígono. Como incluem linhas de limite e a área total no interior das linhas, os polígonos são a melhor maneira de representar áreas em um mapa.

Na visualização de dados geográficos da web, provavelmente você representará as áreas usando um preenchimento categórico ou um mapa coroplético. O *preenchimento categórico* é um modo de representar visualmente os atributos qualitativos do seu conjunto de dados espaciais. Considere, por exemplo, um mapa que mostra os resultados de uma eleição. Os estados em que os democratas obtiveram a maioria dos votos são azuis e os com maioria republicana, vermelhos. O atributo categórico é "partido político" e a cor de preenchimento é determinada pela indicação do valor desse atributo categórico, como "republicano" ou "democrata". Por outro lado, *coroplético* é uma representação de mapa na qual as áreas espaciais são preenchidas com determinada tonalidade ou intensidade de cor para representar a distribuição comparativa das suas quantidades de dados no espaço.

Para representar seus dados como marcadores únicos plotados por latitude e longitude, plote dados pontuais. A gotinha vermelha invertida do Google Maps é um exemplo perfeito de dados pontuais em um aplicativo de mapeamento da web. Você pode representar os dados espaciais com recursos de linha também. Um recurso de linha consiste em um nó inicial, um nó final e uma linha de conexão entre eles. As linhas são comumente usadas para representar ruas, autoestradas e rios.

Por fim, você também pode criar mapas de calor com dados pontuais. Para compreender esse conceito, imagine que você queira representar a densidade de cafeterias em Seattle. Ao invés de exibir milhares (e milhares) de marcadores em um mapa, é bem mais eficiente agregar seus dados em faixas de cores que correspondam à densidade de cafeterias por área de unidade. Portanto, nesse exemplo, se houver 30 cafeterias em uma área quadrada do mapa, preencha esse espaço com uma cor vermelha quente. Por outro lado, se houver apenas três cafeterias em uma área quadrada, utilize uma cor azul fria.

CUIDADO

A área e o marcador indicam o tipo que pode mudar com o nível de zoom, dependendo de qual aplicativo web você usa e do modo como ele apresenta os marcadores. Por exemplo, em uma exibição total do planeta Terra, a cidade de Nova York pode aparecer como um marcador; mas se você ampliar o estado de Nova York, a cidade será representada como uma área.

As visualizações de dados geográficos da web dependem muito da *geocodificação* — a associação automática de pontos de dados com pontos geográficos baseada nas informações fornecidas sobre o local. Se houver uma coluna com nomes de estados ou endereços de ruas, os aplicativos web geralmente poderão automapear esses dados para você.

CUIDADO

Os aplicativos geográficos da web às vezes podem ser bem exigentes quanto aos seus padrões de dados. Para as funções da geocodificação funcionarem com eficiência, talvez seja necessário reformatar alguns dados para que atendam melhor a esses padrões. Por exemplo, um aplicativo da web que reconhece o **Distrito de Columbia** pode não reconhecer **Washington, D.C.** Por isso, formate seus dados. Como cada aplicativo tem requisitos específicos, você terá que verificar cada um.

Criando mapas bonitos com o OpenHeatMap

O OpenHeatMap é um serviço acessível que permite transferir e geocodificar dados espaciais. O OpenHeatMap geocodifica identificadores espaciais automaticamente e requer apenas uma supervisão mínima do usuário. Não é tão versátil quanto o Google Fusion Tables ou o CartoDB, mas é tão fácil de usar que muitas pessoas o consideram seu aplicativo favorito de mapeamento da web. Um recurso único do OpenHeatMap é que ele não oferece contas de usuários. Qualquer pessoa pode transferir dados e usar o serviço de modo anônimo. Para saber mais, acesse a home page do OpenHeatMap (em `www.openheatmap.com` — conteúdo em inglês).

Se o seu objetivo for criar rapidamente um mapa coroplético ou de calor com base em marcadores, o OpenHeatMap será a solução mais fácil disponível na internet. "Muito ou pouco fácil?", você pergunta. A Figura 11-3 mostra um coroplético do conjunto de dados de movimento criado no OpenHeatMap que eu montei em poucos segundos. Nada mal, hein?

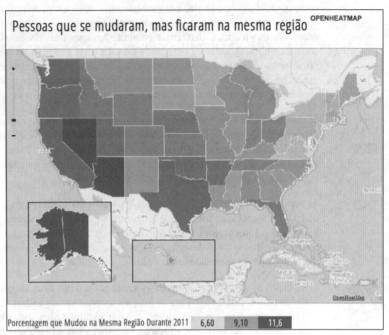

FIGURA 11-3: Mapa coroplético no OpenHeatMap.

Criando mapas e análise de dados espaciais com o CartoDB

Se você não for programador profissional ou cartógrafo, o CartoDB é a solução de mapeamento online mais poderosa disponível. As pessoas que trabalham com serviços de informação, engenharia de software, mídia e entretenimento e indústrias de desenvolvimento urbano geralmente usam o CartoDB para comunicações visuais digitais.

Com o CartoDB, é possível criar um mapa de calor simplesmente transferindo ou vinculando uma lista de coordenadas espaciais. Do mesmo modo, para criar um mapa coroplético que indique valores para atributos quantitativos, basta transferir ou vincular um conjunto de coordenadas espaciais que inclua os dados do atributo.

O CartoDB permite sobrepor marcadores e formas em todos os tipos de mapas de base interessantes. Você pode usá-lo para criar qualquer coisa, desde mapas de contorno simples das regiões geográficas até mapas de revista, antiquados e estilosos. É possível até usá-lo para gerar mapas de ruas com imagens de satélite. A funcionalidade de geocodificação do CartoDB é tão bem implementada que você pode obter um local usando endereços individuais, códigos postais ou endereços IP.

164 PARTE 3 Criando Visualizações que Claramente Comuniquem Significados

LEMBRE-SE

Para acessar o CartoDB, primeiramente é necessário configurar uma conta de usuário. Você pode fazer isso via home page do CartoDB (em `http://cartodb.com` — conteúdo em inglês).

Para os usuários mais avançados, o CartoDB oferece estas opções:

» Link para os bancos de dados SQL.

» Personalização das Folhas de Estilo em Cascata (CSS).

» Incorporação de outros tipos de gráfico na forma de gráficos sobrepostos, contornos e plotagens de superfícies tridimensionais.

A Figura 11-4 mostra a versão do CartoDB para um exemplo de mapa coroplético do conjunto de dados de movimento na região, e a Figura 11-5 apresenta um mapa de bolhas do mesmo conjunto de dados. O CartoDB é interativo: ele permite clicar nos recursos para ver as informações do atributo, assim como ativar e desativar as camadas do mapa na mesma interface.

FIGURA 11-4: Um mapa coroplético interativo no CartoDB.

PAPO DE ESPECIALISTA

As camadas do mapa são conjuntos de dados espaciais que representam os diferentes recursos em um mapa. Nas áreas compartilhadas, as camadas geralmente se sobrepõem na mesma região espacial. Para entender melhor o conceito, pense novamente em um mapa que represente o resultado das eleições. Esse tipo de mapa tem duas camadas: Estados e Partido Político. A camada Estados mostra o nome e o limite espacial do estado. Sobreposta geograficamente na camada Estados, a camada Partido Político informa, sobre cada estado, como a maioria dos eleitores votou na eleição. Embora as camadas se sobreponham no local físico, as camadas dos estados e do partido político são baseadas em conjuntos de dados separados e individuais. Assim funcionam as camadas nos aplicativos de mapeamento.

CAPÍTULO 11 **Aplicativos com Base na Web para o Design...** 165

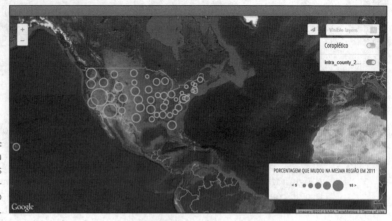

FIGURA 11-5: Um mapa de bolhas interativo no CartoDB.

Visualizando com Código Aberto: Plataformas de Visualização de Dados na Web

A única finalidade de uma plataforma de visualização de dados não colaborativa, de código aberto e baseada na web, consiste em criar rápida e facilmente visualizações de dados sem precisar investir muito tempo ou dinheiro aprendendo como codificá-la do zero. Esses serviços eliminam a necessidade de grandes pacotes de software especializados ou patenteados, permitindo exclusivamente a transferência dos seus dados para a obtenção dos resultados esperados. A maioria dessas plataformas ajuda a criar visualizações que podem ser utilizadas depois fora do site. Alguns serviços nem mesmo dispõem de capacidade de armazenamento. Portanto, você deve armazenar seus dados e visualizações em um disco rígido, em nuvem ou outro dispositivo de armazenamento de dados remoto.

Criando gráficos bonitos com o Google Fusion Tables

O Google Fusion Tables é uma extensão do *Google Drive* — o serviço de armazenamento e edição de documentos do Office em nuvem. O Google Fusion Tables pode criar comunicações visuais em muitos setores, como publicação de informações, engenharias civil e ambiental, desenvolvimento sustentável e imobiliário. Até o gerenciamento de recursos humanos pode usá-lo.

Como o Fusion Tables apenas executa os dados armazenados nas *Planilhas do Google* — o aplicativo de planilha do Google Drive —, você precisa ter uma conta ativa no Google Drive (em `https://google.com/drive`) e no Google Fusion Tables (em `https://support.google.com/fusiontables/answer/2571232` — conteúdo em inglês). Para criar facilmente visualizações de dados com o Fusion Tables, basta vincular as Planilhas do Google ao aplicativo Google Fusion Tables e deixar que o aplicativo faça o trabalho. Você pode usá-lo para criar gráficos de setores, barras, linhas, dispersão, linhas do tempo e mapas geográficos. Também é possível marcar geográfica e automaticamente as colunas com nomes de lugares que associam seus dados a pontos geográficos únicos. Os dados consultados no Google Fusion Tables podem até ser mapeados como pontos no Google Maps.

PAPO DE ESPECIALISTA

Você também pode usar o Google Fusion Tables para plotar dados de polígonos no Google Maps, mas essa tarefa é um pouco mais desafiadora, pois o Google Maps não é muito bom com mapeamento de polígonos.

Apesar de todos os benefícios que oferece, o Fusion Tables tem uma grande desvantagem: é difícil aprender a utilizá-lo. Se você quiser realmente usar o aplicativo, o Google oferece um laboratório de código online gratuito (em `https://developers.google.com/fusiontables/docs/v1/getting_started` — conteúdo em inglês), através do qual é possível estudar o Fusion Tables em seu próprio ritmo. Caso venha a ser um usuário avançado do Fusion Tables, você poderá combinar as capacidades do Fusion Tables com uma API poderosa — uma interface do programador que informa aos aplicativos de software como devem interagir entre si.

Usando o iCharts para a visualização de dados baseada na web

O iCharts oferece uma plataforma analítica visual da web que permite criar, incorporar e compartilhar gráficos interativos. O produto fornece uma análise baseada em nuvem totalmente interativa, que pode ser conectada a dados dinâmicos usando vários conectores, inclusive a API do iCharts, Planilhas do Google, Google Big Query e NetSuite. As análises visuais do iCharts são totalmente embutidas e têm recursos de otimização para mecanismos de busca (SEO) e compartilhamento social predefinidos. Você pode usar o iCharts para visualizar seus dados com vários tipos de gráficos predefinidos, inclusive gráficos de barras, colunas, setores, linhas e gráficos com forma livre.

Além da ferramenta gratuita de uso pessoal (para blogueiros, por exemplo), a empresa oferece planos pagos com foco nos seguintes cenários:

» **Marketing de conteúdo visual:** As empresas de mídia e editoras podem criar, publicar e compartilhar visualizações interativas que permitem oferecer uma experiência melhor para seus públicos e expandir o alcance da marca.

> **Análises visuais embutidas:** Empresas de qualquer porte podem incorporar o iCharts em seus sistemas corporativos para visualizar rapidamente seus dados em tempo real, sem suporte de TI nem extração ou agregação de dados.

Antes de começar a usar o iCharts, crie uma conta (em www.icharts.net — conteúdo em inglês). Para ver o que o iCharts pode fazer, verifique a Figura 11-6, que mostra uma versão iCharts para um gráfico de barras.

FIGURA 11-6: Um gráfico de barras no iCharts.

Usando o RAW para a visualização de dados da web

Você pode usar o *RAW*, um aplicativo web único e incomum, para fazer visualizações artísticas e criativas com seu conjunto de dados. O layout do RAW apresenta uma interface simples, em que é possível arrastar e soltar e criar estilos de visualizações de dados únicos e interessantes com apenas alguns cliques do mouse. Se deseja fazer algo original e interessante com a sua visualização de dados, mas não tem tempo nem dinheiro para aprender a codificar por conta própria, o RAW é a alternativa perfeita para a sua visualização de dados.

LEMBRE-SE

Como eu disse antes, o RAW é original. Ele não oferece nem mesmo uma visualização do gráfico de barras padrão. Porém, tem diagramas de força agrupada, diagramas de Voronoi, árvores Reingold-Tilford e outros tipos de gráficos menos conhecidos.

Para usar o RAW, acesse a sua home page (em `http://raw.densitydesign.org` — conteúdo em inglês). Depois, navegue até o botão USE IT NOW! Você nem precisa criar uma conta para usar o aplicativo: basta copiar e colar seus dados brutos no aplicativo e escolher os tipos de gráficos ideais para os dados. O RAW facilita a escolha informando o número preciso de atributos quantitativos, categóricos e rótulos necessários para gerar cada plotagem.

Esse serviço não foi projetado para principiantes, mas a interface simples e direta desse aplicativo divertido e acessível facilita o processamento dos seus dados e a geração de tipos de gráficos únicos. Mesmo que você não saiba diferenciar um corpo convexo de uma caixa hexagonal, pode ajustar as configurações, arrastar as colunas pelo espaço disponível e exibir o modo como as mudanças influenciam a visualização geral. Com bastante prática, você pode até mesmo adotar algumas estratégias de visualização aplicáveis ao RAW em outros contextos.

LEMBRE-SE

É possível deixar o design da visualização mais original e interessante, mas sempre verifique se o espectador comum é capaz de entender facilmente o resultado visual.

A Figura 11-7 mostra um diagrama com círculos agrupados do conjunto de dados de movimento na região, que criei no RAW. (*Observação:* é o único tipo de visualização oferecido pelo RAW que funcionará com esse tipo de conjunto de dados simples!)

FIGURA 11-7:
Diagrama de círculos agrupados.

Sabendo Quando Optar por Infográficos

Embora a diferença contextual entre um infográfico e uma visualização de dados seja geralmente clara, até os profissionais da visualização de dados às vezes podem ter problemas para distinguir os dois. Uma boa regra prática é verificar se os gráficos de dados foram basicamente produzidos de forma automática com um aplicativo de gráfico. Nesse caso, trata-se de uma visualização de dados. Mas, se você usou uma ferramenta personalizada de design gráfico, como o Photoshop ou o Illustrator, para gerar o produto final, trata-se de um infográfico.

Porém, essa categoria é um pouco mais complicada. Em geral, um infográfico incorpora um ou mais gráficos, dificultando a determinação de como a visualização foi produzida. Para complicar as coisas, os aplicativos de design de infográficos online, como o Piktochart e o Infogr.am, têm duas funcionalidades que permitem gerar um gráfico de dados automático e um design gráfico artístico e personalizável.

LEMBRE-SE

Uma regra ainda mais prática é conferir se a visualização parece ter sido projetada com arte. Nesse caso, trata-se de um infográfico. No entanto, se parecer bem simples e analítica, será uma visualização de dados.

Embora os infográficos possam ser dinâmicos ou estáticos, quando estiver projetando um gráfico para impressão, um slide para o PowerPoint ou uma imagem para distribuição em mídia social, prefira infográficos estáticos. Se quiser contar uma história com seus dados ou criar dados artísticos, use um infográfico.

DICA

Você pode incorporar fácil e diretamente gráficos estáticos em uma postagem de mídia social. Um conteúdo social com gráfico incorporado tende a chamar mais atenção e gerar um envolvimento maior do que conteúdo social postado apenas com texto.

Os aplicativos de criação de infográficos oferecem diversas alternativas mais criativas do que as ferramentas tradicionais da visualização de dados. Na verdade, este é um bom momento para apresentar alguns dos melhores aplicativos de design de infográficos disponíveis. Continue lendo para conferir todos os detalhes.

Criando infográficos legais com o Infogr.am

O Infogr.am é uma ferramenta online que você pode usar para criar infográficos atraentes com cartões empilhados verticalmente — uma visualização composta de uma série de cartões, uns sobre os outros, cada um com seu próprio conjunto de gráficos de dados. Como os cartões são superpostos na vertical, o infográfico final geralmente é mais comprido do que largo.

O Infogr.am oferece diversos esquemas estilosos de cores, esquemas de design e tipos de gráfico. Com o Infogr.am, você pode importar imagens para personalizar ainda mais o seu infográfico. O Infogr.am também dispõe de capacidades de compartilhamento para que você possa divulgar seu infográfico rápida e facilmente nos canais sociais ou via e-mail privado.

É possível usar o Infogr.am para criar infográficos estilosos que mostram gráficos de barras, colunas, setores, linhas, área, dispersão, bolhas, pictóricos e hierárquicos, além de tabelas, exibições do progresso, nuvens de palavras, mapas de árvore e gráficos financeiros. Para começar a usar o Infogr.am, acesse a sua home page (em `https://infogr.am` — conteúdo em inglês) e registre uma conta. O plano freemium é robusto o bastante para suprir todas as necessidades básicas de criação infográfica.

A Figura 11-8 mostra um gráfico de barras do conjunto de dados do movimento na região (agora familiar) no Infogr.am.

FIGURA 11-8: Gráfico de barras no Infogr.am.

DICA

Para verificar esses belos exemplos do Infogr.am antes de iniciar, confira o feed ao vivo com os infográficos apresentados na página Featured Infographics do Infogr.am (`http://infogr.am/featured` — conteúdo em inglês).

CAPÍTULO 11 **Aplicativos com Base na Web para o Design...** 171

Criando infográficos legais com o Piktochart

O aplicativo web Piktochart apresenta uma interface acessível, que pessoas como você e eu podem usar para criar rapidamente belos infográficos. O Piktochart oferece uma grande seleção de modelos atraentes, mas apenas membros com contas pagas podem acessar a maioria desses modelos. Trata-se de uma ótima opção para economizar tempo e dinheiro ao projetar, mas você precisará produzir documentos em formato de infográfico. Em comparação com outros aplicativos web, a maior flexibilidade criativa do Piktochart consolida a sua utilidade em vários setores, como organizações populares sem fins lucrativos, mídia e entretenimento.

Você pode usar o Piktochart para criar infográficos estáticos ou dinâmicos, e também pode vinculá-lo às Planilhas do Google para obter uma atualização dinâmica. O Piktochart oferece um conjunto comum de tipos de gráficos, além de diversos tipos orientados a infográficos, como diagramas de Venn, medidores e matrizes.

Quando a versão gratuita do Piktochart é utilizada para criar um infográfico, ele fica disponível para o público. Contudo, ao assinar uma conta paga, você terá a opção de trabalhar de modo privado. É possível se registrar na home page do aplicativo, em `http://piktochart.com` (conteúdo em inglês).

Com o Piktochart, é possível criar infográficos que mostram gráficos de barras, triângulos, linhas, área, dispersão, de pizza e de Venn, além de matrizes, pirâmides, medidores, donuts, amostras e ícones. A Figura 11-9 mostra uma versão Piktochart para um gráfico de barras do exemplo do conjunto de dados de movimento na região.

FIGURA 11-9: Gráfico de barras no Piktochart.

NESTE CAPÍTULO

» Projetando um painel para seus usuários

» Vendo a imagem geral

» Entrando em detalhes

» Testando todos os painéis

Capítulo **12**

Explorando as Melhores Práticas no Design de Painéis

B ig data, engenharia de dados e data science são negócios revolucionários. Embora os dados sejam coletados em taxas cada vez mais rápidas, a demanda por informações claras e significativas vem aumentando. Os tomadores de decisão organizacional precisam que as informações sejam entregues rapidamente em um formato conciso e fácil de entender.

Os painéis da análise de dados são um dos métodos mais populares para entregar essas informações. Atuando como (assim esperamos!) uma interface acessível do software, esses painéis apresentam um resumo, em uma única página de fácil entendimento, das informações fundamentais para a tomada de decisão organizacional e gerencial. Um painel também serve como um portal no qual os usuários podem obter informações mais detalhadas quando necessário.

Embora os painéis tenham potencial para serem meios de comunicação altamente eficientes, sua utilidade depende essencialmente da implementação dos princípios do design estratégico e cuidadoso pelos designers. Neste capítulo, apresento as melhores práticas do design de painéis e explico por que são cruciais.

LEMBRE-SE

Como em qualquer tipo de design, você pode encontrar muitos exemplos bons e ruins de painéis por aí. O design ruim geralmente é resultado direto de um escopo fraco. Os painéis, como todas as visualizações, devem ser projetados para um determinado público e atender a uma função específica. Se você não definir com antecedência e de forma clara o público e a função, com certeza o painel não funcionará perfeitamente.

DICA

O termo *painel* é uma analogia com o painel dos automóveis. Porém, não deixe que o título metafórico "painel" modele a sua imagem de painel analítico. Os painéis que incorporam ilustrações de medidores e hodômetros agora são considerados antiquados e deselegantes. Esses elementos de design consomem muito espaço na tela, entregam informações esparsas e criam uma confusão visual desnecessária em um layout que deveria ser claro, conciso e adequado. Use elementos mais limpos e compactos.

Focando o Público

A função dos painéis é comunicativa, e a regra de ouro na comunicação é *conhecer seu público*. Um dos erros mais comuns no design dos painéis ocorre quando um designer tenta criar um painel para que tudo sirva a todas as pessoas. Esse designer inevitavelmente usará todo tipo de enfeite e futilidade para visualizar cada possível item de interesse, criando, assim, um painel tão confuso e desfocado que será praticamente impossível de usar.

Um painel desenvolvido pela inteligência de negócio para a alta gerência deve ter um foco totalmente diferente de um painel e-commerce de um pequeno negócio. Dê menos atenção ao que o seu público *pode querer* saber e mais ao que ele *precisa* saber. Priorize o que é útil para o seu público como recurso imediato. Configure seu painel de modo que os usuários retornem continuamente a ele para obter acesso a informações úteis e rápidas, e que seja um suporte de decisão mais ágil e fácil. Se as informações forem inúteis ou complexas demais, seu público-alvo não adotará o painel como instrumento de suporte de decisão. Geralmente, as coisas são assim.

DICA

Muitas vezes ignorada, uma excelente prática em design de painéis é planejá-los como se cada usuário os visse pela primeira vez. Para assegurar o conforto dos seus usuários, o painel deve ser autoexplicativo e claro. Por isso, mantenha a simplicidade. Use ícones, assim como texto; rotule tudo; use dicas de ferramentas nas áreas adequadas; e nunca espere que um usuário leia um arquivo Ajuda antes de iniciar.

174   PARTE 3 **Criando Visualizações que Claramente Comuniquem Significados**

Começando com a Imagem Geral

No design, existem problemas de grande escala e problemas menores e mais detalhados. Os limites de espaço implícitos no design do painel exigem que você tenha muito foco na finalidade, e cuidadosamente integre e harmonize os elementos gerais e detalhados para atender a essa finalidade. A maioria das melhores práticas padrão do setor de design de painéis foi estabelecida com base em tentativa e erro. Ao conceitualizar o design de seu painel, analise também o que os clientes e gerentes consideraram mais útil em seus painéis anteriores.

Eis algumas melhores práticas, que devem orientar o projeto do layout geral e completo do seu painel (mais detalhes na próxima seção):

» **Mantenha-o em uma página.** Os painéis devem ser um recurso imediato e você pode ver apenas uma página por vez. Portanto, ao projetar um painel, encontre um modo de colocar tudo em uma página. E mais, não caia na armadilha de pensar que você precisa colocar toneladas de coisas nessa página — exclua tudo e deixe apenas as informações mais importantes.

» **Deixe respirar.** O *espaço em branco* — a parte de uma tela em que não há nenhum texto ou imagem — é fundamental no design. Se tudo estiver muito próximo, os olhos terão problemas para focalizar os objetos. Um espaço em branco determinado com cuidado pode orientar seus usuários e fixar sua atenção apenas nas partes mais importantes do painel.

» **Dê um fluxo natural ao layout.** Seu painel deve fluir de cima para baixo e da esquerda para a direita. Essa progressão lógica tem um sentido intuitivo para os usuários. A progressão pode ser do mais específico para o mais geral, seguir o caminho do fluxo de trabalho ou simplesmente acompanhar algum caminho de dependências entre um conceito e outro.

DICA

Naturalmente, ler de cima para baixo e da esquerda para direita é a prática padrão das culturas ocidentais. Se você for japonês, lerá da direita para a esquerda e deve projetar uma visualização que flua naturalmente nessa direção. O importante é que projete seu painel de modo que ele faça mais sentido para o seu público específico, segundo suas normas culturais específicas.

» **Desenvolva um método para extrair informações específicas.** O painel deve funcionar como um resumo geral das informações desejadas, mas se você incluir algo de interesse específico do seu público, os usuários provavelmente irão explorar essa área mais intensivamente. Em um bom painel, a obtenção de mais informações deve ser um processo que não requer quase nenhum esforço. Ao contrário de um instantâneo estático, um painel oferece uma experiência interativa em que os usuários podem fazer pesquisas minuciosas, clicando em diferentes partes dos gráficos de dados para obter uma versão mais detalhada. Por exemplo, imagine um painel que mostre a seção Estatísticas das Vendas por Região. Quando você clica em qualquer região, aparece uma janela instantânea Estatísticas de Venda por Área trazendo informações mais detalhadas.

» **Escolha os alertas com sabedoria.** Com base nos comentários dos usuários finais, determine eventos cuja importância justifique a função de alerta. Por exemplo, em painéis que controlam a valorização das ações, quando o preço de uma ação fica abaixo de um certo limite de valor durante um determinado período, um alerta do painel deve ser emitido. Como as necessidades de dois usuários nunca são iguais, equilibrar a função de alerta pode ser uma missão difícil. Se você marcar tudo, não estará marcando nada na prática, pois as pessoas começarão rapidamente a ignorar todos os alertas emitidos constantemente. Por outro lado, situações importantes não devem passar despercebidas. Prepare-se para fazer muitos ajustes ao configurar as funcionalidades dos alertas.

» **Menos é mais.** O painel tem que ser atraente e esteticamente interessante, mas não deve ser projetado em excesso. Em toda decisão de design, opte pela utilidade como o principal critério. Deixe que a forma do painel flua naturalmente a partir de uma abordagem simples e funcional.

Obtendo os Detalhes Certos

Depois de conceituar o seu painel — definindo seu público, sobre o que ele precisa ser informado e quais elementos precisam ficar em cada lugar na página — é necessário esmiuçar os detalhes. Mesmo que tudo esteja perfeito nesse ponto, seu painel ainda poderá falhar na entrega se você não reservar um tempo para pensar sobre a aparência dos elementos individuais que o compõem. A lista a seguir descreve um conjunto de práticas úteis para o planejamento dos detalhes do design:

» **Menos é mais.** Embora abordado na parte final da seção anterior, retomo aqui esse ponto devido à sua grande importância para o projeto dos detalhes do painel e o design do painel em geral. O espaço é precioso no painel, e o tempo e atenção dos usuários não são garantidos. No que for possível, facilite as ações dos usuários e apresente tudo do modo mais simples. Embora as luzes verde, amarela e vermelha do sinal de trânsito ou os termômetros possam funcionar em um infográfico, são uma grande distração em um painel. Use barras simples e pontos.

» **Fique atualizado.** O *design minimalista* — uma abordagem de design moderna e minimalista que limita os designers a usarem apenas elementos bidimensionais e colocá-los em um layout visual excepcionalmente claro e simples — é a grande tendência do momento. A maior vantagem desse estilo é facilitar e simplificar a interação entre os usuários. Quando a abordagem minimalista funciona com os seus dados, adotá-la deixa o seu design mais arrojado e moderno.

LEMBRE-SE

Também é extremamente importante manter seus dados de origem atualizados. Ao projetar um painel para fins de suporte à tomada de decisão por outras pessoas, a sua atualidade será tudo — se você não equipou seus painéis com uma atualização em tempo real, eles devem, pelo menos, se basear em fontes atuais.

» **Use cores com moderação.** Escolha uma palheta de cores simples e tranquilas, fáceis de ver e que não sejam monótonas ou entediantes. Deixe as cores vibrantes para os alertas e notificações — você precisa que elas se destaquem do fundo.

» **Fique na horizontal.** Como a maioria das pessoas das culturas ocidentais leem as palavras na horizontal, nossos olhos podem seguir melhor as representações de dados dispostos também na horizontal. Os gráficos de barras devem avançar da esquerda para a direita, ao invés de cima para baixo. Além disso, organize os itens em linhas em vez de pilhas verticais. Essas duas inovações aplicáveis aos gráficos de dados são muito úteis para projetar painéis eficientes:

- *Gráfico de linhas:* Inventado pelo pioneiro da visualização de dados, Edward Tufte, o gráfico de linhas consiste em uma linha fina ou gráficos de barras apresentados no mesmo espaço e com o mesmo tamanho das palavras, em uma tabela ou parágrafo. Os gráficos de linhas são um modo compacto e eficiente de apresentar as tendências em um painel. (Veja a Figura 12-1 para ter um exemplo.)

- *Gráfico com marcador:* Uma alternativa simples e elegante para os antigos termômetros e barras de progresso do passado. A Figura 12-2 mostra um gráfico com marcador que representa uma zona de perigo, na qual o número de clientes novos em um período é inferior a 250. Nesse gráfico, a zona aceitável é de 250 a 400, e a zona boa, acima de 400. Ao invés de usar as cores vermelho, amarelo e verde berrantes, o gráfico apresenta as informações de forma adequada, usando tons sutis de cinza. No gráfico, o status atual mostra 300 novos clientes, com um objetivo de 450.

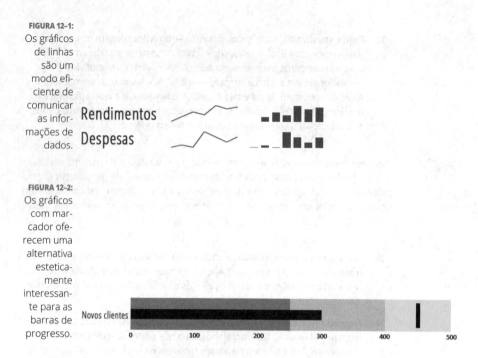

FIGURA 12-1: Os gráficos de linhas são um modo eficiente de comunicar as informações de dados.

FIGURA 12-2: Os gráficos com marcador oferecem uma alternativa esteticamente interessante para as barras de progresso.

Testando Seu Design

Apesar do seu cuidado e da estratégia de design do seu painel, você poderá ter problemas quando o produto ganhar vida. Desenvolver e lançar uma versão preliminar do painel é apenas o primeiro passo. Os designers de painéis devem estar preparados para analisá-los até terem certeza de que o produto funciona, e funciona bem.

Não se pode agradar a todos e você pode ter que lidar e dar prioridade a uma lista de reclamações, mas o verdadeiro teste vem da observação de como o painel funciona na prática. Como os painéis atualmente têm base quase sempre na web, você pode obter, com facilidade, algumas estatísticas detalhadas sobre seu desempenho e utilização. Os arquivos de log informam o número de visitantes, duração das sessões e padrões de cliques dos usuários. Você pode até incorporar um teste A/B movendo os itens para definir o layout mais eficiente.

Você não pode se preparar para todos os cenários em potencial com antecedência. Com um assunto tão complexo e subjetivo quanto o design do painel, será melhor adotar uma abordagem de design flexível. Assim, você terá uma maior chance de projetar um produto que os usuários finais realmente usarão; e não é esse o objetivo?

> **NESTE CAPÍTULO**
>
> » Trabalhando com bancos de dados espaciais, formatos de dados, projeções de mapas e sistemas de coordenadas no GIS
>
> » Analisando os dados espaciais com métodos de proximidade, sobreposição e reclassificação
>
> » Usando o QGIS para adicionar e exibir dados espaciais

Capítulo **13**

Criando Mapas a partir de Dados Espaciais

Os métodos estatísticos avançados são ótimas ferramentas quando você precisa fazer previsões a partir de conjuntos de dados espaciais, e todos sabem que o design da visualização de dados pode ajudar a apresentar suas descobertas do modo mais eficiente possível. Isso tudo é bom e perfeito, mas não seria ótimo se você pudesse combinar as duas abordagens?

Estou aqui para dizer que pode ser feito. O segredo de reunir as duas abordagens consiste em prever como alguém mapearia dados espaciais, ou seja, a *visualização dos dados espaciais*. Caso seja utilizado um aplicativo patenteado ou de código aberto, o modo mais simples de criar mapas a partir dos conjuntos de dados espaciais é usar o software Sistemas de Informação Geográfica (GIS) para fazer o serviço. Este capítulo apresenta os fundamentos do GIS e explica como você pode usá-lo para analisar e manipular conjuntos de dados espaciais.

DICA

O ESRI ArcGIS for Desktop, um software GIS patenteado, é o aplicativo de criação de mapas mais usado. Ele pode ser adquirido no site da ESRI (em `www.esri.com/software/arcgis/arcgis-for-desktop` — conteúdo em inglês). Caso não tenha condições financeiras de investir nessa solução, utilize o QGIS de código aberto (disponível em `www.qgis.org` — conteúdo em inglês) para os mesmos objetivos. O GRASS GIS (disponível em `www.grass.osgeo.org` — conteúdo em inglês) é uma boa alternativa de código aberto para os produtos patenteados da ESRI. Na prática, todos esses aplicativos de software são conhecidos como *GIS*.

Entendendo os Fundamentos do GIS

As pessoas usam o GIS para todos os tipos de finalidades. Há quem simplesmente queira criar belos mapas e também quem se importe pouco com estética, estando basicamente interessado em usar o GIS para entender padrões importantes em dados espaciais. Tanto para cartógrafos quanto para estatísticos, o GIS oferece alguma utilidade para todos. Nas seções a seguir, explico todos os conceitos básicos que você precisa saber sobre o GIS para começar a criar mapas a partir dos seus dados espaciais.

Para entender os conceitos básicos, imagine que você tem um conjunto de dados que captura informações sobre eventos de neve. A maioria das pessoas, quando pensa no assunto, associa eventos de neve a bonecos de neve, avalanches assustadoras ou esqui. Porém, quando um usuário do GIS pensa em um evento de neve, provavelmente associa isso às taxas de precipitação e acúmulo de neve e à cidade em que mais nevou. Um conjunto de dados espaciais sobre neve poderia fornecer exatamente esse tipo de informação.

Observe o conjunto de dados de neve simples indicado na Figura 13-1. Embora a tabela forneça poucas informações, é possível usar esses dados para criar um mapa simples que determine as cidades em que nevou ou não.

ID	Neve	Local
1	Não	Valley City
2	Sim	Grand Forks
3	Sim	Jamestown
4	Não	Aberdeen

FIGURA 13-1: Um exemplo de dados espaciais básicos.

Embora você possa usar esses dados para criar um mapa simples, precisará dos dados de localização em formato numérico para se aprofundar na análise do GIS. Imagine que você volta para a tabela na Figura 13-1 e adiciona três colunas de dados: uma para as coordenadas de latitude, outra para as de longitude e uma terceira para o número de acidentes de carro que ocorreram nos locais em que as coordenadas se cruzam. A Figura 13-2 representa essa situação.

Quando você tiver coordenadas de dados espaciais que especifiquem a posição e a localização, poderá usar o GIS para armazenar, manipular e analisar grandes volumes de dados. No exemplo da neve, seria possível usar o GIS para calcular quanta neve caiu e se acumulou em cada cidade, ou determinar as cidades nas quais é particularmente perigoso dirigir durante eventos de neve.

FIGURA 13-2: Os dados espaciais descritos com coordenadas e atributos adicionais.

ID	Neve (mm)	Cidade	Latitude	Longitude	Acidentes rodoviários (últimas 24 h)
1	0	Valley City	46.96	-98.01	2
2	120	Grand Forks	47.95	-97.01	5
3	140	Jamestown	46.92	-98.23	6
4	0	Aberdeen	45.98	-98.47	3
5	150	Miles City	45.74	-98.71	6
6	80	Dickinson	45.79	-96.98	6
7	0	Minot	49.16	-97.76	2
8	20	Bismark	46.91	-98.01	2

Para fazer tudo isso de maneira elegante, você precisa conhecer profundamente alguns conceitos básicos e importantes do GIS para ajudar a entender os bancos de dados espaciais, formatos de arquivo GIS, projeções de mapas e sistemas de coordenadas. As seções a seguir ajudam a realizar essa tarefa.

Bancos de dados espaciais

A principal finalidade de um banco de dados espacial é armazenar, gerenciar e manipular atributo, localização e dados geométricos de todos os registros no banco de dados de um recurso. Em relação ao GIS, um *atributo* é uma classe que descreve um recurso, a *localização* descreve o local do recurso na Terra e os *dados geométricos*, o *tipo de geometria* do recurso — ponto, linha ou polígono.

Imagine que você queira criar um mapa dos restaurantes Dunkin' Donuts que vendem o sorvete Baskin-Robbins. O recurso que está mapeando é "restaurantes Dunkin' Donuts", o atributo é "Revendedor Baskin-Robbins? (S/N)", os campos da localização informam onde os restaurantes se situam, cada loja é representada por seu próprio *registro* no banco de dados e os dados geométricos informam que esses restaurantes devem ser representados por pontos no mapa.

CAPÍTULO 13 **Criando Mapas a partir de Dados Espaciais** 181

Um banco de dados espacial é parecido com um banco de dados relacional simples, mas, além de armazenar os dados em atributos qualitativos e quantitativos, armazena dados sobre o local físico e apresenta o tipo de geometria. Cada registro em um banco de dados espacial é armazenado com coordenadas numéricas que representam onde esse registro ocorre em um mapa, e cada recurso é representado por apenas um destes três tipos de geometria:

» Ponto

» Linha

» Polígono

Se quiser calcular a distância entre dois lugares em um mapa ou determinar a área de uma determinada parte da Terra, utilize a consulta do banco de dados espacial para fazer, rápida e facilmente, cálculos espaciais automáticos em conjuntos inteiros de registros de uma só vez. Indo um pouco além, é possível usar os bancos de dados espaciais para realizar praticamente todos os mesmos tipos de cálculos em — e manipulações de — dados do atributo que você pode fazer em um sistema de banco de dados relacional comum.

Formatos de arquivo no GIS

Para facilitar os diferentes tipos de análise e resultados, o GIS aceita dois formatos de arquivo principais: mapa de bits (raster) ou vetor. Como são os dois tipos principais de formato de arquivo usados no GIS, os aplicativos GIS patenteados e de código aberto foram especificamente projetados para suportá-los.

Os dados *rasterizados* são divididos e plotados em uma estrutura de grade bidimensional para que cada célula da grade tenha o próprio valor de atributo. (Veja a Figura 13-3.) Embora a maioria das pessoas saiba que as rasterizações são usadas para armazenar os dados de imagem em fotografias digitais, poucas sabem que o formato do arquivo rasterizado também é útil para armazenar dados espaciais.

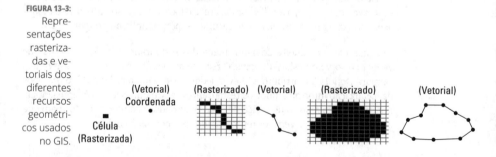

FIGURA 13-3: Representações rasterizadas e vetoriais dos diferentes recursos geométricos usados no GIS.

LEMBRE-SE

Os arquivos rasterizados podem ser usados para armazenar dados de apenas um atributo por vez. No GIS, os dados de um atributo são armazenados e plotados em uma grade bidimensional, na qual a dimensão horizontal representa a longitude e a dimensão vertical, a latitude. As fotografias digitais e os mapas de radar climático Doppler são dois exemplos comuns de arquivos rasterizados no mundo moderno.

Os arquivos de formato *vetorial*, por outro lado, armazenam os dados como pontos, linhas ou polígonos em um mapa. (Veja a Figura 13-3.) Os recursos do ponto são armazenados como registros de ponto únicos plotados no espaço geográfico, ao passo que os recursos de linha e polígono são armazenados como uma série de vértices que compõem cada registro plotado no espaço geográfico. Para os dados no formato vetorial, o GIS pode lidar facilmente com dezenas de atributos para cada registro armazenado no banco de dados espacial. O Google Maps, os modernos gráficos digitais e os desenhos com assistência computadorizada (CAD) da engenharia são exemplos perfeitos de gráficos vetoriais em uso no mundo real.

Para conceitualizar a ideia de rasterização versus vetor, imagine que você tenha um papel quadriculado e um lápis e queira desenhar o mapa de uma rua sem saída em sua vizinhança. Você pode desenhá-lo como uma série de polígonos — um representando a área coberta pela rua e os outros, os lotes que se encontram na rua. Também pode preencher os quadrados do papel quadriculado, um após o outro, até cobrir todas as áreas com uma superfície multicolorida única.

Os dados de formato vetorial são como desenhar a rua, e os lotes, como um conjunto de *polígonos* separados. O formato de dados rasterizados corresponde a criar uma *superfície* colorindo a área inteira em torno da rua sem saída, de modo que todas as áreas da rua e dos lotes adjacentes sejam cobertas com a sua própria cor representativa. A diferença entre os dois métodos é indicada na Figura 13-4.

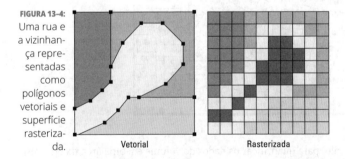

FIGURA 13-4: Uma rua e a vizinhança representadas como polígonos vetoriais e superfície rasterizada.

Se usar o GIS para criar mapas que mostrem as divisas de municípios, superfície terrestre, estradas, atrações ou qualquer outro recurso espacial distinto, como indicado na Figura 13-5, esse tipo de dado espacial será mais bem armazenado em um formato de arquivo vetorial. Se precisar fazer uma análise espacial complexa de vários atributos para cada recurso em seu conjunto de dados, mantenha os dados no formato vetorial. Os dados vetoriais cobrem apenas as áreas espaciais nas quais cada recurso distinto do seu conjunto de dados esteja localizado na Terra. Mas, com os dados vetoriais, você tem muitas opções de atributos do recurso para analisar ou exibir em um mapa.

O modo mais fácil de analisar vários atributos (que podem ser derivados de um ou vários recursos) que se sobrepõem espacialmente em uma determinada parte da Terra é converter seus dados para o formato rasterizado. Como um arquivo rasterizado representa apenas um atributo por vez, você deve colocar várias rasterizações em camadas, umas sobre as outras, para ver como os atributos sobrepostos se comparam em uma região geográfica fixa. Embora seja possível fazer um tipo parecido de comparação de sobreposição espacial usando arquivos vetoriais, os arquivos rasterizados fornecerão uma cobertura total e completa de cada conjunto de valores do atributo em uma área de estudo total.

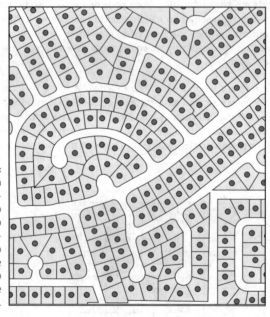

FIGURA 13-5: Um mapa de localização do endereço representado como pontos de formato vetorial e polígonos.

Por exemplo, para quantificar os dados do volume em uma área fixa da Terra, os arquivos rasterizados são definitivamente a melhor opção. Considere o exemplo da neve de novo. Seu atributo nesse exemplo é a altura da neve. Considerando que seus dados rasterizados fornecem os dados de altura da neve (pixel por pixel) em uma determinada região fixa, é possível usar essa informação para calcular o volume de neve no chão nessa área: basta multiplicar a área de cada pixel pela diferença entre a altura média da superfície da neve e a elevação média do chão nesse local. Para encontrar a área da neve acumulada em uma área física, some o volume da neve que caiu em cada pixel dessa área, como indicado na Figura 13-6.

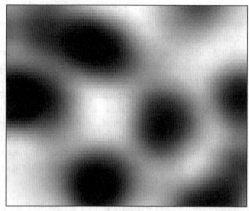

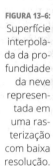
FIGURA 13-6: Superfície interpolada da profundidade da neve representada em uma rasterização com baixa resolução.

LEMBRE-SE

Quando trabalhar com dados espaciais no formato vetorial, priorize os *recursos*. Você deve, entre outras ações, desenhar recursos de linha separados, cortar os recursos existentes ou fazer uma análise em buffering para obter alguma determinação sobre os recursos situados a uma determinada proximidade do recurso em estudo. Quando você trabalha com dados espaciais em um formato rasterizado, deve priorizar as *superfícies*. Estará trabalhando com uma superfície rasterizada que cobre a área espacial total em estudo e deve descrever as quantidades, intensidades e mudanças no valor de um atributo em uma área de estudo completa.

É possível a conversão de um recurso vetorial em uma superfície rasterizada, mas você pode converter apenas um atributo por vez. Imagine que tenha um arquivo vetorial que representa os postos de combustível com "Tanques de Armazenamento Subterrâneos com Vazamento", indicados como pontos em um mapa. A tabela de atributos para essa camada contém dados nos quatro atributos a seguir: "Ano em que o Tanque Foi Instalado", "Ano em que o Vazamento Foi Detectado", "Profundidade do Tanque" e "Concentrações de Contaminantes". Ao converter esses dados vetoriais em rasterizados, você obterá quatro arquivos rasterizados separados, um para cada atributo. O formato de ponto vetorial será convertido em uma superfície rasterizada que cobrirá a área de estudo total e indicará os valores (ou ausência de valores) do atributo, pixel por pixel.

Projeções do mapa e sistemas de coordenadas

As projeções do mapa e os sistemas de coordenadas fornecem ao GIS um modo de representar com precisão a Terra, redonda, em uma superfície plana, traduzindo a geometria tridimensional da Terra na bidimensional plana.

As projeções e os sistemas de coordenadas *projetam* dados espaciais. Isso significa que preveem as posições espaciais precisas e a escala geográfica de acordo com a localização desses recursos na Terra. Embora os sistemas de projeção e coordenadas sejam capazes de projetar a maioria dos recursos com bastante precisão, não oferecem uma solução genérica. Se os recursos em uma região forem projetados perfeitamente em escala, os recursos em outra inevitavelmente serão projetados com, pelo menos, uma pequena distorção. Essa distorção é como ver algo com lente de aumento — você pode ver o objeto no centro da lente com precisão e clareza, mas os objetos na borda externa da lente sempre ficam distorcidos. Não importa para onde mova a lente, esse fato permanecerá inalterado. Do mesmo modo, você não pode representar *todos* os recursos de um mundo redondo precisamente e na medida certa em um mapa plano.

No GIS, o segredo para resolver esse problema de distorção é limitar sua área de estudo, selecionar apenas uma pequena região geográfica e usar a projeção do mapa ou sistema de coordenadas mais preciso para a região.

Um sistema de coordenadas é a referência usada para *definir* a localização de um recurso na Terra. Existem dois tipos de sistemas de coordenadas:

» **Projetado:** Também chamado de *projeção do mapa*, um sistema de coordenadas projetado é um algoritmo matemático que você pode usar para transformar o local dos recursos em uma Terra redonda nas posições equivalentes representadas em uma superfície plana. Os três tipos comuns de projeção são cilíndrica, cônica e plana.

» **Geográfico:** É um sistema de coordenadas que usa conjuntos de números e/ou letras para definir cada local na Terra. Nos sistemas de coordenadas geográficas, a localização geralmente é representada pela latitude/longitude, graus decimais ou graus-minutos-segundos (se você estiver familiarizado com a antiga nomenclatura da topografia).

A Figura 13-7 indica estes três tipos de projeção, em toda a sua glória.

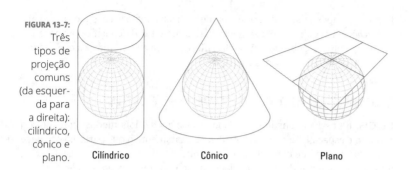

FIGURA 13-7: Três tipos de projeção comuns (da esquerda para a direita): cilíndrico, cônico e plano.

Cilíndrico   Cônico   Plano

Agora que você conhece os tipos de sistemas de coordenadas que existem por aí, é hora de aprender a fazer uso prático deles. Essa é a parte fácil! Em quase todos os casos, quando você importa um conjunto de dados espacial para o GIS, ele vem com o seu próprio sistema de coordenadas predefinido. Então, o software GIS adota esse sistema e o atribui ao projeto inteiro. Quando forem adicionados conjuntos de dados extras a esse projeto no futuro, eles poderão adotar esse mesmo sistema de coordenadas ou um alternativo. Quando os novos dados vêm com um sistema de coordenadas diferente do utilizado no projeto, o software GIS transforma os dados de entrada para que eles sejam representados corretamente no mapa.

Vamos conferir um exemplo prático desse processo. Para determinar a área de terra agrícola contaminada durante o vazamento de um caminhão-tanque no Delta do Mississipi, você importa um conjunto de dados espaciais denominado Terra Contaminada. O arquivo Terra Contaminada já tem um sistema de coordenadas predefinido — State Plane Coordinate System Mississippi, West MS_W 4376 2302. Quando você importar o conjunto de dados, o GIS detectará automaticamente o seu sistema de coordenadas, atribuirá esse sistema ao projeto iniciado e transformará qualquer conjunto de dados espacial adicionado de acordo com a escala e o posicionamento corretos. Muito fácil!

DICA

As informações sobre a projeção do mapa padrão e o sistema de coordenadas de um conjunto de dados são armazenados na descrição dos seus metadados. A projeção do mapa padrão e o sistema de coordenadas são os sistemas de referência fundamentais a partir dos quais você pode replanejar o conjunto de dados segundo suas necessidades específicas.

Analisando os Dados Espaciais

Depois de importar seus dados, é hora de realizar a análise dos dados espaciais. Nas seções a seguir, você aprenderá vários métodos de consulta, armazenamento em buffer, sobreposição e classificação para extrair informações valiosas do seu conjunto de dados espaciais.

Consultando os dados espaciais

No GIS, é possível consultar os dados espaciais de dois modos: consulta do atributo e espacial. A *consulta do atributo* é exatamente o que parece: você deve usar esse método de consulta para resumir, extrair, manipular, classificar ou agrupar os registros do banco de dados de acordo com os valores relevantes do atributo. Para entender seus dados criando uma ordem a partir dos valores do atributo, use a consulta do atributo.

A *consulta espacial,* por outro lado, serve para verificar os registros de dados de acordo com o seu local físico no espaço. A consulta espacial é baseada unicamente na localização do recurso e não tem nenhuma relação com os valores de atributo do recurso. Se o seu objetivo for entender os dados com base no local físico, use a consulta espacial.

Aprender a alternar com rapidez e de modo fluido entre as consultas do atributo e espacial poderá ajudá-lo a entender prontamente problemas complexos no GIS. Considere, por exemplo, uma situação em que você tem um conjunto de dados de pontos espaciais que representam o risco de doenças. Para determinar o risco de doenças médio de pessoas com idade superior a 50 anos que moram em um raio de 3km de um grande centro, utilize as consultas espacial e de atributo para gerar rapidamente alguns resultados. A primeira etapa é usar a consulta espacial para isolar os pontos de dados e analisar apenas as pessoas que moram dentro de um raio de 3km. Com base nesse conjunto de dados reduzido, você dever usar a consulta de atributo para isolar os registros de pessoas com mais de 50 anos e, então, efetuar uma rápida operação matemática para obter o valor médio do risco de doenças a partir do subconjunto.

É possível consultar diretamente o banco de dados espacial com instruções SQL ou usar interfaces simples predefinidas para consultar seus dados. Algumas vezes, o modo mais rápido de consultar os resultados é escrever por conta própria a instrução SQL; mas, se a sua consulta for simples, facilite as coisas e utilize a interface do tipo aponte e clique.

Considerando novamente o exemplo da neve, para gerar uma lista com todas as cidades nas quais a profundidade da neve foi maior do que 100mm, basta usar a consulta do atributo e selecionar todos os registros que tenham um valor de neve maior do que 100mm. Mas, para gerar uma lista das cidades com mais de 100mm de neve em um raio de 160km a partir de Grand Forks, utilize uma consulta de atributo e outra espacial.

Funções de buffering e proximidade

Em um projeto GIS, você pode selecionar ou extrair os recursos espaciais com base em sua *proximidade* física, ou vizinhança, em relação a um ponto, linha ou polígono usando as funções de buffer ou proximidade. As funções de buffer e proximidade são métodos de consulta espacial básicos e fundamentais.

A *análise de proximidade* é uma operação de consulta espacial em que se pode selecionar e extrair os recursos situados a uma distância definida pelo usuário a partir do seu recurso-alvo. É possível usar a análise de proximidade para calcular distâncias entre os recursos ou a rota mais curta em uma rede. O *buffering* é uma operação de proximidade que você pode usar para selecionar e extrair os recursos espaciais situados a uma distância definida pelo usuário a partir do seu recurso-alvo. A Figura 13-8 mostra um esquema da Zona de Buffer Y que engloba todas as áreas a uma distância d do Polígono X de destino. Você pode usar a Zona de Buffer Y para isolar, extrair e analisar todos os recursos espaciais dentro da distância d do Polígono X.

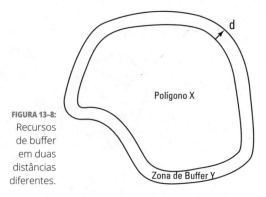

FIGURA 13-8: Recursos de buffer em duas distâncias diferentes.

Usando a análise da sobreposição de camadas

Um dos recursos mais poderosos de uma plataforma GIS é a sua capacidade de sobrepor e derivar significado a partir de várias camadas de dados. Com a *análise de sobreposição de camadas*, é possível aplicar várias operações em diversas camadas de dados sobrepostas na mesma área espacial.

União, interseção, não interseção e *subtração* são algumas operações de sobreposição fundamentais. As operações de *união* combinam a área total de todos os recursos sendo sobrepostos, ao passo que as operações de *interseção* mantêm apenas as áreas de sobreposição entre eles. As operações de *não interseção* são o oposto das de interseção — representam as áreas de não sobreposição entre os recursos sobrepostos. Por fim, é possível usar a operação de *subtração* para subtrair a área de um recurso com base na área dos recursos que lhe estão sobrepostos. Sei que tudo isso parece confuso, mas não é tão ruim. Observe a Figura 13-9 para conferir como funcionam essas operações.

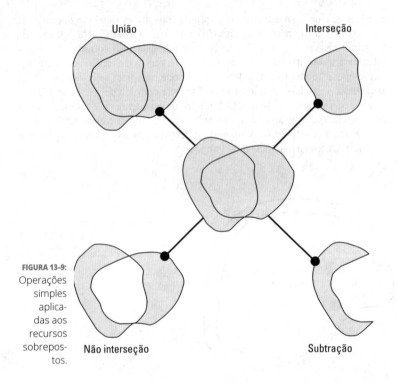

FIGURA 13-9: Operações simples aplicadas aos recursos sobrepostos.

Em geral, a análise de sobreposição é usada nos estudos de adequação a fim de determinar os sites mais apropriados para dar suporte a uma determinada função ou tipo de negócio. Por exemplo, se tiver que planejar a fundação de uma nova cidade, use o GIS para sobrepor as camadas de dados espaciais e analisar a proximidade do terreno de fontes de água potável, terreno apropriado, tipo de solo adequado, espelhos d'água etc. Sobrepondo essas camadas, você gera um mapa que mostra as regiões mais ou menos propícias para suportar o assentamento.

LEMBRE-SE

Os dados de formato vetorial são geralmente um pouco grandes e deselegantes para as análises complexas de sobreposição. Para não sobrecarregar os computadores, considere converter seus dados vetoriais em rasterizados e, então, usar as operações de sobreposição para entender as camadas. Esse tipo de análise de sobreposição é chamado de *álgebra rasterizada*.

Reclassificando os dados espaciais

No GIS, *reclassificação* é o ato de mudar ou reclassificar os valores das células em um arquivo rasterizado ou de um atributo em um arquivo vetorial. Embora você possa usar as operações de sobreposição de camadas para analisar mais de uma por vez, terá que fazer a reclassificação camada por camada. É possível usar a reclassificação para reatribuir um novo conjunto de valores às células existentes (em rasterizações) ou valores do atributo (em vetores), mas os valores recém-atribuídos devem ser proporcionais e consistentes com os valores atuais e os agrupamentos dessas células. A reclassificação é aplicada nas camadas de dados vetoriais ou rasterizadas que geralmente representam os atributos da superfície da Terra (ou seja, elevação, temperatura, tipo de cobertura do solo, tipo de solo etc.).

Para entender totalmente o conceito de reclassificação dos dados em uma camada rasterizada, imagine uma superfície rasterizada na qual cada célula é atribuída a uma profundidade de neve. Ao simplesmente criar novos agrupamentos de faixas de profundidade, você poderia reclassificar facilmente essa fonte de dados para descobrir novos padrões de profundidade de neve na área de estudo.

Para demonstrar o conceito de reclassificação da camada vetorial, considere que há uma camada de polígono vetorial que representa a cobertura do solo em sua área de estudo. Nessa camada, há polígonos que representam lagos, rios, áreas agrícolas, florestas, campos etc. Agora, imagine que você deseja saber onde estão localizadas apenas a água e a vegetação na área de estudo. Basta reorganizar seu mapa reclassificando todos os polígonos Lago e Rio como Água e os polígonos Área Agrícola, Floresta e Campo como Vegetação. Com essa reclassificação, você poderá identificar a água nas áreas de vegetação sem precisar olhar o mapa com atenção.

Introdução ao QGIS de Código Aberto

As seções anteriores deste capítulo abordaram os conceitos básicos do GIS e a análise de dados espaciais. Nas seções a seguir, vamos finalmente colocar a mão na massa. Mostro como configurar sua interface, adicionar dados e especificar as configurações de exibição no QGIS. Para acompanhar o texto, primeiramente você deve baixar e instalar o QGIS (em http://qgis.org/en/site/forusers/index.html — conteúdo em inglês) e baixar o QGIS

Tutorial Data no repositório do GitHub deste curso (em `https://github.com/BigDataGal/Data-Science-for-Dummies/` — conteúdo em inglês) também disponível para download em `www.altabooks.com.br` (procure pelo título do livro).

Conhecendo a interface do QGIS

A janela principal do QGIS contém muitas barras de ferramentas e menus, como indicado na Figura 13-10. A barra de ferramentas à esquerda é usada para adicionar dados. Você pode adicionar camadas vetoriais e rasterizadas, tabelas delimitadas por vírgulas e vários outros tipos de dados. A barra de ferramentas no topo contém muitas ferramentas que permitem navegar pelo mapa criado. É possível usar as duas barras de ferramentas embaixo da barra superior para manipular e analisar os dados.

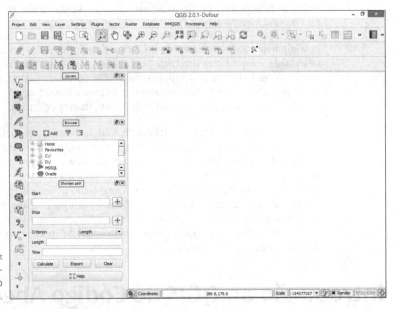

FIGURA 13-10: Configuração padrão do QGIS.

Estas três janelas embutidas ficam do lado esquerdo da janela principal:

> **Browser:** Permite navegar pelos seus arquivos e adicionar dados

> **Layers:** Mostra as camadas ativas em seu mapa

> **Shortest Path:** Calcula o caminho mais curto entre dois pontos em um mapa

Você não usará a janela Browser ou Shortest Path neste capítulo. Portanto, pode fechá-las clicando no X que aparece no canto superior direito de cada uma.

Agora, a sua tela deverá se parecer com a Figura 13-11.

FIGURA 13-11:
Sua nova configuração do QGIS.

Adicionando uma camada vetorial no QGIS

Para continuar sua exploração da interface do QGIS, adicione uma camada vetorial ao seu mapa contendo os limites de todos os condados dos EUA. Siga estas etapas:

1. **Clique no ícone Add Vector Layer na barra de ferramentas à esquerda de sua tela.**

   A caixa de diálogo Add Vector Layer aparecerá na tela, como mostrado na Figura 13-12.

2. **Clique no botão Browser da caixa de diálogo Add Vector Layer.**

3. **Aparecerá a caixa de diálogo Open an OGR Supported Vector Layer. Navegue por ela até encontrar a pasta selecionada para armazenar os dados GIS baixados para este tutorial.**

CAPÍTULO 13 **Criando Mapas a partir de Dados Espaciais**   193

4. **Escolha o arquivo** `county.shp`**, clique em OK, então, em Open.**

   Uma camada denominada County aparecerá no menu Layers, como indicado na Figura 13-13.

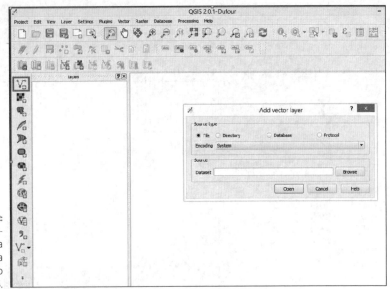

FIGURA 13-12: Adicionando uma camada vetorial ao QGIS.

Exibindo dados no QGIS

O arquivo `county.shp` (um arquivo vetorial) exibe todas as regiões dos EUA. Todos esses polígonos têm dados do Atributo conectados e armazenados na tabela Atributo do conjunto de dados. Para entender esse caso, veja o tipo de informação que a tabela contém. Siga estas etapas:

1. **Clique com o botão direito na camada County na janela Layers e escolha Open Attribute Table no menu suspenso que aparecerá.**

   A janela Attribute Table, contendo todos os dados, aparecerá, como indicado na Figura 13-14.

194 PARTE 3 Criando Visualizações que Claramente Comuniquem Significados

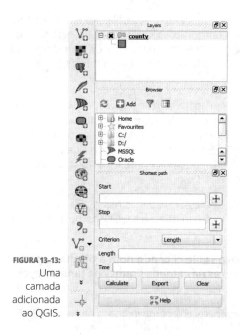

FIGURA 13-13:
Uma camada adicionada ao QGIS.

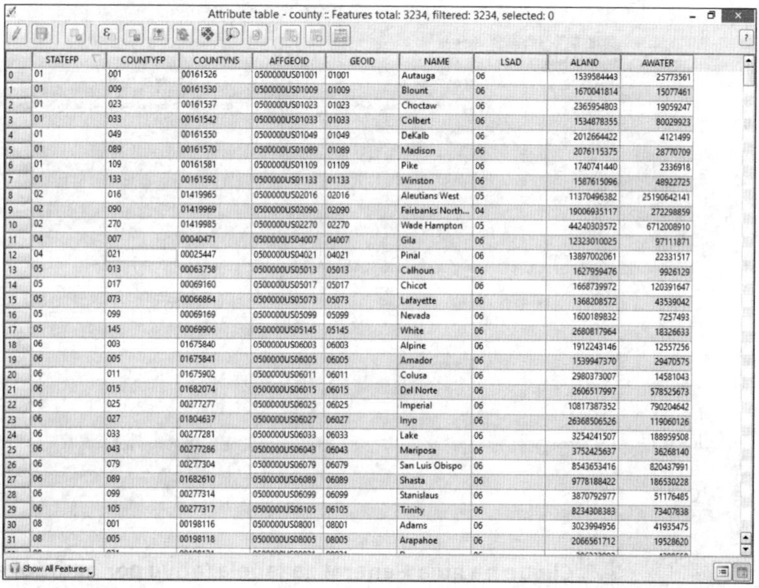

FIGURA 13-14: Tabela Attribute no QGIS.

CAPÍTULO 13 **Criando Mapas a partir de Dados Espaciais** 195

LEMBRE-SE

Cada registro na tabela representa um único polígono e tem sua própria linha e coluna. Nas configurações QGIS Layer Properties, você pode definir os atributos do registro para que exibam diferentes cores, sejam agrupados de certos modos e façam muitas outras coisas elegantes.

O atributo STATEFP contém um número exclusivo para cada estado. Você pode usá-lo para, por exemplo, representar todas as regiões do mesmo estado com a mesma cor. O atributo ALAND representa o tamanho de cada região. É possível usar os dados que pertencem a essa categoria de atributo para, por exemplo, atribuir cores mais escuras às regiões maiores.

Digamos que você esteja interessado apenas nas regiões dentro do estado do Colorado. Portanto, informe ao QGIS os polígonos que devem ser exibidos.

2. **Feche a janela Attribute Table clicando no X à direita superior e, então, clique duas vezes na camada County na janela Layers, à esquerda.**

   A janela Layer Properties aparecerá, como indicado na Figura 13-15.

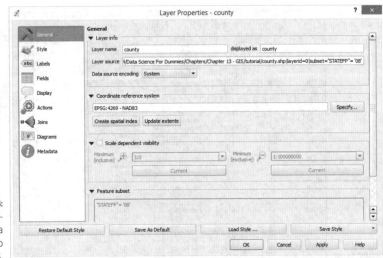

FIGURA 13-15: Propriedades da camada no QGIS.

3. **Clique na guia General da janela (ativa por padrão) e desça até encontrar a seção Feature Subset.**

4. **Na seção Feature Subset, clique no botão Query Builder.**

   A caixa de diálogo Query Builder aparecerá, como indicado na Figura 13-16.

   A caixa Fields exibe apenas os campos disponíveis na tabela Attribute do arquivo `county.shp`.

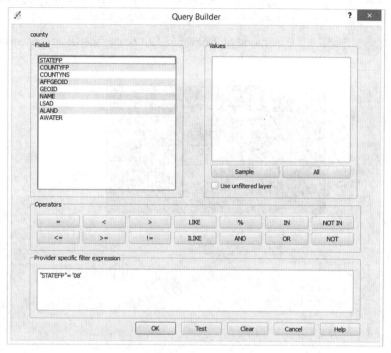

FIGURA 13-16: Query Builder no QGIS.

5. **Clique duas vezes na entrada STATEFP na caixa Fields da caixa de diálogo Query Builder.**

   O campo STATEFP aparecerá na caixa Provider Specific Filter Expression, próxima à parte inferior da caixa de diálogo Query Builder.

6. **Digite = '08' após a entrada "STATEFP", na caixa Provider Specific Filter Expression.**

   A expressão final deve ficar assim

   `"STATEFP" = '08'`

DICA

   `STATEFP` contém os códigos que representam os estados nos EUA e, nesse código, `08` significa Colorado.

CAPÍTULO 13 **Criando Mapas a partir de Dados Espaciais**

7. **Clique em OK, depois, em OK novamente.**

   A janela principal Layer Properties irá reaparecer.

8. **Clique com o botão direito na camada County na janela Layers e escolha Zoom to Layer no menu suspenso que aparecerá.**

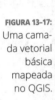

   Você pode tornar esses tipos de consultas tão complicadas quanto precisar. É possível optar por exibir apenas os polígonos para os quais o valor em uma coluna específica é maior ou menor do que um determinado valor, ou combinar diferentes argumentos para campos específicos. O QGIS conta com as consultas SQL.

   O mapa indicado na Figura 13-17 exibe apenas as regiões no Colorado.

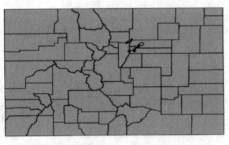

FIGURA 13-17: Uma camada vetorial básica mapeada no QGIS.

4 Computação em Data Science

NESTA PARTE . . .

Descubra como o Python é usado em projetos de data science.

Veja as opções do data science de código aberto. (Pode-se dizer "R"?)

Veja os novos usos do SQL (em data science).

Explore antigos programas (Excel) e novos (KNIME).

NESTE CAPÍTULO

» Obtendo os tipos de dados

» Vendo como os loops funcionam

» Formando funções simples definidas pelo usuário

» Definindo classes no Python

» Explorando as bibliotecas Python do data science

» Praticando sozinho a análise dos dados

Capítulo **14**
Usando Python em Data Science

Embora linguagens de programação populares como Java e C++ sirvam para desenvolver aplicativos desktop independentes, por sua versatilidade, o Python é a linguagem de programação ideal para processar, analisar e visualizar os dados. Por isso, o Python tem uma excelente reputação no campo do data science, no qual foi amplamente adotado na última década. Na verdade, o Python ficou tão popular que parece ter roubado terreno do R — outra linguagem de programação gratuita e amplamente utilizada em aplicativos de data science. O status do Python como uma das linguagens de programação mais populares do mundo pode estar ligado ao fato de que é relativamente fácil dominá-lo, e os usuários podem realizar várias tarefas com apenas algumas linhas de código.

Neste capítulo, primeiramente apresento os conceitos fundamentais da programação com o Python (como tipos de dados, funções e classes) e, depois, apresento as informações necessárias para configurar um ambiente de trabalho Python padrão no Jupyter. Também indico algumas das melhores bibliotecas Python para manipular dados, fazer cálculos estatísticos, criar visualizações de dados e concluir outras tarefas afins. Por último, apresento alguns cenários projetados para ilustrar como o Python pode ajudá-lo a analisar os dados.

É possível usar o Python para fazer qualquer coisa, desde operações matemáticas simples até visualização de dados, aprendizagem de máquina e análise preditiva. Eis um exemplo de uma operação matemática básica no Python (a Figura 14-1 mostra um exemplo — retirado da biblioteca MatPlotLib do Python — de uma saída mais avançada):

```
>>> 2.5+3
5.5
```

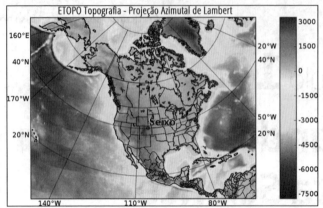

FIGURA 14-1: Exemplo de saída da biblioteca MatPlotLib do Python.

Independentemente da tarefa em mãos, você sempre deve estudar os conceitos mais básicos de uma linguagem antes de entrar nas bibliotecas especializadas.

Como o Python é uma linguagem de programação orientada a objetos, tudo nele é considerado um objeto. No Python, *objeto* é qualquer coisa que pode ser atribuída a uma variável ou inserida como argumento em uma função. Os itens a seguir são considerados objetos na linguagem de programação Python:

> » Números
> » Strings (cadeias de caracteres)
> » Listas
> » Tuplas
> » Conjuntos
> » Dicionários
> » Funções
> » Classes

Além disso, todos esses itens, com exceção dos dois últimos na lista, funcionam como tipos de dados básicos no velho Python simples, ou seja, sem extensões externas adicionadas. (Apresento as bibliotecas Python externas NumPy, SciPy, Pandas, MatPlotLib e Scikit-learn na seção "Verificando Algumas Bibliotecas Úteis do Python", mais adiante neste capítulo; quando você as adiciona, tipos de dados extras ficam disponíveis.)

No Python, as funções fazem basicamente o mesmo que na matemática comum — aceitam e processam as entradas de dados e produzem o resultado. Os resultados produzidos dependem inteiramente da tarefa para a qual a função foi programada. As classes, por outro lado, são protótipos de objetos com a função de produzir objetos adicionais.

LEMBRE-SE

Se o seu objetivo for escrever um código rápido, reutilizável e fácil de modificar no Python, use funções e classes. Desse modo, seu código será eficiente e organizado.

Classificando os Tipos de Dados do Python

Se você trabalha intensivamente com o Python, precisa aprender a lidar com diferentes tipos de dados. Os principais tipos de dados no Python e as formas gerais que assumem estão descritos nesta lista:

- » **Números:** Números puros e simples, claro
- » **Strings:** '...' ou "..."
- » **Listas:** [...] ou [..., ..., ...]
- » **Tuplas:** (...)
- » **Conjuntos:** Raramente usados
- » **Dicionários:** {'Chave': 'Valor', ...}.

Os números e as strings são os tipos de dados mais básicos. Você pode incorporá-los em outros tipos de dados mais complexos. Todos os tipos de dados do Python podem ser atribuídos a variáveis.

LEMBRE-SE

No Python, números, strings, listas, tuplas, conjuntos e dicionários são classificados como tipos de objeto e de dados.

CAPÍTULO 14 **Usando Python em Data Science** 203

Números no Python

Tipos de dados numéricos representam valores numéricos que você pode usar para lidar com todos os tipos de operações matemáticas. Os números têm os seguintes tipos:

- » **Inteiro:** Formato de número inteiro
- » **Longo:** Formato de número inteiro com um quantidade ilimitada de dígitos
- » **Flutuante:** Formato de número real, escrito com um ponto decimal
- » **Complexo:** Formato de número imaginário, representado pela raiz quadrada de -1

Strings no Python

As strings são o tipo de dados mais usado no Python e nas demais linguagens de programação. Resumindo, uma *string* consiste em um ou mais caracteres escritos entre aspas simples ou duplas. O código a seguir representa uma string:

```
>>> variable1='This is a sample string'
>>> print(variable1)
This is a sample string
```

Nesse fragmento de código, a string é atribuída a uma variável que, depois, serve como contêiner de armazenamento para o valor da string.

Para imprimir os caracteres contidos na variável, basta usar a função predefinida, `print`.

Em geral, os codificadores do Python se referem a listas, tuplas, conjuntos e dicionários como *estruturas* de dados em vez de *tipos* de dados. As *estruturas de dados* são unidades funcionais básicas que organizam os dados para serem usados com eficiência pelo programa ou aplicativo com o qual você trabalha.

Listas, tuplas, conjuntos e dicionários são estruturas de dados, mas lembre-se: são compostos de um ou mais tipos de dados básicos (número e/ou strings, por exemplo).

Listas no Python

Uma *lista* é uma sequência de números e/ou strings. Para criá-la, basta inserir elementos nela (separados por vírgulas) entre colchetes. Eis um exemplo de lista básica:

```
>>> variable2=["ID","Name","Depth","Latitude","Lo
    ngitude"]
>>> depth=[0,120,140,0,150,80,0,10]
>>> variable2[3]
'Latitude'
```

Cada elemento na lista é atribuído automaticamente a um número de índice, começando em 0. Quando se acessa cada elemento usando esse índice, o valor correspondente da lista é retomado. Para armazenar e analisar arrays longos de dados, use listas — armazená-los dessa forma facilita bastante a extração de informações estatísticas. O fragmento de código a seguir é um exemplo de cálculo simples do valor médio dos elementos da lista `depth`, criada no exemplo de código anterior:

```
>>> sum(depth)/len(depth)
62.5
```

Nesse exemplo, para calcular a média dos elementos da lista, é necessário primeiro somá-los, via função `sum`, para, então, dividi-los pelo número de elementos contidos na lista. É tão simples quanto 1-2-3!

Tuplas no Python

As *tuplas* são como listas, mas você não pode modificar seu conteúdo depois de criá-las. Além disso, para criar tuplas, é necessário usar parênteses ao invés de colchetes. Veja um exemplo de tupla:

```
>>> depth=(0,120,140,0,150,80,0,10)
```

Nesse caso, não é possível modificar nenhum elemento, como ocorre com as listas. Para que seus dados fiquem em apenas um formato de leitura, use tuplas.

Conjuntos no Python

Um *conjunto* é outra estrutura de dados parecida com uma lista. Ao contrário das listas, os elementos de um *conjunto* não são ordenados. Devido à sua característica desordenada, é impossível indexar conjuntos. Portanto, esse não é um tipo de dado usado comumente.

Dicionários no Python

Os *dicionários* são estruturas de dados que consistem em pares de chaves e valores. Em um dicionário, cada valor corresponde a uma determinada chave e, como consequência, pode ser acessado com essa chave. O fragmento de código a seguir mostra um típico par de chave/valor:

```
>>> variable4={"ID":1,"Name":"Valley
        City","Depth":0,
        "Latitude":49.6, "Longitude":-98.01}
>>> variable4["Longitude"]
-98.01
```

Fazendo Bom Uso dos Loops no Python

Ao trabalhar com listas no Python, você geralmente acessa um elemento usando seu número de índice. De modo parecido, é possível acessar outros elementos da lista usando seus números de índice correspondentes. O fragmento de código a seguir demonstra esse conceito:

```
>>>variable2=["ID","Name","Depth","Latitude","Long
   itude"]
>>> print(variable2[3])
Latitude
>>> print(variable2[4])
Longitude
```

CUIDADO

Não se deixe confundir pelo sistema de numeração do índice. Cada elemento da lista é atribuído automaticamente a um número de índice começando em 0 — *não* em 1. Isso significa que o quarto elemento em um índice realmente tem o número de índice 3.

Para analisar quantidades consideráveis de dados e acessar cada elemento de uma lista, essa técnica é bem ineficiente. Nesses casos, use uma técnica de loop.

Você pode usar o *loop* para executar o mesmo bloco de código várias vezes em uma sequência de itens. Como consequência, ao invés de acessar manualmente cada um dos elementos, basta criar um loop para *iterar* automaticamente (ou passar em ciclos sucessivos) cada elemento da lista.

É possível usar dois tipos de loops no Python: loops `for` e `while`. A técnica de loop mais usada é o loop `for`, indicada especialmente para iterar sequências, strings, tuplas, conjuntos e dicionários. O fragmento de código a seguir demonstra um loop `for` iterando a lista `variable2` criada no código anterior:

```
>>> for element in variable2:print(element)
ID
Name
Depth
Latitude
Longitude
```

A outra técnica de loop disponível no Python é o loop while. Use o loop while para executar ações quando uma determinada condição for verdadeira.

O loop é fundamental quando se trabalha com longos arrays de dados, como imagens rasterizadas. Ele permite aplicar determinadas ações em todos os dados ou apenas em grupos predefinidos.

Divertindo-se com as Funções

As funções (e as classes, que descrevo na seção a seguir) são os blocos de construção essenciais de quase todas as linguagens de programação. Elas consistem em um modo de criar um código organizado e reutilizável. São blocos de código que selecionam e processam uma entrada e retornam uma saída. As entradas da função podem ser números, strings, listas, objetos ou funções. O Python tem dois tipos de funções: embutida e personalizada. As *embutidas* são predefinidas no Python. Para usá-las, basta digitar seus nomes.

O fragmento de código a seguir é um exemplo da função embutida print:

```
>>> print("Hello")
Hello
```

A popular função embutida print imprime uma entrada fornecida. O código de print foi escrito pelos criadores do Python. Como esse código está em segundo plano, você não precisa aprender a codificá-lo por conta própria. Basta chamar a função print. Os criadores da biblioteca Python não tinham como imaginar todas as possíveis funções que atendessem às necessidades de todos, mas ofereceram aos usuários um modo de criar e reutilizar as próprias funções, quando necessário.

Anteriormente neste capítulo, na seção "Classificando os Tipos de Dados do Python", o fragmento de código abaixo (indicado novamente) foi usado para calcular a média dos elementos em uma lista:

```
>>> depth=[0,120,140,0,150,80,0,10]
>>> sum(depth)/len(depth)
62.5
```

Os dados anteriores representam efetivamente os registros da neve que caiu e da profundidade da neve em vários locais específicos. Observe que os pontos em que as medições da profundidade da neve foram coletadas apresentam uma média de 62,5 unidades. Contudo, essas medidas de profundidade são feitas uma única vez. Em outras palavras, todos os dados têm a mesma marcação de hora. Ao modelar os dados com o Python, você geralmente vê cenários nos quais os conjuntos de medidas foram obtidos em momentos diferentes — ou seja, dados da *série temporal*.

Veja um exemplo de dados da série temporal:

```
>>> december_depth=[0,120,140,0,150,80,0,10]
>>> january_depth=[20,180,140,0,170,170,30,30]
>>> february_depth=[0,100,100,40,100,160,40,40]
```

É possível calcular a profundidade média da neve em dezembro, janeiro e fevereiro do mesmo modo como a média dos valores na lista anterior, mas o cálculo seria complexo. Para isso existem as funções personalizadas:

```
>>> def
        average(any_list):return(sum(any_list)/
        len(any_list))
```

Esse fragmento de código define uma função denominada `average`, que obtém uma lista como entrada e calcula a média dos elementos. A função não é executada, mas o código define o que ela faz quando recebe posteriormente alguns valores de entrada. No fragmento, `any_list` é apenas uma variável posteriormente atribuída a determinado valor quando a função é executada. Para executá-la, basta atribuir um valor a ela. Dessa forma, o valor será uma lista real com elementos numéricos:

```
>>> average(february_depth)
72
```

É simples executar uma função. Você pode usar funções para fazer a mesma coisa repetidas vezes, quantas forem necessárias, para diferentes valores de entrada. O bom aqui é que, com as funções já construídas, você pode reutilizá--las sem ter que reescrever o algoritmo de cálculo.

Mantendo a Calma com as Classes

Embora as *classes* sejam blocos de código que reúnem funções e variáveis para produzir outros objetos, são um pouco diferentes das funções. O conjunto de funções e classes associadas em uma classe descreve a planta de um determinado objeto. Em outras palavras, define o que precisa acontecer para que um objeto seja criado. Depois de propor uma classe, é possível gerar a instância do objeto real chamando uma instância da classe. No Python, isso se chama *instanciar* um objeto, ou seja, criar uma instância dessa classe.

LEMBRE-SE

As funções criadas em uma classe são chamadas de *métodos*, e as variáveis em uma classe, de *atributos*. Os métodos descrevem as ações que geram o objeto, e os atributos, suas propriedades reais.

Para entender melhor como usar as classes a fim de analisar dados de modo mais eficiente, considere a seguinte situação: imagine que você tenha dados de profundidade da neve, de diferentes locais e momentos, armazenados online em um servidor FTP. O conjunto de dados contém diferentes faixas de dados de profundidade da neve, dependendo do mês do ano. Agora, imagine que cada faixa mensal esteja armazenada em um local diferente no servidor FTP.

Sua tarefa é usar o Python para obter todos os dados mensais e, então, analisar o conjunto completo. Portanto, use diferentes operações nas faixas de dados. Primeiramente, baixe os dados do Python usando uma biblioteca de tratamento do FTP, como o `ftplib`. Depois, para analisar os dados no Python, é necessário armazená-los nos devidos tipos de dados do Python (em listas, tuplas ou dicionários, por exemplo). Após obter os dados e armazená-los como tipos de dados reconhecíveis em um script do Python, você poderá aplicar mais operações avançadas disponíveis por meio de bibliotecas especializadas, como NumPy, SciPy, Pandas, MatPlotLib e Scikit-learn.

Nesse cenário, você deseja criar uma classe que origine uma lista contendo os dados de profundidade da neve para cada mês. Cada lista mensal seria uma instância de objeto gerada pela classe. A classe em si ligaria as funções baixadas do FTP e as funções que armazenam os registros baixados nas listas. Portanto, é possível instanciar a classe de acordo com o número de meses necessários para uma análise completa. Nesse caso, o código seria como o indicado na Listagem 14-1.

> **LISTAGEM 14-1:** Definindo uma Classe no Python

```
class Download:
    def __init__(self,ftp=None,site,dir,fileList=[]):
        self.ftp =ftp
        self.site=site
        self.dir=dir
        self.fileList=fileList
        self.Login_ftp()
            self.store_in_list()
    def Login_ftp(self):
        self.ftp=ftplib.FTP(self.site)
        self.ftp.login()
    def store_in_list(self):
        fileList=[]
        self.ftp.cwd("/")
        self.ftp.cwd(self.dir)
        self.ftp.retrlines('NLST',fileList.append)
        return fileList
```

Provavelmente, definir uma classe parece intimidador agora, mas quero apenas dar uma ideia da estrutura básica e destacar os métodos da classe envolvidos.

Na Listagem 14-1, a palavra-chave `class` define a classe e a palavra-chave `def`, seus métodos. A função `__init__` é o padrão que você sempre deve definir ao criar as classes a fim de declarar as variáveis da classe. O método `Login_ftp` é uma função personalizada definida para acessar o servidor FTP. Depois de acessar com o método `Login_ftp` e definir o diretório necessário, no qual as tabelas de dados estão localizadas, você armazenará os dados em uma lista do Python usando a função personalizada `store_in_list`.

Após definir a classe, você poderá usá-la para produzir objetos. Só é necessário instanciar a classe:

```
>>> Download("ftpexample.com","ftpdirectory")
```

É isso! Com esse pequeno fragmento, você acabou de declarar o domínio FTP em particular e o diretório FTP interno no qual os dados estão localizados. Depois de executar essa última linha, aparecerá uma lista com os dados que você pode manipular e analisar, quando necessário.

Verificando Algumas Bibliotecas Úteis do Python

No Python, uma *biblioteca* é uma coleção especializada de scripts escritos por outra pessoa para realizar conjuntos específicos de tarefas. Para usar as bibliotecas especializadas no Python, primeiro conclua o processo de instalação. (Para saber mais sobre como instalar o Python e suas várias bibliotecas, verifique a seção "Analisando os Dados com o Python — Exercício", mais adiante neste capítulo.) Depois de instalar suas bibliotecas no disco rígido local, importe a função de qualquer uma delas para um projeto apenas usando a instrução import. Por exemplo, se quiser importar a biblioteca ftplib, escreva

```
>>> import ftplib
```

Importe a função para o projeto Python antes de chamar suas funções no código.

Depois de importar a biblioteca, é possível usar sua funcionalidade dentro de qualquer script. Basta usar uma *notação de ponto* (uma forma abreviada de acessar módulos, funções e classes em uma linha de código) para acessar a biblioteca. Veja um exemplo da notação de ponto:

```
>>> ftplib.any_ftp_lib_function
```

Embora você possa escolher entre incontáveis bibliotecas para realizar tarefas diferentes no Python, as mais usadas no data science são NumPy, SciPy, Pandas, MatPlotLib e Scikit-learn. As bibliotecas NumPy e SciPy foram projetadas especialmente para usos científicos; a Pandas foi projetada para o desempenho ideal da análise de dados e o MatPlotLib, para a visualização dos dados. A Scikit-learn é a primeira biblioteca de aprendizagem de máquina do Python.

Dizendo olá para a biblioteca NumPy

O NumPy é o pacote Python que prioriza essencialmente o trabalho com objetos de array com *n* dimensões e o SciPy, descrito em seguida, estende as capacidades da biblioteca NumPy. Ao trabalhar com o Python comum (sem extensões externas adicionadas, como bibliotecas), você estará limitado a armazenar seus dados em listas com uma dimensão. Mas, se estendê-lo com a NumPy, terá uma base a partir da qual poderá trabalhar com arrays de *n* dimensões. (Como você deve estar imaginando, os arrays com *n dimensões* têm uma ou diversas dimensões.)

Para ativar o NumPy no Python, primeiro instale e importe a biblioteca. Depois, gere os arrays multidimensionais.

Para ver como a geração de arrays com *n* dimensões funciona na prática, comece verificando o seguinte fragmento de código, que mostra como você criaria um array NumPy com uma dimensão:

```
import numpy
>>> array_1d=numpy.arange(8)
>>> print(array_1d)
[0 1 2 3 4 5 6 7]
```

CAPÍTULO 14 **Usando Python em Data Science** 211

Depois de importar o numpy, é possível usá-lo para gerar arrays com *n* dimensões, como o array com uma dimensão indicado aqui. Eles são conhecidos como *vetores*. Você também pode criar arrays multidimensionais usando um método de remodelagem como este:

```
>>> array_2d=numpy.arange(8).reshape(2,4)
>>> print(array_2d)
[[0 1 2 3]
 [4 5 6 7]]
```

O exemplo anterior é um array bidimensional, geralmente conhecido como *matriz* 2 × 4. Os métodos arange e reshape são apenas outra maneira de criar arrays NumPy. Você também pode gerar arrays a partir de listas e tuplas.

No conjunto de dados de neve apresentado na seção anterior, "Divertindo-se com as Funções", armazenei os dados de profundidade da neve para diferentes locais em três listas Python distintas — uma lista por mês:

```
>>> december_depth=[0,120,140,0,150,80,0,10]
>>> january_depth=[20,180,140,0,170,170,30,30]
>>> february_depth=[0,100,100,40,100,160,40,40]
```

Seria mais eficiente armazenar as medidas em uma estrutura mais bem consolidada. Por exemplo, você pode colocar facilmente todas essas listas em um único array NumPy usando o seguinte fragmento de código:

```
>>>depth=numpy.array([december_depth,january_
       depth,february_depth])
>>> print(depth)
[[  0 120 140   0 150  80   0  10]
 [ 20 180 140   0 170 170  30  30]
 [  0 100 100  40 100 160  40  40]]
```

Com essa estrutura, é possível obter certas medidas com mais eficiência. Por exemplo, para calcular a média da profundidade da neve para o primeiro local em cada um dos três meses, extraia o primeiro elemento de cada linha horizontal (os valores 0, 20 e 0, especificamente). Você pode concluir a extração em uma linha de código fazendo um corte e calculando a média com a função mean do NumPy. Veja um exemplo:

```
>>> numpy.mean(depth[:,0])
6.666666666666667
```

Além de usar para extrair informações de matrizes únicas, é possível usar o NumPy para interagir com diferentes matrizes. Você pode usar o NumPy para aplicar operações matemáticas padrão entre as matrizes ou operadores não padrão, como inversão da matriz, sumarização e operadores de mínimo/máximo.

LEMBRE-SE

Os objetos do array têm os mesmos direitos dos outros objetos no Python. Você pode defini-los como parâmetros para as funções ou atributos de classe ou fazer uma iteração nos elementos do array para gerar números aleatórios.

Ficando íntimo da biblioteca SciPy

O SciPy é uma coleção de algoritmos matemáticos e funções sofisticadas que estende as capacidades da biblioteca NumPy. A biblioteca SciPy adiciona algumas funções científicas especializadas ao Python para as tarefas mais específicas em data science. Para usar as funções SciPy no Python, primeiro você precisa instalar e importar a biblioteca SciPy.

PAPO DE ESPECIALISTA

Os mais insistentes consideram o SciPy uma extensão da biblioteca NumPy. Isso porque o SciPy foi *fundamentado no* NumPy — ele usa as funções do NumPy, mas as supera.

O SciPy oferece funcionalidades e algoritmos para várias tarefas, inclusive quantização vetorial, funções estatísticas, algoritmos de transformação Fourier discreta, regressão da distância ortogonal, funções de Airy, soluções de autovalor esparsas, rotinas de ajuste máximo da entropia, operações de imagem com *n* dimensões, rotinas de integração, ferramentas de interpolação, álgebra linear esparsa, soluções lineares, ferramentas de otimização e de processamento de sinais, matrizes esparsas e outros utilitários não atendidos por outras bibliotecas do Python. Impressionante, não? Contudo, essa não chega a ser uma lista completa dos utilitários SciPy disponíveis. Se quiser ver toda a lista, execute o seguinte fragmento de código no Python para abrir um módulo de ajuda extenso que explica o SciPy:

```
>>> import scipy
>>> help(scipy)
```

LEMBRE-SE

Primeiramente, baixe e instale a biblioteca SciPy antes de usar esse código.

A função `help`, usada no fragmento de código anterior, retorna um script que lista todos os utilitários que compõem o SciPy e documenta todas as suas funções e classes. Essas informações ajudam a entender o que está por trás das funções e algoritmos escritos previamente que compõem a biblioteca SciPy.

DICA

Como o SciPy ainda está em desenvolvimento e, portanto, mudando e se ampliando, verifique regularmente a função `help` para ver o que foi alterado.

Vendo a oferta do Pandas

A biblioteca Pandas agiliza e facilita bastante a análise dos dados com suas estruturas de dados acessíveis e robustas. Sua finalidade específica é melhorar o desempenho do Python em relação à análise dos dados e à modelagem. Ela até oferece uma funcionalidade de visualização dos dados integrando pequenas partes da biblioteca MatPlotLib. As duas estruturas de dados Pandas principais são descritas nesta lista:

» **Series:** Um objeto Series é uma estrutura do tipo array que pode assumir uma dimensão horizontal ou vertical. Você pode considerar um objeto Series do Pandas como sendo parecido com uma linha ou uma coluna em uma planilha do Excel.

» **DataFrame:** Um objeto DataFrame serve como uma tabela de dados tabulares no Python. Cada linha ou coluna em um DataFrame pode ser acessada e tratada como seu próprio objeto Series do Pandas.

A indexação está integrada em ambos os tipos de estrutura de dados, facilitando o seu acesso e manipulação. O Pandas dispõe de uma funcionalidade de leitura e gravação de dados, auxiliando nas ações de carregar, transferir e salvar os conjuntos de dados em qualquer formato desejado. Por fim, o Pandas oferece a excelente funcionalidade de remodelar os dados, tratar os valores ausentes e remover os valores atípicos, entre outras tarefas. Por isso, é uma excelente opção para as tarefas de preparação e análise básica dos dados. Para executar métodos estatísticos e de aprendizagem de máquina mais avançados, use a biblioteca Scikit-learn. A boa notícia é que a Scikit-learn e o Pandas funcionam bem juntos.

Ligando-se ao MatPlotLib para a visualização de dados

De modo geral, os projetos de data science geralmente culminam nas representações visuais de objetos ou fenômenos. No Python, as coisas não são diferentes. Depois de avançar pouco a pouco (ou nem tanto) com o NumPy e o SciPy, você poderá usar a biblioteca MatPlotLib do Python para criar representações visuais complexas dos seus conjuntos de dados ou descobertas de análise. O MatPlotLib, quando combinado com o NumPy e o SciPy, cria um excelente ambiente para trabalhar com a resolução de problemas usando o data science.

Vendo com mais atenção o MatPlotLib, posso dizer que é uma biblioteca de plotagem bidimensional que você pode usar no Python para produzir valores a partir dos dados. Você pode usar o MatPlotLib para produzir diagramas, histogramas, diagramas de dispersão e vários outros gráficos de dados. Além disso, como a biblioteca dá total controle de simbologia, estilos de linha, fontes e cores de sua visualização, você pode até usar o MatPlotLib para produzir gráficos de dados com qualidade para publicação.

LEMBRE-SE

Como acontece com todas as outras bibliotecas no Python, para trabalhar com o MatPlotLib, primeiro você precisa instalar e importar a biblioteca para seu script. Depois de concluir essas etapas, produzir gráficos será fácil.

Para mostrar como usar o MatPlotLib, considere o seguinte array do NumPy (que propus anteriormente neste capítulo, na seção "Dizendo olá para a biblioteca NumPy"):

```
>>> print(depth)
[[   0 120 140   0 150  80   0  10]
 [  20 180 140   0 170 170  30  30]
 [   0 100 100  40 100 160  40  40]]
```

Com as seguintes linhas de código, usando apenas um loop `for` e uma função do MatPlotLib — `pyplot` —, você pode plotar facilmente todas as medidas em um único gráfico no Python:

```
>>> import matplotlib.pyplot as plt
>>> for month in depth:
        plt.plot(month)
>>> plt.show()
```

Esse fragmento gera instantaneamente o gráfico de linhas indicado na Figura 14-2.

Cada linha no gráfico representa a profundidade da neve em diferentes locais no mesmo mês. O código anterior usado para criar o gráfico é simples; para fazer uma representação melhor, você poderá adicionar atributos de cor ou fonte de texto à função `plot`. Naturalmente, você também pode usar outros tipos de gráficos de dados, dependendo de quais representam melhor as tendências de dados que deseja exibir. O importante aqui é saber quando usar cada uma dessas bibliotecas importantes e entender como usar a linguagem de programação Python para tornar a análise dos dados fácil e eficiente.

Aprendendo com os dados usando o Scikit-learn

O Scikit-learn é de longe a melhor biblioteca de aprendizagem de máquina do Python. Com ele, você executa todos os métodos de aprendizagem de máquina, inclusive classificação, regressão, agrupamento, redução da dimensionalidade e mais. A biblioteca também oferece um módulo de pré-processamento com um suporte maravilhoso que prepara seus dados para a modelagem preditiva. Por último, o Scikit-learn dispõe de um módulo de seleção do modelo, prontamente disponível com todos os tipos de métrica, para ajudar a criar seus modelos e escolher o melhor para executar em uma seleção.

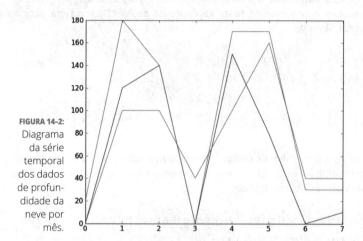

FIGURA 14-2: Diagrama da série temporal dos dados de profundidade da neve por mês.

Analisando os Dados com o Python — Exercício

Grande parte do crescimento recente do Python ocorreu entre os usuários da comunidade científica. Isso significa que a maioria deles provavelmente não estudou ciência da computação na escola, apesar de a programação ser uma habilidade necessária para trabalhar em suas respectivas áreas. A sintaxe legível e descomplicada do Python e sua comunidade de usuários receptiva criaram uma base de usuários grande e dedicada. A próxima parte deste capítulo irá ajudá-lo a começar a analisar os dados usando o Python.

No exercício que explico nesta seção, abordo um conjunto de dados de sala de aula hipotético, mas quero começar indicando aonde ir para fazer uma fácil instalação e configuração de um bom ambiente de programação do Python. Em seguida, mostro como importar o arquivo CSV de dados da sala de aula para o Python, como usá-lo para calcular uma média de notas ponderada para os alunos e como gerar uma linha de tendência média das notas dos alunos.

Instalando o Python nos SOs Mac e Windows

O Mac vem com uma versão básica do Python pré-instalada; o Windows não vem com o Python. Se estiver em um PC com Mac ou Windows, recomendo baixar uma versão gratuita do Python com acesso fácil ao maior número possível de módulos úteis. Experimentei várias distribuições — a que recomendo é a Anaconda, da Continuum Analytics (disponível em `https://store.continuum.io/cshop/anaconda` — conteúdo em inglês). Ela vem com mais de 150 pacotes do Python, inclusive NumPy, SciPy, Pandas, MatPlotLib e Scikit-learn.

Para fazer algo grande no Python, você também precisa de um ambiente de programação. A Anaconda vem com o ambiente de programação IPython recomendado. O IPython, executado nos Jupyter Notebooks (diretamente do seu navegador da web), permite escrever o código em células separadas e ver os resultados de cada etapa. Para abrir o Jupyter em seu navegador web depois de instalar a Anaconda, navegue e abra o programa Jupyter Notebook. Esse programa inicializa automaticamente o aplicativo do navegador da web, como indicado na Figura 14-3.

LEMBRE-SE

Quando estiver usando o data science para resolver problemas, você não escreverá os programas. Ao contrário, usará as ferramentas de programação predefinidas e as linguagens para interagir com seus dados.

PAPO DE ESPECIALISTA

Ao baixar a versão gratuita do Python, você poderá escolher entre a versão 2 ou 3. Em 2010, o Python foi completamente reformulado para ficar mais poderoso, mas apenas os cientistas da computação entenderiam as mudanças. O problema é que a nova versão não é *compatível com as anteriores*, ou seja, os scripts do Python 2 não são conciliáveis com o ambiente do Python 3. Os scripts do Python 2 precisam de alterações na sintaxe para serem executados no Python 3. Parece uma situação horrível, mas, embora o tema seja controverso, grande parte dos *fãs do Python* (seus usuários) não tem problemas com ele.

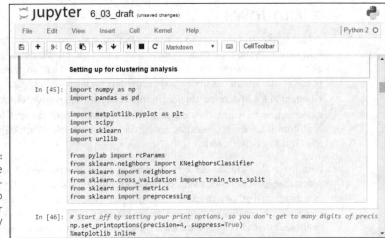

FIGURA 14-3:
Ambiente de programação do Jupyter Notebook/ IPython.

Fonte: Lynda.com, Python for DS

DICA

Recomendo que você use a versão final do Python, Python versão 2.7. Até o final de 2016, essa versão ainda era usada pela maioria dos seus usuários. (Aviso: exceto, talvez, pelos cientistas da computação.) Ela é ótima para o data science e mais fácil de aprender do que o Python 3. Além disso, sites como o GitHub contêm milhões de fragmentos e scripts que você pode copiar para facilitar a sua vida.

Carregando os arquivos CSV

Para carregar os dados de um arquivo com valores separados por vírgula (CSV), use a biblioteca Pandas. Explico o passo a passo do processo no código da Listagem 14-2. Para este exercício, você precisará baixar o arquivo `class_grades.csv` no repositório do GitHub deste curso (em `https://github.com/BigDataGal/Data-Science-for-Dummies` — conteúdo em inglês, também disponível para download em `www.altabooks.com.br` — procure pelo título do livro). Antes de iniciar, coloque seu arquivo de dados — o arquivo `class_grades.csv`, para ser preciso — na pasta `Jupyter Notebooks`. Por padrão, o IPython sempre procura na pasta `Jupyter Notebooks` em busca de qualquer arquivo externo chamado por seu código.

Para quem não conhece o assunto, no Python, um codificador pode inserir comentários no código prefixando cada linha de comentário com o *símbolo de cerquilha* (#). Todos os comentários são invisíveis para o aplicativo — não têm ação —, mas são visíveis para os programadores e seus amigos (e inimigos, por falar nisso).

| LISTAGEM 14-2: | Código de Exemplo para Carregar um Arquivo CSV no Python |

```
import pandas as pd
import numpy as np
import matplotlib.pyplot as plt
from scipy import stats
# This loads the modules I'll use throughout this no-
           tebook, giving each a short alias.

%matplotlib inline
# This will show charts below each cell instead of in
           a separate viewer.

grades = pd.read_csv('class_grades.csv')
# That's it, you're done!

print grades.head()
```

A Figura 14-4 mostra o que o IPython propõe quando você insere esse código.

DICA

Para limitar a saída do código às cinco primeiras linhas apenas, use a função head().

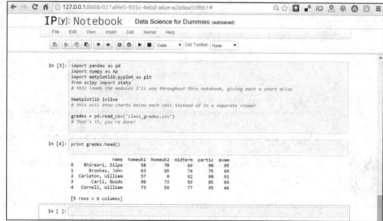

FIGURA 14-4: Usando o Pandas para importar um arquivo CSV para o Jupyter.

Calculando uma média ponderada

Tudo bem. Você inseriu no IPython (se leu a seção anterior) muitas das notas dos alunos armazenadas em um arquivo CSV. A pergunta é: como calcular as notas? Em outras palavras, como avaliar cada componente separado da nota?

Ao tomar uma decisão de comando, informo que as notas finais serão calculadas assim:

» Atribuição do trabalho de casa 1 = 10 por cento
» Atribuição do trabalho de casa 2 = 10 por cento
» Teste na metade do período = 25 por cento
» Participação nas aulas = 10 por cento
» Teste final = 45 por cento

Com o Pandas, você pode calcular facilmente a nota final ponderada de cada aluno. A Listagem 14-3 mostra como fazer isso.

LISTAGEM 14-3: Código de Exemplo para Calcular uma Média Ponderada no Python

```
import pandas as pd
import numpy as np
import matplotlib.pyplot as plt
from scipy import stats
%matplotlib inline
grades = pd.read_csv('class_grades.csv')
grades['grade'] = np.round((0.1 * grades.homewk1 + 0.1
       * grades.homewk2 + 0.25 * grades.midterm +
       0.1 * grades.partic + 0.45 * grades.exam),
       0)

# This creates a new column called 'grade' and popu-
       lates it based on the values of other col-
       umns, rounded to an integer.

print grades.tail()
```

A Figura 14-5 mostra os resultados do novo arredondamento do código.

LEMBRE-SE

Para limitar a saída do código às últimas cinco linhas apenas, use a função `tail()`.

Só por diversão, é possível calcular as notas com letras com uma função `letter_grade` e os comandos `if`. O código é indicado na Listagem 14-4 e os resultados, na Figura 14-6.

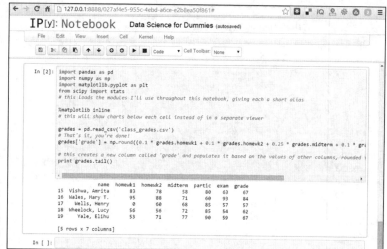

FIGURA 14-5: Calculando uma média ponderada no IPython.

LISTAGEM 14-4: Usando uma Função `letter_grade` e um Comando `if` no Python

```
def calc_letter(row):
    if row.grade >= 90:
        letter_grade = 'A'
    elif row['grade'] > 75:
        letter_grade = 'B'
    elif row['grade'] > 60:
        letter_grade = 'C'
    else:
        letter_grade = 'F'
    return letter_grade

# See how in Python there are no "then" statements, no
braces, and few brackets or parentheses. Flow is de-
termined by colons and indents.

grades['ltr'] = grades.apply(calc_letter, axis=1)

# "apply" with axis=1 applies a function to an entire
column using values from the same row.

print grades
```

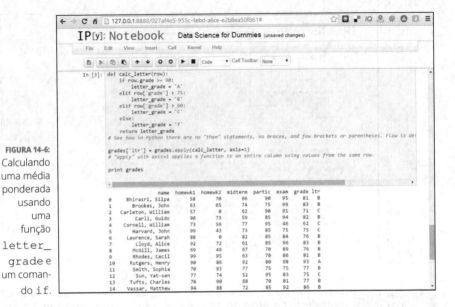

FIGURA 14-6: Calculando uma média ponderada usando uma função `letter_grade` e um comando `if`.

Desenhando linhas de tendência

Com o SciPy, é possível desenhar com facilidade uma *linha de tendência* — uma linha em um gráfico que indica a tendência geral de um conjunto de dados. Seus tipos populares incluem linhas de melhor ajuste, de regressão e dos mínimos quadrados ordinários. Nesta seção, explico como controlar o progresso de qualquer aluno em nossa sala de aula hipotética, desde o início do semestre até o fim. Para esse exemplo, criei uma linha de tendência para o primeiro aluno, Silpa Bhirasri. Porém, para gerar uma dessas linhas para qualquer aluno, basta ligar o nome da pessoa à variável `student`.

Para usar o SciPy, primeiramente você precisa criar uma lista básica ordenada do Python (indicada por números ou strings entre colchetes) e, então, transformar esses números ou strings em um array do NumPy. Esse novo array permite realizar cálculos com todos os valores de uma vez, eliminando a necessidade de escrever um código para executar cada um dos valores separadamente. Por fim, você calcula a linha de melhor ajuste pelos valores *y* (os valores *x* são sempre iguais aos da série original) e desenha o gráfico no Jupyter Notebook usando quatro linhas de código da biblioteca MatPlotLib. A Listagem 14-5 reúne todo esse processo.

222   PARTE 4 **Computação em Data Science**

> **LISTAGEM 14-5:** Código de Exemplo para Criar uma Linha de Tendência no Python

```
student = 'Bhirasri, Silpa'

y_values = [] # create an empty list
for column in ['homewk1', 'homewk2', 'midterm', 'par-
tic', 'exam']:
    y_values.append(grades[grades.name == student]
[column].iloc[0])
# Append each grade in the order it appears in the
dataframe.
print y_values

x = np.array([1, 2, 3, 4, 5])
y = np.array(y_values)
slope, intercept, r, p, slope_std_err = stats.
linregress(x, y)
# This automatically calculates the slope, intercept,
          Pearson correlation, coefficient (r), and
          two other statistics I won't use here.

bestfit_y = intercept + slope * x
# This calculates the best-fit line to show on the
chart.

plt.plot(x, y, 'ko')
# This plots x and y values; 'k' is the standard
          printer's abbreviation for the color
          'blacK', and 'o' signifies markers to be
          circular.
plt.plot(x, bestfit_y, 'r-')
# This plots the best fit regression line as a 'r'ed
line('-').

plt.ylim(0, 100)

# This sets the upper and lower limits of the y axis.
# If it were not specified, the minimum and maximum
          values would be used.

plt.show() # since the plot is ready, it will be shown
          below the cell
print 'Pearson coefficient (R) = ' + str(r)
```

A Figura 14-7 indica a linha de tendência do aluno Silpa Bhirasri.

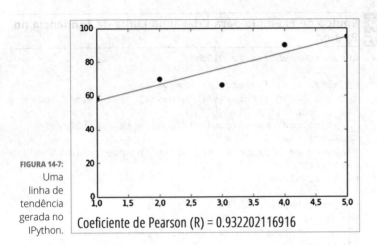

FIGURA 14-7: Uma linha de tendência gerada no IPython.

Na linha de tendência indicada na figura, observe que as notas de Silpa melhoraram gradualmente ao longo do semestre, exceto por uma pequena queda no meio. Cerca de 0,93, o coeficiente de correlação de Pearson é alto, indicando que as notas de Silpa melhoraram e estão próximas de uma progressão linear. Para saber mais sobre o coeficiente de Pearson, confira o Capítulo 5.

> **NESTE CAPÍTULO**
>
> » Entendendo os conceitos básicos e o vocabulário do R
>
> » Explorando os objetos no R
>
> » Visualizando os pacotes populares do R
>
> » Lidando com os pacotes R mais avançados

Capítulo **15**

Usando o R de Código Aberto para o Data Science

R é um sistema de software estatístico gratuito e de código aberto que, como o Python, foi amplamente adotado no setor do data science na última década. Na verdade, uma disputa interminável vem ocorrendo entre os usuários do data science para definir a linguagem de programação mais adequada. Os profissionais a favor do R geralmente o utilizam por causa das suas capacidades avançadas de programação estatística e visualização de dados, que não podem ser replicadas efetivamente no Python. Quanto aos profissionais do data science, especificamente, a base de usuários do R é mais ampla do que a do Python. (Para saber mais sobre o Python, veja o Capítulo 14.)

Você pode baixar a linguagem de programação R e os pacotes de suporte em http://cran.r-project.org (conteúdo em inglês).

O R não é tão fácil de aprender quanto o Python, mas pode ser mais poderoso para alguns tipos avançados de análise estatística. Embora a aprendizagem do

R seja um pouco mais complexa do que a do Python, a linguagem de programação é relativamente simples. Quando se domina o vocabulário básico usado para descrever a linguagem, não é muito difícil entender como o software funciona.

Vocabulário Básico do R

Embora o vocabulário associado ao R pareça exótico à primeira vista, é possível dominá-lo rapidamente com a prática. Em primeiro lugar, você pode usar o R de um destes dois modos:

» **Não interativo:** Você executa seu código R como um arquivo .r (a extensão .r é atribuída aos arquivos de script criados para a execução pelo programa R) diretamente da linha de comando.

» **Interativo:** Em geral, você trabalha em um aplicativo de software que interage com você solicitando a inserção dos seus dados e do código R. Em uma sessão do R no modo interativo, é possível importar os conjuntos ou inserir os dados brutos diretamente; atribuir nomes às variáveis e objetos de dados e usar funções, operadores e iteradores predefinidos para ajudar a entender seus dados de origem.

LEMBRE-SE

O R é uma linguagem *orientada a objetos*, o que efetivamente significa que as diferentes partes que compõem a linguagem pertencem às classes — cada uma com a sua própria definição específica e função. Um exemplo pontual de classe é conhecido como uma *instância* dessa classe e, portanto, herda suas características. As classes são *polimórficas*: suas subclasses podem ter seu próprio conjunto de comportamentos únicos, embora compartilhem algumas das funcionalidades da classe-mãe. Para ilustrar esse conceito, considere a função print de R: print( ). Como essa função é polimórfica, opera de maneira um pouco diferente de acordo com a classe do objeto informada para impressão. Assim, essa função e muitas outras executam o mesmo serviço geral em muitas classes, mas de modo um pouco diferente dependendo da classe. Mais adiante neste capítulo, na seção "Observando Como os Objetos Funcionam", explico a programação orientada a objetos e suas vantagens, mas, agora, quero apresentar os objetos, seus nomes e definições.

O R funciona com os seguintes tipos de objetos principais:

» **Vetor:** Um *vetor* é uma lista ordenada do mesmo modo — caractere (alfanumérico), numérico ou booliano. Os vetores podem ter qualquer dimensão. Por exemplo, A = ["a", "cat", "def"] é um vetor tridimensional do modo caractere. B = [2, 3.1, -5, 33] é um vetor com quatro dimensões do modo numérico. Para identificar os elementos específicos desses vetores, você pode inserir os códigos a seguir com o prompt no modo interativo, de modo que o R gere os seguintes retornos: `A[[1]] = "a"`, `A[[2]] = "cat"`, `A[[3]] = "def"`, `B[[1]] = 2`, `B[[2]] = 3.1`, `B[[3]] = -5` ou `B[[4]] = 33`. O R exibe um número como o vetor da dimensão um. Como não podem ser divididos no R, os vetores também são conhecidos como *vetores atômicos* (diferentes dos *vetores genéricos*, que são realmente objetos da lista, como analiso em "Listas"). O tratamento do R para os vetores atômicos traz tremendas vantagens à linguagem em relação à velocidade e eficiência (como descrevo na seção "Iterando no R", mais adiante neste capítulo).

» **Matriz:** Pense em *matriz* como uma coleção de vetores. Uma matriz pode ter qualquer modo (numérico, caractere ou booliano), mas todos os seus elementos devem ter o mesmo modo. Uma matriz também é caracterizada pela quantidade de dimensões. Ao contrário de um vetor, uma matriz tem apenas duas dimensões: o número de linhas e colunas.

» **Lista:** *Lista* é uma ordenação de itens de modos arbitrários, inclusive outras listas ou vetores.

PAPO DE ESPECIALISTA

Algumas vezes, as listas também são chamadas de *vetores genéricos*, pois as mesmas operações realizadas nos vetores podem ser feitas nas listas.

» **Estrutura de dados:** Uma *estrutura de dados* é um tipo de lista análogo a uma tabela em um banco de dados. Tecnicamente falando, uma estrutura de dados é uma lista de vetores, cada uma com o mesmo comprimento. Uma linha em uma tabela contém as informações de um registro individual, mas os elementos na linha muito provavelmente não terão o mesmo modo. Porém, todos os elementos em uma coluna específica estarão no mesmo modo. As estruturas de dados são organizadas da mesma maneira — cada vetor em uma estrutura de dados corresponde a uma coluna em uma tabela de dados, e cada possível índice desses vetores é uma linha.

Há duas maneiras de acessar os membros dos vetores, matrizes e listas no R:

» Os **colchetes simples** `[ ]` fornecem um vetor, matriz ou lista (respectivamente) do(s) elemento(s) indexado(s).

» Os **colchetes duplos** `[[ ]]` fornecem um único elemento.

Às vezes, os usuários R discordam sobre o devido uso dos colchetes para a indexação. De modo geral, o colchete duplo tem diversas vantagens sobre o simples. Por exemplo, o colchete duplo retornará uma mensagem de erro se você inserir um índice fora dos limites. Contudo, para indicar mais de um elemento do vetor, matriz ou lista, use o colchete simples.

Agora que tem uma ideia do vocabulário básico do R, provavelmente está ansioso para ver como ele funciona na programação real. Imagine que você esteja usando um conjunto de dados `EmployeeRoll` simples e o insira manualmente no R. Você iria propor algo parecido com a Listagem 15-1.

LISTAGEM 15-1: Atribuindo um Objeto e Concatenando no R

```
> EmployeeRoll <- data.frame(list(EmployeeName=c(
    "Smith, John","O'Bannon, Tom","Simmons,
    Sarah"),Grade=c(10,8,12),
    Salary=c(100000,75000,125000), Union=c(TRUE,
    FALSE, TRUE)))
> EmployeeRoll
    EmployeeName Grade Salary Union
1   Smith,John      10 100000  TRUE
2   O'Bannon, Tom    8  75000 FALSE
3   Simmons, Sarah  12 125000  TRUE
```

O símbolo combinado <- na primeira linha da Listagem 15-1 serve para "obter". Ele atribui o conteúdo da direita ao nome da esquerda. Pense nessa relação em termos ainda mais simples considerando a seguinte instrução, que atribui o número 3 à variável c:

```
> c <- 3
```

A linha 1 da Listagem 15-1 também mostra a função `concatenate` do R, c ( ), que é usada para criar um vetor. A função `concatenate` está sendo usada para formar os vetores atômicos que compõem a lista de vetores e criam a estrutura de dados `EmployeeRoll`. A linha 2 da Listagem 15-1, EmployeeRoll, instrui o R a exibir o conteúdo do objeto na tela. (A Figura 15-1 divide os dados como um diagrama.)

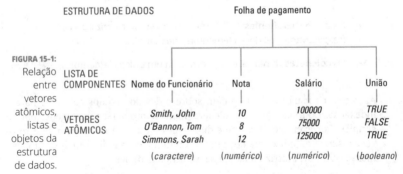

FIGURA 15-1: Relação entre vetores atômicos, listas e objetos da estrutura de dados.

Há outro objeto realmente importante no R: a função. As *funções* usam vetores atômicos, matrizes, listas e estruturas de dados para fazer qualquer análise ou cálculo desejado. (Na seção a seguir, analiso as funções em maior profundidade. Agora, você deve apenas entender a sua função geral.) Cada análise realizada no R pode ser feita em uma ou mais sessões, que consistem em inserir um conjunto de instruções que informam ao R o que você deseja que ele faça com os dados inseridos ou importados. Em cada sessão, você especifica as funções do seu script. Em seguida, os blocos de código processam qualquer entrada recebida e retornam uma saída. A entrada de uma função (também conhecida como *argumentos*) pode ser qualquer objeto R ou combinação de objetos: vetores, matrizes, arrays, estruturas de dados, tabelas ou outras funções.

O ato de invocar uma função no R é conhecido como *chamar* uma função.

PAPO DE ESPECIALISTA

O comentário no R funciona como no Python. (Falo do Python no Capítulo 14.) Como codificador do R, você deve inserir qualquer comentário sobre o código colocando antes dele, como prefixo, o *símbolo de cerquilha*, ou seja, o símbolo #.

Entrando nas Funções e Operadores

Você pode escolher um dos dois métodos disponíveis para escrever suas funções: um rápido e simples e outro mais complexo, porém definitivamente mais útil. Claro, o mesmo resultado pode ser obtido com qualquer abordagem, mas cada método tem as suas próprias vantagens. Se quiser chamar uma função e gerar um resultado do modo mais simples e rápido possível, e se não achar que irá reutilizá-la mais tarde, use o Método 1. Para escrever uma função que você pode chamar para diferentes finalidades e usá-la com diferentes conjuntos de dados no futuro, use o Método 2.

Para ilustrar a diferença entre os dois métodos, considere novamente o conjunto de dados `EmployeeRoll` indicado na Listagem 15-1. Digamos que você queira propor uma função que poderá usar para derivar o valor médio dos salários do funcionário. Usando o primeiro método, mais simples, você chama uma função para lidar com a tarefa. Basta definir uma operação escrevendo o nome da função que deseja usar e, então, incluir qualquer argumento que a função requeira entre parênteses após o nome da função. Mais especificamente, você deve chamar a função estatística predefinida `mean( )` para calcular o valor médio dos salários do funcionário, como mostrado aqui:

```
> #Method 1 of Calculating the Mean Salary
> MeanSalary1 <- mean(EmployeeRoll$Salary)
> MeanSalary1
[1] 1e+05
```

Nesse método, a função `mean( )` calcula e salva o salário médio, 100.000 (ou 1e+05, em notação científica) como objeto (um vetor, claro!) denominado `MeanSalary1`.

PAPO DE ESPECIALISTA

O símbolo $ aponta para o R um determinado campo no conjunto de dados. Nesse exemplo, ele aponta para o R o campo `Salary` do conjunto de dados `EmployeeRoll`.

O Método 2 ilustra uma abordagem mais complicada, porém mais útil. Ao invés de definir apenas uma operação, como no Método 1, a função do Método 2 define uma série de operações separadas, caso sejam necessárias; portanto, o método pode, muitas vezes, ficar bem complexo. No fragmento de código a seguir, a instrução `MeanSalary2 <- function(x)` cria uma função denominada `MeanSalary2`, que tem um argumento, x. As instruções entre as chaves (`{  }`) criam essa função. A finalidade de `{return(mean(x))}` é calcular a média de alguma entidade x e, então, retornar esse valor como resultado na tela do computador:

```
> #Method 2 of Calculating the Mean Salary
> #This method allows the user to create a custom
      set of instructions for R that can be
      used again and again.
> MeanSalary2 <- function(x) {return(mean(x))}
>
> MeanSalary2(EmployeeRoll$Salary)
[1] 1e+05
```

O argumento da definição da função não é o campo `Salary` do conjunto de dados `EmployeeRoll`, pois esse tipo de função pode ser chamado e usado para diferentes finalidades em conjuntos e campos de conjuntos de dados distintos. Além disso, nada acontece quando você termina de digitar a função e pressiona Return depois de inserir a chave final; na próxima linha, você tem apenas outro prompt (>). Isso porque configurou a função corretamente. (Você sabe que está correto porque não recebeu uma mensagem de erro.) Agora, é possível chamar essa função quando realmente precisar dela — é isso que faz a última instrução inserida no prompt no código anterior. Digitar `MeanSalary2(EmployeeRoll$Salary)` é uma *chamada da função* e substitui o argumento x reservado da função por `EmployeeRoll$Salary` — um objeto real que permite à função gerar uma solução.

Naturalmente, a função escrita no Método 2 informa o mesmo salário médio da função no Método 1, mas a do Método 2 pode agora ser reutilizada para diferentes aplicações. Para mostrar como você usaria essa mesma função em um conjunto de dados diferente, imagine que tenha outro negócio com a sua própria folha de pagamento. Ele tem cinco funcionários com os seguintes salários: $500.000, $1.000.000, $75.000, $112.000 e $400.000. Se quisesse chamar e usar a função `MeanSalary2` para encontrar o salário médio desses funcionários, bastaria escrever o seguinte:

```
> MeanSalary2(c(500000,1000000,75000,112000,400000))
[1] 417400
```

Como instruído no Método 2, a função `MeanSalary2` gera rapidamente um valor médio para esse novo conjunto de dados — nesse caso, $417.400.

A principal vantagem de usar funções no R é que elas facilitam escrever um código mais claro, conciso, fácil de ler e prontamente reutilizável. Porém, no nível mais fundamental, o R está apenas usando as funções para aplicar operadores. Embora aplicar operadores e chamar funções tenham a mesma finalidade, é possível diferenciar as duas técnicas com base em suas sintaxes específicas. O R usa muitos dos mesmos operadores utilizados em outras linguagens de programação. A Tabela 15-1 lista os operadores mais usados.

LEMBRE-SE

Os operadores agem como funções no R. (*Avisei* que aprender o vocabulário do R pode ser complicado!)

TABELA 15-1 **Operadores Populares**

Operação	Operador
mais	+
menos	-
vezes	*
dividir	/
módulo	%%
potência	^
maior que	>
maior que ou igual a	>=
menor que	<
menor que ou igual a	<=
igual	==
diferente	!=
not (lógico)	!
and (lógico)	&
or (lógico)	|
é atribuído; obtém	<-
é atribuído a	->

Este fragmento de código mostra vários exemplos do uso de operadores como funções:

```
> "<"(2,3)
[1] TRUE
> "<"(100,10)
[1] FALSE
> "+"(100,1)
[1] 101
> "/"(4,2)
[1] 2
> "+"(2,5,6,3,10)
Error in `+`(2, 5, 6, 3, 10) : operator needs one
    or two arguments
```

No código anterior, os operadores boolianos menores que (<) e maiores que (>) retornam um valor TRUE ou FALSE. Aliás, você vê a mensagem de erro gerada pela última linha de código? Esse erro ocorreu porque o operador + pode ter apenas um ou dois argumentos e, nesse exemplo, inseri três argumentos a mais do que ele poderia administrar.

É possível usar o operador + para somar dois números ou vetores. Na verdade, todos os operadores aritméticos no R podem aceitar números e vetores como argumentos. Para saber mais sobre os operadores aritméticos, confira a seção a seguir.

Iterando no R

Devido ao modo como o R lida com os vetores, programar nele é uma maneira eficiente de lidar com loops e iterações. Basicamente, o R tem iteradores predefinidos que fazem automaticamente um loop nos elementos sem a necessidade de escrever os loops.

Para conceitualizar melhor esse processo, chamado de *vetorização*, imagine que você queira adicionar uma constante c = 3 a uma série de três números armazenados como um vetor, m = [10, 6, 9]. É possível usar o seguinte código:

```
> c <- 3
> m <- c(10, 6, 9)
> m <- m + c
```

```
> m
[1] 13  9 12
```

O método anterior funciona por causa de uma propriedade do R conhecida como *reciclabilidade*: se estiver realizando operações em dois vetores com comprimentos diferentes, o R repetirá e reutilizará o menor vetor para fazer a operação funcionar. Nesse exemplo, c era um vetor com uma dimensão, mas o R o reutilizou para convertê-lo em um vetor tridimensional a fim de que a operação pudesse ser realizada em m.

Veja a lógica do processo:

10		3		13
6	+	3	=	9
9		3		12

Esse método funciona também por causa da vetorização do operador +, que realiza a operação + nos vetores m e c — fazendo, na verdade, um loop em cada vetor para adicionar seus elementos correspondentes.

Para escrever o processo, eis outra maneira que evidencia a vetorização do operador +:

```
> m <- "+" (m, c)
```

DICA

O R vetoriza todos os operadores aritméticos, inclusive +, -, /, * e ^.

Quando você usa instruções condicionais nos loops iterativos, o R emprega a vetorização para tornar o processo mais eficiente. Se usou outras linguagens de programação, provavelmente viu uma estrutura parecida com esta:

```
for (y = 1 through 5) {    if (3*y <= 4) then z =
1    else
z = 0}
```

Esse loop itera o código entre chaves ({ }) em sequência para cada y igual a 1, 2, 3, 4 e 5. Nesse loop, para cada valor y, a instrução condicional 3*y <= 4 gera uma instrução TRUE ou FALSE. Para os valores y que produzem valores TRUE, z é definido para 1; do contrário, é definido para 0. Assim, esse loop gera o seguinte código:

```
| y | 3*y | 3*y <= 4 | z |
| 1 |  3  |   TRUE   | 1 |
```

```
| 2  | 6  | FALSE | 0 |
| 3  | 9  | FALSE | 0 |
| 4  | 12 | FALSE | 0 |
| 5  | 15 | FALSE | 0 |
```

Agora verifique como é possível fazer a mesma coisa usando o R:

```
> y <- 1:5
> z <- ifelse(3*y <= 4, 1, 0)
> z
[1] 1 0 0 0 0
```

É muito mais compacto, certo? No código R anterior, o termo y representa o vetor numérico [1, 2, 3, 4, 5]. Como no caso anterior, no código R, o operador <= é vetorizado e a reciclabilidade é novamente aplicada para que o escalar 4 aparente seja tratado como um vetor com cinco dimensões [4, 4, 4, 4, 4] a fim de fazer a operação do vetor funcionar. Como antes, apenas onde y = 1 a condição é atendida e, como consequência, z[[1]] = 1 e z[2:5] = 0.

DICA

No R, geralmente você vê algo parecido com 1:10. Esse *operador de dois pontos* indica uma sequência de números: o primeiro, o último número e a sequência entre eles. Assim, o vetor 1:10 é equivalente a 1, 2, 3, 4, 5, 6, 7, 8, 9, 10 e 2:5 é igual a 2, 3, 4, 5.

Observando Como os Objetos Funcionam

A abordagem orientada a objetos do R torna a implantação e manutenção do código relativamente rápidas e fáceis. Como parte dessa funcionalidade orientada a objetos, os objetos no R são diferenciados por características conhecidas como *atributos*. Cada objeto é definido por seus atributos; mais especificamente, por seu atributo de classe.

Como exemplo, o Departamento de Agricultura dos EUA fornece dados sobre as porcentagens de milho resistente a insetos e tolerante a herbicidas, plantado por ano no período de 2000 a 2014. É possível obter essas informações e usar uma função de regressão linear para prever a porcentagem de milho tolerante a herbicida plantado em Illinois de 2000 a 2014, a partir da porcentagem indicada durante esses anos. O conjunto de dados e funções são indicados na Listagem 15-2.

LISTAGEM 15-2:	**Explorando os Objetos no R**

```
> GeneticallyEngineeredCorn <- data.frame(list(year=c(2000,
         2001, 2002, 2003, 2004, 2005, 2006, 2007, 2008,
         2009, 2010, 2011, 2012, 2013, 2014),Insect =c(13,
         12,18,23,26,25,24,19,13,   10,   15,   14,   14,   4,
         3),
         herbicide=c(3,3,3,4,5,6,12,15,15,15,15,17,18,7,5)))
> GeneticallyEngineeredCorn
   year Insect herbicide
1  2000    13      3
2  2001    12      3
3  2002    18      3
4  2003    23      4
5  2004    26      5
6  2005    25      6
7  2006    24     12
8  2007    19     15
9  2008    13     15
10 2009    10     15
11 2010    15     15
12 2011    14     17
13 2012    14     18
14 2013     4      7
15 2014     3      5
> PredictHerbicide <-
         lm(GeneticallyEngineeredCorn$herbicide ~
         GeneticallyEngineeredCorn$Insect)
> attributes(PredictHerbicide)$names
 [1] "coefficients"  "residuals"     "effects"       "rank"
 [5] "fitted.values" "assign"        "qr"            "df.residual"
 [9] "xlevels"       "call"          "terms"         "model"
> attributes(PredictHerbicide)$class
 [1] "lm"
> PredictHerbicide$coef
              (Intercept) GeneticallyEngineeredCorn$Insect
              10.52165581                      -0.06362591
```

Na Listagem 15-2, a expressão PredictHerbicide <- lm(Genetically EngineeredCorn$herbicide ~ GeneticallyEngineeredCorn$ Insect) instrui o R a fazer uma regressão linear e atribuir os resultados ao objeto PredictHerbicide. Nela, GeneticallyEngineeredCorn é definido como o conjunto de dados de origem, enquanto a coluna Insect atua como a variável independente e herbicide, como a variável dependente.

A função attribute do R permite que você obtenha informações sobre os atributos de um objeto. Nesse exemplo, digitar a função attribute (PredictHerbicide) $names instrui o R a nomear todos os atributos do objeto PredictHerbicide e a função attribute (PredictHerbicide) $class instrui o R a identificar as classes do objeto. Observe, na Listagem 15-2, que o objeto `PredictHerbicide` tem 12 atributos e uma classe `lm` (que significa *linear model* ou modelo linear).

O R permite que você solicite detalhes de cada um desses atributos; mas, para manter o exemplo curto, peça apenas ao R para especificar os coeficientes da equação de regressão linear. Lembre-se de que este é o primeiro atributo fornecido para o objeto `PredictHerbicide`. Para pedir que o R mostre os coeficientes obtidos ajustando o modelo linear aos dados, insira `PredictHerbicide$coef`, como indicado na Listagem 15-2. Ele retornará as seguintes informações:

```
(Intercept)    GeneticallyEngineeredCorn$Insect
10.52165581                             -0.06362591
```

Na matemática simples, o resultado anterior é traduzido na equação da Figura 15-2.

FIGURA 15-2: Coeficientes da regressão linear do R, indicados em uma equação matemática simples.

(% milho resistente a herbicida) Illinois, 2000-2014 =
   10,52165581 − 0,06362591
(% milho resistente a insetos) Illinois, 2000-2014

Traduzido em termos matemáticos, isso equivale ao seguinte:

Porcentagem de Milho Tolerante a Herbicida Geneticamente Modificado = 10,5 − 0,06*Porcentagem do Milho Resistente a Insetos Geneticamente Modificado

Como a relação entre as duas variáveis parece bem fraca, a porcentagem do milho resistente a insetos geneticamente modificado não seria um bom preditor.

Esse exemplo também ilustra a natureza polimórfica das funções genéricas no R, ou seja, onde a mesma função pode ser adaptada à classe usada, de modo que a função seja aplicável a muitas classes diferentes. A função polimórfica deste exemplo é a `attributes( )` do R. Essa função é aplicável às classes `lm` (modelo linear), `mean`, `histogram` e muitas outras.

LEMBRE-SE

Para obter uma orientação rápida ao trabalhar com instâncias de uma classe não familiar, as funções genéricas polimórficas do R serão úteis. Elas geralmente possibilitam aprender a linguagem de programação R com mais eficiência.

Classificando os Pacotes de Análise Estatística Populares

O R dispõe de diversas funções e pacotes fáceis de instalar, muitos deles bastante úteis para o data science. No contexto do R, *pacotes* são grupos compostos de funções específicas e dados e códigos adequados para a realização de tipos específicos ou conjuntos de análises. O site CRAN lista os pacotes disponíveis para download em http://cran.r-project.org/web/packages (conteúdo em inglês), além de instruções sobre como baixar e instalar esses recursos. Nesta seção, analiso e detalho as capacidades dos pacotes populares mais avançados disponíveis.

Os robustos pacotes R auxiliam em operações como previsão, análise multivariada e análise fatorial. Nesta seção, apresento rapidamente uma visão geral de alguns dos pacotes mais populares e úteis para esse tipo de trabalho.

O pacote forecast do R contém várias funções de previsão que você pode adaptar para o ARIMA (previsão da série temporal *Média Móvel Integrada Autorregressiva*) ou outros tipos de previsões da série temporal com uma variável. Também é possível usar o R para o gerenciamento da qualidade. Além disso, você pode usar o pacote Gráficos do Controle de Qualidade (qcc) do R para controlar processos de qualidade e estatísticos.

Na prática do data science, provavelmente você aproveitará quase todo pacote especializado na análise multivariada. Se quiser fazer uma regressão logística, poderá usar o *modelo logit multinomial* (mlogit) do R, no qual as observações de uma classe conhecida são usadas para "treinar" o software de modo que ele possa identificar as classes de outras observações cujas classes são desconhecidas. (Por exemplo, a regressão logística treina o software para prever com sucesso a rotatividade de clientes, sobre a qual você pode ler no Capítulo 3.)

Se quiser usar o R para obter dados não diferenciados e identificar fatores importantes para alguma finalidade específica, poderá usar a análise fatorial. Para ilustrar melhor o conceito fundamental da análise fatorial, imagine que você tenha um restaurante. Você deseja fazer tudo ao seu alcance para que a classificação da satisfação do cliente seja a mais alta possível, certo? Bem, a análise fatorial pode ajudar a determinar os fatores exatos que têm o maior impacto nas classificações de satisfação do cliente — fatores gerais do ambiente, layout do restaurante e aparência/atitude/conhecimento do funcionário. Com essas informações, é possível trabalhar na melhoria desses pontos para aumentar a satisfação do cliente e, com isso, a fidelidade da marca.

LEMBRE-SE

Algumas pessoas inserem os dados manualmente no R. Com muita frequência, eles são importados do Microsoft Excel ou de um banco de dados relacional. Você pode encontrar pacotes de drivers disponíveis para importar dados de vários tipos de bancos de dados relacionais, inclusive RSQLite, RPostgreSQL, RMySQL e RODBC, assim como pacotes para muitos outros RDBMSs. Um dos pontos fortes do R é o modo como oferece aos usuários a capacidade de produzir ilustrações gráficas de alta qualidade ou visualizações de dados que podem ajudar a entender os dados. O pacote `ggplot2` dispõe de toneladas de diferentes opções de visualização dos dados; abordo esse ponto mais adiante neste capítulo.

Para obter informações sobre outros pacotes do R, confira o site R Project em `www.r-project.org` (conteúdo em inglês). Lá, você pode encontrar diversas documentações online que irão ajudá-lo a identificar os pacotes mais adequados às suas necessidades. Além disso, os codificadores na comunidade ativa do R disponibilizam nesse site novos pacotes e funções o tempo inteiro.

Examinando os Pacotes para Visualização, Mapeamento e Gráfico no R

Se você leu as seções anteriores deste capítulo, já deve ter (espero!) uma compreensão básica de como funcionam as funções, objetos e iteradores predefinidos do R. Você também já pode identificar algumas tarefas do data science que o R ajuda a executar. Nas próximas seções do capítulo, apresento alguns pacotes R poderosos para a visualização dos dados, análise do gráfico de rede e do padrão do ponto espacial.

Visualizando as estatísticas do R com o ggplot2

Se estiver procurando um modo rápido e eficiente de produzir belas visualizações de dados que poderá usar para derivar e comunicar as informações dos seus conjuntos de dados, não é necessário mais do que o pacote `ggplot2` do R. Ele foi projetado para ajudar a criar todos os diferentes tipos de gráfico de dados no R, inclusive histogramas, diagramas de dispersão, gráficos de barras e diagramas de caixa e densidade. Esse pacote também oferece muitas opções de design, inclusive escolha de cores, layout, transparência e densidade de linha. O `ggplot2` é útil para desenvolver uma exibição dos dados, mas provavelmente não será a melhor opção para uma narrativa dos dados ou dados artísticos. (Você pode ler sobre essas opções de design para a visualização dos dados no Capítulo 9.)

Para entender melhor como o pacote `ggplot2` funciona, considere o exemplo a seguir. A Figura 15-3 mostra um diagrama de dispersão simples gerado com o `ggplot2`. Esse gráfico apresenta as concentrações (em partes por milhão ou ppm) de quatro tipos de pesticidas detectados em um riacho entre os anos de 2000 e 2013. O diagrama de dispersão poderia ter sido projetado para mostrar apenas as concentrações de pesticida de cada ano, mas o `ggplot2` dispõe de uma opção para ajustar a linha de regressão de acordo com cada um dos tipos de pesticida. As linhas de regressão são as linhas sólidas indicadas no gráfico. O ggplot2 também pode apresentar esses tipos de pesticida com cores diferentes. As áreas coloridas próximas às linhas de regressão representam 95% dos intervalos de segurança dos modelos de regressão.

O diagrama de dispersão deixa claro que todos os pesticidas, exceto os rianoides, apresentam uma redução de concentração nos riachos. Os organoclorados tiveram uma concentração mais alta em 2000 e, então, experimentaram uma grande diminuição em concentração ao longo do período de 13 anos.

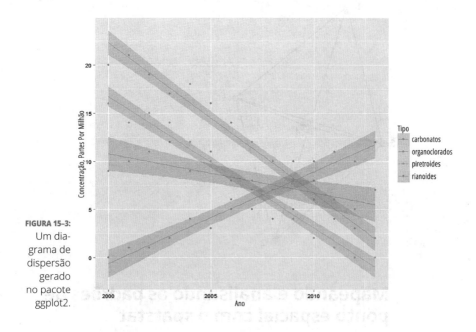

FIGURA 15-3: Um diagrama de dispersão gerado no pacote ggplot2.

Analisando as redes com statnet e igraph

As redes sociais e seu volume de dados com certeza explodiram na última década. Por isso, aprender a entender os dados da rede se tornou muito importante para os analistas. As habilidades de análise das redes sociais permitem avaliá-las para determinar como as contas estão conectadas e os modos como as informações são compartilhadas. Você pode usar os métodos de análise da rede para definir a rapidez da disseminação de informações pela internet. É possível até mesmo usar métodos de análise da rede no mapeamento genético, para entender melhor como um gene afeta e influencia a atividade dos outros, ou na modelagem hidráulica, para definir como projetar melhor um sistema de distribuição de água ou captação de esgoto.

Dois pacotes do R foram escritos especificamente para a análise da rede: `statnet` e `igraph`. Você pode usar o `statnet` ou o `igraph` para coletar a estatística da rede ou dos seus componentes. A Figura 15-4 mostra um exemplo de saída da análise da rede no R, gerada com o pacote `statnet`. Essa saída é apenas uma rede simples na qual a direção das setas indica a orientação do fluxo na rede, de um vértice a outro. A rede tem cinco vértices e nove *faces* — conexões entre eles.

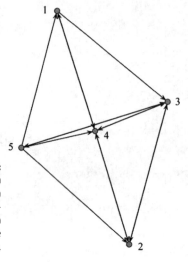

FIGURA 15-4: Um diagrama da rede gerado com o pacote statnet.

Mapeando e analisando os padrões de ponto espacial com o spatstat

Se quiser analisar dados espaciais no R, poderá usar o pacote `spatstat`. Esse pacote é mais utilizado para analisar dados do padrão de ponto, mas você também pode usá-lo para analisar padrões de linha, pixels e dados da rede linear. Em geral, o pacote é instalado com os conjuntos de dados geográficos, ecológicos e ambientais que podem servir para dar suporte às análises, se for o caso. Com as suas capacidades de análise do padrão de ponto no espaço e no tempo, o `spatstat` auxilia na visualização de mudanças espaçotemporais em uma ou diversas variáveis. O pacote vem com recursos gráficos tridimensionais. Por ser um pacote de análise de dados geográficos, o `spatstat` é muito usado em ecologia, geociência, botânica e estudos ambientais, embora o pacote possa ser empregado facilmente em estudos com base em localização relacionados a negócios, logística, vendas, marketing e mais.

NESTE CAPÍTULO

» **Compreendendo os bancos de dados relacionais e o SQL**

» **Projetando ótimos bancos de dados relacionais**

» **Executando tarefas do data science com as funções SQL**

Capítulo **16**
Usando o SQL no Data Science

SQL, ou *Linguagem de Consulta Estruturada*, é um padrão cuja função consiste em criar, manter e consolidar bancos de dados relacionais. Trata-se de um conjunto de regras que você pode usar para consultar, atualizar, modificar, adicionar ou remover os dados de bancos de dados grandes e complexos com rapidez e eficiência. Utiliza-se o SQL, em vez do Python ou do Excel, para realizar essas tarefas porque é o modo mais simples e rápido de fazer o serviço. Ele oferece um conjunto simples e padronizado de comandos básicos e métodos fáceis de usar na execução das tarefas. Neste capítulo, apresento os conceitos básicos do SQL e explico como você pode usá-lo para fazer coisas legais como consultar, reunir, agrupar, classificar e extrair texto de conjuntos de dados estruturados.

Embora você possa usar o SQL para trabalhar com dados estruturados contidos em sistemas de gerenciamento de bancos de dados relacionais, não é possível usar o SQL padrão como solução para lidar com o big data, porque não se pode lidar com o big data em tecnologias de bancos de dados relacionais. Indico soluções para esse problema no Capítulo 2, em que analiso a engenharia de dados e seus componentes. Agora, basta dizer que o SQL é apenas uma ferramenta que você pode usar para manipular e editar tabelas de dados estruturadas. Não é nada muito inovador, mas pode ser útil usá-lo para as tarefas de consulta e manipulação de dados que geralmente surgem na prática do data science. Neste capítulo, apresento os fundamentos dos bancos de dados relacionais, SQL e design do banco de dados.

Compreendendo os Bancos de Dados Relacionais e o SQL

Embora o nome Linguagem de Consulta Estruturada sugira que o SQL é uma linguagem de programação, não se engane. Ele não é como o R ou o Python. Pelo contrário, é uma linguagem de comandos e sintaxe que serve apenas para criar, manter e pesquisar os sistemas do banco de dados relacional. O SQL suporta algumas formas comuns de programação, como condicionais e loops, mas, para tarefas mais complexas, você deve importar os resultados da sua consulta SQL e fazer o trabalho em outra plataforma de programação.

PAPO DE ESPECIALISTA

O SQL se tornou tão onipresente no campo dos dados que os seus usuários mais apaixonados normalmente debatem se deve ser pronunciado, em inglês, "ess-cue-el" ou "sequel". A maioria tende a usar a segunda opção.

Uma característica fundamental do SQL é que você pode usá-lo apenas nos dados estruturados contidos em um banco relacional. Os sistemas de gerenciamento do banco de dados SQL (DBMSs) otimizam sua própria estrutura com uma entrada mínima do usuário, viabilizando um desempenho operacional incrivelmente rápido.

LEMBRE-SE

O *índice* é uma tabela de pesquisa criada para indexar (e apontar para) os dados nas tabelas de um banco de dados. Embora os DBMSs do SQL sejam conhecidos por suas capacidades rápidas de consulta ao banco de dados estruturado, essa velocidade e eficiência dependem muito de uma boa indexação, requisito fundamental para a recuperação rápida dos dados no SQL.

Similar ao modo como os diferentes navegadores web fazem, adicionam e ignoram de maneiras distintas partes específicas do padrão HTML, as regras do SQL são interpretadas de forma um pouco diferente, dependendo de a operação ocorrer em aplicativos de software de código aberto ou de um revendedor comercial. Como nem toda solução SQL é igual, é uma boa ideia saber algo sobre as vantagens e desvantagens de algumas das soluções SQL mais populares do mercado. Veja as três implementações SQL de código aberto mais populares entre os cientistas de dados:

- » **SQLite:** Esse software é mais limitado do que outras implementações do SQL, especialmente quanto ao gerenciamento do usuário e personalizações de melhorias do desempenho, mas é um excelente ponto de partida quando se está aprendendo a usar o SQL.

» **MySQL:** O MySQL é de longe a versão de código aberto mais popular do SQL. Ele oferece uma versão completa e poderosa do SQL e é usado no back-end de milhões de sites.

» **PostgreSQL:** Esse software adiciona elementos orientados a objetos à linguagem relacional do SQL, o que o torna popular entre programadores que buscam integrar os objetos SQL no modelo de objeto das suas próprias plataformas.

Outras implementações SQL comerciais poderosas, como o Oracle e o Microsoft SQL Server, também são ótimas soluções, mas são voltadas para uso em negócios e não para o data science.

Como o nome já diz, o aspecto mais destacado dos bancos de dados *relacionais* é que são relacionais. Eles são compostos de tabelas relacionadas. Para ilustrar a ideia de um banco de dados relacional, primeiramente imagine uma planilha do Excel com linhas, colunas e relações predefinidas entre as colunas compartilhadas. Então, imagine que há uma pasta do Excel com muitas planilhas (tabelas), sendo que cada planilha contém uma coluna com o mesmo nome de coluna utilizado em uma ou *outras* planilhas. Como essas planilhas mantêm uma relação compartilhada, se você usar o SQL, poderá utilizar essa relação compartilhada para pesquisar os dados em todas as planilhas relacionadas. Esse tipo de relação é indicado na Figura 16-1.

A *chave primária* de uma tabela é uma coluna de valores que identifica com exclusividade cada linha nessa tabela. Um bom exemplo de chaves primárias é o uso dos números ISBN para uma tabela de livros, ou números ID de funcionários para uma tabela de funcionários. Uma *chave estrangeira ou externa* é uma coluna em uma tabela que corresponde à chave primária de outra, sendo usada para ligá-las.

FIGURA 16-1:
Uma relação entre as tabelas de dados que compartilham uma coluna.

Chave Externa		
Nome do Lago	Profundidade Máx. Lago (pés)	Mudança da Profundidade Anual Média (pol)
Lago Monroe	...	...
Lago Lilly	...	...
Lago Conway	...	...

Chave Primária			
Nome do Lago	Alcalinidade (mEq/l)	Sólidos Dissolvidos Totais (ppm)	Fosfatos (*u* g/l)
Lago Monroe	...	...	...
Lago Lilly	...	...	...
Lago Conway	...	...	...

Chave Externa		
Nome do Lago	Nome da Subdivisão	Distrito do Imposto
Lago Monroe	...	...
Lago Lilly	...	...
Lago Conway	...	...

CAPÍTULO 16 **Usando o SQL no Data Science** 243

No que diz respeito à terminologia, lembre-se de que a correta ciência do banco de dados associa, com frequência, significados particulares a palavras específicas, como se pode ver nesta lista:

» **Colunas**, chamadas de campos, chaves e atributos
» **Linhas**, chamadas de registros
» **Células**, chamadas de valores

LEMBRE-SE

A ciência do banco de dados usa *muitos* sinônimos. Para simplificar, costumo usar as palavras *coluna, linha* e *célula*. E como *chave primária* e *chave externa* são termos padrão, utilizo-os para descrever os dois tipos especiais de coluna.

As principais vantagens dos sistemas de gerenciamento do banco de dados relacional (RDBMSs, para abreviar) são a sua rapidez, a sua grande capacidade de armazenamento e tratamento (em comparação com os aplicativos de planilha como o Excel) e a sua característica de ferramentas ideais para manter a *integridade dos dados* — a consistência e a precisão dos dados contidos em seu banco de dados. Caso seja necessário fazer alterações e atualizações rápidas e precisas em seus conjuntos de dados, poderá usar o SQL e um RDBMS.

Considere o cenário a seguir como uma ilustração. Esta tabela descreve filmes e lista as classificações de vários espectadores:

```
id   title             genre      rating   timestamp
     rating

1    The Even Couple   NULL       2011-08-03 16:04:23   4
2    The Fourth Man    Drama      2014-02-19 19:17:16   5
2    The Fourth Man    Drama      2010-04-27 10:05:36   4
3    All About Adam    Drama      2011-04-05 21:21:05   4
3    All About Adam    Drama      2014-02-21 00:11:07   3
4    Dr. Yes           Thriller   NULL
```

O que acontecerá se você descobrir que *All About Adam* é uma comédia e não um drama? Se a tabela fosse uma planilha simples, você teria que abrir a tabela de dados, encontrar todas as instâncias do filme e mudar manualmente o valor do gênero para esse registro. Isso não é muito difícil nessa tabela de amostra porque apenas dois registros estão relacionados ao filme. Mas mesmo aqui, se você se esquecesse de mudar um dos registros, essa inconsistência levaria a uma perda da integridade dos dados, o que pode causar todo tipo de problema imprevisível no futuro.

Por outro lado, a solução do banco de dados relacional é simples e elegante. Ao invés de uma tabela para este exemplo, você teria três:

```
Film    id    title
        1     The Even Couple
        2     The Fourth Man
        3     All About Adam
        4     Dr. Yes


Genre   id    genre
        2     Drama
        3     Drama
        4     Thriller


Rating  timestamp              id    rating
        2011-08-03 16:04:23    1     4
        2014-02-19 19:17:16    2     5
        2010-04-27 10:05:36    2     4
        2011-04-05 21:21:05    3     4
        2014-02-21 00:11:07    3     3
```

A chave primária para as tabelas Film e Genre é id. A chave primária da tabela Rating é timestamp — como um filme pode ter mais de uma classificação, id não é um campo exclusivo e, como consequência, não pode ser usado como uma chave primária. Nesse exemplo, se você quisesse pesquisar e mudar o gênero para *All About Adam*, usaria Film.id como a chave primária e Genre.id como a externa. Bastaria usar essas chaves para consultar os registros que precisa mudar e aplicar as alterações sistematicamente. Essa abordagem sistemática acaba com o risco de erros casuais.

Trabalhando no Design do Banco de Dados

Para que o seu banco de dados seja útil em um futuro próximo, você precisará investir tempo e recursos para obter um excelente design. Se quiser criar bancos de dados que ofereçam um desempenho rápido e resultados sem erros, o seu design precisará ser impecável ou apresentar o menor número possível de falhas. Antes de inserir qualquer dado em uma tabela, primeiro considere com cuidado as tabelas e colunas que deseja incluir, os tipos de dados que receberão e as relações que pretende criar entre elas.

LEMBRE-SE

Cada hora dedicada a planejar seu banco de dados e antecipar as suas possíveis demandas pode economizar incontáveis horas no futuro, quando seu banco de dados poderá conter milhões de registros. Bancos de dados mal planejados facilmente se transformam em monstros lentos e cheios de erros — evite isso a todo custo.

Lembre-se de alguns princípios ao projetar bancos de dados:

> » Tipos de dados
> » Limites
> » Normalização

Nas próximas seções, explicarei cada tópico em detalhes.

Definindo os tipos de dados

Ao criar uma tabela de dados, uma das primeiras coisas que você precisa fazer é definir o tipo de dado de cada coluna. Ele pode ser designado a partir de uma das seguintes opções:

> » **Texto:** Se a sua coluna contiver valores de texto, você poderá classificá-la como um tipo de dado Caractere, com comprimento fixo, ou um tipo de dado Texto, com comprimento indeterminado.
>
> » **Numérico:** Se a sua coluna contiver valores numéricos, você poderá classificá-la como um tipo de dado Numérico. Esses valores podem ser armazenados como inteiros ou flutuantes.
>
> » **Data:** Se a sua coluna contiver valores com base em data ou hora, você poderá designá-los como um tipo de dado Data ou Data-Hora.

LEMBRE-SE

Os tipos de dados Texto são úteis, mas terríveis para as pesquisas. Se pretende consultar uma coluna, atribua a ela um comprimento fixo.

Designando limites corretamente

Limites designados corretamente são um princípio importante para o design do banco de dados. Você pode considerá-los, no contexto do SQL, como regras adotadas para controlar o tipo de dado que pode ser colocado em uma tabela. Antes de adicionar limites, primeiro defina se cada coluna tem permissão para conter um valor NULL. (NULL não é o mesmo que em branco ou zero; na verdade, indica uma ausência total de dados em uma célula.)

Por exemplo, se você tiver uma tabela de produtos para venda, provavelmente não deve permitir um NULL na coluna Preço. Na coluna Descrição do Produto, alguns produtos podem ter descrições *longas*; portanto, você pode permitir que algumas células nessa coluna contenham valores NULL.

Em qualquer tipo de dado, você também pode limitar com exatidão o tipo de valores de entrada que a coluna aceitará. Imagine que exista um campo de texto para a ID do Funcionário que deve conter valores com exatamente duas letras seguidas de sete números, da seguinte forma: SD0154919. Como você não quer que o seu banco de dados aceite um erro de digitação, defina um limite que exija que todos os valores inseridos nas células da coluna ID do Funcionário tenham exatamente duas letras seguidas de sete números.

Normalizando seu banco de dados

Depois de definir os tipos de dados e designar os limites, você precisará lidar com a *normalização* — estruturar seu banco de dados para que qualquer alteração, acréscimo ou eliminação de dados seja feita apenas uma vez e não resulte em dados anormais e inconsistentes. Existem muitos graus e tipos diferentes de normalização (pelo menos sete), mas um banco de dados SQL correto, robusto e normalizado deve ter, ao menos, as seguintes propriedades:

» **Chaves primárias:** Cada tabela tem uma *chave primária*, um valor exclusivo para cada linha nessa coluna.

» **Não redundância das colunas:** Duas tabelas não têm a mesma coluna, a menos que se trate da chave primária de uma e da chave externa da outra.

» **Não ter várias dependências:** O valor de cada coluna deve depender apenas de outra coluna cujo valor não depende, por sua vez, de nenhuma outra coluna. Portanto, os *valores calculados* — como o total de uma fatura, por exemplo —, devem ser calculados dinamicamente para cada consulta e não deve haver um código embutido no banco de dados. Isso significa que os CEPs devem ser armazenados em uma tabela separada porque dependem de três colunas: endereço, cidade e estado.

» **Índices da coluna:** Como já vimos, no SQL, um índice é uma tabela de pesquisa que aponta para os dados de um banco. Quando você cria um *índice da coluna*, cada registro nela é atribuído a um valor de chave exclusivo indexado em uma tabela de pesquisa. A indexação permite uma recuperação mais rápida dos dados nessa coluna.

É uma excelente ideia criar um índice da coluna para pesquisas frequentes ou como critério de pesquisa. O índice da coluna ocupa memória, mas aumenta muito a velocidade da pesquisa. Também é fácil configurá-lo. Basta informar ao DBMS do SQL para indexar determinada coluna e, então, o sistema irá configurá-lo para você.

DICA

Se estiver estressado com a lentidão das suas consultas, primeiro verifique se tem todos os índices necessários antes de tentar outras soluções, talvez mais complicadas.

> **Segregação do assunto:** Outro recurso de um bom design do banco de dados consiste em cada tabela conter apenas dados de um tipo de assunto. Esse não é exatamente um princípio da normalização *por si só*, mas ajuda na obtenção de um resultado parecido.

Considere o exemplo da classificação dos filmes, já abordado anteriormente:

```
Film      id    title
          1     The Even Couple
          2     The Fourth Man
          3     All About Adam
          4     Dr. Yes

Genre     id    genre
          2     Drama
          3     Drama
          4     Thriller

Rating    timestamp                id    rating
          2011-08-03 16:04:23      1     4
          2014-02-19 19:17:16      2     5
          2010-04-27 10:05:36      2     4
          2011-04-05 21:21:05      3     4
          2014-02-21 00:11:07      3     3
```

Seria possível designar Genre como uma coluna separada na tabela Film, mas é melhor que fique em sua própria tabela, pois isso permite a ocorrência de valores de dados ausentes (NULLs). Veja a tabela Film indicada acima. O Filme 1 não tem nenhum gênero atribuído. Se a coluna Genre fosse incluída nessa tabela, o Filme 1 teria um valor NULL. Ao invés de ter uma coluna com um valor NULL, é muito mais fácil criar uma tabela de dados Genre separada. As chaves primárias da tabela Genre não se alinham exatamente às da tabela Film, mas isso não será necessário quando você as combinar.

DICA

Os valores NULL podem ser bem problemáticos quando se executa uma consulta SELECT. Em consultas com base no valor de determinado atributo, qualquer registro com um valor nulo atribuído a ele não será retornado nos resultados da consulta. Naturalmente, esses registros existirão e poderão até mesmo ficar em uma faixa específica de valores definidos para a sua consulta.

Contudo, se o registro tiver um valor nulo, será omitido nos resultados da consulta. Nesse caso, provavelmente você irá perdê-lo em sua análise.

Qualquer cientista de dados que se preze deve saber lidar com muitos desafios ao trabalhar com dados e data science. O SQL alivia a pressão quando você lida com as tarefas demoradas de armazenar e consultar os dados, economizando tempo e esforço preciosos.

Integrando SQL, R, Python e Excel em Sua Estratégia de Data Science

Alguns cientistas de dados resistem em aprender o SQL por causa da sobrecarga cognitiva. Eles pensam: "Já memorizei muitos comandos para lidar com dados no R ou no Python. Não seria confuso mudar para uma linguagem inteiramente nova?". Não no caso do SQL. Não é confuso e vale a pena empreender esse pequeno esforço. Embora o padrão SQL seja extenso, normalmente um usuário precisa de menos de 20 comandos e a sintaxe é legível. Para facilitar ainda mais, os comandos SQL são escritos com LETRAS MAIÚSCULAS, o que ajuda a manter a linguagem distinta e separada das outras linguagens de programação em sua mente.

Se quiser integrar as capacidades do SQL em seu fluxo de trabalho no R ou no Python, todo DBMS dispõe de uma biblioteca ou módulo que você poderá usar. Em geral, é uma boa ideia aproveitar a velocidade do SQL fazendo o máximo possível de trabalho nele e, então, acessar o banco de dados SQL de dentro da sua linguagem de script apenas quando necessário. Nesse tipo de procedimento, você converteria os resultados da consulta nas formas de dados nativas do R ou do Python apenas quando terminasse com o SQL e tivesse todos os dados necessários.

Você também pode integrar o Microsoft Excel em seu trabalho no SQL. É possível usar o MySQL para importar seus bancos de dados para o Excel usando a opção de menu "Dados" (a sequência de cliques "Obter Dados/De Outras Fontes") ou salvar suas tabelas do Excel como arquivos de texto e importá-los para o DBMS. Se não estiver trabalhando no MySQL, procure online e encontre drivers para a integração de outros DBMSs no Excel. Alguns drivers são até gratuitos.

Estreitando o Foco com as Funções do SQL

Ao trabalhar com os comandos SQL, você usa *funções* para realizar tarefas e *argumentos* para especificá-las com mais precisão. Para consultar determinado conjunto contido em suas tabelas de dados, por exemplo, use a função

SELECT. Para combinar tabelas separadas em uma só, use a função JOIN. Para estabelecer limites nos dados retornados pela sua consulta, use o argumento WHERE. Como informei na seção anterior, menos de 20 comandos são comumente usados no SQL. Esta seção menciona SELECT, FROM, JOIN, WHERE, GROUP, MAX(), MIN(), COUNT(), AVG() e HAVING.

O comando SQL mais comum é SELECT. Serve para gerar uma lista dos resultados da pesquisa com base no critério designado. Para ilustrar essa operação, imagine a classificação dos filmes mencionada anteriormente no capítulo, feita com base em um pequeno banco de dados de classificações de filmes contendo três tabelas: Film, Genre e Rating.

Para gerar uma impressão de todos os dados usando FROM na tabela Rating, use a função SELECT. Qualquer função com SELECT é chamada de *consulta*, e as funções SELECT aceitam diferentes argumentos para limitar ou expandir os dados retornados. Como um asterisco (*) representa um curinga, o asterisco em SELECT * informa ao *interpretador* — o componente SQL que executa todas as instruções do SQL — para mostrar todas as colunas da tabela. Em seguida, você poderá usar o argumento WHERE para limitar a saída a determinados valores. Por exemplo, veja a tabela Rating completa:

Rating	timestamp	id	rating
	2011-08-03 16:04:23	1	4
	2014-02-19 19:17:16	2	5
	2010-04-27 10:05:36	2	4
	2011-04-05 21:21:05	3	4
	2014-02-21 00:11:07	3	3

Para limitar suas classificações às feitas após determinado momento, use um código como o indicado na Listagem 16-1.

LISTAGEM 16-1: **Definindo uma Classe no Python**

```
SELECT * FROM Rating
WHERE Rating.timestamp >= date('2014-01-01')
timestamp            id    rating
2014-02-19 19:17:16  2     5
2014-02-21 00:11:07  3     3
```

Na Listagem 16-1, a função DATE() transforma uma string em uma data que pode, então, ser comparada com a coluna timestamp.

Você também pode usar o SQL para unir colunas em uma nova tabela de dados. As junções são feitas com base nos dados compartilhados (ou comparados) em determinada coluna (ou colunas). Há várias maneiras de executar uma junção no SQL, mas as listadas aqui provavelmente são as mais populares:

» **Junção interna:** O tipo `JOIN` padrão; retorna todos os registros nas regiões de interseção entre as tabelas consultadas.

» **Junção externa:** Retorna todos os registros fora das regiões que se sobrepõem entre as tabelas de dados consultadas.

» **Junção externa completa:** Retorna todos os registros dentro e fora das regiões sobrepostas entre as tabelas de dados consultadas, ou seja, retorna todos os registros de ambas as tabelas.

» **Junção à esquerda:** Retorna todos os registros contidos na tabela mais à esquerda.

» **Junção à direita:** Retorna todos os registros que residem na tabela mais à direita.

LEMBRE-SE

É necessário diferenciar uma junção interna de uma externa, pois essas funções lidam com dados ausentes de modos diferentes. Como exemplo de uma junção no SQL, se quiser uma lista de filmes que inclua os gêneros, utilize uma junção interna entre as tabelas Film e Genre para retornar apenas os resultados na interseção (se sobrepõem) entre as duas.

Para refrescar sua memória, aqui estão as duas tabelas em questão:

```
Film     id    title
         1     The Even Couple
         2     The Fourth Man
         3     All About Adam
         4     Dr. Yes

Genre    id    genre
         2     Drama
         3     Drama
         4     Thriller
```

A Listagem 16-2 demonstra como você deve usar uma junção interna para obter as informações desejadas.

LISTAGEM 16-2: Função JOIN Interna

```
SELECT Film.id, Film.title, Genre.genre
FROM Film
JOIN Genre On Genre.id=Film.id
id    title            genre
2     The Fourth Man   Drama
3     All About Adam   Drama
4     Dr. Yes          Thriller
```

Na Listagem 16-2, nomeei as colunas específicas (`Film.title` e `Genre.genre`) após o comando `SELECT`. Fiz isso para não criar uma coluna `id` duplicada na tabela que resulta de `JOIN` — uma `id` da tabela Film e outra `id` da tabela Genre. Como a `JOIN` é interna por padrão e as junções internas retornam apenas os registros sobrepostos ou compartilhados entre as tabelas, o Filme 1 é omitido dos resultados (devido ao seu valor `genre` ausente).

Se quiser retornar todas as linhas, mesmo aquelas com valores NULL, basta fazer uma junção externa completa, como a indicada na Listagem 16-3.

LISTAGEM 16-3: JOIN Externa Completa

```
SELECT Film.id, Film.title, Genre.genre
FROM Film
FULL JOIN Genre On Genre.id=Film.id
id    title            genre
1     The Even Couple  NULL
2     The Fourth Man   Drama
3     All About Adam   Drama
4     Dr. Yes          Thriller
```

Para agregar valores a fim de determinar a classificação média de um filme, use a instrução `GROUP`. (Os comandos da instrução `GROUP` incluem `MAX()`, `MIN()`, `COUNT()` ou `AVG()`.) A Listagem 16-4 mostra um modo de agregar os valores.

Na Listagem 16-4, a classificação média dos filmes foi retornada; a instrução `AS` foi usada em `SELECT` para renomear a coluna, demonstrando que foi rotulada corretamente. As tabelas Film e Ratings tiveram que ser reunidas, e como *Dr. Yes* não tinha nenhuma classificação e uma junção interna foi usada, esse filme foi omitido.

LISTAGEM 16-4: Usando uma Instrução GROUP para Agregar Dados

```
SELECT Film.title, AVG(rating) AS avg_rating
FROM Film
JOIN Rating On Film.id=Rating.id
GROUP BY Film.title

title             avg_rating
All About Adam    3.5
The Even Couple   4.0
The Fourth Man    4.5
```

Para limitar ainda mais os resultados, adicione uma cláusula `HAVING` no final, como indicado na Listagem 16-5.

LISTAGEM 16-5: Cláusula `HAVING` para Limitar os Resultados

```
SELECT Film.title, AVG(rating) AS avg_rating
FROM Film
JOIN Rating On Film.id=Rating.id
GROUP BY Film.title
HAVING avg_rating >= 4
title              avg_rating
The Even Couple    4.0
The Fourth Man     4.5
```

O código na Listagem 16-5 limita os dados retornados pela sua consulta para que você obtenha apenas os registros dos títulos com uma classificação média maior ou igual a 4.

PAPO DE ESPECIALISTA

Embora o SQL possa fazer uma extração básica de texto, pacotes como o Natural Language Toolkit no Python (NLTK, em www.nltk.org — conteúdo em inglês) e o General Architecture for Text Engineering (GATE, em https://gate.ac.uk — conteúdo em inglês) são necessários para ações mais complexas do que contar palavras e suas combinações. Esses pacotes mais avançados podem ser usados no pré-processamento dos dados, para extrair itens linguísticos como partes da palavra ou relações sintáticas, que serão armazenadas em um banco de dados relacional para consultas posteriores.

> ## EXTRAINDO TEXTO COM O SQL
>
> Nessa era de big data, cada vez mais análises são feitas em quantidades sempre maiores de texto bruto — como livros, normas governamentais e feeds do Twitter. É possível usar os pacotes `tm` e `nltk` do R e do Python, respectivamente, para processar esses dados. Contudo, como linguagens de script, esses recursos podem ser muito lentos. Por isso, os usuários comumente fazem uma extração de texto no SQL. Se quiser gerar estatísticas rápidas sobre contagens de palavras e frequências, poderá usar o SQL.
>
> Quando o padrão SQL foi pulicado, seus criadores provavelmente não tinham ideia de que seria usado para essas finalidades. Porém, os limites do SQL estão em contínua expansão. Essa flexibilidade é mais outro motivo para que o SQL mantenha seu status de ferramenta indispensável para os profissionais de data science.

> **NESTE CAPÍTULO**
>
> » Usando o Excel para examinar seus dados
>
> » Formatando e resumindo os dados no Excel
>
> » Automatizando as tarefas no Excel
>
> » Melhorando seu negócio com o KNIME

Capítulo **17**

Fazendo Data Science com Excel e KNIME

N os tempos atuais, quando parece que toda organização conta com aplicativos com base em nuvem, aplicativos desktop com instalação padrão são raros. Todavia, ainda existem alguns programas que você pode instalar em seu computador e usar para as tarefas de data science. Neste capítulo, explico como você pode usar o Microsoft Excel para realizar algumas tarefas básicas que ajudam a simplificar seu trabalho no data science. Também apresento uma plataforma de análise de código aberto e gratuita denominada KNIME, e analiso o modo como você pode usá-la para realizar tarefas avançadas de data science sem aprender a codificar.

Facilitando a Vida com o Excel

O Microsoft Excel ocupa um lugar especial entre as ferramentas do data science. Ele foi projetado originalmente como uma planilha simples. Porém, com o tempo, tornou-se a principal opção para a análise de dados. Em resposta às demandas dos usuários, a Microsoft vem adicionando ainda mais ferramentas de análise e visualização a cada versão. O desenvolvimento do Excel implica no desenvolvimento dos seus recursos de limpeza dos dados e do data science. O Excel 2013 inclui ferramentas fáceis de usar voltadas para gráficos, tabelas dinâmicas e macros. Ele também suporta o script no Visual Basic para que você possa projetar scripts e automatizar as tarefas repetidas.

A vantagem de usar o Excel no data science é que ele oferece um modo rápido e fácil de personalizar seus dados. Se quiser navegar em cada ponto de dados em seu conjunto, poderá fazer isso com rapidez e facilidade usando o Excel. Em sua maioria, os cientistas de dados começam com o Excel e, depois, adicionam outras ferramentas e plataformas conforme avançam nas tarefas para as quais estão preparados. Além disso, até os melhores cientistas de dados consideram o Excel como uma importante ferramenta do seu arsenal. Mesmo que não use o Excel todo dia para o data science, saber usá-lo facilita seu trabalho.

LEMBRE-SE

Embora haja muitas ferramentas diferentes para a visualização dos seus dados como uma grande floresta, o Excel será uma ótima escolha para ver as árvores. Ele é útil de maneiras diferentes para muitos tipos de usuários distintos. Sua funcionalidade é bem compartimentada para não sobrecarregar os novos usuários e oferecer aos mais experientes a funcionalidade avançada que desejam. Nas seções a seguir, demonstro como você pode usar o Excel para entender rapidamente seus dados. Também apresento as tabelas dinâmicas e macros do Excel, e explico como pode usá-las para simplificar bastante as tarefas de limpeza e análise dos dados.

Usando o Excel para entender rapidamente seus dados

Caso esteja começando a trabalhar com um conjunto de dados não familiar e precise indicar padrões ou tendências o mais rápido possível, use o Excel. Ele dispõe de recursos eficientes que atendem exatamente a essas finalidades. Seus principais recursos para uma análise de dados rápida e fácil são

» **Filtros:** São úteis para separar todos os registros irrelevantes para a análise em questão.

» **Formatação condicional:** Especifique uma condição e o Excel marcará os registros que atendem a ela. Com a formatação condicional, você pode detectar facilmente valores atípicos e tendências em seus conjuntos de dados tabulares.

» **Gráficos:** São usados há algum tempo para detectar visualmente valores atípicos e tendências nos dados e, portanto, representam uma parte integral de quase todas as análises do data science.

Para ver esses recursos em ação, considere o conjunto de dados do exemplo indicado na Figura 17-1, que controla os valores de vendas de três funcionários durante seis meses.

Filtrando no Excel

Para limitar sua exibição do conjunto de dados apenas aos que importam para a análise, use os filtros do Excel e retire os dados irrelevantes da exibição. Basta selecionar os dados e clicar no botão "Classificar e Filtrar" da guia "Página Inicial" e, então, escolher "Filtro" nas opções exibidas. Uma pequena opção suspensa aparecerá na linha do cabeçalho dos dados selecionados para que você possa selecionar o que deseja filtrar na seleção. Usar a funcionalidade Filtro do Excel permite classificar ou limitar rápida e facilmente sua exibição aos subconjuntos que lhe interessam.

Vendedor	Mês	Vendas Totais
Abbie	Jan	$10.144,75
Abbie	Fev	$29.008,52
Abbie	Mar	$208.187,70
Abbie	Abr	$21.502,13
Abbie	Mai	$23.975,73
Abbie	Jun	$20.172,20
Brian	Jan	$9.925,44
Brian	Fev	$9.183,93
Brian	Mar	$12.691,39
Brian	Abr	$19.521,37
Brian	Mai	$16.579,38
Brian	Jun	$14.161,52
Chris	Jan	$2.792,18
Chris	Fev	$5.669,46
Chris	Mar	$4.909,24
Chris	Abr	$8.731,14
Chris	Mai	$11.747,29
Chris	Jun	$13.856,17

FIGURA 17-1: O conjunto de dados completo que controla o desempenho de vendas do funcionário.

Observe novamente o conjunto de dados completo indicado na Figura 17-1. Digamos que você resolva exibir apenas os dados relacionados aos valores de vendas de Abbie. Se selecionar todos os registros na coluna Vendedor e, então, ativar a funcionalidade do filtro (como acabei de descrever) no menu suspenso exibido, poderá especificar que o filtro deve isolar todos os registros denominados Abbie, como indicado na Figura 17-2. Quando filtrada, a tabela será reduzida de 18 linhas para apenas 6. Nesse exemplo específico, a mudança não parece muito drástica, mas quando há centenas, milhares ou até um milhão de linhas, esse recurso é muitíssimo útil.

CUIDADO

O Excel permite armazenar apenas 1.048.576 linhas por planilha.

FIGURA 17-2:
Conjunto de dados do desempenho de vendas, filtrado para mostrar apenas os registros de Abbie.

Vendedor	Mês	Vendas Totais
Abbie	Jan	$10.144,75
Abbie	Fev	$29.008,52
Abbie	Mar	$208.187,70
Abbie	Abr	$21.502,13
Abbie	Mai	$23.975,73
Abbie	Jun	$20.172,20

Formatação condicional para indicar valores atípicos e tendências nos dados tabulares

Para indicar rapidamente os valores atípicos em seus dados tabulares, use o recurso "Formatação Condicional" do Excel. Agora, imagine que ocorreu um erro de entrada dos dados. Foi informado que as vendas totais de Abbie em março indicavam o valor de $208.187,70, quando deveria ser de apenas $20.818,77. Você não está muito certo da localização do erro, mas sabe que deve ser importante, pois há um possível lapso nos valores de cerca de $180.000.

Para exibir rapidamente esse valor atípico, selecione todos os registros na coluna Vendas Totais e clique no botão "Formatação Condicional" na opção de menu (guia) "Página Inicial". Quando o menu suspenso aparecer, escolha a opção "Barras de Dados". Serão exibidas as escalas da barra de dados indicadas na Figura 17-3. Com as barras de dados ativadas, a barra na célula $208.187,70 será muito maior do que as outras, de modo que você poderá ver facilmente o erro.

Se quiser descobrir rapidamente padrões em seus dados tabulares, poderá escolher a opção "Escalas de Cor" (ao invés da opção "Barras de Dados") no menu "Formatação Condicional". Depois de corrigir o valor Mar Vendas Totais de Abbie para $20.818,77, selecione todas as células na coluna Vendas Totais e ative a versão "Escalas de Cor" da formatação condicional. Será exibido o resultado indicado na Figura 17-4. No mapa de calor vermelho-branco-azul, observe que Abbie tem o maior total de vendas e que Brian estava vendendo mais do que Chris. (Tudo bem, não é possível ver as cores vermelho-branco-azul nas figuras em preto e branco, mas observe o contraste claro e escuro.)

Gráfico do Excel para identificar visualmente valores atípicos e tendências

A ferramenta Gráficos do Excel consiste em um modo incrivelmente fácil de identificar visualmente valores atípicos e tendências em seus dados. O gráfico XY (de dispersão) do conjunto de dados original (consulte a Figura 17-1) produz o diagrama de dispersão indicado na Figura 17-5. Observe que o valor atípico é bem óbvio quando os dados são plotados nesse gráfico.

FIGURA 17-3: Indicando valores atípicos em um conjunto de dados tabular com barras de dados da formatação condicional.

Vendedor	Mês	Vendas Totais
Abbie	Jan	$10.144,75
Abbie	Fev	$29.008,52
Abbie	Mar	$208.187,70
Abbie	Abr	$21.502,13
Abbie	Mai	$23.975,73
Abbie	Jun	$20.172,20
Brian	Jan	$9.925,44
Brian	Fev	$9.183,93
Brian	Mar	$12.691,39
Brian	Abr	$19.521,37
Brian	Mai	$16.579,38
Brian	Jun	$14.161,52
Chris	Jan	$2.792,18
Chris	Fev	$5.669,46
Chris	Mar	$4.909,24
Chris	Abr	$8.731,14
Chris	Mai	$11.747,29
Chris	Jun	$13.856,17

FIGURA 17-4: Indicando valores atípicos em um conjunto de dados tabular com escalas de cor.

Vendedor	Mês	Vendas Totais
Abbie	Jan	$10.144,75
Abbie	Fev	$29.008,52
Abbie	Mar	$208.187,70
Abbie	Abr	$21.502,13
Abbie	Mai	$23.975,73
Abbie	Jun	$20.172,20
Brian	Jan	$9.925,44
Brian	Fev	$9.183,93
Brian	Mar	$12.691,39
Brian	Abr	$19.521,37
Brian	Mai	$16.579,38
Brian	Jun	$14.161,52
Chris	Jan	$2.792,18
Chris	Fev	$5.669,46
Chris	Mar	$4.909,24
Chris	Abr	$8.731,14
Chris	Mai	$11.747,29
Chris	Jun	$13.856,17

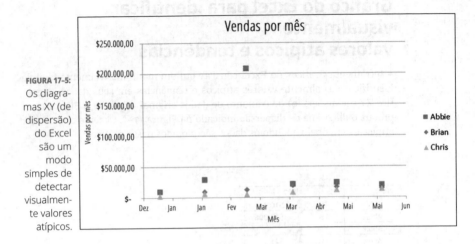

FIGURA 17-5: Os diagramas XY (de dispersão) do Excel são um modo simples de detectar visualmente valores atípicos.

Como alternativa, se quiser detectar visualmente tendências em um conjunto de dados, será possível usar o recurso "Gráfico de Linhas" do Excel. Os dados na Figura 17-4 são representados como um gráfico de linhas na Figura 17-6.

Como se pode ver claramente na figura, o desempenho de vendas de Chris é baixo. Ele está em último lugar entre os três vendedores, mas está ganhando força. Como parece estar melhorando, talvez a gerência queira aguardar alguns meses antes de tomar qualquer decisão quanto à sua demissão, com base nos dados de desempenho das vendas.

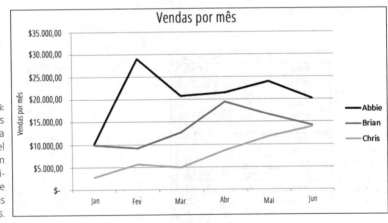

FIGURA 17-6: Os gráficos de linha do Excel facilitam detectar visualmente tendências nos dados.

Reformatando e resumindo com tabelas dinâmicas

O Excel desenvolveu uma tabela dinâmica para facilitar aos usuários a extração de informações valiosas de grandes conjuntos de dados da planilha. Se quiser gerar informações reestruturando ou reclassificando rapidamente seus dados, use uma tabela dinâmica. Uma das principais diferenças entre uma planilha tradicional e um conjunto de dados é que as planilhas tendem a ser largas (com muitas colunas), e os conjuntos de dados, longos (com muitas linhas). A Figura 17-7 mostra claramente a diferença entre um conjunto de dados longo e uma planilha larga.

FIGURA 17-7: Um conjunto de dados longo e uma planilha larga.

Devido ao design do Excel, muitos usuários preferem intuitivamente o formato largo — o que faz sentido, pois se trata de um aplicativo de planilha. Porém, para impedir essa preferência, o Excel oferece o recurso de tabela para que você possa alternar rapidamente entre os formatos retrato e paisagem. Também é possível usar tabelas dinâmicas para calcular rapidamente os subtotais e fazer cálculos de resumo em suas tabelas de dados recém-formatadas e reorganizadas.

DICA

Criar tabelas dinâmicas é fácil: basta selecionar todas as células da tabela que deseja analisar. Em seguida, clique no botão "Tabela Dinâmica" na opção de menu "Inserir". Isso abrirá a caixa de diálogo "Criar Tabela Dinâmica", na qual você pode definir onde deseja que o Excel a construa. Selecione OK e o Excel irá gerar automaticamente a interface "Campos das Tabelas Dinâmicas" na página especificada. Nessa interface, você pode especificar os campos que deseja incluir na tabela dinâmica e como devem ser dispostos.

A tabela indicada na Figura 17-8 foi construída com os dados de desempenho de vendas em formato longo apresentados na Figura 17-7. É um exemplo da tabela dinâmica mais simples que pode ser construída, mas que, mesmo assim, calcula automaticamente os subtotais de cada coluna, que são atualizados automaticamente de acordo com as alterações feitas nos dados. Além disso, as tabelas dinâmicas vêm com *gráficos dinâmicos* — plotagens de dados que mudam de modo automático quando você faz alterações nos filtros da tabela dinâmica com base nos critérios avaliados.

FIGURA 17-8: Criando uma tabela de dados larga a partir de um conjunto de dados longo via tabela dinâmica.

Vendas_Totais Vendedor	Mês Jan	Fev	Mar	Abr	Mai	Jun	Total Geral
Abbie	$10.144,75	$29.008,52	$208.187,70	$21.502,13	$23.975,73	$20.172,20	$125.622,10
Brian	$9.925,44	$9.183,93	$12.691,39	$19.521,37	$16.579,38	$14.161,52	$82.063,03
Chris	$2.792,18	$5.669,46	$4.909,24	$8.731,14	$11.747,29	$13.856,17	$41.705,48
Total Geral	$22.862,37	$43.861,91	$38.419,40	$49.754,64	$52.302,40	$48.189,89	$255.390,61

Automatizando as tarefas do Excel com macros

No Excel, as macros funcionam como um conjunto de funções e comandos que você pode usar para automatizar as tarefas. Se quiser economizar tempo (e evitar aborrecimentos) automatizando tarefas do Excel repetidas rotineiramente, use macros.

Macros são rotinas prévias de script escritas no Visual Basic for Applications (VBA). Você pode usá-las para diminuir a quantidade de processamento manual necessária às operações com dados no Excel.

Para acessar as macros, primeiro ative a guia "Desenvolvedor" do Excel no menu "Opções" da opção de menu "Arquivo". (Quando o menu "Opções" abrir, escolha "Personalizar Faixa de Opções" nas alternativas à esquerda e, então, clique para marcar a caixa de seleção "Desenvolvedor" na coluna à direita.) Na opção de menu "Desenvolvedor", recém-ativada, é possível gravar uma macro, importar uma macro criada por outra pessoa ou codificar uma macro no VBA.

Para demonstrar as macros em ação, imagine que você tenha uma coluna de valores e queira inserir uma célula vazia entre cada um dos valores, como indicado na Figura 17-9. O Excel não oferece um modo fácil e pronto para fazer essa inserção. Porém, com as macros, você pode pedir ao Excel para gravar enquanto executa uma vez o processo e, então, atribuir um comando de tecla a essa gravação a fim de criar a macro. Depois de criá-la, sempre que repetir a mesma tarefa no futuro, bastará executar a macro pressionando o comando de tecla, e o script executará todas as etapas necessárias.

Antes da macro:	Depois da macro:
um	um
dois	
três	dois
quatro	
cinco	três
seis	
sete	quatro
oito	
nove	cinco
dez	
	seis
	sete
	oito
	nove
	dez

FIGURA 17-9: Usando uma macro para inserir células vazias entre os valores.

DICA

Quando gravar uma macro, ela ficará registrada no modo Absoluto por padrão. Se quiser que ela fique no modo Relativo, precisará selecionar a opção "Usar Referências Relativas" antes de gravá-la:

» **Relativo:** Todas as ações e movimentos serão gravados como relativos à célula selecionada quando você iniciar a gravação. Quando executar a macro no futuro, ela será executada com referência à célula selecionada, ou seja, como se a célula fosse a mesma que você selecionou inicialmente ao gravar a macro.

» **Absoluto:** Depois de começar a gravar a macro, todas as ações e movimentos serão repetidos quando você executá-la no futuro. Essas ações ou movimentos não serão feitos com nenhuma referência relativa a qualquer célula ativada quando você iniciar a gravação. A rotina da macro será repetida exatamente como você a gravou.

No exemplo anterior, a macro foi gravada no modo Relativo. Isso permite que seja executada continuamente, em qualquer lugar e com base nos resultados de qualquer macro anteriormente executada. Nesse caso, a macro gravou apenas uma iteração do processo. Mas, se tivesse sido feita no modo Absoluto, sempre que fosse executada continuaria adicionando apenas um espaço entre os valores um e `dois`. Ou seja, não operaria em nenhuma célula diferente daquelas nas quais foi gravada.

Os comandos da macro não são inseridos na pilha Desfazer do Excel. Se usar uma macro para alterar ou excluir os dados, ficará com essa alteração.

Primeiramente, teste suas macros e salve suas planilhas para, depois, usá-las para voltar ao arquivo salvo, caso algo dê errado.

Normalmente, os usuários avançados do Excel são capacitados para programar suas próprias macros usando o VBA. Como o VBA é uma linguagem de programação completa, as possibilidades de combinar o Excel com o VBA são quase infinitas. Além disso, faça a si mesmo esta pergunta: se investir tempo para aprender uma linguagem de programação, precisará trabalhar dentro dos limites da estrutura de planilha do Excel? Se não, é possível aprender uma linguagem de computação científica, como o R ou Python. Essas linguagens de código aberto têm uma sintaxe mais amistosa e são muito mais flexíveis e poderosas.

Usando o KNIME para a Análise de Dados Avançada

Se não souber codificar, mas quiser obter as vantagens que a análise preditiva personalizada tem a oferecer, você poderá baixar e instalar o KNIME e usar seu ambiente visual para acessar esses recursos. O KNIME oferece serviços, soluções e um software de código aberto que atendem às demandas de análise avançada dos negócios com base em dados de hoje em dia. A finalidade da empresa é oferecer uma plataforma aberta que atenda às necessidades de extração e análise dos dados das pessoas.

Se quiser um software de extração dos dados para instalar em seu PC e usar em uma análise preditiva, confira a Plataforma Analítica KNIME. O KNIME é fácil de usar; até iniciantes que não sabem codificar conseguem usá-lo. Porém, para usuários mais avançados, o KNIME oferece plug-ins que podem ser usados para integrar os módulos de análise pré-construídos da Weka ou executar os scripts do R e do Python dentro do aplicativo. Os iniciantes e usuários avançados podem usar a análise preditiva KNIME para

» **Fazer uma sobrevenda ou venda cruzada:** Crie modelos de venda cruzada e sobrevenda que permitam aumentar as vendas fazendo recomendações ideais de outros produtos que os clientes provavelmente também estão interessados em comprar.

» **Reduzir a rotatividade:** Extraia os dados do cliente e identifique quais você provavelmente irá perder e por qual motivo.

» **Analisar o sentimento e a rede:** Analise o sentimento de pessoas e organizações em suas redes sociais, para ajudar a identificar as áreas do seu negócio que estão indo bem e as que podem precisar de algum trabalho.

» **Prever e auditar o uso de energia:** Faça uma análise da série temporal e crie modelos de regressão a partir dos dados de uso da energia.

Se estiver curioso sobre o KNIME e como usá-lo para aumentar os ganhos e aperfeiçoar os fluxos de trabalho do negócio, a boa notícia é que a Plataforma Analítica do KNIME está disponível gratuitamente. Nas seções a seguir, analiso como o KNIME pode ser usado para reduzir a rotatividade, fazer a análise do sentimento do cliente e prever o uso de energia.

Reduzindo a rotatividade do cliente via KNIME

Abordo a rotatividade do cliente no Capítulo 20, em que explico como você pode usar as técnicas de agrupamento para fidelizá-lo. No KNIME, você usa o algoritmo k-vizinhos próximos para fazer esse tipo de análise da rotatividade. (Para saber mais sobre o algoritmo k-vizinhos próximos, veja o Capítulo 6.) Para ajudar a reduzir a rotatividade do cliente, o KNIME oferece um ótimo fluxo de trabalho para a análise da rotatividade (veja `www.knime.org/knime-applications/churn-analysis` — conteúdo em inglês), que indica exatamente como usar a plataforma para fazer esse tipo de análise.

Usando o KNIME para obter o máximo dos seus dados sociais

Você pode usar a análise do sentimento (que discuto no Capítulo 20) para monitorar e detectar, no início, as taxas de satisfação do cliente. O KNIME oferece um fluxo de trabalho em agrupamento da mídia social (veja `www.knime.org/knime-applications/social-media-sentiment-analysis` — conteúdo em inglês) e um plug-in de processamento de texto (veja `https://tech.knime.org/knime-text-processing` — conteúdo em inglês) que você pode usar em seus dados de mídia social para conferir de perto como os clientes atuais e futuros se sentem em relação à sua marca e ofertas.

No Capítulo 20, também analiso as vantagens que a rede social estratégica traz para o seu negócio. Se quiser identificar e fazer alianças com líderes de ideias inovadoras e influenciadores sociais online que operam em seu nicho-alvo, use o fluxo de trabalho Social Media Leader/Follower Analysis do KNIME e o plug-in de análise da rede em `www.knime.org/knime-applications/social-media-leaderfollower-analysis` (conteúdo em inglês).

Usando o KNIME para a boa administração ambiental

Todos sabem que as previsões e auditorias do uso de energia são essenciais para o seu planejamento responsável. No KNIME, você usa a análise da série temporal e a modelagem autorregressiva para gerar um modelo preditivo a partir de dados diacrônicos e tendências de dados. (Para saber mais sobre análise da série temporal e modelos de regressão, veja o Capítulo 5.) Se quiser usar o KNIME e criar modelos preditivos para o uso da energia, poderá utilizar o fluxo de trabalho Energy Usage Prediction (Time Series Prediction) (veja www.knime.org/knime-applications/energy-usage-prediction — conteúdo em inglês), que a plataforma oferece em seu servidor de fluxo de trabalho público (veja www.knime.org/example-workflows — conteúdo em inglês).

5
Aplicando a Especialização do Domínio para Resolver Problemas Reais com o Data Science

NESTA PARTE...

Explore o impacto do data science no jornalismo.

Use as técnicas do data science para solucionar problemas ambientais.

Turbine o crescimento do e-commerce com a ajuda do data science.

Confira o potencial para redução da criminalidade do data science.

> **NESTE CAPÍTULO**
>
> » Definindo quem, o quê, quando, onde, por quê e como em uma história baseada em dados
>
> » Obtendo dados para uma história
>
> » Encontrando e apresentando sua história baseada em dados

Capítulo **18**

Data Science no Jornalismo: Definindo as Perguntas

Enquanto houver jornais, haverá repórteres com a missão de descobrir as respostas para perguntas sobre os "motivos" — quem, o quê, quando, onde, por quê e como — para determinado assunto. As ferramentas mudaram com os anos e as fontes de dados — como dados gerados nas redes de mídia social — cresceram, mas isso apenas fornece aos jornalistas respostas mais profundas e reveladoras para suas perguntas. Nesta era de mídia digital, os jornalistas tradicionais não irão sobreviver se não conseguirem encontrar rapidamente as respostas necessárias para essas perguntas — eles simplesmente não serão rápidos o bastante ou relevantes o suficiente para competir com jornalistas mais experientes com dados. Na verdade, qualquer jornalista que queira ser competitivo em sua área tem que desenvolver, pelo menos, habilidades básicas em data science e aprimorá-las para ajudar a desenvolver, planejar e publicar um conteúdo que demonstre, com consistência, taxas competitivas de público leitor e envolvimento (as métricas que indicam a popularidade do conteúdo).

Na busca para se manter relevantes, muitos veículos de mídia tradicionais promoveram os mesmos avanços tecnológicos que anteriormente ameaçavam aniquilá-los. Essa adoção de tecnologias digitais mais avançadas resultou no nascimento do jornalismo de dados como um campo independente. O jornalismo de dados — também conhecido como *jornalismo baseado em dados* — vem se estabelecendo como um poderoso casamento entre o jornalismo tradicional e o poder dos dados.

Os modernos jornalistas de dados — especialistas que criam todas essas histórias legais baseadas em dados que você vê por aí — devem ser mestres na coleta, análise e apresentação de dados. Em sua forma mais simples, o jornalismo de dados pode ser descrito como um processo que envolve estas três etapas distintas:

1. ***Coleta de dados:*** Essa etapa pode envolver a extração na web (configurar programas automatizados para encontrar e extrair os dados necessários diretamente da internet) e a configuração de feeds de dados automáticos.

2. ***Análise de dados:*** Indica tendências, analisa valores atípicos e avalia o contexto.

3. ***Apresentação de dados:*** Planeja a visualização dos dados e redige narrativas de histórias concisas e bem escritas.

LEMBRE-SE

Gostaria de destacar logo no início do capítulo que os jornalistas de dados têm a responsabilidade ética de sempre apresentar dados precisos. Eles nunca devem distorcer a mensagem dos dados para adequá-la à história que pretendem contar. Os leitores contam com os jornalistas de dados para ter acesso a apresentações honestas e precisas, o que aumenta o nível de responsabilidade ética que cada jornalista deve assumir. Os jornalistas de dados primeiro devem descobrir os dados que realmente dizem algo para, então, contar a história (mesmo que não tenha sido a primeira ideia) ou, como alternativa, descartar a história inteira.

Quem É o Público?

Quando a maioria das pessoas pensa em dados, perguntas sobre *quem* (em relação a eles) não vêm imediatamente à cabeça. Porém, no jornalismo de dados, as respostas para perguntas sobre *quem* são essencialmente importantes para o sucesso de qualquer história baseada em dados. Você deve determinar quem criou e mantém as fontes de seus conjuntos de dados para definir se esses conjuntos formam uma base confiável para uma história. Se quiser escrever uma história que agrade seu leitor-alvo, determine quem compõe esse público e as demandas e interesses mais prementes dessas pessoas.

Quem criou seus dados

A resposta para "Quem criou seus dados?" é a mais fundamental e importante para qualquer das perguntas essenciais. A história só passará no teste decisivo se tiver sido baseada em fontes altamente confiáveis. Se suas fontes não forem válidas nem precisas, você poderá ter passado incontáveis horas produzindo o que, no final, acabará sendo uma história sem valor.

Você deve ser escrupuloso e determinar quem criou seus dados a fim de validar a precisão e a credibilidade dessas fontes. Definitivamente não é recomendável publicar uma história gerada a partir de fontes não confiáveis, pois, se alguém questionar a validade da história, você não terá onde se apoiar.

As notícias são tão boas quanto as suas fontes. Portanto, proteja sua credibilidade informando dados coletados apenas de fontes confiáveis. Além disso, é importante usar o número máximo de fontes de dados relevantes que puder conseguir para evitar distorções ou acusações de especialistas.

Se quiser criar uma história baseada em dados confiáveis, significativa e que atraia o máximo possível de atenção do seu público, poderá usar o poder e a influência de fontes de dados respeitáveis para tornar suas histórias e manchetes muito mais atraentes. Em qualquer tipo de texto publicado de jornalismo de dados, é fundamental divulgar as fontes de dados. Não é necessário incluir um link web dinâmico, mas deve-se indicar, pelo menos, onde é possível encontrar as informações, para o caso de as pessoas desejarem investigar mais por conta própria.

Quem compõe o público

Antes de planejar sua história, pesquise seu público-alvo e conheça seus interesses, preferências de leitura e inclinações estéticas (para escolher as melhores imagens a serem incluídas). Assim, poderá criar algo que seja de máximo interesse e utilidade para os leitores. Você pode apresentar uma mesma história interessante e de alta qualidade sob incontáveis perspectivas diferentes, algumas *muito* mais convincentes do que outras.

Para apresentar sua história de maneira que atraia muita atenção dos leitores, passe um bom tempo pesquisando seu público-alvo e avaliando os estilos de apresentação que funcionam bem com os leitores desse grupo. Para começar a entender seus leitores, uma opção é reunir dados sobre as histórias que fizeram sucesso com o público em um passado recente.

Se buscar sites de marcação social — StumbleUpon, por exemplo, (http://stumbleupon.com), Digg (http://digg.com) ou Delicious (http://delicious.com) (todos com conteúdo em inglês) — ou apenas extrair alguns dados do Twitter, pode conseguir rapidamente uma lista de títulos que funcionam bem com seu público-alvo. Basta entrar e começar a pesquisar por conteúdos com base no mesmo tópico que o seu. Identifique os títulos que parecem ter o melhor desempenho — ou seja, as contagens mais altas de envolvimento — entre eles.

Depois de obter uma lista de títulos afins que se saem bem com seu público--alvo, observe as semelhanças entre eles. Identifique qualquer palavra-chave específica ou hashtag que esteja obtendo o maior envolvimento dos usuários. Estabeleça esses elementos como as principais atrações para gerar interesse em seu artigo. Por último, examine o *valor emocional* dos títulos, isto é, o apelo emocional que leva as pessoas a lerem o texto.

Por falar em emoções, os artigos de jornal geralmente atendem a pelo menos um desses desejos principais:

- » **Conhecimento:** Em geral, mas nem sempre, muito ligado a um desejo de lucro.
- » **Segurança:** O desejo de proteger propriedade, rendimento e bem-estar de amigos, família ou outras pessoas.
- » **Bens móveis:** O desejo natural de uma pessoa de ter coisas que lhe tragam conforto, segurança e status.
- » **Autoestima:** Às vezes, as pessoas estão interessadas em saber sobre assuntos que as ajudem a se sentir bem consigo mesmas. Esses assuntos geralmente incluem ideias sobre filantropia, caridade, serviço ou causas populares para uma mudança social.

Pergunte a si mesmo a quais desejos básicos suas manchetes prometem atender. Em seguida, crie chamadas com o objetivo de atrair intensamente esses desejos. Tente determinar o tipo de artigo que se sai melhor com seu público-alvo, ou que seu público-alvo mais busca ao procurar um novo conteúdo para consumir. Com essas informações em mãos, direcione com exatidão sua escrita e os títulos de modo que atendam claramente ao desejo básico do seu público-alvo.

O quê: Indo Direto ao Ponto

O quê, no jornalismo de dados, se refere à ideia central da história. Em todas as formas de jornalismo, um jornalista deve ser absolutamente capaz de ir direto ao ponto. Faça com que o texto seja claro, conciso e fácil de entender.

Ao criar visualizações para acompanhar seu texto de jornalismo de dados, verifique se a história visual pode ser plenamente compreendida só com o olhar. Se levar tempo, a visualização dos dados não está focada o suficiente. O mesmo princípio se aplica à escrita. Ninguém quer ler um monte de palavras para descobrir o *quê* você está tentando dizer. Os leitores gostam de ter a vida facilitada com uma narrativa clara, direta e pertinente.

LEMBRE-SE

Quanto mais trabalho as pessoas têm para entender seu conteúdo, menos tendem a gostar dele. Se quiser fornecer aos leitores informações que gostem de consumir, torne a sua escrita e a visualização dos dados concisas e apropriadas.

Dando Vida ao Jornalismo de Dados: Orçamento Oculto

Qualquer capítulo sobre data science no jornalismo estaria incompleto sem um estudo de caso sólido para demonstrar o poder do jornalismo de dados na prática. O artigo "Orçamento Oculto" (Black Budget, em inglês) do *Washington Post* é um exemplo incrível. (Confira em www.washingtonpost.com/wp-srv/special/national/black-budget — conteúdo em inglês.)

Quando o ex-contratado da NSA, Edward Snowden, vazou documentos confidenciais valiosos, desencadeou uma tempestade de controvérsias, não apenas para o público, mas também para os jornalistas de dados que estavam encarregados de analisar os documentos das histórias. O desafio dos jornalistas de dados, nesse caso, era descobrir e revelar as informações significativas para o público sem comprometer a segurança dos cidadãos comuns.

Entre os documentos vazados por Snowden estava o famoso *Orçamento Oculto* do ano fiscal de 2013, uma análise de 178 páginas, linha por linha, dos fundos destinados a 16 agências federais de inteligência dos EUA. Com o "Orçamento Oculto" do *Washington Post*, o público norte-americano foi informado que US$52,6 bilhões dos cofres públicos foram destinados, em grande parte, a cobrir os gastos dos serviços federais de inteligência apenas em 2013.

O *Washington Post* fez um trabalho fenomenal na apresentação visual dos dados. O título de abertura é um trocadilho visual sombrio: as palavras *Orçamento Oculto* são escritas em uma enorme caixa preta, contrastando apenas com as cores cinza e branca. Esse layout implica visualmente na natureza grave e sombria do assunto. O único toque de cor é um azul-marinho, que evoca uma imagem vagamente militar e contrasta pouco com o preto. Essa paleta limitada é mantida na apresentação visual dos dados.

Os jornalistas do *Washington Post* usaram um gráfico de dados em bloco incomum — uma mistura inquietante e estranhamente horizontal de gráfico de setores, barras e mapa de árvore — para sugerir a natureza secreta e perigosa do assunto e o modo sombrio pelo qual as informações foram obtidas.

Os gráficos de dados usados no texto apresentavam uma baixa *proporção entre dados e tinta*, ou seja, poucas informações eram transmitidas em meio a um grande espaço na tela. Embora uma baixa proporção entre dados e tinta geralmente indique um design ruim, nesse caso, ela sugere com eficiência que montanhas de dados estão abaixo das camadas apresentadas, e que essas camadas devem permanecer ocultas para não pôr em risco as fontes de inteligência e a segurança nacional.

Os elementos infográficos tradicionais usados nesse texto incluem os selos totalmente cinza-claros das cinco principais agências de inteligência, sendo que apenas três podem ser vistos por uma pessoa comum. Os diagramas de barras simples desenhavam as tendências de fundos, e os ícones em forma de pessoas representavam o exército de envolvidos na coleta de informações.

Houve muita deliberação na coleta, análise e apresentação dessa história. Seu conjunto é um texto de jornalismo de dados inquietante, mas muito informativo. Embora esse tipo de jornalismo estivesse bem no início há apenas uma década, agora os dados e as ferramentas necessárias para esse tipo de trabalho estão disponíveis para que os jornalistas desenvolvam rapidamente artigos de jornalismo de dados de alta qualidade.

Quando Aconteceu?

O velho ditado permanece: tempo é tudo. É uma habilidade valiosa saber como restaurar dados antigos a fim de torná-los interessantes para um público leitor moderno. Do mesmo modo, no jornalismo de dados, é fundamental observar a relevância contextual e saber o momento ideal de criar e publicar determinada história.

Quando como o contexto da sua história

Para criar um texto de jornalismo de dados que realmente obtenha o respeito e a atenção do seu público-alvo, considere *quando* — em qual período — seus dados são relevantes. Dados antigos e desatualizados geralmente não ajudam a história a se tornar uma manchete e infelizmente você pode encontrar toneladas deles por aí. Mas, com habilidade, é possível criar mashups de dados (descritos a seguir neste capítulo) para obter as tendências de antigos conjuntos de dados e apresentá-las de modo interessante para o público leitor de hoje.

Por exemplo, observe as tendências baseadas em gênero dos dados de emprego dos anos 1940 e faça um *mashup* — integração, comparação ou contraste — desses dados e tendências no emprego do período de cinco anos atrás até agora. Você poderá usar esses conjuntos de dados combinados para estruturar uma história realmente dramática sobre o quanto as coisas mudaram, ou como poucas coisas mudaram, dependendo do ângulo que deseja atribuir ao seu texto.

LEMBRE-SE

Voltando mais uma vez ao problema da responsabilidade ética no jornalismo, como jornalista de dados você caminha em uma linha tênue entre encontrar conjuntos de dados que dão um suporte mais persuasivo à narrativa e encontrar fatos que dão suporte à história desafiadora e real que está tentando vender. Os jornalistas têm a responsabilidade ética de transmitir uma mensagem honesta para seus leitores. Ao criar um caso para dar suporte à história, não vá longe demais — em outras palavras, não leve as informações para o domínio da ficção. Existem milhões de fatos que poderiam ser apresentados de incontáveis maneiras para dar suporte a qualquer história que pretenda contar. Sua história deve ser baseada na realidade, e não uma história desagregadora ou fabricada que você tenta promover porque acha que seus leitores gostarão.

Algumas vezes, você pode ter problemas para encontrar conjuntos de dados interessantes ou atraentes para fundamentar a história. Nessas situações, procure maneiras de criar mashups de dados que liguem os menos interessantes aos extremamente interessantes para seu público-alvo. Use o conjunto de dados combinado como base para sua história fundamentada em dados.

Quando o público mais se importa?

Se o seu objetivo for publicar um texto de jornalismo de dados que se tornará viral, certamente terá que considerar a *atualidade* da história: quando seria o melhor momento para publicar um artigo sobre esse assunto em particular?

Por motivos óbvios, não é bom publicar uma história em 2017 sobre o vencedor da eleição de 1984 para a presidência dos EUA; todos sabem e ninguém se importa. Por outro lado, se um grande escândalo da mídia atual chamou a atenção do seu público leitor, não é uma má ideia pegar carona na euforia da mídia e publicar uma história análoga. Com certeza a história se sairá muito bem, se for interessante.

Para um exemplo recente, imagine que criou um texto de jornalismo de dados sobre as suposições de privacidade dos usuários da internet e as respectivas violações. O artigo foi publicado poucos dias após as notícias da violação controversa de Edward Snowden/NSA. Manter cronogramas de publicação relevantes e oportunos é um modo de assegurar que suas histórias chamarão a atenção necessária para mantê-lo empregado.

Onde a História Importa?

Os dados e as histórias são sempre mais relevantes em alguns lugares do que em outros. De onde uma história deriva e para onde irá? Se mantiver esses pontos cruciais em mente, as publicações desenvolvidas serão mais relevantes para seu público.

O aspecto *onde* no jornalismo de dados é um pouco ambíguo, porque pode se referir a um local geográfico, digital ou ambos.

Onde a história é relevante?

Você precisa determinar o local em que sua história é mais relevante para criá-la de maneira mais convincente e informar as tendências mais significativas.

Se a sua história for *independente do local* — você informa uma tendência irrelevante para o local —, naturalmente será necessário usar fontes de dados que demonstrem com mais clareza a tendência a que se está referindo. Do mesmo modo, se estiver informando uma história ligada a um local geográfico específico, provavelmente será necessário informar as estatísticas geradas das áreas regionais, demonstrando o maior grau de extremos — como os maiores fluxos de valor ou suas diferenças para os parâmetros aos quais se está referindo.

Às vezes, você encontra vários locais físicos ou digitais que exemplificam tendências extremas incomuns e valores atípicos. Ou seja, encontra mais de uma excelente fonte de informação. Nesses casos, considere usar todas elas criando e apresentando um *mashup de dados* — uma combinação de duas ou mais fontes analisadas em conjunto para oferecer aos leitores uma visão mais completa da situação.

Onde a história deve ser publicada?

Outra pergunta importante a se considerar no jornalismo de dados é: "Onde você pretende publicar sua história?". Esse *onde* pode ser um local geográfico, plataforma de mídia social específica ou uma série de plataformas digitais associadas a determinada marca — contas do Facebook, Twitter, Pinterest, Instagram e blogues, ligadas para compartilhar dados entre si.

Assim como você precisa ter uma boa compreensão sobre quem é seu público, deve entender claramente as implicações do local em que sua publicação será distribuída. Determinar onde irá publicar ajuda a conceitualizar para quem, o quê e como essa publicação deve ser apresentada. Se o seu objetivo for criar artigos de jornalismo de dados com alto desempenho, suas manchetes e narrativas deverão atender aos interesses dos assinantes dos canais nos quais você fará a distribuição. Como o interesse coletivo das pessoas em cada canal pode variar um pouco, adapte-se a essas diferenças antes de postar seu trabalho.

Por que a História Importa

A capacidade humana de questionar e compreender por que as coisas são como são é o ponto de delimitação entre a espécie humana e os outros mamíferos com alta cognição. As respostas para as perguntas sobre o *porquê* ajudam a tomar decisões mais bem informadas. Essas respostas estruturam melhor o mundo à sua volta e desenvolvem um raciocínio superior ao necessário para a mera sobrevivência.

No jornalismo de dados, como em todos os outros tipos de negócios, as respostas para a pergunta *por quê* ajudam a prever o modo como as pessoas e os mercados respondem. Essas respostas auxiliam na determinação de como proceder para conseguir um resultado bem-sucedido mais provável. Definir por que a sua história importa ajuda a escrevê-la e apresentá-la de modo que seja possível atingir os resultados mais favoráveis — supostamente, seus leitores irão gostar e obter um grande valor ao consumir seu conteúdo.

Perguntando por que para gerar e ampliar uma narrativa

Não importa o assunto em torno do qual se crie a história, é essencialmente importante gerar uma narrativa que envolva os desejos e as necessidades do seu público-alvo. Depois de definir quem é o seu público e as demandas mais frequentes relacionadas ao consumo do conteúdo (ponto que abordei na seção "Quem compõe o público", anteriormente neste capítulo), use esse conhecimento para criar sua narrativa. Se quiser escrever uma história e projetar uma visualização que atenda precisamente aos interesses e desejos do seu público leitor, reserve um tempo para determinar por que as pessoas estariam interessadas na sua história e crie uma que efetivamente vá ao encontro desse desejo.

Por que seu público deve se importar

As pessoas se importam com o que é importante para elas e que afeta suas vidas. Em geral, querem se sentir felizes e seguras. Querem ter relações satisfatórias. Querem ter um bom status entre seus pares. As pessoas gostam de aprender coisas, especialmente coisas que as ajudem a ganhar mais dinheiro. Elas gostam de posses e bens que lhes tragam conforto, status e segurança. As pessoas gostam de se sentir bem consigo mesmas e com o que fazem. Isso tudo faz parte da natureza humana.

Os desejos que acabei de descrever resumem *por que* as pessoas se importam com algo — desde os leitores da sua história até uma pessoa qualquer na rua. As pessoas se importam porque isso faz algo para elas, atende a um de seus desejos básicos. Como consequência, se o seu objetivo for publicar um texto de jornalismo de dados com alto desempenho e bem recebido, crie o artigo de modo que atenda a um ou dois desejos básicos do seu público-alvo. Para entender melhor o público e o que ele mais deseja no conteúdo consumido, volte para a seção "Quem É o Público", anteriormente neste capítulo.

Como Desenvolver, Contar e Apresentar a História

Ao pensar em *como* contar uma história, você se coloca na posição de criar histórias melhores com base em dados. Analisar seus dados com objetividade e considerar fatores como o modo de criação ajuda a descobrir informações interessantes que você pode incluir na sua história. Além disso, saber como encontrar histórias rapidamente em potenciais fontes de dados ajuda a examinar com mais eficiência o conjunto incrível de opções.

O modo como apresenta uma história baseada em dados determina muito a sua recepção pelo público-alvo. Você pode ter feito tudo certo — dedicou tempo a efetivamente conhecer seu público, reduziu a história para que informe exatamente o que você pretende, publicou no momento certo, criou a história em torno do que sabe sobre o motivo de as pessoas se importarem e até publicou no local certo —, mas, se a sua visualização dos dados parecer ruim ou se o layout da história não auxiliar os leitores a obterem informações úteis com rapidez, as respostas positivas provavelmente serão baixas.

Integrando o como como fonte de dados e contexto da história

Pense em como seus dados foram gerados, pois essa linha de raciocínio geralmente leva a narrativas mais interessantes e convincentes. Antes de formular o esquema final da sua história, debata sobre como seus dados de origem foram gerados. Se encontrar respostas impressionantes ou que chamem a atenção e sejam relevantes para sua história, considere adicionar isso em sua escrita ou visualização.

Encontrando histórias em seus dados

Se você sabe como encontrar histórias com rapidez e maestria nos conjuntos de dados, poderá usar essas habilidades para economizar tempo quando estiver explorando as histórias contidas nos seus dados. Para analisar, entender e avaliar rapidamente as histórias nos conjuntos de dados, é necessário dispor de boas habilidades de análise e visualização. Com elas, poderá descobrir com rapidez quais conjuntos de dados manter e quais descartar. Entender as habilidades relevantes do data science também ajuda a encontrar rapidamente as histórias mais interessantes e relevantes nos conjuntos de dados selecionados para fundamentarem a história.

Apresentando uma história baseada em dados

O modo como você apresenta sua história baseada em dados determina muito se ela terá sucesso ou não com seu público-alvo. Você deve usar um infográfico? Gráfico? Mapa? Sua visualização deve ser estática ou interativa? Há incontáveis aspectos a se considerar durante a definição de como apresentar melhor sua história. (Para saber mais sobre o design da visualização de dados, consulte o Capítulo 9.)

Coletando Dados para Sua História

A qualidade de um texto do jornalismo de dados depende dos dados aos quais dá suporte. Para publicar uma história convincente, você deve encontrar dados substanciais nos quais se basear. Isso nem sempre é fácil, mas pode ser viável se souber como usar a *extração* e os *feeds automáticos* a seu favor.

Extraindo dados

A *extração na web* consiste em configurar programas automáticos para procurar e extrair diretamente da internet os conjuntos de dados exatos, personalizados e necessários, sem que seja necessário fazer isso manualmente. Os dados gerados por esse processo são comumente chamados de dados *extraídos*. A maioria dos jornalistas os extrai para suas histórias porque esse é o modo mais eficiente de obtê-los para histórias exclusivas. Os conjuntos de dados facilmente acessíveis em geral já foram explorados e extraídos por equipes de jornalistas em busca de histórias. Para gerar fontes de dados exclusivas para sua história baseada em dados, extraia-os você mesmo.

CUIDADO

Se encontrar dados fáceis de acessar, saiba que a maioria das histórias nesse conjunto provavelmente foi contada pelo jornalista que o descobriu antes de você.

Para ilustrar como se usa a extração no jornalismo de dados, imagine o exemplo a seguir: você é jornalista e mora em um estado norte-americano na fronteira com o México. Você ouviu boatos de que a seleção da biblioteca de livros infantis para falantes do espanhol é lamentavelmente inadequada. Você liga para a biblioteca, mas a administração teme uma publicidade negativa e não compartilha nenhuma estatística sobre o assunto.

Como a biblioteca não pretende compartilhar seus dados, você é forçado a extrair o seu catálogo online para obter os dados de origem necessários para fundamentar a história. Sua ferramenta de extração é personalizada de modo a iterar todas as possíveis pesquisas e controlar os resultados. Depois de extrair o site, você descobre que 25% dos livros infantis da biblioteca são escritos na língua espanhola, embora os falantes de espanhol constituam 45% da população da escola primária. Essa diferença é significativa o bastante para formar a base de uma história? Talvez sim, talvez não.

Para se aprofundar um pouco mais e possivelmente descobrir um motivo por trás dessa diferença, você decide extrair o catálogo uma vez por semana durante várias semanas e, então, comparar os padrões de empréstimo. Quando descobrir que uma proporção maior de livros em espanhol está saindo, isso indicará que há, de fato, uma alta demanda por livros infantis em espanhol. Essa descoberta, junto com os resultados da sua extração anterior do site, dará o suporte necessário para criar um artigo convincente sobre o problema.

Configurando alertas de dados

Para gerar histórias incríveis, os jornalistas de dados devem ter acesso aos avisos de dados mais atuais das organizações mais confiáveis. Para ficar em dia com os conjuntos de dados que estão sendo lançados e onde, os jornalistas assinam sistemas de alerta que enviam notificações sempre que dados potencialmente importantes são lançados. Normalmente, esses sistemas enviam notificações via feeds RSS ou por e-mail. Também é possível configurar um aplicativo personalizado como o DataStringer (`https://github.com/pudo/datastringer` — conteúdo em inglês) para enviar notificações por push quando modificações ou atualizações importantes forem feitas nos bancos de dados de origem.

Depois de assinar os alertas e se informar sobre o cronograma dos avisos, você poderá começar a planejá-los com antecedência. Por exemplo, se estiver trabalhando com jornalismo de dados no nicho da análise comercial e souber que um relatório trimestral particularmente interessante será liberado em uma semana, poderá usar o tempo antes do aviso e formular um plano para analisar os dados quando estiverem disponíveis.

PAPO DE ESPECIALISTA

Muitas vezes, depois de ser alertado sobre a disponibilidade de dados novos e importantes, você ainda precisa extrair o site de origem para obtê-los. Em particular, se pretende obter os dados de um departamento governamental, provavelmente precisará extrair o site de origem. Embora a maioria das organizações governamentais do Ocidente seja legalmente obrigada a liberá-los, não há a obrigação de fazê-lo em um formato pronto para o consumo. Não espere que seja fácil obter os dados necessários para contar uma história sobre suas operações.

Encontrando e Contando a História dos Dados

Cada conjunto de dados conta uma história, mas nem toda história merece ser publicada. Para chegar ao fundo de uma história baseada em dados, você precisa de uma mente analítica, habilidades básicas em data science e uma boa compreensão do procedimento jornalístico para desenvolvê-la.

Apontando tendências estranhas e valores atípicos

Um modo rápido de identificar histórias interessantes em um conjunto de dados é fazer uma verificação por amostragem rápida das tendências incomuns ou valores atípicos extremos. Essas anomalias geralmente indicam que uma força externa influencia uma mudança refletida nos dados.

Se quiser fazer uma verificação por amostragem rápida e identificar possíveis histórias com mais eficiência, poderá simplesmente jogar seus dados em um diagrama de dispersão x-y e examinar visualmente o resultado, para obter as tendências e valores atípicos mais óbvios. Depois de apontar essas anomalias, examine os motivos que causam esse comportamento estranho dos dados. Ao fazer isso, geralmente é possível descobrir algumas histórias interessantes.

Para ilustrar esse fato, considere o conjunto de dados aberto do Indicador de Desenvolvimento Global (GDI) do World Bank, disponível para análise em http://data.worldbank.org (conteúdo em inglês). Nesses dados, você pode observar facilmente uma correlação clara entre o produto interno bruto de um país e a expectativa de vida de seus cidadãos. O motivo dessa correlação é óbvio: as pessoas mais ricas têm acesso a uma melhor assistência médica.

Mas digamos que você esteja pesquisando centenas de indicadores GDI do ano de 2013 quando encontra algo menos óbvio — a taxa de sobrevivência de recém-nascidos tem uma boa correlação com a porcentagem de mulheres empregadas que recebem salário, ao invés de apenas remuneração por desempenho, como indicado na Figura 18-1.

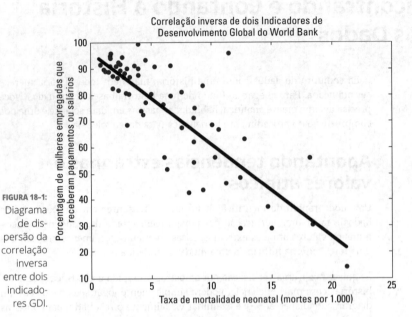

FIGURA 18-1: Diagrama de dispersão da correlação inversa entre dois indicadores GDI.

Nos dados, essa relação é um pouco obscura. Embora se espere que as duas métricas, saúde e bem-estar econômico, estejam naturalmente relacionadas, após analisar um pouco seus dados, você obtém um coeficiente de correlação de Pearson de 0,86. É bem alto. Há uma história aqui? Isso se qualifica como uma tendência que merece ser publicada? Uma maneira eficiente e rápida de explorar as respostas para essa pergunta é tentar encontrar a exceção que prova a regra. Na Figura 18-2, a linha de melhor ajuste dos quadrados mínimos simples é preta, e os dois pontos de dados que mais diferem (na horizontal e vertical) nessa linha correspondem às linhas cinza-claro.

Um *coeficiente de Pearson* é a correlação estatística que mede a ligação linear entre duas variáveis. Um coeficiente de correlação de Pearson alto (perto de 1) ou baixo (perto de −1) indica um alto grau de correlação entre as variáveis. Quanto mais perto o coeficiente estiver de 0, menor a correlação entre as variáveis. O valor máximo para um coeficiente de Pearson é 1 e o mínimo, −1.

DICA

Você também pode procurar exceções na distância mais perpendicular da linha, mas isso é um pouco mais difícil de calcular. O ponto superior na Figura 18-2 atenderia a esse critério.

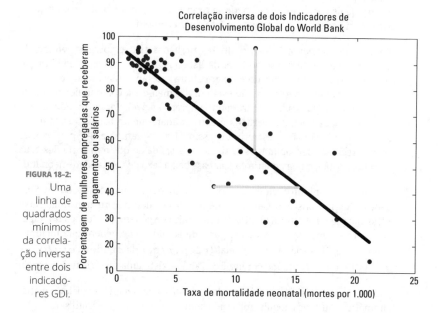

FIGURA 18-2: Uma linha de quadrados mínimos da correlação inversa entre dois indicadores GDI.

Examinando o contexto para entender a importância dos dados

Depois de indicar as tendências estranhas ou valores atípicos presentes em seu conjunto de dados, você pode se concentrar nesses padrões e procurar histórias interessantes sobre seus fatores determinantes externos. Se quiser desenvolver uma história mais instigante sobre o que está acontecendo em seu conjunto de dados de origem, precisará investigar mais e comparar e contrastar esses fatores identificados. Examinando o contexto no qual fatores causais conflitantes criam tendências extremas e valores atípicos, você poderá começar a formar uma boa compreensão sobre a importância dos seus dados.

Por exemplo, considere o Indicador de Desenvolvimento Global (GDI) do World Bank da seção anterior. O ponto mais alto na Figura 18-2 representa a Jordânia. Para certo nível de mortalidade infantil, a Jordânia apresenta um número incomum de mulheres com renda previsível. Se você se aprofundar mais nos fatores que podem contribuir com esse valor atípico, verá que a taxa de emprego geral para mulheres na Jordânia está entre as mais baixas do mundo. Em um país no qual poucas mulheres trabalham, as que o fazem ganham salários relativamente estáveis. Isso pode indicar que o trabalho pago precariamente é, em grande parte, relegado aos homens. Pode-se afirmar, então, que a história subjacente aqui seja sobre o papel do gênero na Jordânia? Se for, quais conclusões você poderia tirar ao analisar outro país com valores atípicos no conjunto de dados — o Peru, por exemplo?

Bem, como apenas 41% das mulheres peruanas têm empregos com renda estável, o Peru está quase no final da lista. Isso talvez seja esperado em um país ainda muito concentrado em agricultura artesanal. Mas, falando francamente, os homens peruanos não estão muito melhores, como indica o fato de que apenas 51% deles informaram um emprego estável. Por outro lado, a taxa de mortalidade neonatal peruana é extraordinariamente baixa. O sistema de saúde do Peru é tão bem estruturado assim? Não exatamente — o país investe menos recursos *per capita* no seu sistema de saúde do que a maioria dos seus vizinhos. Então, o que poderia causar essa baixa taxa de mortalidade neonatal?

Segundo os conjuntos de dados contextualmente relevantes, os dados SIGI (Social Institutions and Gender Index) indicam que o Peru tem uma baixa classificação na escala da igualdade econômica de gênero, mas ocupa um lugar bem alto — em 17º — na escala geral de igualdade de gênero que inclui as métricas legal, social e educacional (http://genderindex.org/country/peru — conteúdo em inglês). Talvez exista uma história nesse ponto!

Talvez essas possíveis histórias identificadas não sejam excepcionalmente dramáticas ou sensacionais, mas tudo bem — nem todas precisam ser.

LEMBRE-SE

Não espere encontrar uma história inovadora em um conjunto tão acessível quanto os dados abertos do World Bank. Como vimos antes, quanto mais tangível for um conjunto de dados, mais provável será que já tenha sido completamente selecionado e explorado por outros jornalistas.

Enfatizando a história com a visualização

Quanto ao design da visualização de dados, você sempre deseja selecionar as cores, estilos e tipos de gráficos de dados que melhor transmitam a história visual que você quer contar. No que for possível, você deseja que suas histórias visuais sejam claras, concisas e fáceis de entender. Ao fazer seleções de elementos visuais para a sua visualização de dados, procure o melhor modo de transmitir visualmente a história para que seu público não tenha que se esforçar demais para entendê-la.

Observe o exemplo do Indicador de Desenvolvimento Global (GDI) do World Bank, abordado nas seções anteriores, e imagine que você optou por desenvolver a história do Peru. Como o conjunto de dados SIGI é muito relevante para ela, você precisa fazer um estudo completo desse conjunto, assim como de qualquer outro identificado como relevante. Os dados da série temporal sobre as diferentes estatísticas provavelmente serão bastante informativos porque devem indicar várias métricas relevantes: a proporção da renda total das mulheres, taxas de sobrevivência das grávidas, métricas da igualdade de gênero segundo a lei etc.

Após reunir e avaliar as métricas mais relevantes disponíveis, selecione e escolha as métricas cujos conjuntos de dados indiquem as tendências mais extremas. Mudanças sutis nos dados não servem para histórias visuais dramáticas e fáceis de entender. Depois de selecionar as métricas ideais para usar ao contar sua história, determine a melhor forma de representá-la visualmente.

No exemplo peruano, imagine que a métrica da igualdade de gênero do seu sistema legal seja a estatística mais impressionante encontrada em todos os dados relacionados ao tópico do status das mulheres nesse país. Devido ao seu grande impacto, essa métrica se apresenta como uma excelente escolha para a base fundamental da sua história visual. Com esse impacto em mente, você decide usar um infográfico estático para mostrar como o sistema legal peruano é mais justo, no que diz respeito ao gênero, do que os de seus países vizinhos. Seja qual for a história a ser desenvolvida, verifique apenas se as visualizações criadas consistem em uma *marca bem atribuída* — selecione uma paleta de cores, tipos de fonte e estilos de símbolo comuns para padronizar suas visualizações.

As práticas de atribuição da marca visual exigem a realização de associações sutis entre cada uma das respectivas visualizações com uma cor, tipo de fonte ou estilo de símbolo. Por exemplo, se escolher uma marca com opções de cor, use sempre a mesma cor para representá-la em cada gráfico empregado, independentemente do gráfico de dados usado para exibi-los em uma métrica.

Criando narrativas convincentes e altamente focadas

Como você bem sabe, ninguém quer ler um monte de palavras complicadas e extensas para descobrir do que trata a sua história. Isso é frustrante e trabalhoso demais. Presumindo que a sua finalidade ao criar uma história baseada em dados seja publicar algo que traga impacto e valor para as vidas dos leitores, você deve trabalhar muito para lapidar sua narrativa de modo a atingir sua forma mais simples e focada. Não fazer isso reduz o impacto e o desempenho da sua história baseada em dados.

Restrinja cada uma das suas histórias ao gancho da trama e trabalhe no lide antes de se aprofundar no processo de escrever uma narrativa completa. Em jornalismo, *gancho* é um ângulo comovente que aumenta o interesse dos possíveis leitores e chama a sua atenção para seu texto. *Lide* é a primeira frase da história — apresenta a matéria e indica aos leitores porque ela merece ser publicada. Depois de percorrer sua história e completar o gancho, um lide e uma narrativa completa, você sempre precisará voltar ao texto uma ou duas vezes, cortar as palavras desnecessárias e reestruturar as frases para que expressem de forma mais direta as ideias que você busca transmitir.

Com relação ao exemplo do Peru, abordado nas seções anteriores, a igualdade de gêneros é um assunto bem amplo. Portanto, comece criando um *gancho* — nesse caso, o gancho poderia ser uma descrição das métricas mais drásticas que indicam que as mulheres peruanas estão em situação muito melhor do que as dos países vizinhos na América do Sul. Em seguida, comece a trabalhar no *lide* — talvez algo como: "No Peru, as mulheres de baixa renda têm mais chance de morrer durante o parto, embora seus filhos tenham chances maiores de sobreviver". Por último, volte e limpe as coisas, de modo que o lide fique claro e fácil de entender. Nesse exemplo, você pode reescrever o lide para que informe: "Enquanto as mães pobres peruanas têm as maiores taxas de mortalidade no parto da América do Sul, paradoxalmente, as crianças peruanas demonstram as maiores chances de sobrevivência no parto".

> **NESTE CAPÍTULO**
>
> » Modelando a interação entre ambiente e seres humanos
>
> » Aplicando a modelagem estatística nos recursos naturais brutos
>
> » Prevendo um fenômeno ambiental dependente do local

Capítulo **19**

Aprofundando-se no Data Science Ambiental

Como o data science pode ser usado com sucesso tanto na engenharia reversa do crescimento de empresas quanto no aumento da receita, muitas das suas aplicações mais nobres geralmente passam completamente despercebidas. Entre elas, o data science *ambiental* consiste no uso de técnicas, metodologias e tecnologias de data science para lidar ou resolver problemas relacionados ao meio ambiente. Essa área específica do data science dispõe de três categorias principais — inteligência ambiental, modelagem dos recursos naturais e estatísticas espaciais — para prever a variação ambiental. Neste capítulo, analiso cada tipo de data science ambiental e como são usados para causar um impacto positivo na saúde humana, segurança e meio ambiente.

Modelando as Interações entre Meio Ambiente e Seres Humanos com a Inteligência Ambiental

A finalidade da inteligência ambiental (EI) é converter dados brutos em informações que possam ser usadas para solucionar problemas relativos às interações entre meio ambiente e seres humanos. As soluções EI são propostas para dar suporte à tomada de decisão de líderes comunitários, aos tomadores de decisão em crises humanitárias, conselheiros de saúde pública, engenheiros ambientais, formuladores de políticas e mais. Se quiser coletar e analisar dados ambientalmente relevantes e produzir um conteúdo fundamental para seu processo de tomada de decisão — como mapas de tempo real, visualizações de dados interativas e relatórios de dados tabulares —, examine a solução EI.

Nas quatro seções a seguir, analiso problemas a serem resolvidos com tecnologias EI e indico as organizações que as utilizam para fazer a diferença. Explico como a EI é parecida com a inteligência de negócio (BI) e os motivos da sua classificação como um tipo de data science aplicado, apesar dessas semelhanças. Fecho a seção principal com um exemplo real de como a EI pode ser usada para causar um impacto positivo.

Examinando os tipos de problemas resolvidos

As tecnologias EI servem para monitorar e informar as interações entre os seres humanos e o ambiente natural. Essas informações oferecem aos tomadores de decisão e aos interessados um monitoramento em tempo real dos acontecimentos locais, na esperança de prevenir desastres e emergências que podem ser evitados com medidas proativas e informadas por dados. Com as tecnologias EI, é possível obter os seguintes tipos de resultado:

» **Planejar um consumo de energia responsável:** A tecnologia EI é exatamente o que você precisa para auditar, controlar, monitorar e prever as taxas de consumo de energia. Aqui, a energia é um recurso natural e o consumo de energia das pessoas é a interação humana. (Você pode usar o KNIME para criar esse tipo de solução EI diretamente em seu computador; confira o Capítulo 17 para saber mais sobre o KNIME.)

» **Promover esforços de ajuda humanitária:** Esse tipo de EI consiste no *mapeamento da crise*, em que a tecnologia EI é usada para coletar, mapear, visualizar, analisar e informar dados ambientais relevantes. O mapeamento da crise dá suporte às decisões humanitárias em tempo real.

Aqui, o fornecimento de água, saneamento, desastre natural e status de higiene são medidas dos recursos naturais, e os seus efeitos sobre a saúde e segurança das pessoas são a interação humana.

» **Melhorar o planejamento dos recursos hídricos:** Com as tecnologias EI, você pode gerar modelos preditivos para o consumo de água com base em uma simples inferência decorrente de previsões demográficas derivadas estatisticamente, taxas de consumo diacrônico de água e dados espaciais sobre a infraestrutura existente. Nesse caso, o fornecimento de água será o recurso natural, e o consumo das pessoas, a interação humana.

» **Combater o desmatamento:** As tecnologias EI estão sendo usadas em plataformas de visualização de dados em tempo real, interativas e baseadas em mapas para monitorar o desmatamento em regiões remotas das nações em desenvolvimento. Esse tipo de solução utiliza a modelagem autorregressiva condicional, análise espacial, mapeamento com base na web, análise de dados, cubos de dados e análises da série temporal para mapear, visualizar, analisar e informar o desmatamento quase em tempo real. Esses usos da EI aumentam a transparência e a percepção pública sobre essa importante questão ambiental. Nessa aplicação, a floresta e o solo são os recursos naturais, e as derrubadas de árvores, a interação humana.

Definindo a inteligência ambiental

Embora as tecnologias da inteligência ambiental (EI) e da inteligência de negócio (BI) tenham muito em comum, a EI ainda é considerada um data science aplicado. Antes de entender os motivos dessa diferença, primeiro considere os pontos nos quais a EI e a BI são parecidas:

» **Inferência simples a partir de modelos matemáticos:** Como analisado no Capítulo 3, a BI gera previsões com base na inferência matemática simples, e não a partir de uma modelagem preditiva estatística complexa. Muitas das soluções EI mais simples também derivam suas previsões da inferência matemática simples.

» **Estrutura e tipo de dados:** Como a BI, muitos produtos EI mais simples são construídos unicamente a partir de dados estruturados contidos em um banco de dados SQL relacional.

» **Resultados de produtos com suporte de decisão:** A EI e a BI produzem visualizações de dados, mapas, análise de dados interativa e relatórios de dados tabulares como produtos de suporte da decisão.

Grande parte da abordagem EI vem da disciplina BI. Contudo, a EI evoluiu a partir das tecnologias BI quando seus recursos foram atualizados e expandidos para resolver problemas ambientais reais. Quando se examinam os recursos cruciais do data science para a maioria das soluções, a evolução da EI a partir da BI padrão fica bastante óbvia. Veja alguns processos do data science que podem não ser úteis na BI, mas que o são na tecnologia EI:

» **Programação estatística:** A maioria das soluções EI básicas utiliza a análise da série temporal e a modelagem autorregressiva. Muitas das soluções mais avançadas também usam modelos estatísticos complexos e algoritmos.

» **Tecnologia GIS:** Como as informações ambientais dependem do local, é quase impossível evitar a integração das tecnologias dos sistemas de informações geográficas (GIS) nas soluções EI. Além disso, quase todas as plataformas EI baseadas na web requerem uma programação web espacial avançada. (Para saber mais sobre as tecnologias GIS, confira o Capítulo 13.)

» **Visualização de dados baseada na web:** Quase todas as plataformas EI baseadas na web oferecem visualizações de dados, interativas e quase em tempo real, baseadas na linguagem de programação JavaScript.

» **Fontes de dados:** Ao contrário da BI, as soluções EI são criadas quase unicamente a partir de fontes de dados externas. Essas fontes, em geral, incluem feeds automáticos de dados derivados de fontes de imagem, mídia social e SMS. Outros dados externos vêm na forma de dados de satélite, dados extraídos do site ou documentos `.pdf` que precisam ser convertidos via scripts de reconhecimento de texto óticos e personalizados. Na EI, os dados informados quase sempre são atualizados em tempo real.

Extração da web é um processo que consiste em configurar programas automáticos para procurar e extrair os dados necessários diretamente da internet. Os dados gerados com esse tipo de processo são comumente chamados de *extraídos*.

LEMBRE-SE

» **Requisitos de codificação:** As soluções EI quase sempre requerem uma codificação personalizada avançada. Na forma de uma programação web ou de uma programação estatística, o trabalho adicional de codificação é necessário para a entrega dos produtos EI.

Identificando as grandes organizações que trabalham na inteligência ambiental

Como a EI é um aplicativo de bem-estar social do data science, não há toneladas de fontes de financiamento disponíveis, o que provavelmente é o principal motivo para que poucas pessoas trabalhem nessa linha de data science. A EI é pequena, mas algumas pessoas em organizações dedicadas descobriram um modo de ganhar a vida criando soluções EI que desenvolvam o bem-estar público. Na lista a seguir, cito algumas dessas organizações e muitas das empresas que as financiam. Se o seu objetivo for usar as tecnologias EI para criar produtos que deem suporte à tomada de decisão e melhorem a saúde e a segurança ambiental, uma dessas organizações provavelmente ajudará com conselhos ou serviços:

- » **DataKind** (`www.datakind.org` — conteúdo em inglês): Uma organização sem fins lucrativos de voluntários do data science que doam tempo e habilidades e trabalham juntos a serviço da humanidade. O DataKind foi fundado pela lenda do data science Jake Porway. A organização já doou suporte EI para projetos em nações em desenvolvimento e países do primeiro mundo. Os patrocinadores do DataKind incluem a *National Geographic*, IBM e Pop! Tech.

- » **Elva** (`www.elva.org` — conteúdo em inglês): Uma organização não governamental, a Elva foi criada por um pequeno grupo independente de *filantropos digitais* internacionais — profissionais que usam dados e tecnologias revolucionárias a fim de criar soluções para problemas humanitários internacionais. Os fundadores da Elva doaram tempo e habilidades para criar uma plataforma de celular, o que permite às comunidades marginalizadas mapearem as necessidades locais e trabalharem com tomadores de decisão para desenvolver planos eficientes de resposta em conjunto. A Elva oferece suporte EI para projetos ambientais voltados para nações em desenvolvimento e carentes. A Elva é dirigida por Jonne Catshoek e patrocinada por UNDP, USAID e Eurasia Partnership.

- » **Vizzuality** (`www.vizzuality.com` — conteúdo em inglês): É um negócio iniciado pelos fundadores do CartoDB — uma tecnologia analisada em detalhes no Capítulo 11. Quase todos os projetos do Vizzuality consistem em usar a EI em prol do meio ambiente. O Vizzuality foi fundado por Javier de la Torre, e alguns dos maiores clientes da organização incluem Google, UNEP, NASA, University of Oxford e Yale University.

- » **QCRI** (`www.qcri.com` — conteúdo em inglês): O Qatar Computing Research Institute (QCRI) é uma organização nacional patenteada e fundada por uma organização de desenvolvimento comunitário privada e sem fins lucrativos do Catar. A seção de inovação social desenvolve alguns projetos ambientais, como a Inteligência Artificial em Resposta a Desastres (AIDR) e uma plataforma colaborativa de resposta de verificação de desastres (Verily).

Causando impactos positivos com a inteligência ambiental

A Elva é um exemplo excelente de como as tecnologias de inteligência ambiental podem ser usadas para criar impacto positivo. Essa plataforma de código aberto e gratuita facilita a realização do mapeamento e relatório da visualização de dados para fins de monitoramento de eleições, violações dos direitos humanos, degradação ambiental e risco de desastres em nações em desenvolvimento.

Em um dos seus projetos mais recentes, a Elva vem trabalhando com a Internews, uma organização internacional sem fins lucrativos dedicada a promover uma mídia independente e o acesso a informações, no mapeamento das questões e crises ambientais em uma das nações mais subdesenvolvidas e pobres do mundo, a República Centro-Africana. Como parte desses esforços, repórteres de direitos humanos locais e organizações humanitárias estão usando a Elva para monitorar, mapear e fornecer informações derivadas de dados ambientais sobre desastres naturais, infraestrutura, água, saneamento, higiene e saúde humana. A finalidade do envolvimento da Elva nesse projeto é viabilizar a análise e visualização de dados humanitários em tempo real, para dar suporte à tomada de decisão pelos especialistas internacionais em ajuda humanitária e pelos líderes comunitários.

Em relação às tecnologias data science e suas metodologias, a Elva implementa

» **Feeds automáticos para a coleta de dados:** Os dados mapeados, visualizados e informados pela plataforma Elva são, na verdade, criados por ativistas locais que usam SMS e smartphones para informar as condições ambientais por meio de relatórios ou pesquisas. O sistema de relatórios é criado de forma que todos apareçam em uma estrutura correta e sejam coletados pelos servidores do provedor de serviço e enviados para o banco de dados Elva.

» **Tecnologias do banco de dados não relacional:** A Elva usa a infraestrutura de um banco de dados NoSQL não relacional para armazenar os dados de pesquisa enviados por smartphone e SMS, assim como outras fontes de dados estruturados, não estruturados e semiestruturados.

» **Dados abertos:** O OpenStreetMap potencializa os dados do mapa que a plataforma Elva usa. Você poderá descobrir mais sobre o OpenStreetMap no Capítulo 22, em que abordo os recursos de *dados abertos*, disponíveis publicamente para utilização, reutilização, modificação e compartilhamento com outras pessoas.

» **Inferência a partir de modelos matemáticos e estatísticos:** Os métodos de análise de dados da Elva podem não ser muito complexos, mas são perfeitos para produzir uma análise rápida e em tempo real que dê suporte à decisão humanitária. A Elva depende essencialmente da análise da série temporal, regressão linear e inferência matemática simples.

» **Visualização de dados:** A Elva produz visualizações de dados diretamente dos dados informados e também das análises inferenciais. São visualizações JavaScript interativas criadas com a API do Highcharts.

» **Previsões baseadas no local:** Tais previsões são baseadas em uma inferência simples e não em estatísticas espaciais avançadas, como analisado na seção "Usando a Estatística Espacial para Prever a Variação Ambiental no Espaço", mais adiante neste capítulo. A equipe Elva pode deduzir os locais de alto risco com base na série temporal histórica informada na região.

Modelando Recursos Naturais Brutos

É possível usar o data science para modelar os recursos naturais em sua forma bruta. Esse tipo de data science ambiental geralmente consiste em uma modelagem estatística avançada, cuja finalidade é entender melhor os recursos naturais. Você modela os recursos *brutos* — condições de água, ar e solo, na forma como ocorrem na natureza — para compreender melhor os efeitos orgânicos do ambiente natural na vida humana.

Nas seções a seguir, explicarei os tipos de problemas relacionados aos recursos naturais que podem ser mais bem explorados via data science ambiental. Em seguida, abordarei brevemente os métodos do data science particularmente relevantes para a modelagem dos recursos ambientais. Por último, apresentarei um caso no qual o data science ambiental foi usado para entender melhor o ambiente natural.

Explorando a modelagem dos recursos naturais

O data science ambiental modela os recursos naturais brutos de modo que você possa entender melhor os processos ambientais e compreender sua influência sobre a vida na Terra. Só depois de entender claramente os processos ambientais, os engenheiros ambientais devem iniciar o projeto dos sistemas para resolver os problemas que esses processos podem estar criando. A lista a seguir descreve os tipos de problemas dos recursos naturais que o data science ambiental pode modelar e prever:

» **Problemas hídricos:** Taxas de precipitação, padrões geo-hidrológicos, fluxos de lençóis freáticos e concentrações de substâncias tóxicas nos lençóis freáticos

» **Problemas no ar:** Concentração e dispersão dos níveis de partículas e concentrações de gases de efeito estufa

» **Problemas no solo:** Migração e geomorfologia de contaminantes do solo, assim como geofísica, exploração mineral e exploração de óleo e gás

Se o seu objetivo for criar um modelo preditivo que possa usar para entender melhor os processos ambientais naturais, opte pela modelagem dos recursos naturais. Porém, não espere que essa modelagem seja fácil. As estatísticas para esses tipos de modelos podem ser incrivelmente complexas.

Envolvendo-se no data science

Como os processos ambientais e sistemas envolvem muitas variáveis diferentes e interdependentes, grande parte da modelagem dos recursos naturais requer o uso de algoritmos estatísticos excessivamente complexos. A lista a seguir indica alguns elementos do data science comumente empregados na modelagem dos recursos naturais:

» **Estatística, matemática e aprendizagem de máquina:** Inferência bayesiana, inferência bayesiana hierárquica multinível, análise espectral de afunilamento múltiplo, ligações, Método Autorregressivo Wavelet (WARM), Médias Móveis Autorregressivas (ARMAs), simulações de Monte Carlo, modelos de regressão aditiva estruturada (STAR), estatística de regressão nos pedidos (ROS), estimativas de probabilidade máxima (MLEs), maximização da expectativa (EM), redução das dimensões linear e não linear, análise de pequenas ondas, métodos do domínio de frequência, cadeias de Markov, k-vizinhos próximos (kNN), densidade do kernel e estimativa da densidade logspline, entre outros métodos

» **Estatística espacial:** Em geral, algo como um mapeamento probabilístico

» **Visualização dos dados:** Como em outras áreas do data science, é necessária para a análise de exploração e comunicação das descobertas para outras pessoas

» **Extração da web:** Muitas vezes, é necessária na coleta de dados para modelos ambientais

» **Tecnologia GIS:** Análise espacial e criação de mapas

» **Requisitos de codificação:** Usando o Python, R, SPSS, SAS, MATLAB, Fortran e SQL, entre outras linguagens de programação

Modelando recursos naturais para resolver problemas ambientais

O trabalho do diretor do Columbia Water Center, Dr. Upmanu Lall, indica um excelente exemplo de como usar o data science ambiental para resolver problemas de recursos hídricos muito complexos. (Para uma visão geral do trabalho do Columbia Water Center, confira http://water.columbia.edu/ — conteúdo em inglês.) Dr. Lall usa estatística avançada, matemática, codificação e uma especialização incrível em engenharia ambiental para descobrir relações complexas e interdependentes entre as características de recursos hídricos globais, produtos internos brutos nacionais (PIB), pobreza e taxas de consumo de energia nacional.

Em um dos seus projetos recentes, Dr. Lall descobriu que nos países com uma *alta variação de precipitação* — com extremas estiagens seguidas de grandes inundações — essa instabilidade resulta em falta de recursos hídricos estáveis para o desenvolvimento da agricultura, mais escoamento e erosão e diminuições gerais no PIB. O inverso também ocorre, pois países com taxas de precipitação estáveis e moderadas têm um melhor fornecimento de recursos hídricos para o desenvolvimento agrícola, melhores condições ambientais gerais e PIBs médios mais altos. Portanto, com o data science ambiental, Dr. Lall conseguiu fazer boas correlações entre as tendências de precipitação de uma nação e suas taxas de pobreza.

Em relação às tecnologias de data science e suas metodologias, Dr. Lall implementa estas ferramentas:

» **Programação estatística:** O arsenal do Dr. Lall inclui modelos bayesianos hierárquicos multinível, análise espectral de afunilamento múltiplo, ligações, Médias Móveis Autorregressivas de Wavelet (WARMs), Médias Móveis Autorregressivas (ARMAs) e simulações de Monte Carlo.

» **Programação matemática:** As ferramentas aqui incluem redução das dimensões linear e não linear, análise de pequenas ondas, métodos de domínio da frequência e modelos de Markov ocultos não homogêneos.

» **Análise do agrupamento:** Nesse caso, Dr. Lall conta com métodos consagrados, inclusive k-vizinhos próximos, densidade do kernel e estimativa da densidade logspline.

» **Aprendizagem de máquina:** Aqui, Dr. Lall prioriza a incorporação da variância mínima.

Usando a Estatística Espacial para Prever a Variação Ambiental no Espaço

Por sua natureza, as variáveis ambientais são dependentes do local: mudam com as alterações no local geoespacial. A finalidade de modelar variáveis ambientais com a estatística espacial é permitir a formulação de previsões espaciais precisas, que você poderá usar para resolver problemas relacionados ao meio ambiente.

A estatística espacial é diferente da modelagem dos recursos naturais porque se concentra em prever como as mudanças no espaço influenciam o fenômeno ambiental. Naturalmente, a variável tempo é considerada também, mas a estatística espacial prioriza a modelagem das operações internas do fenômeno espacial. A diferença está na abordagem.

Nas três seções a seguir, analiso os tipos de problemas que você pode resolver com os modelos estatísticos espaciais e o data science que se enquadra nesse tipo de solução. Descrevo também um caso no qual a estatística espacial foi usada para correlacionar as concentrações naturais de arsênico na água de poço com a incidência de câncer.

Solucionando problemas ambientais com a análise preditiva espacial

É possível usar a estatística espacial para modelar as variáveis ambientais no espaço e no tempo para prever mudanças nessas variáveis no espaço. A lista a seguir descreve os tipos de problemas ambientais que você pode prever usando a modelagem estatística espacial:

- **Epidemiologia e saúde humana ambiental:** Padrões de doença e distribuições
- **Meteorologia:** Fenômeno meteorológico
- **Ciência do fogo:** Propagação do fogo (usando seu próprio Urso Smokey!)
- **Hidráulica:** Condutividade do aquífero
- **Ecologia:** Distribuição de micro-organismos no fundo de um lago sedimentar

Se o seu objetivo for criar um modelo útil para prever o quanto a mudança no espaço afetará as variáveis ambientais, poderá usar a estatística espacial para esse fim. Na próxima seção, descreverei rapidamente os fundamentos da estatística espacial.

Descrevendo o data science envolvido

Com a função de modelar os parâmetros x, y e z que compõem os conjuntos de dados espaciais, a estatística espacial é uma ferramenta bastante interessante e incomum. A estatística espacial é, mais ou menos, um casamento da análise espacial GIS com a análise preditiva avançada. A lista a seguir descreve alguns processos do data science comumente empregados quando se utiliza a estatística para criar modelos espaciais preditivos:

- **Estatística espacial:** Geralmente envolve krigagem e krige, assim como a análise do variograma. Os termos "krigagem" e "krige" indicam coisas diferentes. Os métodos de *krigagem* consistem em um conjunto de algoritmos de estimativa estatística que ajustam a curva dos dados do ponto conhecido e produzem uma superfície preditiva para uma área de estudo inteira. O *krige* representa uma implementação automática dos algoritmos de krigagem, nos quais você usa parâmetros padrão simples para gerar superfícies preditivas. *Variograma* é uma ferramenta estatística que mede a diferença dos dados espaciais quando a distância entre os pontos de dados aumenta. O variograma é uma medida da "desigualdade espacial". Quando você aplica o krige, usa os modelos do variograma com parâmetros definidos internamente para gerar superfícies interpoladas e preditivas.

» **Programação estatística:** Envolve distribuições da probabilidade, análises da série temporal, análises de regressão e simulações de Monte Carlo, entre outros processos.

» **Análise do agrupamento:** Os processos podem incluir algoritmos do vizinho mais próximo, agrupamento k-vizinhos próximos ou estimativas da densidade do kernel.

» **Tecnologia GIS:** A tecnologia GIS é bastante mencionada neste capítulo, pois sua análise espacial e ofertas de criação de mapas são incrivelmente flexíveis.

» **Requisitos da codificação:** A programação para um projeto de estatística espacial envolveria o uso de R, SPSS, SAS, MATLAB e SQL, entre outras linguagens de programação.

Abordando problemas ambientais com a estatística espacial

Um ótimo exemplo de uso da estatística espacial na formulação de previsões com variáveis ambientais dependentes do local está presente no trabalho recente do Dr. Pierre Goovaerts. O Dr. Goovaerts usa estatística avançada, codificação e sua respeitável especialização em engenharia agrícola, ciência do solo e epidemiologia para descobrir correlações entre padrões espaciais de doenças, mortalidade, exposição a substâncias tóxicas ambientais e sociodemografia.

Em um dos seus recentes projetos, o Dr. Goovaerts usou a estatística espacial para modelar e analisar dados sobre as concentrações de arsênico em lençóis freáticos, localização, propriedades geológicas, padrões meteorológicos, topografia e cobertura do solo. Em seus novos estudos na área do data science ambiental, o pesquisador descobriu que a incidência de câncer na bexiga, na mama e na próstata está espacialmente correlacionada à exposição de longo prazo ao arsênico.

Com relação às tecnologias do data science e suas metodologias, o Dr. Goovaerts geralmente implementa os itens a seguir:

» **Programação estatística espacial:** Mais uma vez, as análises de krigagem e do variograma estão em primeiro lugar na lista.

» **Programação estatística:** A regressão dos quadrados mínimos e Monte Carlo (um método de simulação aleatório) são essenciais ao trabalho do Dr. Goovaerts.

» **Tecnologias GIS:** Se quiser a funcionalidade de criação de mapas e metodologias de análise de dados espaciais, precisará das tecnologias GIS.

Para saber mais sobre o trabalho do Dr. Goovaerts, consulte seu site em `https://sites.google.com/site/goovaertspierre` (conteúdo em inglês).

> **NESTE CAPÍTULO**
>
> » Entendendo os dados e-commerce
>
> » Aplicando a análise para otimizar um negócio e-commerce
>
> » Implantando a análise da web para orientar o crescimento
>
> » Teste, teste e teste de novo
>
> » Segmentando e direcionando seus públicos

Capítulo **20**

Data Science para Orientar o Crescimento no E-Commerce

Big data e análise não são tópicos novos para a maioria das pessoas atualmente. Contudo, os modos criativos como o big data e a análise vêm sendo usados para transformar a vida e negócios *são* novos. Os negócios se popularizam com o fato de que, nessa era de transformações constantes, a sobrevivência de uma organização depende da sua capacidade de integrar o data science e a análise em cada decisão tomada, particularmente em relação ao marketing estratégico. De fato, a demanda por profissionais de análise de marketing aumentou em 136% apenas nos últimos três anos. Esses profissionais usam o data science e a análise para orientar crescimento das vendas e as taxas de adoção dos usuários para o *e-commerce* — um negócio que vende produtos ou serviços pela internet.

Atualmente, até as empresas mais antigas e tradicionais têm, pelo menos, algum tipo de presença na web que se qualificaria como uma operação e-commerce. Outros e-commerces são 100% digitais e não têm praticamente nenhuma presença física. Como muitos negócios usam blogs para criar um espaço online bem marcado, no qual os visitantes têm acesso a informações ou conteúdo de entretenimento em troca de visitas ao site e fidelidade com a marca, até um blogueiro individual, com um site e uma forte presença social, pode ser considerado um e-commerce.

Nos últimos anos, a prática de usar a análise de marketing e o data science para desenvolver estratégias táticas para o crescimento do e-commerce ficou conhecida como *estratégia de posicionamento* — também referida como *engenharia do crescimento* ou simplesmente *crescimento*. A estratégia de posicionamento é particularmente adequada para o crescimento inicial, por causa dos métodos de baixo custo e mais inovadores que os especialistas do posicionamento geralmente empregam. No marketing, a palavra *conversão* descreve o cenário no qual um esforço de marketing tem êxito ao fazer com que um usuário, ou futuro usuário, exerça uma ação desejada. Os exemplos de conversões incluem o ato de fazer alguém visitar seu site, assinar sua newsletter, seguir seu canal de mídia social ou comprar seu produto.

No jogo do crescimento, os principais objetivos são realizar a conversão dos visitantes e fazê-los seguir um fluxo rápido e estável em todas as camadas do funil de vendas. Este capítulo apresenta alguns conceitos e métodos simples que você poderá usar para iniciar o crescimento do seu e-commerce. O capítulo mostra a ponta do iceberg do desenvolvimento. Para simplificar, omiti táticas mais avançadas e complexas.

A verdadeira estratégia de posicionamento é um cruzamento dos seguintes campos:

» **Engenharia:** Em um contexto de e-commerce, isso inclui o design de sistemas, processo, raciocínio dos sistemas e design iterativo.

» **Marketing:** As subcategorias do marketing incluem psicologia, marca e design estético.

» **Inteligência de negócio:** Pense em *inteligência* como a Agência de Inteligência Central em vez de um conjunto de experiências. As subcategorias aqui incluem seleção da métrica e análise descritiva, de diagnóstico e prescritiva baseada em inferência simples.

» **Data science:** Para se expandir na web, o data science requer conhecimentos matemáticos e estatísticos, mudanças da programação na web, capacidade de codificar em Python ou R, habilidades com SQL, especialização em e-commerce e marketing de internet.

Neste capítulo, analiso o data science aplicável à estratégia de posicionamento e como você pode usá-lo para potencializar seu crescimento comercial. Lembre-se apenas de que os profissionais da análise de marketing envolvidos no data science para o crescimento do e-commerce devem atuar em muitas frentes, como, por exemplo, nos cargos de consultor de Análise Digital, analista de Envolvimento na Análise da Web, Análise de Marketing da Web Digital ou gerente de Otimização. Para simplificar, refiro-me a todas essas funções como *data science do e-commerce*.

Veja o data science envolvido nesta linha de trabalho:

> » **Requisitos de matemática e estatística:** Os profissionais devem entender e saber como aplicar o teste de significância, análise da série temporal, da tendência e sazonal, de regressão, regressão multivariada, análise de segmentação, teste A/B e multivariado.
>
> » **Requisitos de programação:** Os cientistas de dados que trabalham no crescimento devem ter um sólido conhecimento em SQL, assim como nas linguagens de programação da web, como JavaScript, HTML, DHTML e AJAX. A programação Python e R podem ser úteis para análise de segmentação, visualização dos dados ou criação de um mecanismo de recomendação, embora poucos especialistas do crescimento precisem fazer esse tipo de trabalho por causa da alta disponibilidade de aplicativos específicos.
>
> » **Especialização no assunto:** Os cientistas de dados que trabalham nesse campo devem ter um profundo conhecimento de e-commerce, suas várias estruturas, sistemas e canais. Eles também devem entender os fundamentos do marketing na internet.

Os cientistas de dados no e-commerce geralmente usam aplicativos para suas análises, embora algumas vezes precisem da codificação para fazer uma análise personalizada. Os cientistas de dados do e-commerce usam o data science para formular estratégias comerciais focadas e orientadas a resultados. Eles *não* priorizam a análise de dados exploratória. No data science do e-commerce, seu trabalho é usar dados para entender melhor os usuários e desenvolver formas de orientar resultados de crescimento. Os algoritmos e visualizações de dados servem apenas para atingir esses objetivos. É por essa via que você, cientista de dados, deriva informações a partir de vários aplicativos de software e da web — analisados em detalhes na seção "Avaliando os aplicativos populares de análise da web", mais adiante neste capítulo.

Os cientistas de dados desse campo geralmente precisam analisar dados de fluxo dos cliques e de desempenho do site e do canal para viabilizar o suporte de decisão e a eficiência das estratégias de otimização táticas. Em geral, eles têm que planejar, desenvolver e gerenciar as *implantações de tags* — a colocação de fragmentos de código no cabeçalho de uma página web usada para coletar dados para aplicativos de análise de terceiros. Os cientistas de dados nesse campo também trabalham no teste A/B, no teste multivariado e na análise do mapa de calor do clique do mouse (como abordado posteriormente, na seção "Verificando os tipos comuns de teste de crescimento").

Os cientistas de dados avançados nesse campo também podem ter que criar mecanismos de personalização e recomendação. Os profissionais precisam comunicar as informações dos dados de maneira clara, direta e significativa, usando palavras escritas, faladas e visualizações de dados. Por fim, qualquer cientista de dados que trabalhe no crescimento precisa ter uma compreensão sólida de e-commerce e marketing da internet.

Entendendo os Dados para o Crescimento do E-Commerce

O data science no e-commerce tem a mesma finalidade de qualquer outra disciplina — derivar informações valiosas de dados brutos. No e-commerce, você procura informações de dados que poderá usar para otimizar o retorno no investimento (ROI) de marketing da marca e orientar o crescimento em cada camada do funil de vendas. Você é responsável por como isso é feito na prática, mas o trabalho da maioria dos cientistas de dados no e-commerce envolve o seguinte:

>> **Análise de dados:** Uma inferência estatística e matemática simples. A análise de segmentação fica bem complicada quando se tenta entender os dados de e-commerce. Você também pode usar muita análise de tendência, do valor atípico e de regressão.

>> **Administração dos dados:** A *administração dos dados* envolve processos e procedimentos cujo objetivo é limpar e converter dados de um formato e estrutura em outros, de modo que fiquem precisos e no formato adequado às ferramentas analíticas e scripts em questão. No trabalho de crescimento, os dados de origem geralmente são capturados e gerados por aplicativos de análise. Na maioria das vezes, você deriva informações do aplicativo, mas, eventualmente, é necessário exportar os dados para criar mashups de dados, realizar análises personalizadas e criar visualizações personalizadas que não estão disponíveis em soluções prontas. Nessas situações, você deve empregar um pouco de administração dos dados para obter o que precisa dos conjuntos de origem.

>> **Design da visualização dos dados:** Os gráficos de dados no e-commerce são geralmente bem simples. Prepare-se para usar muitos gráficos de linha, barras e dispersão e visualizações baseadas em mapas. As visualizações de dados devem ser simples e diretas, mas as análises necessárias para derivar informações significativas podem demandar algum tempo.

>> **Comunicação:** Depois de entender os dados, você deve comunicar seu significado de modo claro, direto e conciso para que os tomadores de decisão possam compreendê-los facilmente. Os cientistas de dados de e-commerce precisam ter excelentes habilidades para comunicar informações via visualizações de dados, narrativa escrita e conversas.

» **Trabalho de desenvolvimento personalizado:** Em alguns casos, você deve planejar scripts personalizados, fazer uma análise de dados automática e desenvolver uma visualização. Em outros, pode ser necessário projetar um sistema de personalização e recomendação, mas, como há toneladas de aplicativos predefinidos para essas finalidades, a descrição da posição típica do cientista de dados de e-commerce não inclui essa exigência.

Otimizando os Sistemas Comerciais de E-Commerce

É hora de propor um manual (breve) sobre como usar análise da web, táticas de teste e iniciativas de segmentação e publicação para ativar o crescimento em todas as camadas do seu funil de vendas do e-commerce. Antes de aprender os detalhes desses métodos, primeiro você precisa entender a estrutura fundamental e a função de cada camada em um funil de vendas. Para manter uma abordagem lógica e sistemática, divido o funil de vendas do e-commerce nos cinco estágios a seguir: aquisição, ativação, retenção, recomendação e receita.

LEMBRE-SE

Esses cinco estágios também são referidos como AARRR, a métrica pirata. (Grite "AARRR" algumas vezes para entender porque ela é chamada de métrica pirata.) Essa estrutura de crescimento (veja a Figura 20-1) foi sugerida originalmente pelo famoso investidor-anjo e empreendedor Dave McClure. Agora, o termo é muito usado na comunidade da estratégia de posicionamento.

Veja as funções de cada estágio do funil de vendas:

» **Aquisição:** Sua marca adquire novos usuários na forma de visitantes do site. Esses usuários são adquiridos normalmente via marketing de mídia social, mecanismo de pesquisa, otimização do mecanismo de pesquisa, marketing de conteúdo ou parcerias.

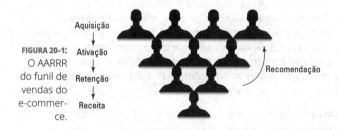

FIGURA 20-1: O AARRR do funil de vendas do e-commerce.

» **Ativação:** Os usuários adquiridos ativam, com uma adesão por e-mail, a assinatura de RSS ou se tornam seguidores em mídias sociais.

> **Retenção:** Os usuários ativos exercem algum tipo de ação, como aceitar uma oferta ou responder a uma chamada para ação em sua campanha de marketing por e-mail.

> **Recomendação:** Os usuários retidos recorrem a novos usuários da camada de aquisição da sua marca.

> **Receita:** Os usuários fazem compras que geram receita.

Pescando na análise

A *análise da web* pode ser descrita como a prática de gerar, coletar e entender dados da internet para otimizar o design de web e a estratégia. Configure os aplicativos de análise da web para monitorar e controlar integralmente as táticas e estratégias de crescimento, pois, sem essas informações, você estará operando no escuro — e nada cresce no escuro.

A análise da web fornece resultados rápidos e claros que medem a eficiência da estratégia de crescimento do e-commerce. Você pode usar a análise da web como uma ferramenta de diagnóstico para entender o seu público e suas preferências, incrementar o que está funcionando e parar de fazer coisas que não dão resultado. Se quiser desenvolver estratégias de crescimento que realmente ampliem seu negócio, precisará configurar a análise da web para controlar e monitorar todos os estágios do funil, assim como cada ponto de toque entre sua marca e futuros clientes.

Avaliando os aplicativos populares de análise da web

Os cientistas de dados que trabalham na estratégia de posicionamento devem conhecer (e saber como derivar informações de) os seguintes aplicativos de análise da web:

> **Google Analytics** (`www.google.com/analytics` — conteúdo em inglês): Uma ferramenta de análise da web poderosa, gratuita e fácil de usar, o Google Analytics é ótimo para monitorar não apenas os volumes do tráfego que chega ao site com o tempo, mas também as estatísticas demográficas e de resumo sobre visitantes, fontes de referência do site, padrões de fluxo do visitante, análise do comportamento do visitante em tempo real e muito mais. O Google Analytics dispõe da análise de benchmark, que fornece informações sobre o desempenho do seu site em comparação com outros sites do setor.

> **Adobe Analytics** (`www.adobe.com/solutions/digital-analytics/marketing-reports-analytics.html` — conteúdo em inglês): Você pode usar o Adobe Analytics para a atribuição de marketing, desempenho do aplicativo móvel, marketing

da mídia social, investigação do retorno sobre o investimento (ROI) e monitoramento do visitante em tempo real.

» **IBM Digital Analytics** (www-03.ibm.com/software/products/en/digital-analytics — conteúdo em inglês): A plataforma perfeita para integrar os dados de desempenho de todos os canais web do seu negócio, desde os dados gerados pelos convidados do site, que o visitam usando computadores pessoais, até estatísticas do visitante móvel e o desempenho do canal de mídia social. O IBM Digital Analytics oferece capacidades avançadas de análise para mantê-lo informado sobre os comportamentos do visitante em tempo real e histórico e as interações relevantes entre os canais. A plataforma também dispõe de capacidades de atribuição de marketing e gerenciamento de tags.

» **Webtrends** (http://webtrends.com — conteúdo em inglês): Oferece os recursos de análise multicanal avançada, monitoramento do comportamento do visitante em tempo real e tecnologia, que você precisa para exibir as vendas perdidas devido ao abandono de carrinho de compras via tática de novo marketing por e-mail. O Webtrends é um aplicativo poderoso de análise da web. Ele até oferece, como bônus, um recurso de otimização de campanhas que você pode usar para controlar, monitorar e otimizar seus esforços de marketing em mecanismos de pesquisa, assim como suas campanhas de pesquisa e publicação social.

» **Google Tag Manager** (www.google.com/tagmanager — conteúdo em inglês): As tags do site — fragmentos de código que coletam dados para uso em aplicativos de análise de terceiros — ajudam a medir e gerenciar a eficiência de suas campanhas de marketing na internet, mas o processo de implantar tags é propenso a erros e requer codificação. O Google Tag Manager é uma ferramenta gratuita de gerenciamento de tags, que oferece uma interface sem código e um sistema com base em regras que permite gerenciar e implantar com facilidade as tags de marketing e controle do site.

» **Ferramentas de análise social variadas:** Além das excelentes ofertas descritas nessa lista, você pode encontrar muitos aplicativos de análise social, gratuitos e fáceis de usar, para monitorar e medir a eficiência das suas iniciativas de crescimento de mídia social. Eles incluem Sendible (www.sendible.com — conteúdo em inglês), que oferece muitas opções para controlar as estatísticas das métricas do Twitter, Facebook, Instagram e Google Analytics em um painel personalizado; Facebook Page Insights (www.facebook.com/Your_Facebook_Page_ID/insights — conteúdo em inglês); Pinterest Analytics (https://analytics.pinterest.com — conteúdo em inglês); Iconosquare Statistics for Instagram (http://iconosquare.com — conteúdo em inglês); e Google URL Shortener para o controle de links (https://goo.gl — conteúdo em inglês).

Embora um cookie não seja propriamente um aplicativo de análise da web, é um arquivo de texto que controla atividades, interesses e padrões de navegação dos visitantes de um site. Quase todos os e-commerces de grande escala usam cookies para coletar informações dos visitantes que auxiliem o negócio a melhorar a experiência geral do usuário e otimizar os esforços de publicação.

Acessando a análise das aquisições

A análise das aquisições consiste na medida e avaliação da eficiência das táticas de aquisição de usuários. Se quiser otimizar os canais da sua marca, obter uma compreensão mais profunda dos seus públicos ou avaliar o desempenho das suas táticas de crescimento, realize a análise de aquisição de usuários. Nesta lista, descrevo como você pode usar a análise da web para começar a aumentar sua aquisição de usuários:

» **Descoberta do público:** Se observar com atenção sua análise da web e as fontes a partir das quais seus novos usuários são adquiridos, você pode formar uma ideia sobre os interesses dos usuários em cada um dos seus canais.

» **Otimização do canal:** Depois de descobrir informações sobre os públicos do seu canal, você poderá usá-las para a otimização, planejando seus canais e as ofertas que se estendem a eles de modo que se alinhem melhor às preferências de cada público do canal.

» **Estratégias otimizadas de crescimento social:** As redes de mídia social são canais de marca. Cada rede tem sua própria finalidade e as preferências dos membros do público das diferentes redes tendem a variar, mesmo que o nicho seja o mesmo. Por exemplo, conteúdos sobre eventos de notícias tendem a ser bem executados no Twitter, ao passo que, no Facebook, os públicos querem ser entretidos e inspirados. O conteúdo de notícias não funciona muito bem no Facebook e vice-versa. Além disso, públicos específicos têm interesses e nuances próprios, de acordo com cada rede social. Use a análise social para deduzir os interesses dos seus públicos por canal social e, então, poderá usar essas informações para otimizar seus esforços. Você também pode usar a análise da rede social para identificar os principais influenciadores em seu nicho, de modo a estabelecer amizades e alianças estratégicas.

Aplicando a análise da ativação

A análise da ativação do usuário consiste na medida e avaliação das suas ativações ao longo do tempo. Você pode usá-la para determinar como as suas táticas de ativação estão sendo executadas e, assim, otimizar suas inscrições por canal. A seguir, indico algumas utilizações da análise da web que otimizam suas taxas de crescimento de ativações de usuários:

» **Monitoramento da taxa de inscrições:** Análises que refletem o número de novas inscrições de usuários, na forma de assinaturas por e-mail ou RSS. Essa métrica dá uma ideia de como o conteúdo do site atende aos desejos e necessidades dos usuários recém-adquiridos. Essas análises também são uma boa forma de avaliar a eficiência geral das suas *chamadas para ação* — solicitações de inscrição direcionadas aos usuários em troca da promessa de algum benefício.

» **Duração média da sessão:** Você pode derivar fácil e rapidamente informações sobre a duração média da sessão no Google Analytics. Essa duração é uma boa forma de avaliar o quanto seus visitantes acham seu site atraente. Quanto mais atraente, mais provavelmente seus usuários adquiridos se tornarão ativos — e os usuários ativos consultam seus amigos e se convertem em clientes pagantes.

DICA

Se estiver trabalhando no crescimento de um cliente ou empregador, poderá acessar a conta dele do Google Analytics e adicionar sua conta do Google como usuário autorizado do Google Analytics. Se estiver trabalhando com o crescimento da sua própria marca ou site, deverá assinar uma conta gratuita do Google Analytics (em 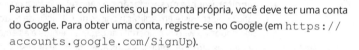`www.google.com/analytics`) e, então, instalar o código Google Analytics Tracking em seu site.

LEMBRE-SE

Para trabalhar com clientes ou por conta própria, você deve ter uma conta do Google. Para obter uma conta, registre-se no Google (em `https://accounts.google.com/SignUp`).

» **Mapas de calor para a otimização do site:** Um *mapa de calor* do site é um gráfico visual que usa cores para representar as áreas de uma página web nas quais os visitantes clicam com maior ou menor intensidade. Aplicativos como o SessionCam (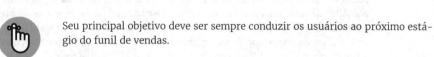`www.sessioncam.com/website-heatmaps` — conteúdo em inglês) e o ClickTale (`www.clicktale.com/products/heatmap-suite` — conteúdo em inglês) oferecem visualizações de dados do mapa de calor de cliques do mouse que indicam como seus clientes e segmentos de usuários usam o site, ou seja, quais recursos do site e áreas são mais atraentes para os usuários. Essas informações mostram a eficiência das suas táticas de ativação e do design geral da web. Se vir que o fluxo de atenção do usuário não está focado nas áreas de chamada para ação, talvez tenha que recriar a página de modo a redirecionar o foco.

LEMBRE-SE

Seu principal objetivo deve ser sempre conduzir os usuários ao próximo estágio do funil de vendas.

Revisando a análise das retenções

A análise da retenção consiste na medida das táticas de retenção do usuário. Ela aumenta a fidelidade do cliente ou a quantidade de tempo que os usuários destinam à interação com a marca. Aumentar as retenções de usuários é, sobretudo, uma função da estratégia de marketing e da psicologia, mas os analistas da web também são essenciais para manter e aumentar as taxas de retenção da sua marca. Veja como você pode usar a análise da web para otimizar o crescimento das retenções do usuário:

» **Taxas de marketing aberto por e-mail:** Controlar e monitorar a *série temporal* — coleções de dados sobre os valores do atributo ao longo do tempo —, que captura as taxas de abertura por e-mail, dá uma ideia do resultado médio das suas táticas de marketing por e-mail. Por exemplo, quando há um declínio constante nas taxas de abertura, os assinantes não estão tão interessados nos tópicos descritos no assunto do e-mail ou a frequência de envio é excessiva e considerada como spam pelas caixas de entrada dos usuários, que aos poucos vão perdendo a paciência. As altas taxas de abertura de e-mails refletem um bom nível de fidelidade do assinante, o que sempre é bom.

» **Taxas de exibição do RSS:** Controlar e monitorar a série temporal que captura as taxas de exibição do RSS dá uma ideia de como os títulos de postagem do blog se saem com os assinantes RSS, isto é, se o tópico do conteúdo atende aos assinantes. Essa métrica também informa se a cópia da manchete é intrigante o bastante para estimular os assinantes RSS à leitura. As altas taxas de exibição do RSS refletem níveis maiores de fidelidade entre os assinantes do RSS.

» **Monitoramento da satisfação do cliente:** A análise do sentimento é uma tática que consiste em aplicar técnicas de extração de texto e categorização dos dados da web para identificar os sentimentos e as atitudes das pessoas (e clientes) em suas redes. Alguns aplicativos de análise social oferecem um recurso de análise do sentimento predefinido. Você pode usar um desses aplicativos ou codificar algo por conta própria. Qualquer que seja a sua escolha, mantenha-se informado sobre o que as pessoas dizem sobre a sua marca nos canais de mídia social, pois isso é fundamental para a proteção e o gerenciamento proativo da sua reputação. Como dizem: "O cliente sempre tem razão".

Falando sobre o teste de estratégias

No crescimento, você usa métodos de teste para otimizar o design da web e as mensagens a fim de desenvolver a melhor apresentação possível para o público a que se destina. Embora os métodos de teste e análise da web sirvam para otimizar o desempenho, o teste fica em uma camada mais profunda que a análise. A análise dá uma ideia geral sobre os interesses dos públicos do seu canal e os resultados dos seus esforços de marketing ao longo o tempo. Com essas informações, você pode se aprofundar mais e testar variações em visitantes ativos, a fim de obter uma evidência concreta sobre as preferências reais de design e mensagens dos seus visitantes.

As táticas de teste incrementam o design do site e as mensagens da marca e aumentam o número de conversões em todas as camadas do funil. Os testes também são úteis para otimizar páginas de destino, ativações de usuários e conversões de receita. Nas seções a seguir, apresento as estratégias de teste mais implementadas no crescimento e explico como você pode usá-las para melhorar seus esforços. Também dou algumas dicas sobre aplicativos disponíveis para tornar os testes mais fáceis e divertidos.

Verificando os tipos comuns de teste de crescimento

Quando você usa as informações de dados para aumentar o crescimento do e-commerce, provavelmente utiliza as três táticas de teste a seguir: teste A/B, teste multivariado e análise do mapa de calor de cliques do mouse.

Um *teste A/B* é uma tática de otimização que divide as variações do seu site e as mensagens da marca entre conjuntos de públicos ativos para medir as respostas e decidir qual opção é melhor. O teste A/B é o mais simples que você pode usar para o site ou a otimização das mensagens.

O *teste multivariado* é, de muitos modos, parecido com a análise de regressão multivariada que analisei no Capítulo 5. Como a análise, o teste multivariado permite descobrir relações, correlações e causas entre as variáveis e os resultados. No teste multivariado, você verifica vários fatores de conversão simultaneamente ao longo de um período estendido para descobrir quais fatores são responsáveis pelo aumento do número de conversões. Ele é mais complexo que o teste A/B, mas geralmente fornece resultados mais rápidos e poderosos.

Por último, a *análise do mapa de calor de cliques do mouse* mostra como os visitantes respondem ao seu design e às escolhas de mensagens. Nesse tipo de teste, você usa o mapa de calor de cliques do mouse para fazer escolhas ideais de design do site e de mensagens, a fim de garantir o foco dos visitantes e sua conversão em clientes.

LEMBRE-SE

As páginas de destino oferecem aos visitantes pouca ou nenhuma opção, exceto converter ou sair da página. Como o visitante tem poucas opções de ação, você não precisa realmente usar o teste multivariado ou mapas de calor de cliques do mouse no site. Os testes A/B simples são suficientes.

Os cientistas de dados que trabalham na gestão do crescimento devem estar familiarizados (e saber como derivar informações) com os seguintes aplicativos de teste:

» **Webtrends** (http://webtrends.com — conteúdo em inglês): Oferece um recurso de otimização da conversão que inclui a funcionalidade do teste A/B e o multivariado.

» **Optimizely** (www.optimizely.com — conteúdo em inglês): Um produto popular na comunidade da gestão do crescimento. Você pode usar o Optimizely para o teste do funil com várias páginas e o teste A/B e multivariado, entre outros.

» **Visual Website Optimizer** (https://vwo.com — conteúdo em inglês): Uma excelente ferramenta para os testes A/B e multivariado.

Testando as aquisições

O teste de aquisições fornece comentários sobre os resultados do seu conteúdo quando aplicado aos futuros usuários em diversos canais. É possível usar o teste de aquisições para comparar o desempenho da sua mensagem em cada canal e, assim, otimizar cada mensagem por canal. Se quiser otimizar o desempenho das imagens publicadas da sua marca, também poderá usar o teste de aquisição para comparar o desempenho das imagens em seus canais. Por fim, se quiser aumentar suas aquisições com mais recomendações dos usuários, use o teste para otimizar suas mensagens de recomendações para os canais apropriados. O teste de aquisição pode ajudar a entender as preferências específicas dos futuros usuários em cada canal. O teste A/B melhora suas aquisições das seguintes maneiras:

- » **Otimização da mensagem social:** Depois de usar a análise social para deduzir os interesses e preferências gerais dos usuários em cada um dos canais sociais, você poderá otimizar a mensagem da marca nesses canais usando o teste A/B para comparar suas manchetes e mensagens da mídia social em cada um deles.
- » **Otimização da imagem da marca e da mensagem:** Compare e otimize os respectivos desempenhos das imagens em cada um dos seus canais sociais.
- » **Mensagem de recomendação otimizada:** Teste a eficiência da sua mensagem de e-mail convertendo as novas recomendações dos usuários.

Testando as ativações

O teste da ativação fornece comentários sobre como o site e o conteúdo se saem ao tornar os usuários adquiridos ativos. Os resultados do teste de ativação otimizam seu site e as páginas de destino para que se obtenha o maior número de inscrições e assinaturas. Veja como você usaria os métodos de teste para fomentar o crescimento de ativação do usuário:

- » **Otimização de conversão do site:** Verifique se o seu site está otimizado quanto às conversões de ativação do usuário. Você pode usar os testes A/B e multivariado ou uma visualização dos dados do mapa de calor de cliques do mouse para ajudar a otimizar o design do site.
- » **Páginas de destino:** Se a sua página de destino tiver uma chamada para ação simples que solicite aos convidados que assinem a sua lista de e-mail, você poderá usar o teste A/B para melhorar o design dessa página e da mensagem de chamada para ação.

Testando as retenções

O teste das retenções fornece comentários sobre como as postagens do blog e as manchetes do e-mail estão se saindo com sua base de usuários ativos. Se quiser otimizar as manchetes de modo que os usuários continuem ativamente envolvidos com a sua marca, teste o desempenho das suas táticas de retenção do usuário. Veja como você pode usar os métodos de teste para aumentar o crescimento da retenção do usuário:

> **Otimização da manchete:** Use o teste A/B para melhorar as manchetes de postagens e as mensagens de e-mails de marketing. Teste diferentes variedades de chamadas em diferentes canais e, então, use as que se saírem melhor. As taxas de abertura por e-mail e de exibição de RSS são métricas ideais para controlar o desempenho de cada variação de manchete.

> **Otimização da taxa de conversão:** Aplique o teste A/B nas mensagem dos seus e-mails e determine a variedade mais eficiente para que seus usuários ativos se envolvam com sua marca. Quanto mais eficientes forem as suas mensagens, ao fazerem os usuários exercerem uma ação desejada, melhores serão suas taxas de retenção.

Testando o crescimento da receita

O teste da receita avalia o desempenho das páginas de destino que geram receita, das páginas de e-commerce e da mensagem da marca. Os métodos de teste da receita otimizam suas páginas de destino e e-commerce quanto às conversões de vendas. Veja como você pode usá-los para aumentar o crescimento da receita:

> **Otimização da conversão do site:** Você pode usar os testes A/B e multivariado ou a visualização dos dados do mapa de calor de cliques do mouse para incrementar sua página de vendas e o design do carrinho de compras para as conversões que geram receita.

> **Otimização da página de destino:** Se tiver uma página de destino com uma chamada simples para ação que solicita aos convidados que façam uma compra, poderá usar o teste A/B para a otimização do design.

Segmentando e direcionando para o sucesso

A finalidade da segmentação dos seus canais e públicos é direcionar especificamente suas mensagens e ofertas para conversões ideais, de acordo com os interesses e preferências específicos de cada segmento de usuário. Se o seu objetivo for otimizar o marketing do retorno sobre o investimento direcionando com precisão mensagens personalizadas para faixas inteiras do seu público de uma vez, poderá usar a análise de segmentação para agrupar os membros do público por atributos compartilhados e, então, personalizar sua mensagem para o público-alvo de acordo com cada grupo. Nas seções a seguir, indico os aplicativos que facilitam a segmentação do usuário e explico como você pode usar a segmentação e as táticas de direcionamento para aumentar as camadas do seu funil de vendas.

Segmentando para um crescimento mais rápido e fácil do e-commerce

Os cientistas de dados que trabalham na gestão do crescimento devem estar familiarizados e saber como derivar informações dos seguintes aplicativos de segmentação de usuários e direcionamento:

» **Google Analytics Segment Builder:** O Google Analytics (`www.google.com/analytics` — conteúdo em inglês) dispõe do recurso Segment Builder, que facilita a configuração de filtros para seus segmentos no aplicativo. Você pode usar a ferramenta para segmentar os usuários por dados demográficos, como idade, gênero, fonte de recomendações e nacionalidade. Para saber mais sobre o Segment Builder, confira a página do Google Analytics Help em `https://support.google.com/analytics/answer/3124493` (conteúdo em inglês).

» **Adobe Analytics** (`www.adobe.com/solutions/digital-analytics/marketing-reports-analytics.html` — conteúdo em inglês): Você pode usar o Adobe Analytics nas análises avançadas de segmentação de usuários e rotatividade de clientes — ou análises que identifiquem motivos e previnam perdas.

LEMBRE-SE

A *rotatividade do cliente* descreve a perda ou a rotatividade dos clientes existentes. A *análise da rotatividade do cliente* é um conjunto de técnicas analíticas voltadas para identificar, monitorar e emitir alertas sobre os indicadores do momento em que clientes provavelmente irão se afastar. Com as informações geradas na análise da rotatividade do cliente, os negócios podem adotar medidas preventivas para manter a proximidade dos clientes.

» **Webtrends** (`http://webtrends.com` — conteúdo em inglês): O Webtrends' Visitor Segmentation and Scoring dispõe de recursos de segmentação do cliente em tempo real que ajudam a separar, direcionar e envolver os visitantes de valor mais alto. A solução Conversion Optimization também oferece segmentação avançada e funcionalidade de direcionamento, que você pode usar para otimizar sites, páginas de destino e a experiência geral do cliente.

» **Optimizely** (`www.optimizely.com` — conteúdo em inglês): Além da sua funcionalidade de teste, você pode usar o Optimizely na segmentação dos visitantes, direcionamento e marketing geográfico.

» **IBM Product Recommendations Solutions** (`www-01.ibm.com/software/marketing-solutions/products-recommendation-solution` — conteúdo em inglês): Essa solução utiliza o IBM Digital Analytics e os métodos de segmentação de clientes e produtos para fazer recomendações de produtos ideais aos visitantes dos sites de e-commerce. O IBM Product Recommendations Solutions ajuda a fazer vendas casadas ou cruzadas de suas ofertas.

Segmentando e direcionando as aquisições

Você pode otimizar seus esforços de aquisição para atender às preferências e interesses específicos dos seus futuros usuários. Se quiser maximizar o retorno sobre o investimento na aquisição do usuário, poderá usar a segmentação e o direcionamento para agrupar seus futuros usuários e canais por interesse e preferências de estilo e, então, usar esses grupos para enviar mensagens direcionadas em massa para os futuros usuários. A segmentação das aquisições e o direcionamento criam seus canais fornecendo fatos sólidos sobre as preferências de determinados segmentos. Depois de agrupar os futuros usuários por preferência, você só precisará fazer o marketing dessas preferências e evitar mensagens desfavoráveis nos segmentos.

O futuro usuário, a segmentação do canal e o direcionamento são a parte fácil do crescimento das aquisições porque, depois de descobrir o que funciona em cada segmento, bastará continuar a fornecer esse conteúdo para fazer os números da aquisição do usuário aumentarem. Veja como você pode usar as táticas de segmentação e direcionamento para otimizar suas aquisições do usuário (que têm o mesmo objetivo da tática analisada na seção "Acessando a análise das aquisições", anteriormente neste capítulo):

» **Descoberta do público:** Ao fazer a análise de segmentação utilizando os dados dos visitantes do site, você os agrupa com sucesso em classes distintas de acordo com as suas características em comum. Essa abordagem é bem mais certa do que o método de inferência simples usado para a análise, mas a finalidade é a mesma: usar os dados do visitante para entender melhor quem é o seu público, no que está interessado e como direcionar com mais eficiência mensagens e ofertas que o atraiam.

» **Otimização do canal de mídia social:** Você pode usar as informações obtidas via análise de segmentação para entender melhor e atender às preferências distintas do seu público da rede de mídia social.

Direcionando as ativações

É possível aumentar as ativações de usuários do site pela compreensão e resposta aos seus interesses e preferências. Quando o objeto for otimizar sites e conteúdos a fim de aumentar o número de ativações, a análise de segmentação ajuda a entender melhor os interesses dos seus públicos. Veja como você pode usar as táticas de segmentação e direcionamento para ampliar o número de ativações de usuários:

» **Descoberta do público:** Você pode fazer a análise de segmentação dos dados dos visitantes do site para entender e agrupar os usuários de acordo com seus tipos e preferências. Esses grupos desenvolvem mensagens destinadas mais estrategicamente a provocar os interesses das pessoas em seus segmentos de público.

» **Mensagens estratégicas do canal:** Depois de formar uma boa compreensão sobre os segmentos de usuários e suas preferências, você poderá usar essas informações para desenvolver mensagens estratégicas direcionadas especificamente e eficazes em cada um dos segmentos. Essa abordagem direcionada pode propiciar mais segmentos de mídia social e mais assinaturas do site.

Segmentando e direcionando as retenções

É possível aumentar as retenções do usuário entendendo e respondendo aos interesses e preferências dos usuários do site. Para aumentar a retenção do usuário reduzindo a rotatividade de clientes, você pode implantar estratégias de segmentação e direcionamento. Basta segmentar os dados de rotatividade dos clientes em *grupos* — subconjuntos agrupados de acordo com semelhanças ou alguma característica em comum — e, então, analisar esses grupos para descobrir tendências e deduzir os fatores que contribuem para a rotatividade em cada um deles. Depois de entender por que determinados segmentos de usuários se afastam, você poderá adotar medidas preventivas e impedir essa rotatividade antes de perder os clientes de vez.

Segmentando e direcionando para as receitas

É possível aumentar as receitas da marca entendendo e respondendo aos interesses e preferências dos seus clientes de e-commerce. As estratégias de segmentação e direcionamento do usuário aumentam as receitas e o volume de vendas. Veja como:

» **Otimização das páginas de destino e e-commerce:** Você pode fazer uma análise de segmentação nos dados dos visitantes do site para entender melhor os padrões de comportamento por categoria de cliente. Uma delas poderia ser definida por idade, raça, gênero, ganhos, fonte de referência ou região. Depois de diferenciar nitidamente os segmentos de usuários e suas preferências, você poderá usar essas informações para criar páginas de destino ou e-commerce individuais, personalizadas e direcionadas para conversões de vendas ideais em cada segmento.

» **Mecanismos de recomendação:** Quando você cria por conta própria ou utiliza um aplicativo de recomendação, os sistemas de recomendação usam a filtragem colaborativa ou baseada em conteúdo para segmentar os clientes de acordo com as suas características compartilhadas. Será útil segmentar os clientes para direcionar ofertas com precisão de acordo com as suas preferências e fazer vendas casadas e cruzadas das ofertas da sua marca.

NESTE CAPÍTULO

» Falando sobre a análise dos dados temporais

» Usando soluções GIS padrão

» Conhecendo o papel da estatística espacial avançada

» Avaliando os limites da abordagem do data science

Capítulo **21**

Usando o Data Science para Descrever e Prever Atividades Criminosas

Nos últimos anos, o data science vem sendo cada vez mais incorporado aos métodos da criminologia, em uma prática conhecida como *policiamento preditivo*. O policiamento preditivo oferece resultados promissores, e os responsáveis pela aplicação da lei têm grandes expectativas de usar a inteligência preditiva para formular estratégias mais eficientes. Os juízes esperam usar as informações preditivas como suporte para decidir quando conceder liberdade sob fiança a suspeitos. Os órgãos de segurança pretendem usar a tecnologia para monitorar criminosos com mais eficiência. Como consequência, há uma demanda muito alta por analistas de crimes com habilidades para usar o data science, a fim de criar produtos de informações descritivos e preditivos que fundamentem as decisões das autoridades policiais.

Para usar o data science na análise criminal, você precisa ter habilidades em GIS, visualização dos dados, codificação e estatística e matemática básicas. Para se aprofundar mais na modelagem descritiva, preditiva ou de recursos, precisará de boas habilidades em estatística espacial. Além disso, para atuar na análise criminal como cientista de dados, precisará de uma ótima especialização em justiça criminal.

LEMBRE-SE

Os profissionais criminais do data science não substituem os analistas criminais; pelo contrário, eles incrementam o trabalho dos analistas. Os analistas criminais são responsáveis por avaliar e informar as tendências dos dados criminais no momento de ocorrência, para informar às autoridades policiais e aos cidadãos que, então, podem adotar medidas proativas para impedir futuras atividades criminosas. Os analistas criminais trabalham com as autoridades policiais no desenvolvimento de estratégias para coibir e reduzir a ocorrência de atividades criminosas. Porém, a função dos cientistas de dados na análise criminal tem um caráter mais técnico na apreciação dos dados. Eles usam matemática avançada, estatística e codificação para descobrir tendências espaciais e temporais ocultas no conjunto de dados de crimes. Os cientistas de dados na análise criminal trabalham para descrever, prever e modelar recursos para a prevenção de atividades criminosas.

Dois tipos diferentes de análises de dados são relevantes para a criminologia: análises dos dados temporais e espaciais. A *análise dos dados temporais* engloba a avaliação de conjuntos de dados tabulares que contêm dados cronológicos relevantes que, no entanto, não estão situados geograficamente. A *análise dos dados espaciais* envolve a análise de dados tabulares contidos em conjuntos de dados espaciais geograficamente localizados, e pode abranger a análise dos dados temporais relacionados a locais específicos. Nesse caso, o procedimento é conhecido como *análise dos dados espaçotemporais*.

Análise Temporal para Prevenção e Monitoramento de Crimes

A análise temporal dos dados criminais consiste em avaliações que descrevem padrões na atividade criminosa com base no tempo. Você pode analisar esses dados para desenvolver análises prescritivas, com uma análise criminal tradicional ou uma abordagem de data science. Uma análise prescritiva desenvolvida a partir de dados criminais temporais oferece suporte de decisão às agências de segurança que pretendem otimizar sua luta tática contra o crime.

Para esta análise, considere os *dados temporais* como dados tabulares sinalizados com entradas de data/hora para cada registro no conjunto. A análise de dados temporais serve para a formulação de inferências e estabelecimento de correlações úteis para monitorar e prever os crimes que estão acontecendo, quando e por quê. Na análise criminal, um exemplo de conjunto de dados temporais descreveria o número de diferentes tipos de crimes cometidos, divididos e registrados diariamente ao longo de um mês.

Para derivar com eficácia informações simples e úteis de dados criminais temporais, você precisa apenas de um nível básico de habilidade em data science. É necessário saber como fazer inferências estatísticas e matemáticas fundamentais, inclusive indicar e investigar valores atípicos, analisar padrões na série temporal e estabelecer correlações ou causas com técnicas de regressão. Quando se derivam informações dos dados criminais temporais, é comum gerar produtos para suporte da decisão sob a forma de relatórios de dados tabulares e visualizações simples de dados, como gráficos de barras, linhas e mapas de calor.

Previsão e Monitoramento do Crime Espacial

Os *dados espaciais* são dados tabulares sinalizados com informações de coordenadas espaciais para cada registro no conjunto. Muitas vezes, os conjuntos de dados espaciais também têm um campo que indica um atributo de data/hora para cada um dos seus registros, tornando-se *dados espaçotemporais*. Se quiser criar mapas de crimes ou descobrir tendências baseadas em localização para dados criminais, use a análise de dados espaciais. Também é possível usar esses métodos para fazer inferências baseadas em localização, que ajudam a monitorar e prever os crimes que ocorrerão, onde, quando e por quê. Nas seções a seguir, mostro como você pode usar as metodologias GIS, modelagem de dados e estatística espacial a fim de criar produtos de informação para a previsão e monitoramento da atividade criminosa.

Mapeamento do crime com a tecnologia GIS

Uma das formas mais comuns de informações de dados usadas na aplicação da lei é o mapa do crime. Um *mapa do crime* é um mapa espacial em que se visualiza onde os crimes foram cometidos ao longo de um determinado intervalo de tempo. Antes, você desenhava esse tipo de mapa com lápis e papel. Agora, o trabalho é feito com um software GIS, como ArcGIS Desktop ou QGIS.

LEMBRE-SE

Embora o mapeamento do crime tenha se tornado muito sofisticado, mesmo com os avanços nas tecnologias espaciais, a finalidade permanece a mesma: oferecer aos responsáveis pela aplicação da lei e às pessoas em geral informações descritivas sobre atividades criminosas locais, com o objetivo de otimizar os esforços de segurança pública. O software GIS ajuda a criar mapas do crime, que podem ser usados na análise descritiva ou como fonte para previsões simples baseadas em inferência. (Para saber mais sobre a criação de mapas e a análise espacial básica, confira o Capítulo 13.)

Indo além com a análise de alocação do local

A *alocação do local* é uma forma de análise espacial preditiva, que você pode usar para obter uma localização mais precisa a partir de modelos complexos de dados espaciais. Por exemplo, na aplicação da lei, a otimização do local prevê as delegacias às quais os policiais devem se reportar em casos de emergência, em qualquer região da cidade ao longo de uma janela de tempo de resposta de 5 minutos. Para que uma agência possa prever os melhores locais onde posicionar os policiais, que devem chegar imediatamente ao ponto de uma emergência ocorrida em qualquer parte da cidade, use a análise de alocação do local.

Você pode facilmente fazer uma análise de alocação do local usando o ArcGIS do complemento Desktop Network Analyst com máxima cobertura. (Verifique o ArcGIS for Desktop em `www.esri.com/software/arcgis/arcgis-for-desktop` — conteúdo em inglês.) Nessa forma de análise, você deve inserir os dados sobre os recursos existentes, *pontos de demanda* — que representam lugares na área de estudo que apresentam demanda por recursos de aplicação da lei — e quaisquer barreiras espaciais que bloqueariam ou impediriam seriamente os tempos de resposta da aplicação da lei. O modelo produz informações sobre os locais ideais para posicionar policiais, com os tempos de resposta mais rápidos e mais bem distribuídos. Pacotes como o complemento Network Analyst são fáceis de usar e um dos benefícios que justificam a escolha do ArcGIS em vez do QGIS de código aberto. A Figura 21-1 mostra os resultados do mapa derivados de uma análise de alocação do local.

FIGURA 21-1: Um produto do mapa derivado da análise de alocação do local.

318   PARTE 5 **Aplicando a Especialização do Domínio para. . .**

Analisando as estatísticas espaciais complexas para entender melhor o crime

Você pode usar suas habilidades em GIS, matemática, modelagem de dados e estatística espacial de muitas maneiras para criar produtos de informação descritivos e preditivos que dão suporte à tomada de decisão dos policiais. Os aplicativos de análise espacial patenteados simplificaram muito esse trabalho fornecendo ferramentas de complementação especiais voltadas para a análise espacial dos dados de crime. Além disso, aplicativos gratuitos de código aberto, como o programa CrimeStat III (www.nij.gov/topics/technology/maps/pages/crimestat.aspx — conteúdo em inglês), estão disponíveis para formas mais avançadas de análise estatística. Nas seções a seguir, explico como você pode usar suas habilidades de data science para derivar informações descritivas e preditivas dos dados espaciais que auxiliam as agências de segurança na otimização do seu planejamento de resposta tática.

Entrando nos métodos descritivos

Você pode incorporar estatísticas descritivas espaciais na análise do crime para produzir uma avaliação que servirá para entender e monitorar os atributos do local das atividades criminosas em andamento. É possível usar estatísticas descritivas espaciais para fornecer à agência de segurança informações atualizadas sobre local, intensidade e tamanho das regiões de conflito da atividade criminosa, assim como derivar informações importantes sobre as características das áreas locais posicionadas entre essas regiões de conflito.

Esta lista indica tipos úteis de abordagens quando se utilizam estatísticas espaciais em métodos descritivos de análise do crime:

» **Agrupamento:** Use métodos como os algoritmos do vizinho mais próximo (hierárquico e não hierárquico) e o algoritmo k-vizinhos próximos para identificar e analisar as regiões de conflito, e descrever as propriedades das distâncias entre os incidentes ou a autocorreção espacial que existe entre as áreas densas da atividade criminosa. Para aprender mais sobre os métodos de agrupamento, confira o Capítulo 6 deste livro.

Autocorrelação espacial é um termo que se refere ao fenômeno natural em que objetos fisicamente próximos apresentam maior semelhança média entre si do que em relação a objetos mais distantes.

LEMBRE-SE

» **Matemática espacial avançada:** Você pode usar uma métrica matemática espacial, como a euclidiana ou a de Manhattan (também conhecida como métrica do táxi), para descrever as distâncias entre incidentes criminais ou conjuntos de incidentes. A *métrica euclidiana* é uma medida da distância entre pontos plotados em um plano euclidiano. A *métrica do táxi* é uma medida da distância entre pontos, em que essa distância é calculada como a soma do valor absoluto das diferenças entre as coordenadas cartesianas dos dois pontos.

» **Estatística descritiva:** É utilizada para gerar uma descrição sobre a distribuição local das atividades criminosas, inclusive informações sobre a média direcional e o centro médio dos incidentes criminosos.

Criando modelos espaciais preditivos para a análise do crime

Você pode incorporar modelos estatísticos preditivos nos métodos de análise do crime para produzir uma análise que descreve e prevê os tipos de atividade criminosa que provavelmente ocorrerão e onde.

Os modelos espaciais preditivos auxiliam a prever o comportamento, o local e as atividades de criminosos reincidentes. Também é possível aplicar métodos estatísticos nos dados espaçotemporais para verificar as variáveis causais ou correlativas relevantes para o crime e a aplicação da lei.

A lista a seguir indica tipos de abordagens úteis para a modelagem preditiva espacial aplicada à análise do crime:

LEMBRE-SE

» **Agrupamento:** Você pode usar os métodos de estimativa da densidade do kernel para quantificar a densidade espacial das atividades criminosas e para gerar medidas comparativas entre as densidades da atividade criminosa em relação à população base da área afetada.

Estimativa da densidade do kernel (KDE) é um método de suavização em que coloca um *kernel* — ou função ponderada útil para quantificar a densidade — em cada ponto de dado no conjunto para, então, somar os kernels e gerar uma estimativa de densidade do kernel para a região em geral.

» **Estatística espacial avançada:** Com exemplo, considere o uso da análise de regressão para estabelecer como uma ou mais variáveis do crime independentes causam diretamente ou se correlacionam com uma variável do crime dependente. Por fim, as estatísticas espaciais avançadas servem para a elaboração de previsões comportamentais de criminosos reincidentes e de futuras atividades criminosas, com base em registros históricos do comportamento dos criminosos e informações sobre as condições atuais.

Modelando a demanda de deslocamento da atividade criminosa

Modelar a demanda de deslocamento da atividade criminosa permite descrever e prever os padrões de deslocamento dos criminosos, para que essas informações sejam usadas no planejamento de respostas táticas para a aplicação da lei. Se quiser prever as rotas mais prováveis a serem adotadas pelos criminosos entre os locais onde iniciam e cometem os crimes, use a modelagem de deslocamento do crime.

A modelagem de demanda do deslocamento é uma invenção dos engenheiros civis e foi desenvolvida para facilitar a incrementação do planejamento do transporte. Embora você possa usar quatro abordagens diferentes nessa modelagem — baseadas em trajeto, trajeto integrado, tour e cronograma de atividades —, a abordagem baseada no trajeto (veja Figura 21-2) é a mais relevante para a análise do crime.

A abordagem baseada no trajeto é dividida nas quatro etapas a seguir:

1. **Produção do trajeto.**

    Defina a *produção do trajeto* (a quantidade de trajetos do crime que se iniciam em uma *zona de origem*, uma área espacial como uma vizinhança ou subdivisão) e as *atrações do trajeto* (a quantidade de trajetos do crime que terminam na *zona de destino*, a área física onde o ato criminoso é executado).

2. **Distribuição do trajeto.**

    Incorpore uma *matriz do trajeto* — uma matriz de linhas e colunas que cobre uma área de estudo e representa os padrões dos trajetos — e um *modelo de gravidade*, que descreve e prevê o fluxo de localização dos objetos no espaço, para quantificar a contagem dos trajetos do crime que ocorrem entre cada zona de origem e cada zona de destino.

3. **Divisão modal.**

    Uma *divisão modal* é o grupo dos viajantes que usa determinados caminhos do trajeto em uma área de estudo. Para delimitar o deslocamento, você geraria uma contagem do número de trajetos para cada par de zona de origem/destino em cada rota disponível. A escolha entre as rotas pode ser feita de modo estatístico ou matemático.

4. **Atribuição da rede.**

    Atribua a probabilidade e preveja as rotas mais prováveis que um criminoso seguiria ao se deslocar de certa zona de origem até a de destino na rede de potenciais caminhos de deslocamento.

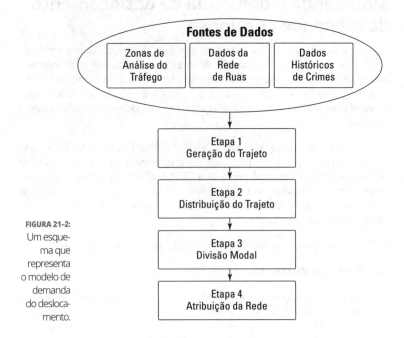

FIGURA 21-2: Um esquema que representa o modelo de demanda do deslocamento.

Investigando Problemas com o Data Science para a Análise de Crimes

Embora o data science da análise de crimes tenha um futuro promissor, há certos limites. O campo ainda é jovem e tem um longo caminho pela frente antes de os erros serem corrigidos. Atualmente, a abordagem está sujeita a muitas críticas por motivos legais e técnicos.

Dobrando-se aos direitos civis

Os sistemas jurídicos das nações ocidentais, como os EUA, são estruturados fundamentalmente sobre a noção básica de que as pessoas têm direito à vida, à liberdade e à busca de bens pessoais. Mais especificamente, a Quarta Emenda da Constituição norte-americana declara expressamente que as pessoas têm direito "a estar protegidas (...) contra buscas e apreensões arbitrárias, sem violações (...) mas baseadas em causa verificável". Com a popularização dos métodos de policiamento preditivo, surgiu um temor entre os cidadãos norte-americanos instruídos. As pessoas estão preocupadas com a possibilidade que o policiamento preditivo represente uma violação aos direitos assegurados pela Quarta Emenda.

Para conferir como essa violação de direitos ocorreria, imagine que você tenha desenvolvido um modelo preditivo para estimar um furto de carro que ocorrerá na tarde de 15 de janeiro, na esquina da Apple Street com a Winslow Boulevard. Como as suas previsões se provaram precisas no passado, a delegacia envia o policial Bob para patrulhar a área na hora e no dia informados. Ao policiar a área, Bob vê e reconhece o cidadão Daniel. O policial prendeu Daniel cinco anos atrás por acusações de roubo. Bob testemunhou contra Daniel e sabe que ele foi condenado. Daniel também faz parte de uma minoria racial e o policial o considera suspeito apenas com base nisso (algo conhecido como *perfil racial*; isso é ilegal, mas acontece o tempo todo).

O policial Bob, na esquina da rua informada, tem em mãos um relatório preditivo informando que um crime de furto irá ocorrer e está na presença de um homem de minoria racial com histórico de furtos. O policial decide que o relatório preditivo, combinado com o que sabe sobre Daniel, é suficiente para justificar uma causa provável; portanto, efetua uma busca e apreensão em Daniel.

O problema surge quando alguém considera que um relatório preditivo combinado com o conhecimento de atividade criminosa passada é suficiente para dar suporte a uma causa provável. Mesmo que o relatório preditivo tivesse uma precisão garantida — o que não acontece —, essa decisão de fazer uma busca em Daniel poderia ter sido baseada em um julgamento do perfil racial. E se o policial usar o relatório preditivo apenas como justificativa para perseguir e humilhar Daniel porque ele integra uma minoria e o policial odeia minorias? Nesse caso, Bob certamente estaria violando os direitos da Quarta Emenda de Daniel. Mas, como o policial tem um relatório de policiamento preditivo, quem julgaria as atitudes de Bob? Talvez ele tenha agido de boa-fé, talvez não.

As práticas de policiamento preditivo criam uma área cinzenta na qual os policiais podem abusar do poder e violar direitos civis sem serem responsabilizados. Uma parte significativa da população norte-americana é contra o uso das medidas de policiamento preditivo por essa razão, mas a abordagem também apresenta problemas técnicos.

Impondo limites técnicos

O data science aplicado à análise de crimes é uma categoria à parte e, como tal, está sujeito a determinados problemas que podem não ocorrer em outros domínios. Para fins de aplicação da lei, os criminosos agem de acordo com seus próprios princípios e livre-arbítrio. Uma breve analogia é o melhor modo de descrever o problema.

Imagine que você cria um modelo de demanda de deslocamento criminal. Com base na zona de origem, esse modelo prevê que o criminoso Carl certamente irá para a Ventura Avenue ou Central Road, onde pegará seu próximo carregamento de drogas. Na verdade, o modelo prevê essas mesmas rotas para todos os criminosos de drogas que partem da mesma zona de origem que Carl.

Com base nessa previsão, a delegacia prepara duas unidades, uma na Ventura Avenue e outra na Central Road, na esperança de pegar o criminoso depois da compra. O criminoso, claro, não conhece os planos. Ele e seu colega Steve vão para a Ventura Avenue, compram as drogas e voltam pela mesma rota. Como já é noite, Steve não está muito preocupado em usar o cinto de segurança, pois não espera fiscalização. Quando Carl e Steve estão voltando, a policial Irene começa a segui-los imediatamente e procurar um motivo para pará-los; a infração do cinto de segurança de Steve é uma causa. Quando a policial fala com os homens, pode dizer que estão embriagados. Portanto, há causa verificável para investigar o veículo. Carl e Steve vão para a cadeia por acusações de drogas e, quando forem soltos, contarão aos outros criminosos todos os detalhes sobre o que aconteceu.

A delegacia usa esse modelo para pegar mais seis delinquentes em um curto espaço de tempo, em Ventura Avenue ou Central Road. Sempre que os policiais fazem uma prisão, os delinquentes saem e contam aos outros criminosos os detalhes de como foram pegos. Após seis fiascos nessas duas vias em um período de tempo relativamente curto, os traficantes locais entendem que essas ruas estão sendo vigiadas. Depois que a notícia se espalha, os criminosos passam a evitar as áreas e mudam seus padrões de forma aleatória para não cruzar com a polícia. Dessa forma, seu modelo preditivo acaba por se tornar obsoleto.

Esse tipo de padrão comum torna ineficiente o uso de modelos preditivos para reduzir as taxas de crimes. Depois que os criminosos deduzem os fatores que os colocam em risco, passam a evitá-los e adotam aleatoriamente uma abordagem diferente para perpetrar seus crimes sem ser pegos. Na maioria das vezes, as delegacias têm que mudar continuamente suas estratégias de análise para acompanhar os criminosos, mas eles quase sempre estão um passo à frente.

Essa é uma versão mais grave de um problema que surge em muitas aplicações, sempre que o processo subjacente está sujeito à alteração sem aviso. Os modelos devem estar sempre atualizados.

A Parte dos Dez

NESTA PARTE . . .

Descubra tudo sobre alguns recursos fantásticos de dados abertos.

Explore alguns ótimos recursos e aplicativos (gratuitos) de data science.

NESTE CAPÍTULO

» Dados abertos de fontes do Governo

» Dados do World Bank

» Fontes privadas de dados abertos

» O mundo dos dados espaciais abertos

Capítulo **22**

Dez Recursos Fenomenais dos Dados Abertos

Os dados abertos integram uma tendência mais abrangente rumo a uma compreensão menos restritiva e mais aberta da ideia de propriedade intelectual, uma tendência que vem se popularizando bastante desde a última década. *Dados abertos* são dados que se tornaram publicamente disponíveis e podem ser usados, reutilizados, ampliados e compartilhados com outras pessoas. Os dados abertos fazem parte das reivindicações de um movimento mundial pela abertura das informações. Além dos dados abertos, esse *movimento pela abertura* também promove o software de código aberto, hardware aberto, trabalho criativo com conteúdo aberto, acesso aberto a jornais científicos e ciência aberta — todos comprometidos com a noção de que o conteúdo (inclusive os dados brutos dos experimentos) deve ser compartilhado gratuitamente.

O diferencial das licenças abertas é a sua permissão para cópia livre em vez de proteção por direitos autorais. Na *cópia livre*, a única restrição consiste na identificação da origem do trabalho, às vezes com a condição de que os trabalhos derivados sejam protegidos por direitos autorais com cláusulas mais restritivas que os do original. Caso essa condição seja atendida, será difícil comercializar com eficácia o trabalho, embora as pessoas geralmente encontrem muitas outras vias criativas e indiretas de comercialização.

CUIDADO

Às vezes, um trabalho rotulado como aberto pode não corresponder à definição corrente. Portanto, você deve verificar os direitos de licença e restrições aplicáveis aos dados abertos usados.

Com frequência, as pessoas confundem licenças *abertas* com licenças Creative Commons. A *Creative Commons* é uma organização sem fins lucrativos dedicada a encorajar e divulgar trabalhos criativos oferecendo uma estrutura legal, por meio da qual permissões de uso podem ser concedidas e obtidas, para que as partes que as compartilham fiquem protegidas dos riscos legais quando criam e usam trabalhos e conhecimentos abertamente compartilhados. Algumas licenças Creative Commons são abertas e outras proíbem explicitamente trabalhos derivados e/ou sua comercialização.

Como parte das recentes iniciativas governamentais de abertura, governos do mundo todo começaram a liberar dados abertos. Os Governos geralmente fornecem esses dados para que possam ser usados por analistas voluntários e *hackers civis* — programadores que trabalham em colaboração, a fim de criar soluções de código aberto para resolver problemas sociais — em um esforço para beneficiar a sociedade em geral. Em 2013, os países do G8 (França, EUA, Reino Unido, Rússia, Alemanha, Japão, Itália e Canadá) assinaram uma carta estabelecendo o compromisso de abrir os dados e priorizar as áreas da estatística nacional, resultado de eleições, orçamentos do Governo e mapas nacionais.

O movimento pelo governo aberto promove transparência governamental e responsabilidade ética, informa eleitores e encoraja a participação pública. Na área da computação, um governo aberto deve facilitar a relação de leitura/gravação entre cidadãos e governo.

Explorando o Data.gov

O programa Data.gov (em www.data.gov — conteúdo em inglês) foi iniciado pela administração de Obama com o objetivo de estabelecer um acesso aberto aos dados não classificados do governo norte-americano. Os dados do Data.gov são gerados por todos os departamentos do Poder Executivo — Casa Branca e departamentos ligados aos Gabinetes — e também incluem conjuntos de dados de outras instâncias governamentais. Em meados de 2014, era possível pesquisar mais de 100.000 conjuntos de dados usando a pesquisa do Data.gov. O site será um recurso inigualável se você estiver procurando dados do governo norte-americano sobre os seguintes indicadores:

- » **Econômicos:** Encontre dados sobre finanças, educação, trabalhos e habilidades, agricultura, produção e negócios.

- » **Ambientais:** Procurando dados sobre energia, clima, geoespaço, oceanos e desenvolvimento global? Você encontrou.

- » **Indústria STEM:** O lugar certo para qualquer coisa relacionada à ciência, tecnologia, engenharia e matemática; dados sobre ciência da energia e pesquisa, por exemplo.

- » **Qualidade de vida:** Aqui, você pode encontrar dados sobre padrões do clima, saúde e segurança pública.

- » **Legais:** Se os seus interesses estiverem relacionados à área jurídica, o Data.gov controla dados sobre leis e ética.

DICA

A política de dados do Data.gov torna os dados federais derivados dessa fonte extremamente seguros de usar. A política diz: "Os dados federais dos EUA disponibilizados pelo Data.gov são oferecidos gratuitamente e sem restrições. Os dados e o conteúdo criados pelos funcionários do Governo no escopo da sua atividade não estão sujeitos à proteção de direitos autorais internos.". Como os dados estão em incontáveis formatos, inclusive XLS, CSV, HTML, JSON, XML e geoespaciais, você certamente poderá encontrar algo útil.

Os conjuntos de dados não são as únicas informações abertas no Data.gov. Você também pode encontrar mais de 60 interfaces de programação do aplicativo (APIs) de código aberto. É possível usar essas APIs para criar ferramentas e aplicativos com a finalidade de obter os dados dos departamentos do Governo listados no catálogo de dados. O catálogo em si usa a popular API CKAN de código aberto. (CKAN é uma sigla para Comprehensive Knowledge Archive Network.) Até o código usado para gerar o site do Data.gov é de código aberto e publicado no GitHub (em http://github.com — conteúdo em inglês), caso esteja interessado em examiná-lo.

DICA

O Data.gov aloca centenas de milhares de dólares em prêmios por ano para competições de desenvolvimento de aplicativos. Se for desenvolvedor e estiver procurando um projeto divertido, com potencial para recompensas financeiras e oportunidade de causar um impacto social positivo, confira as competições do Data.gov. Os aplicativos populares já desenvolvidos nessas competições incluem um mapa interativo da fome global e um aplicativo que calcula e controla passagens de ônibus, rotas e conexões em Albuquerque, Novo México, em tempo real.

CAPÍTULO 22 **Dez Recursos Fenomenais dos Dados Abertos**   329

Verificando os Dados Abertos do Canadá

Por muitas décadas, o Canadá tem sido líder mundial em coleção de dados e práticas de publicação. O *The Economist* e o Public Policy Forum têm citado repetidamente o Statistics Canada — departamento federal do Canadá para estatística — como a melhor organização estatística do mundo.

Basta conferir o site do Canada Open Data (http://open.canada.ca — conteúdo em inglês) para observar como é evidente o grande comprometimento do país com os dados. No site do Canada Open Data, há mais de 200.000 conjuntos de dados. Entre as 25 ofertas mais populares do site estão os conjuntos de dados que cobrem os seguintes indicadores:

» **Ambientais:** Como desastres naturais e taxas de consumo de combustível

» **Cidadania:** Pedidos de residência permanente, contagens de residentes permanentes, contagens de entrada de estudantes estrangeiros etc.

» **Qualidade de vida:** Por exemplo, tendências do custo de vida, colisões de automóveis e fiscalização de doenças

CUIDADO

O Canada Open Data divulga seus dados abertos sob uma *Licença de Governo Aberta* — uma licença de uso emitida por uma organização governamental para especificar as exigências que devem ser atendidas para usar ou reutilizar legalmente os dados abertos que a organização publicou. Você precisa validar a fonte sempre que usar os dados e colocar links para a página da Licença de Governo Aberta — Canadá, http://open.canada.ca/open-government-licence-canada (conteúdo em inglês).

Entrando no Data.gov.uk

O Reino Unido saiu atrasado no movimento pelo governo aberto. O Data.gov.uk (http://data.gov.uk — conteúdo em inglês) foi iniciado em 2010 e, em meados de 2014, apenas cerca de 20.000 conjuntos de dados estavam disponíveis. Como o Data.gov (analisado na seção "Explorando o Data.gov", anteriormente neste capítulo), o Data.gov.uk também é alimentado pelo catálogo de dados CKAN.

Embora o Data.gov.uk ainda esteja tentando acompanhar o ritmo, contém uma coleção impressionante de mapas bem antigos do Serviço de Cartografia — 50 anos ou mais — sem direitos autorais. Se estiver procurando mapas de pesquisa gratuitos e mundialmente famosos, o Data.gov.uk será um lugar incrível para explorar. Além dos seus mapas de pesquisa estrelar, o Data.gov.uk é uma fonte útil de dados sobre os seguintes indicadores:

» **Ambientais** (tema mais fértil no Data.gov.uk)
» **Gastos governamentais**
» **Sociais**
» **Saúde**
» **Educação**
» **Negócios e economia**

É interessante que conjunto de dados baixado com mais frequência no Data.gov.uk esteja relacionado à divisão Bona Vacantia — a divisão governamental encarregada de controlar processos complexos de determinação de herança dos imóveis britânicos.

CUIDADO

Como o site do Canada Open Data (veja a seção anterior), o Data.gov.uk usa uma Licença do Governo Aberta, ou seja, você precisa validar a fonte dos dados sempre que os utilizar e colocar links para a página da Licença do Governo Aberta, Data.gov.uk, em `www.nationalarchives.gov.uk/doc/open-government-licence` (conteúdo em inglês).

DICA

Embora o Data.gov.uk ainda esteja no início, vem crescendo rapidamente. Portanto, consulte-o com frequência. Se não encontrar o que procura, o site do Data.gov.uk dispõe de uma funcionalidade pela qual você pode solicitar especificamente os conjuntos de dados que deseja ver.

Verificando os Dados do U. S. Census Bureau

O U. S. Census é realizado a cada dez anos e, desde 2010, os dados vem sendo disponibilizados gratuitamente em `www.census.gov`. As estatísticas estão disponíveis no nível do bloco do censo, que agrega uma contagem de 30 pessoas em média. Os dados demográficos fornecidos pelo U. S. Census Bureau poderão ser bastante úteis se estiver fazendo uma pesquisa de marketing ou propaganda e precisar direcionar seu público de acordo com as seguintes classificações:

» Idade
» Renda anual média
» Tamanho da família

» Gênero ou raça

» Nível de educação

Além de contar a população dos EUA, o U. S. Census Bureau faz um censo dos negócios. Você pode usar esses dados como fonte para uma pesquisa prática sobre indústrias, a fim de obter informações como o número de negócios e funcionários e o tamanho da folha de pagamento de cada setor, por estado ou área metropolitana.

Por fim, o U. S. Census Bureau realiza anualmente uma Pesquisa de Comunidades Americanas para controlar os dados demográficos com base em uma amostra estatisticamente representativa da população durante os anos sem censo. Você poderá verificá-los sempre que precisar de dados específicos sobre eventos ocorridos em determinado ano ou intervalo de anos.

CUIDADO

Alguns blocos de censo têm uma densidade demográfica bem maior do que a média. Ao usar dados desses blocos, lembre-se de que os dados do bloco foram agregados em uma contagem feita por pessoa, ou seja, maior do que a contagem média de 30 pessoas dos blocos do censo.

Quanto a recursos e funcionalidades, o U.S. Census Bureau tem muito a oferecer. É possível usar o QuickFacts (http://quickfacts.census.gov/qfd — conteúdo em inglês) para gerar e obter rapidamente dados governamentais de nível federal, estadual, regional e municipal dos EUA. Além disso, o U.S. Census oferece o Census Explorer (www.census.gov/censusexplorer — conteúdo em inglês), um recurso útil para criar e exibir gráficos ou mapas interativos na web de dados do censo. Embora seja possível encontrar todos esses dados no site do Data.gov (sobre o qual você pode ler na seção "Explorando o Data.gov", anteriormente neste capítulo), esses recursos e funções extras justificam uma visita ao Census.gov.

Conhecendo os Dados da NASA

Desde a sua criação, em 1958, a NASA tem tornado públicos todos os seus dados de projeto não classificados. Os dados abertos existem há tanto tempo que a NASA tem toneladas deles! Os conjuntos de dados da NASA vêm crescendo ainda mais rápido com as recentes melhorias na tecnologia de satélites e comunicações. Na verdade, a NASA agora gera diariamente quatro terabytes de novos dados científicos sobre a Terra — isso é equivalente a mais de um milhão de arquivos MP3. Muitos projetos da NASA acumulam dados na faixa do petabyte.

O portal de dados abertos da NASA é chamado de Data.NASA (http://data.nasa.gov — conteúdo em inglês). Esse portal é uma fonte maravilhosa de todos os tipos de dados, inclusive sobre

- » Astronomia e espaço (claro!)
- » Clima
- » Ciências da vida
- » Geologia
- » Engenharia

Alguns exemplos dessas centenas de conjuntos de dados incluem dados detalhados sobre a cor dos oceanos da Terra, um banco de dados para cada amostra lunar e seu local de armazenamento e a coleção Great Images in NASA (GRIN), de fotografias historicamente relevantes.

Administrando os Dados do World Bank

O World Bank é uma instituição financeira internacional administrada pelas Nações Unidas. Ele oferece empréstimos para que países em desenvolvimento financiem investimentos de capital que poderão trazer (espera-se) redução da pobreza e algum valor excedente para que as nações beneficiadas possam pagar os empréstimos ao longo do tempo. Como os funcionários do World Bank precisam tomar decisões bem informadas sobre quais países teriam mais probabilidade de pagar os empréstimos, reuniram uma quantidade enorme de dados sobre os países-membros e disponibilizaram esses dados para o público na página World Bank Open Data (`http://data.worldbank.org` — conteúdo em inglês).

Para dar suporte ao seu argumento em uma matéria de jornal com dados realmente interessantes e fundamentados em estatísticas globais, consulte a fonte do World Bank. Qualquer que seja o escopo do seu projeto, se precisar de dados sobre o que acontece nas nações em desenvolvimento, o World Bank é o lugar certo para procurar. Você pode usar o site para baixar conjuntos de dados completos ou exibir as visualizações online. Também é possível usar a API de Dados Abertos do World Bank para acessar o que precisa.

O World Bank Open Data fornece dados sobre os seguintes indicadores (e muito, muito mais):

- » **Agricultura e desenvolvimento rural:** Aqui, você encontrará dados sobre os maiores contratos, contribuições para fundos intermediários financeiros, área de floresta e dados do tamanho da população rural.
- » **Economia e crescimento:** Para a Visão Global — dados sobre produto interno bruto (PIB), formação de capital bruto e dados com valor agregado

da agricultura, por exemplo — nenhuma fonte é mais completa do que o World Bank Open Data.

» **Ambiente:** Aqui, os dados podem informar tudo sobre as emissões de metano, de óxido nitroso e poluição da água.

» **Ciência e tecnologia:** É ótimo para controlar os aplicativos patenteados e dados de aplicativos com marca registrada.

» **Setor financeiro:** Pesquise a saúde (ou falta) da economia nacional vendo a proporção de bens de capital do banco de uma nação, investimento direto estrangeiro, capitalização do mercado e dados de projetos novos ou complementares.

» **Resultado da pobreza:** Para ter uma ideia mais clara sobre as condições da população mais pobre de um país, analise os dados associados ao produto interno bruto (PIB) *per capita*, rendas compartilhadas e gap de pobreza.

O World Bank Open Data também inclui *microdados* — pesquisas de amostra de famílias e negócios nos países em desenvolvimento. Você pode usar os microdados para explorar as variações em seus conjuntos de dados.

Conhecendo os Dados do Knoema

A meta do Knoema (pronunciado "no-má") é ser o maior repositório de dados públicos na web. A plataforma Knoema hospeda mais de 500 bancos de dados incríveis, além de 150 milhões de *séries temporais*, ou seja, 150 milhões de coleções de dados sobre valores de atributo diacrônicos. O Knoema inclui todas essas fontes de dados e muitas outras:

» **Dados do Governo de nações industriais:** Dados do Data.gov, Canada Open Data, Data.gov.uk e Eurostat.

» **Dados públicos nacionais de nações em desenvolvimento:** Dados de países como Índia e Quênia.

» **Dados das Nações Unidas:** Incluem dados da Organização das Nações Unidas para Alimentação e Agricultura, Organização Mundial da Saúde e muitas outras organizações ligadas à ONU.

» **Dados de organizações internacionais:** Como há mais organizações no cenário internacional além das Nações Unidas, se estiver procurando dados de organizações como o Fundo Monetário Internacional e a Organização para Cooperação e Desenvolvimento Econômico, o Knoema é o lugar ideal.

» **Dados corporativos de corporações globais:** O Knoema oferece dados disponibilizados publicamente por corporações privadas, como a British Petroleum e a BASF.

O Knoema é um excelente recurso se você estiver procurando dados internacionais sobre agricultura, estatística de crimes, dados demográficos, economia, educação, energia, ambiente, segurança alimentar, comércio exterior, saúde, uso do solo, defesa nacional, pobreza, pesquisa e desenvolvimento, telecomunicações, turismo, transporte ou água.

Além de ser uma fonte de dados incrível, o Knoema é uma plataforma de tarefas multifacetada. É possível usá-lo para criar painéis que controlam automaticamente todos os seus conjuntos de dados favoritos. Você pode usar as ferramentas de visualização de dados da plataforma para ver rápida e facilmente seus dados em um formato tabular ou de mapa. Pode usar o Knoema Data Atlas (http://knoema.com/atlas — conteúdo em inglês) para detalhar as categorias e/ou regiões geográficas e acessar rapidamente os conjuntos de dados específicos necessários. Como indivíduo, pode transferir seus próprios dados e usar o Knoema como um serviço de hospedagem gratuito. Além disso, o Knoema ainda oferece o Knoema Market, que você pode acessar e ser pago por fazer parte de projetos orientados a dados. Consulte http://knoema.com/market (conteúdo em inglês).

DICA

Embora muitos dos dados do Knoema sejam bem gerais, você também pode encontrar alguns específicos. Se tiver problemas para localizar dados sobre um tópico em particular, talvez tenha a sorte de encontrá-los na plataforma Knoema. A Figura 22-1 mostra como os dados específicos do Knoema são.

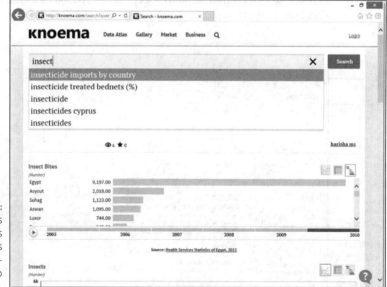

FIGURA 22-1: Índice dos registros de insetos na pesquisa do Knoema.

CAPÍTULO 22 **Dez Recursos Fenomenais dos Dados Abertos** 335

Entrando na Fila com os Dados do Quandl

O Quandl (www.quandl.com — conteúdo em inglês) é um site de Toronto que visa ser um mecanismo de pesquisa para dados numéricos. Ao contrário da maioria dos mecanismos de pesquisa, seu banco de dados não é gerado automaticamente por spiders que percorrem a web. Na verdade, prioriza dados vinculados atualizados via *terceirização em massa*, ou seja, manualmente, por curadores humanos.

Como a maioria dos dados financeiros está em formato numérico, o Quandl é uma excelente ferramenta para se manter atualizado sobre as últimas novidades em informática. Observe que, na Figura 22-2, uma pesquisa da *Apple* retorna mais de 4.700 conjuntos de dados de 11 diferentes fontes com séries temporais no nível diário, semanal, mensal, trimestral ou anual. Muitos desses resultados estão relacionados a dados agrícolas das Nações Unidas. Se estiver procurando dados sobre os Computadores Apple, poderá restringir o escopo da pesquisa substituindo o termo *Apple* pela abreviação de ações da empresa, AAPL.

O banco de dados Quandl inclui links para mais de 10 milhões de conjuntos de dados (embora use uma métrica generosa ao declarar o que diferencia um conjunto de dados do outro). O Quandl tem links com 2,1 milhões de conjuntos de dados da ONU e de muitas outras fontes, inclusive do Open Financial Data Project, bancos centrais, organizações de bens imobiliários e grupos de especialistas renomados.

FIGURA 22-2: Índice dos registros Apple na pesquisa do Quandl.

Você pode navegar pelos dados do Quandl e obter gráficos instantâneos com base no que encontra. Se assinar uma conta registrada e gratuita, poderá baixar quantos dados quiser ou usar a interface de programação do aplicativo (API) Quandl. A API do Quandl inclui componentes que aceitam plataformas como Java, Python, Julia, R, MATLAB, Excel e Stata, entre outras.

Explorando os Dados do Exversion

Modelado com base no GitHub — plataforma hospedada em nuvem na qual programadores compartilham e revisam códigos colaborativamente —, o Exversion visa fornecer a mesma funcionalidade de colaboração para dados que o GitHub oferece para códigos. A plataforma Exversion dispõe de uma funcionalidade de controle da versão e serviços de hospedagem para os quais você transfere e compartilha seus dados. Para demonstrar como o Exversion funciona, imagine uma plataforma que permitiria a você primeiro *bifurcar* (ou copiar) um conjunto de dados para, então, fazer as alterações desejadas. O Exversion controlaria o que mudou no conjunto original e cada alteração feita nele. O Exversion também permite que os usuários classifiquem, revisem e comentem os conjuntos de dados.

Os conjuntos de dados hospedados na plataforma Exversion são fornecidos pelos usuários ou criados por um spider que percorre e indexa dados abertos para torná-los pesquisáveis a partir de uma única interface de programação do aplicativo (API). Como no GitHub, com uma conta de usuário gratuita, todos os dados transferidos para o Exversion serão abertos ao público. Se quiser pagar por uma conta, poderá criar seus próprios repositórios de dados privados. Além disso, com uma conta paga, você terá a opção de compartilhar seus dados com usuários selecionados para realizar projetos em colaboração.

DICA

Quando se trabalha em projetos em colaboração, o controle da versão é essencialmente importante. Ao invés de aprender essa lição do modo difícil, basta iniciar seu projeto em um aplicativo ou plataforma com a versão ativada — essa abordagem evitará muitos problemas no futuro.

O Exversion é extremamente útil no estágio de limpeza dos dados. A maioria dos desenvolvedores está familiarizada com os incômodos da limpeza de dados. Imagine que você queira usar um determinado conjunto de dados, mas, para isso, deve colocar tabulações em todos os lugares certos para fazer as colunas se alinharem corretamente. Nesse ínterim, há outros 100 desenvolvedores trabalhando com esse conjunto de dados, fazendo exatamente a mesma coisa. Por outro lado, se você baixar, limpar e, então, transferir os dados para o Exversion, os outros desenvolvedores poderão usá-los sem perder tempo fazendo o mesmo depois. Assim, todos aproveitam o trabalho uns dos outros e cada pessoa poderá passar mais tempo analisando os dados e menos tempo com a sua limpeza.

Mapeando os Dados Espaciais do OpenStreetMap

O OpenStreetMap (OSM) é uma alternativa aberta e terceirizada em massa para produtos de mapeamento comerciais como o Google Maps e o ESRI ArcGIS Online. No OSM, os usuários criam, transferem e digitalizam os dados geográficos no repositório central.

LEMBRE-SE

A plataforma OSM é bem robusta. Governos e empresas privadas já começaram a contribuir e a extrair dos seus conjuntos de dados compartilhados. Até empresas grandes como a Apple contam com os dados OSM. Agora, o OSM tem mais de um milhão de usuários registrados. Para demonstrar como uma pessoa pode criar dados no OSM, imagine que alguém tenha links com sistemas GPS em seu celular para o aplicativo OSM. Com essa autorização, o OSM traça automaticamente rotas de estradas enquanto a pessoa viaja. Mais tarde, essa pessoa (ou outro usuário OSM) poderá entrar na plataforma OSM online para verificar e rotular as rotas.

Os dados no OSM não são armazenados como mapas, mas como representações geométricas e de texto — pontos, linhas, polígonos e anotação do mapa; portanto, todos os dados do OSM podem ser baixados rapidamente no site e montados com facilidade em uma representação cartográfica via aplicativo desktop. (Para saber mais sobre a criação de mapas e o GIS, veja o Capítulo 13.)

NESTE CAPÍTULO

» Sendo criativo com pacotes R gratuitos para a visualização de dados

» Usando ferramentas de código aberto para obter, coletar e lidar com os dados

» Analisando seus dados com ferramentas gratuitas de código aberto

» Divertindo-se com as visualizações nos aplicativos avançados de código aberto

Capítulo **23**

Dez Ferramentas e Aplicativos Gratuitos de Data Science

Como as visualizações são uma parte essencialmente importante do kit de ferramentas do cientista de dados, não é nenhuma surpresa que você possa usar algumas ferramentas gratuitas da web para fazer visualizações no data science. (Confira o Capítulo 11 para obter links para algumas.) Com essas ferramentas, é possível aproveitar a capacidade do cérebro de absorver rapidamente informações visuais. Como as visualizações são um modo eficiente de comunicar informações de dados, diversos desenvolvedores de ferramentas e aplicativos trabalham muito para que as plataformas projetadas sejam simples o bastante para serem utilizadas até mesmo por iniciantes. Às vezes, aplicativos simples podem ser úteis para cientistas de dados mais avançados. Em outras, os especialistas em data science simplesmente precisam de ferramentas mais técnicas para se aprofundar nos conjuntos.

Neste capítulo, apresento dez aplicativos gratuitos da web que você pode usar para concluir tarefas de data science mais avançadas do que as descritas no Capítulo 11.

CUIDADO

Você pode baixar e instalar muitos desses aplicativos em seu computador pessoal, e a maioria deles está disponível para vários sistemas operacionais.

Sempre leia e entenda as exigências da licença de qualquer aplicativo que usar. Para fins de proteção, determine e observe os termos da permissão para uso dos produtos criados com cada aplicativo.

Criando Visualizações de Dados Personalizadas e da Web com Pacotes R Gratuitos

No Capítulo 11, analiso alguns aplicativos da web fáceis de usar para a visualização dos dados. Portanto, você já deve imaginar por que apresento outro conjunto de pacotes e ferramentas úteis para criar boas visualizações. A resposta é simples: as ferramentas apresentadas nesta seção exigem que você codifique com a linguagem de programação estatística R — que abordo no Capítulo 15. Embora a codificação não seja muito divertida, com esses pacotes e ferramentas será possível criar resultados personalizados de acordo com as suas necessidades. Nas seções a seguir, explico como usar o Shiny, rCharts e rMaps para criar visualizações de dados elegantes baseadas na web.

Resplandecendo com o RStudio

Há pouco tempo, você precisava dominar uma linguagem de programação com capacidade estatística, como o R, se quisesse fazer seriamente qualquer tipo de análise de dados. Além disso, se precisasse fazer visualizações da web interativas, teria que saber como codificar em linguagens como JavaScript ou PHP. Naturalmente, se quisesse fazer as duas coisas simultaneamente, teria que saber como codificar em duas ou três outras linguagens de programação. Em outras palavras, a visualização de dados da web baseada em análises estatísticas era uma tarefa complicada.

A boa notícia é que as coisas mudaram. Devido ao trabalho de alguns desenvolvedores dedicados, as barreiras entre a análise e a apresentação caíram. Depois do lançamento, em 2012, do pacote Shiny do RStudio (http://shiny.rstudio.com — conteúdo em inglês), a análise estatística e a visualização de dados da web agora podem ser realizadas na mesma estrutura.

O RStudio — de longe o ambiente de desenvolvimento integrado (IDE) mais popular para o R — gerou o pacote Shiny, que permite aos usuários R criarem aplicativos web. Esses aplicativos, feitos no Shiny e executados em um servidor web, são *interativos* — com eles, você interage com a visualização de dados para mover controles deslizantes, selecionar caixas de texto ou clicar nos dados em si. Executados em um servidor, esses aplicativos são considerados *dinâmicos*

— as alterações feitas nos dados subjacentes são refletidas automaticamente na aparência da visualização dos dados. Os aplicativos web criados no Shiny também *reagem*, ou seja, sua saída é instantaneamente atualizada em resposta a uma interação do usuário, sem que seja necessário clicar em um botão Enviar.

Se quiser usar rapidamente algumas linhas de código para gerar instantaneamente um aplicativo de visualização de dados da web, use o pacote Shiny do R. Além disso, se quiser personalizar seu aplicativo de visualização dos dados da web para que fique esteticamente mais atraente, poderá fazer isso simplesmente editando em HTML, CSS e JavaScript, que dão suporte ao aplicativo Shiny.

CUIDADO

Como o Shiny produz aplicativos web no lado do servidor, você precisa de um host do servidor e de prática para hospedá-lo em um servidor antes de criar aplicativos úteis.

DICA

O Shiny executa o servidor web público ShinyApps.io (www.shinyapps.io — conteúdo em inglês). É possível usá-lo para hospedar gratuitamente um aplicativo. Por outro lado, você pode pagar para hospedá-lo se os seus requisitos exigirem mais recursos. O nível mais básico de serviço custa US$39/mês e promete 250 horas de execução de aplicativo por mês.

Criando gráficos com o rCharts

Embora o R sempre tenha sido famoso por suas belas visualizações estatísticas, apenas recentemente foi possível usá-lo para produzir visualizações de dados interativas da web.

As coisas mudaram drasticamente com a chegada do rCharts (http://ramnathv.github.io/rCharts — conteúdo em inglês). O pacote de código aberto rCharts para o R obtém seus dados e parâmetros como entrada e, então, converte-os rapidamente em uma saída na forma de bloco de código JavaScript. Essas saídas do rCharts usam uma das muitas bibliotecas populares de visualização de dados JavaScript, inclusive NVD3, Highcharts, Rickshaw, xCharts, Polychart e Morris. Para conferir alguns exemplos de visualizações de dados criadas com o rCharts, verifique as visualizações localizadas em sua página GitHub.

Mapeando com o rMaps

O rMaps (http://rmaps.github.io — conteúdo em inglês) é irmão do rCharts. Esses dois pacotes R de código aberto foram criados por Ramnath Vaidyanathan. Com o rMaps, é possível criar coropléticos animados ou interativos, mapas de calor e até mapas com gotinhas de localização anotadas (como as encontradas nas bibliotecas de mapeamento JavaScript Leaflet, CrossLet e Data Maps).

O rMaps permite criar uma visualização de dados espaciais contendo cursores deslizantes interativos que os usuários podem mover para selecionar a faixa de dados que desejam ver.

Se você for um usuário R e estiver acostumado a usar a sintaxe Markdown simples do R para criar páginas web, ficará contente em saber que poderá facilmente incorporar o rCharts e o rMaps no Markdown do R.

Para quem prefere o Python ao R, os usuários do Python não estão sendo deixados de fora da tendência de criar visualizações da web e interativas em uma plataforma. Eles podem usar ferramentas do aplicativo web no lado do servidor, como o Flask — uma ferramenta menos amistosa, porém mais poderosa que o Shiny — e os módulos Bokeh e Mpld3, para criar versões JavaScript no lado do cliente de visualizações Python. A ferramenta Plotly dispõe de uma interface de programação do aplicativo (API) do Python — assim como para o R, MATLAB e Julia — que você pode usar para criar visualizações interativas da web diretamente da sua IDE do Python ou linha de comando. (Acesse Flask em http://flask.pocoo.org, Bokeh em http://bokeh.pydata.org, Mpld3 em http://mpld3.github.io e Plotly em https://plot.ly. — conteúdos em inglês.)

Examinando Ferramentas para Extrair, Coletar e Trabalhar

Quando precisar de dados para dar suporte a uma análise de negócio ou um futuro texto jornalístico, extrair na web ajudará a rastrear fontes de dados interessantes e exclusivas. Na *extração da web*, você configura programas automáticos para que procurem os dados necessários. Abordo noções gerais sobre a extração da web no Capítulo 18, mas nas seções a seguir explico um pouco mais sobre as ferramentas gratuitas que você pode usar para extrair dados ou imagens, inclusive import.io, ImageQuilts e DataWrangler.

Extraindo dados com import.io

Alguma vez você já tentou copiar e colar uma tabela da web em um documento do Microsoft Office e não conseguiu fazer as colunas se alinharem corretamente? Frustrante, não é? Esse é exatamente o complexo nó que o import.io foi projetado para solucionar.

O import.io — pronunciado como "import-ai-o" — é um aplicativo desktop gratuito que você pode usar para copiar, colar, limpar e formatar sem complicações qualquer parte de uma página web com apenas alguns cliques do mouse. É possível usar o import.io até para percorrer e extrair automaticamente dados de listas com diversas páginas. (Confira o import.io em `https://import.io` — conteúdo em inglês.)

DICA

Com o import.io, você pode extrair os dados de uma série simples ou complicada de páginas web:

» **Simples:** Acesse as páginas web por meio de hiperlinks simples que aparecem em Página 1, Página 2, Página 3.

» **Complicada:** Preencha um formulário ou escolha em uma lista suspensa e, então, envie sua solicitação de extração para a ferramenta.

O recurso mais impressionante do import.io é sua capacidade de observar os cliques do mouse para aprender o que o usuário deseja. Esse recurso também oferece maneiras de concluir automaticamente as tarefas. Embora o import.io aprenda e sugira tarefas, não exerce nenhuma ação até você ter marcado a sugestão como correta. Como consequência, essas interações ampliadas das pessoas reduzem o risco de que a máquina chegue a uma conclusão incorreta devido a adivinhações excessivas.

Coletando imagens com ImageQuilts

O ImageQuilts (`http://imagequilts.com` — conteúdo em inglês) é uma extensão do Chrome desenvolvida em parte pelo lendário Edward Tufte, um dos pioneiros da visualização de dados, responsável pela popularização do uso da proporção de dados e de tinta para julgar a eficiência dos grafos.

A tarefa que o ImageQuilts realiza parece simples de descrever, mas bem complexa de implementar. O ImageQuilts faz colagens de dezenas de imagens e as coloca em uma "montagem", composta de várias linhas com altura igual. Essa tarefa pode ser complexa porque as imagens de origem nunca têm a mesma altura. O ImageQuilts extrai e dimensiona as imagens antes de costurá-las em uma imagem de saída. A montagem de imagens indicada na Figura 23-1 foi derivada de uma pesquisa "Marcado para Reutilizar" no Google Imagens para o termo *data science*.

O ImageQuilts permite ainda escolher a ordem das imagens ou deixá-las aleatórias. Você pode usar a ferramenta para arrastar e soltar qualquer imagem em qualquer lugar, removê-las e aplicar zoom em todas ao mesmo tempo ou em cada imagem individualmente. Você pode até usar a ferramenta para converter cores — de colorida para escala de cinza ou cor invertida (o que é útil para fazer folhas de contato de negativos, caso você seja uma das raras pessoas que ainda processam fotografia analógica).

Administrando dados com DataWrangler

O DataWrangler (http://vis.stanford.edu/wrangler — conteúdo em inglês) é uma ferramenta online mantida pelo Laboratório de Dados Interativos da Universidade de Washington. (Na época em que o DataWrangler foi desenvolvido, esse grupo era chamado de Stanford Visualization Group.) Esse mesmo grupo desenvolveu o Lyra, um ambiente de visualização de dados interativo que você pode usar para criar visualizações complexas mesmo sem experiência em programação.

FIGURA 23-1: Saída do Image-Quilts com o termo de pesquisa *data science* no Google Imagens.

Se o seu objetivo for *esculpir* seu conjunto de dados — ou limpar as coisas movendo-as como um escultor (dividi-las em duas, reduzi-las um pouco e movê-las para outro lugar, empurrá-las para baixo para que tudo abaixo seja deslocado para a direita etc.) —, o DataWrangler será a ferramenta ideal.

Com o Visual Basic, é possível fazer manipulações com o DataWrangler de forma parecida com o Excel. Por exemplo, você pode usar o DataWrangler ou o Excel com o Visual Basic para copiar, colar e formatar as informações a partir de listas na internet.

O DataWrangler ainda sugere ações com base em seu conjunto de dados e pode repetir ações complexas em conjuntos de dados completos — ações como eliminar linhas puladas, dividir os dados de uma coluna em duas e transformar um cabeçalho em dados da coluna. O DataWrangler também pode indicar onde seu conjunto de dados não contém dados.

Dados ausentes indicam um erro de formatação que precisa ser corrigido.

Examinando as Ferramentas de Exploração de Dados

Neste livro, menciono muitas ferramentas gratuitas que você pode usar para visualizar seus dados. Embora a visualização ajude a esclarecer e comunicar seu significado, você precisa confirmar se as informações dos dados comunicados estão corretas — isso requer muito cuidado e atenção na fase de análise dos dados. Nas seções a seguir, apresento algumas ferramentas gratuitas que você poderá usar para tarefas avançadas da análise de dados.

Ficando por dentro do Gephi

Você se lembra de quando estava na escola e aprendeu a usar papel quadriculado para fazer cálculos e desenhar os *grafos* dos resultados? Bem, aparentemente essa nomenclatura está incorreta. Desenhos com um eixo *x* e um eixo *y* são chamados de *gráficos*. Os grafos são, na verdade, *topologias de rede* — o mesmo tipo de topologia de rede que abordo no Capítulo 9.

Se este livro for a sua apresentação às topologias de rede, seja bem-vindo a esse estranho e maravilhoso mundo. Você está prestes a embarcar em uma viagem de descobertas. O Gephi (http://gephi.github.io — conteúdo em inglês) é um pacote de software de código aberto que você pode usar para criar layouts gráficos, manipulá-los e obter resultados mais claros e eficientes. Os tipos de visualizações baseadas em conexões que você pode criar no Gephi são úteis em todos os tipos de análises de rede, das análises de dados da mídia social às de interações de proteínas ou transferências de genes horizontais entre bactérias.

Para compreender a análise de rede, imagine que você queira analisar a interconexão das pessoas em suas redes sociais. Você poderá usar o Gephi para apresentar com rapidez e facilidade os diferentes aspectos da interconexão entre seus amigos do Facebook. Então, imagine que tenha uma amizade com Alice. Você e Alice compartilham dez amigos no Facebook, mas Alice também tem mais 200 amigos com quem você não está conectado. Um dos amigos que você e Alice compartilham se chama Bob. Você e Bob também compartilham 20 amigos no Facebook, mas Bob tem apenas cinco amigos em comum com Alice. Com base nos amigos compartilhados, você pode supor facilmente que você e Bob são mais parecidos, mas pode usar o Gephi para criar visualmente um gráfico dos links de amizade entre você, Alice e Bob.

Em outro exemplo, imagine que há um gráfico que indica quais personagens aparecem em cada capítulo do imenso romance *Os Miseráveis*, de Victor Hugo. (Na verdade, você não precisa imaginar; a Figura 23-2 mostra o gráfico, criado no aplicativo Gephi.) As bolhas maiores indicam os personagens que aparecem com mais frequência e, quanto mais linhas forem anexadas a uma bolha, mais esse personagem aparece junto com outros — a grande bolha no centro à esquerda é, claro, Jean Valjean.

Quando você usa o Gephi, o aplicativo colore automaticamente seus dados em grupos diferentes. No canto superior esquerdo da Figura 23-2, o grupo de personagens em azul (a cor mais escura na imagem em preto e branco) representa aqueles que mais aparecem em conjunto. (São os amigos de Fantine, como Félix Tholomyès — se você viu apenas o musical, eles não aparecem na produção.) Esses personagens estão conectados uns aos outros por meio de apenas um personagem, Fantine. Se um grupo de personagens aparecesse apenas em conjunto e nunca com outros personagens, estaria em um grupo autônomo e não conectado ao resto do gráfico.

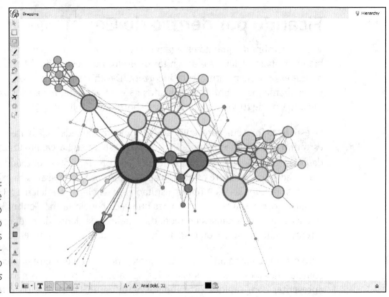

FIGURA 23-2: Gráfico de tamanho moderado sobre os personagens do livro *Os Miseráveis*.

Para um exemplo final, a Figura 23-3 apresenta um gráfico da rede elétrica dos EUA e os grupos de interconexão entre milhares de instalações de geração e distribuição de energia. Esse tipo de gráfico é comumente referido como gráfico *bola de pelo*, por motivos óbvios. Você pode torná-lo menos denso e mais claro visualmente, mas fazer esse tipo de ajuste está mais para arte do que ciência. A melhor maneira de aprender é com prática, tentativa e erro.

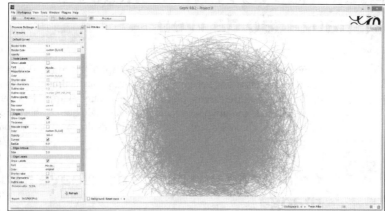

FIGURA 23-3: Gráfico bola de pelo do Gephi da rede elétrica dos EUA.

Aprendizagem de máquina com o conjunto WEKA

A *aprendizagem de máquina* é a classe da inteligência artificial dedicada a desenvolver e aplicar algoritmos nos dados para que possam aprender e detectar automaticamente padrões em grandes conjuntos de dados. O Waikato Environment for Knowledge Analysis (WEKA; www.cs.waikato.ac.nz/ml/weka — conteúdo em inglês) é um conjunto popular de ferramentas útil para a aprendizagem de máquina. Foi escrito em Java e desenvolvido na Universidade de Waikato, Nova Zelândia.

O WEKA é um aplicativo autônomo que você pode usar para analisar padrões em seus conjuntos de dados e visualizá-los de vários modos convenientes. Para usuários avançados, o verdadeiro valor do WEKA vem do seu conjunto de algoritmos da aprendizagem de máquina, que você pode usar para agrupar ou categorizar seus dados. O WEKA ainda permite executar diferentes algoritmos da aprendizagem de máquina em paralelo para determinar quais são os mais eficientes. O WEKA pode ser executado por meio de uma interface gráfica do usuário (GUI) ou pela linha de comando. Graças à documentação bem escrita do Weka Wiki, o aprendizado do WEKA não é muito difícil, como se poderia esperar de um tipo de software tão poderoso.

Avaliando as Ferramentas de Visualização da Web

Como mencionei antes neste capítulo, o Capítulo 11 indica diversos aplicativos web gratuitos que você pode usar para gerar facilmente visualizações de dados únicas e interessantes. Por mais belos que sejam, vale a pena conferir mais dois. Eles são um pouco mais sofisticados do que os abordados no Capítulo 11, mas, com essa sofisticação, geram resultados mais personalizados e adaptáveis.

Colocando um pouco do Weave na manga

O Web-Based Analysis and Visualization Environment, ou *Weave*, é uma invenção do Dr. Georges Grinstein, da Universidade de Massachusetts Lowell. O Weave é uma ferramenta de colaboração e código aberto que usa o Adobe Flash para exibir as visualizações de dados. (Consulte-o em www.oicweave.org — conteúdo em inglês.)

CUIDADO

Como o Weave conta com o Adobe Flash, não pode ser acessado em diversos navegadores, em particular nos dispositivos móveis da Apple — iPad iPhone, etc.

O pacote Weave é um software Java executado em um servidor com um mecanismo de banco de dados como o MySQL ou Oracle, embora também possa ser executado em um computador desktop, contanto que o servidor de host local (como o Apache Tomcat) e o software do banco de dados estejam instalados. O Weave oferece um excelente Wiki (http://info.iweave.com/projects/weave/wiki — conteúdo em inglês), que explica todos os aspectos do programa, inclusive a sua instalação nos sistemas Mac, Linux e Windows.

DICA

Você pode instalar muito facilmente o Weave no SO do Windows devido à sua instalação única, que agrega o middleware do desktop e as dependências do servidor e do banco de dados. Para que a instalação faça tudo isso, você precisa primeiro instalar o ambiente de execução Adobe Air gratuito em sua máquina.

É possível usar o Weave para acessar automaticamente conjuntos de dados abertos ou simplesmente transferir um conjunto de dados próprio, assim como gerar diversas visualizações interativas (como gráficos e mapas) que permitam aos usuários explorar com eficiência até os conjuntos de dados mais complexos.

O Weave é a ferramenta perfeita para criar visualizações que permitem ao seu público ver e explorar as inter-relações entre os subconjuntos dos seus dados. Além disso, se atualizar sua fonte de dados subjacente, as visualizações de dados do Weave também serão atualizadas em tempo real.

A Figura 23-4 mostra um exemplo de uma visualização do próprio servidor do Weave. Ela representa cada região dos EUA, com muitas colunas de dados para escolher. Neste exemplo, o mapa indica os dados de obesidade, no nível regional, de mulheres empregadas a partir dos 16 anos. O gráfico no canto inferior esquerdo apresenta uma correlação entre obesidade e desemprego nesse grupo.

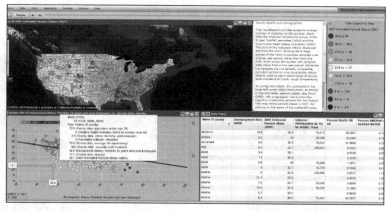

FIGURA 23-4: Uma figura mostrando gráfico, mapa e tabela de dados no Weave.

Verificando as ofertas de visualização de dados do Knoema

O Knoema (http://knoema.com) é uma excelente fonte de dados abertos, como explico no Capítulo 22, mas eu estaria contando apenas metade da história se também não mencionasse suas ferramentas de visualização de dados de código aberto. Com essas ferramentas, é possível criar visualizações que permitam ao seu público explorar facilmente os dados, detalhar áreas geográficas ou diferentes indicadores e produzir automaticamente linhas do tempo baseadas em dados. Com o Knoema, você pode exportar rapidamente todos os resultados para arquivos de PowerPoint (.ppt), Excel (.xls), PDF (.pdf), imagens JPEG (.jpg) ou PNG (.png), ou incorporá-los ao seu site.

LEMBRE-SE

Se acrescentar as visualizações de dados em uma página web do seu site, elas serão atualizadas automaticamente quando o conjunto de dados subjacente for alterado.

A Figura 23-5 mostra um gráfico e uma tabela gerados de modo rápido, fácil e automático com apenas dois cliques do mouse no Knoema. Depois de criar gráficos e tabelas no Knoema, você poderá exportar, explorar, salvar e incorporar os dados em um site externo.

CAPÍTULO 23 **Dez Ferramentas e Aplicativos Gratuitos de Data Science** 349

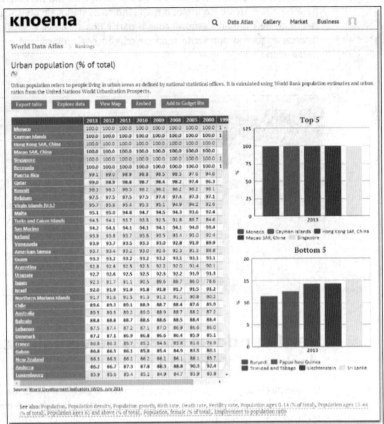

FIGURA 23-5: Exemplo de tabelas de dados e gráficos no Knoema.

Também é possível usar o Knoema para criar os próprios painéis a partir de seus dados ou de dados abertos no repositório do Knoema. As Figuras 23-6 e 23-7 mostram dois painéis que criei rapidamente, usando os dados Eurostat do Knoema, sobre capital e contas financeiras.

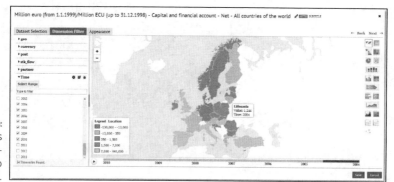

FIGURA 23-6: Mapa dos dados Eurostat no Knoema.

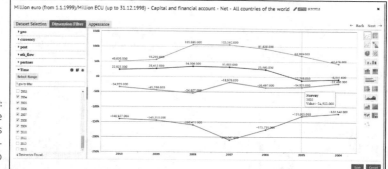

FIGURA 23-7: Gráfico de linhas dos dados Eurostat no Knoema.

CAPÍTULO 23 **Dez Ferramentas e Aplicativos Gratuitos de Data Science**   351

Índice

SÍMBOLOS
.css, 11-16
.html, 11-16
.svg, 11-16

A
AARRR, 303-314
    métrica pirata, 303-314
abordagem estocástica, 11-16
    probabilidades, 11-16
ACID, 29-32
administração dos dados, 36-48
    arquitetura de dados, 37-48
    extração dos dados, 36-48
    governança dos dados, 37-48
    preparação dos dados, 36-48
Adobe Analytics, 304-314
agregação, 25-32
agrupamento, 82-92
    hierárquico, 88-92
    k-vizinhos próximos, 88-92
ajuda humanitária, 288-298
álgebra rasterizada, 191-198
algoritmo baseado em instância, 56-60
algoritmo com ligação simples, 98-106
algoritmo de agrupamento, 57-60
algoritmo de aprendizado, 53-60
    não supervisionado, 54-60
    supervisionado, 53-60
algoritmo de aprendizado da regra de associação, 56-60
algoritmo de grupo, 58-60
algoritmo de regressão, 56-60
algoritmo de regularização, 56-60
algoritmo hierárquico, 88-92
algoritmos de agrupamento, 82-92
    hierárquico, 82-92
    k-vizinhos próximos, 86-92
    particional, 82-92
alocação do local, 318-324
AlphaGo, 114
Amazon Web Services S3, 20-32
American Communities Survey, 158-172
    U.S. Census Bureau, 158-172
amostra, 63-80
Anaconda, 217-224
    Continuum Analytics, 217-224
Anaconda Python, ii-xxiv
análise com uma variável, 79-80
análise da ativação, 306-314
análise da retenção, 307-314
análise da rotatividade do cliente, 312-314
análise das aquisições, 306-314
análise da web, 304-314
análise de dados, 35-48
    análise de diagnóstico, 35-48
    análise descritiva, 35-48
    análise preditiva, 35-48
    análise prescritiva, 35-48
análise de marketing, 300-314
análise de proximidade, 189-198
análise de sobreposição de camadas, 189-198
análise do componente principal, 70-80
    PCA, 70-80
análise dos dados espaciais, 316-324
análise dos dados espaçotemporais, 316-324
análise dos dados temporais, 316-324
análise do sentimento, 308-314
análise estatística multivariada, 42-48
análise fatorial, 69-80
analistas criminais, 316-324
anotações, 125-140
Apache Cassandra, 30-32
Apache Flink, 111-114
Apache Spark, 59-60
    GraphX, 60
    MLlib, 60
    Spark SQL, 59-60
    Streaming, 60
API, 167-172
aplicativo GIS, 112-114
aplicativos de análise da web, 304-314
aplicativos de mapeamento, 165-172
    camadas, 165-172
aplicativos embutidos nos dispositivos, 109-114
aplicativos IoT adaptativos, 109-114
Append, 151-156
Apple, 336-338
aprendizado com vários rótulos, 103-106
aprendizado de reforço, 54-60
    semissupervisionado, 54-60
aprendizado profundo, 113-114

aprendizagem de máquina, 44-48
    análise do componente principal, 45-48
    aprendizado algorítmico, 52-60
    Naïve Bayes, 45-48
    regressão linear, 44-48
    regressão lógica, 44-48
aprendizagem de máquina supervisionada, 93-106
ArcGIS, 11-16
    extensão .mxd, 11-16
arco da informação para ação, 38-48
Arduino, 110-114
argumentos, 249-254
ARIMA, 237-240
armazenamento, 23-32
arquivos de log, 20-32
array
    n dimensões, 211-224
artigos de jornal, 272-286
    autoestima, 272-286
    bens móveis, 272-286
    conhecimento, 272-286
    segurança, 272-286
árvore de decisão, 56-60
árvores Reingold-Tilford, 168-172
atrações do trajeto, 321-324
atributo, 181-198
    qualitativo, 182-198
    quantitativo, 182-198
atributo categórico, 162-172
atributos, 234-240
autocorrelação espacial, 319-324
automatizar, 262-266
autorregressão, 80
autovalor, 67-80
autovetor, 67-80
avaliação com múltiplos critérios, 71-80

B
banco de dados espacial, 181-198

banco de dados iris, 160-172
banco de dados relacional, 243-254
banco de dados relacional simples, 182-198
bancos de dados multidimensionais, 41-48
bancos de dados relacionais, 237-240
    RMySQL, 237-240
    RODBC, 237-240
    RPostgreSQL, 237-240
    RSQLite, 237-240
biblioteca, 141-156
    JpGraph PHP, 141-156
    jQuery Javascript, 141-156
    MatPlotLib, 214-224
    NumPy, 211-224
    Pandas, 214-224
        DataFrame, 214-224
        Series, 214-224
    Scikit-learn, 215-224
    SciPy, 211-224
big data, 18-32
    valor baixo, 18-32
bloco do censo, 331-338
Bokeh, 342-352
Bona Vacantia, 331-338
borda conectiva, 98-106
buffering, 189-198
byte, 18-32
    gigabyte, 18-32
    kilobyte, 18-32
    petabyte, 18-32
    terabyte, 18-32

C
camada oculta, 57-60
camadas do mapa, 165-172
câmeras de circuito fechado, 104-106
Canada Open Data, 330-338
carros autônomos, 114
CartoDB, 163-172
cartografia, 162-172
células, 244-254
    valores, 244-254

Census.gov, 332-338
chamada da função, 230-240
chamada para ação, 307-314
chave, 25-32
chave externa, 243-254
chave primária, 243-254
ciência do fogo, 296-298
cientista de dados, 10-16
cientistas de dados clínicos, 13-16
cientistas de dados na análise criminal, 316-324
cientistas dos dados de marketing, 13-16
CKAN, 329-338
    Comprehensive Knowledge Archive Network, 329-338
classe, 209-224
classe autorregressiva de médias móveis, 112-114
    ARMA, 112-114
classificação, 94-106
    classes, 95-106
    rótulos, 95-106
classificação hierárquica, 137-140
classificadores do aprendizado com base em instância, 93-106
classificadores do vizinho mais próximo, 99-106
cluster de computação, 25-32
codificação, 10-16
codificação personalizada avançada, 290-298
código aberto, 191-198
coeficiente de Pearson, 282-286
coeficiente de silhueta, 86-92
colchetes duplos, 227-240
colchetes simples, 227-240
colunas, 244-254
    atributos, 244-254
    campos, 244-254
    chaves, 244-254
comandos, 250-254
    AVG(), 250-254

COUNT(), 250–254
FROM, 250–254
GROUP, 250–254
HAVING, 250–254
JOIN, 250–254
MAX(), 250–254
MIN(), 250–254
SELECT, 250–254
WHERE, 250–254
componentes principais, 70–80
comunicações visuais digitais, 164–172
comunidades seguras, 9–16
Conjuntos de Dados Distribuídos Resilientes, 111–114
    RDD, 111–114
conscientização contextual, 111–114
consulta do atributo, 188–198
consulta espacial, 188–198
consumo de dados, 23–32
consumo de energia, 288–298
contexto, 125–140
conversão, 300–314
conversões de vendas, 125–140
cookie, 305–314
cópia livre, 327–338
coroplético, 162–172
correlação, 66–80
correlação de Pearson, 66–80
correlação de postos de Spearman, 67–80
CRAN, 160–172
Creative Commons, 328–338
critérios de seleção dos recursos, 102–106
CRM, 30–32
CSV, 218–224

D

D3.js, 142–156
    interatividade, 153–156
    Wikipédia, 155–156
dados, 19–32
    estruturados, 19–32
    não estruturados, 19–32
    semiestruturados, 20–32
dados abertos, 327–338
dados artísticos, 119–140
dados brutos, 35–48
dados contextuais, 125–140
dados de teste, 52–60
dados espaciais, 188–198
dados geográficos, 162–172
dados geométricos, 181–198
dados IoT, 111–114
dados numéricos, 204–224
dados obscuros, 43–48
dados pontuais, 163–172
dados rasterizados, 182–198
dados temporais, 316–324
dados transacionais, 40–48
Data-Driven Documents, 11–16
Data.gov, 328–338
Data.gov.uk, 330–338
data lake, 20–32
Data.NASA, 332–338
data science, 8–16
data science ambiental, 287–298
data science centrado no negócio, 42–48
data science do e-commerce, 301–314
DataStringer, 280–286
DataWrangler, 344–352
Dave McClure, 303–314
DBScan, 90–92
decomposição em valores singulares, 67–80
    SVD, 67–80
Delicious, 271–286
dendrograma, 88–92
densidade máxima local, 86–92
densidade mínima local, 87–92
desenhos com assistência computadorizada, 183–198
    CAD, 183–198
desenvolvedor IoT, 109–114
desenvolvimento técnico da estratégia de marketing, 9–16
design, 284–286
design minimalista, 177–178
design persuasivo, 126–140
desmatamento, 289–298
diagrama de caixa Tukey, 76–80
diagrama espacial, 138–140
diagrama n dimensional, 85–92
diagramas de bolhas, 130–140
diagramas de círculos agrupados, 130–140
diagramas de dispersão, 122–140
diagramas de força agrupada, 168–172
diagramas de Venn, 172
diagramas de Voronoi, 168–172
diagramas estatísticos, 134–140
    diagrama de dispersão, 135–140
    histograma, 134–140
    matriz do diagrama de dispersão, 135–140
diferenciação, 112–114
Digg, 271–286
dimensionalidade, 67–80
dimensões, 161–172
direitos autorais, 327–338
dispositivos de borda, 109–114
distorção, 186–198
distribuição da probabilidade, 64–80
    contínua, 64–80
    discreta, 64–80
distribuições binomiais, 65–80
    numéricas discretas, 65–80
distribuições categóricas, 65–80
    não numéricas, 65–80
distribuições normais, 64–80
    numéricas contínuas, 64–80
divisão modal, 321–324
Documentos Dirigidos por Dados, 142–156

D3, 142-156
Dr. Georges Grinstein, 348-352
DSS, 29-32
DStreams, 110-114

E
ECM, 30-32
ecologia, 296-298
e-commerce, 299-314
Edward Snowden, 273-286
Edward Tufte, 177-178
EI e a BI, 289-298
elementos gráficos, 125-140
EM Microelectronic, 111-114
engenharia de dados, 22-32
engenharia de recursos, 53-60
engenheiros, 13-16
Enter, 151-156
epidemiologia e saúde humana ambiental, 296-298
equipe interna, 14-16
ERP, 30-32
Escalas de Cor, 258-266
espaço em branco, 175-178
especialistas do crescimento, 301-314
ESRI ArcGIS for Desktop, 180-198
estatística, 62-80
    descritiva, 62-80
    inferencial, 62-80
estatística espacial, 162-172
estimativa de densidade do kernel, 87-92
    KDE, 87-92
estratégia de posicionamento, 300-314
estratégias de crescimento, 304-314
estrutura de dados, 204-224
    conjunto, 205-224
    dicionário, 205-224
    lista, 204-224
    tupla, 205-224
estrutura de dados cúbica, 41-48

estrutura de processamento em tempo real, 26-32
estruturas topológicas lineares, 136-140
ETC, 41-48
    extrair, transformar e carregar, 41-48
evento de neve, 180-198
Excel, 256-266
exibição dos dados, 118-140
Exit, 151-156
expectância, 64-80
    valor de esperança, 64-80
extração da web, 290-298
extração de texto, 253-254
Exversion, 337-338

F
Facebook DeepFace, 58-60
Facebook Page Insights, 305-314
failover, 32
    superação de falha automática, 32
feeds automáticos, 279-286
feeds RSS, 280-286
ferramentas de consumo de dados, 19-32
    Apache Flume, 19-32
    Apache Kafka, 19-32
    Apache Sqoop, 19-32
ferramentas de visualização, 159-172
Flask, 342-352
floresta aleatória, 92
fluxo de cliques, 19-32
fluxo de trabalho, 265-266
Folhas de Estilo em Cascata, 146-156
    CSS, 146-156
fontes confiáveis, 271-286
fontes de dados, 43-48
fontes não confiáveis, 271-286
formato de chave-valor, 25-32
formato de dados vinculados, 32
formatos de arquivo, 11-16
formato vetorial, 183-198

fotografias digitais, 183-198
freemium
    plano, 159
função, 207-224
    embutida, 207-224
    personalizada, 207-224
função de ativação, 57-60
funil de vendas, 303-314
    aquisição, 303-314
    ativação, 303-314
    receita, 303-314
    recomendação, 303-314
    retenção, 303-314
fusão sensorial, 111-114

G
gancho, 285-286
GATE, 253-254
GDI, 281-286
generalização em excesso, 96-106
geocodificação, 163-172
Gephi, 345-352
gerenciamento de relações com cliente, 104-106
    CRM, 104-106
gerenciamento do sistema, 23-32
GitHub, 143-156
Gmail, 58-60
Google Analytics, 304-314
Google Analytics Segment Builde, 312-314
Google Big Query, 167-172
Google Drive, 166-172
Google Fusion Tables, 166-172
Google Tag Manager, 305-314
Google URL Shortener, 305-314
gráfico bola de pelo, 346-352
gráfico com marcador, 177-178
gráfico comparativo, 130-140
gráfico de área, 127-140
gráfico de barras, 128-140
gráfico de dados, 127-140
gráfico de Gantt, 131-140

gráfico de linha, 128-140
gráfico de setor, 128-140
    forma de pizza, 128-140
gráfico empilhado, 131-140
gráfico padrão, 127-140
gráficos dinâmicos, 262-266
Gráfico Vetorial Escalável, 144-156
    SVG, 144-156
granularidade, 37-48
Graphing News Feed, 160-172
GRASS GIS, 180-198
grau de precisão, 62-80
GRIN, 333-338

H
hackers civis, 328-338
Hadoop, 24-32
hashtag, 272-286
HDFS, 19-32
    blocos HDFS, 27-32
    redundância, 27-32
    tolerância a falhas, 27-32
hidráulica, 296-298
HighCharts, 141-156
Hive, 28-32

I
IBM Digital Analytics, 305-314
IBM IoT Foundation Device Cloud, 110-114
iCharts, 167-172
Iconosquare Statistics for Instagram, 305-314
ImageQuilts, 343-352
implantação de tags, 301-314
import.io, 342-352
infográfico, 170-172
    dinâmico, 170-172
    estático, 170-172
Infogr.am, 170-172
instância, 53-60
integridade dos dados, 244-254
Intel Edison, 110-114
inteligência ambiental, 288-298

EI, 288-298
inteligência artificial, 113-114
    IA, 113-114
inteligência de negócio, 40-48
    BI, 40-48
interface, 188-198
Internet das Coisas, 107-114
    IoT, 107-114
Internet Explorer, 145-156
Internews, 292-298
intervalo interquartil, 76-80
    IQR, 76-80
IoT AWS, 110-114
IPython, 217-224

J
JavaScript, 12-16
JobTracker, 28-32
Jonne Catshoek, 291-298
jornalismo de dados, 270-286
    análise de dados, 270-286
    apresentação de dados, 270-286
    coleta de dados, 270-286
junção, 251-254
    à direita, 251-254
    à esquerda, 251-254
    externa, 251-254
    externa completa, 251-254
    interna, 251-254
Jupyter Notebook
    programa, 217-224

K
KNIME, 264-266
Knoema, 334-338
krigagem, 296-298
krige, 297-298
k-vizinhos mais próximos, 93-106
    kNN, 94-106

L
lado do cliente, 144-156
licença de Governo aberta, 330-338

licenças abertas, 328-338
lide, 285-286
limite, 246-254
Linguagem de Marcação de Hipertexto, 144-156
    HTML, 144-156
linguagem orientada a objetos, 226-240
linhas, 244-254
    registros, 244-254
linhas de tendência, 222-224
livre debate, 119-140
localização, 181-198
    latitude, 186-198
    longitude, 186-198
localização geoespacial, 112-114
loop, 206-224
    for, 206-224
    while, 206-224
lotes, 24-32
    batch, 24-32
Lyra, 344-352

M
Mac, 217-224
macro, 262-266
    absoluto, 263-266
    relativo, 263-266
mapa, 138-140
    coroplético, 138-140
    ponto, 138-140
    superfície reticulada, 139-140
mapa de bits, 182-198
    raster, 182-198
mapa de calor, 307-314
mapa do crime, 317-324
mapas de árvore, 131-140
mapas de calor, 163-172
mapas de radar climático Doppler, 183-198
mapeamento da crise, 288-298
MapReduce, 24-32
Markdown, 342-352

marketing da internet, 302–314
mashup, 274–286
matemática, 10–16
MATLAB, 159–172
matriz do trajeto, 321–324
média móvel, 80
média móvel autorregressiva, 80
　　ARMA, 80
média ponderada, 64–80
medidas, 161–172
membresia binária, 72–80
mercados verticais, 108
meteorologia, 296–298
método de aprendizado profundo, 58–60
método de redução da dimensão, 57–60
métrica da distância Minkowski, 85–92
métrica de distância Jaccard, 85–92
métrica de Manhattan, 85–92
métrica de semelhança dos cossenos, 85–92
métrica do táxi, 320–324
métrica euclidiana, 85–92
microdados, 334–338
Microsoft Excel, 1–4
Microsoft SQL Server, 243–254
mídia social, 20–32
Mike Bostock, 142–156
modelagem de demanda do deslocamento, 321–324
modelagem dos recursos naturais, 293–298
modelo de gravidade, 321–324
Modelo de Objeto de Documentos, 144–156
　　DOM, 144–156
modelo logit multinomial, 237–240
　　mlogit, 237–240
modelos autorregressivos integrados de média móvel, 112–114

ARIMA, 112–114
modelos de grafos, 136–140
modelos de média móvel, 112–114
modernos gráficos digitais, 183–198
módulo Streaming, 110–114
MongoDB, 30–32
movimento direcional, 87–92
movimento pela abertura, 327–338
Mpld3, 342–352
MPP, 29–32
　　plataformas de processamento paralelo em massa, 29–32
multicolinearidade, 75–80

N

Naïve Bayes, 65–80
　　BernoulliNB, 65–80
　　GaussianNB, 66–80
　　MultinomialNB, 65–80
narração dos dados, 118–140
NASA, 332–338
NetSuite, 167–172
névoa, 108–114
　　nuvem IoT, 108–114
NLTK, 253–254
normalização, 247–254
NoSQL, 29–32
notação de ponto, 211–224
NULL, 246–254
número de índice, 206–224
nuvens de palavras, 131–140
NXP, 111–114

O

objeto, 202–224
OLAP, 41–48
　　Processamento Analítico Online, 41–48
　　sistema de armazenamento de dados
　　　data mart, 41–48
opções de cores, 122–140

OpenHeatMap, 163–172
OpenStreetMap, 338
　　OSM, 338
operações de agregação, 25–32
operações de janela, 111–114
operações de sobreposição fundamentais, 190–198
　　interseção, 190–198
　　não interseção, 190–198
　　subtração, 190–198
　　união, 190–198
operador de dois pontos, 234–240
operadores populares, 231–240
Optimizely, 309–314
Oracle, 243–254
Orçamento Oculto, 273–286
organizações dedicadas, 290–298
　　DataKind, 291–298
　　Elva, 291–298
　　QCRI, 291–298
　　Vizzuality, 291–298
overhead, 112–114

P

pacotes, 237–240
　　forecast, 237–240
　　ggplot2, 238–240
　　igraph, 240
　　qcc, 237–240
　　spatstat, 240
　　statnet, 240
painel, 174–178
palavra-chave, 272–286
perceptron, 57–60
perguntas essenciais, 271–286
perspectivas, 271–286
PHP/D3.js, 147–156
Pierre Goovaerts, 297–298
Piktochart, 172
Pinterest Analytics, 305–314
planejamento de recursos hídricos, 289–298

Planilhas do Google, 167–172
plataformas colaborativas, 158–172
    Plotly, 159–172
plataformas de hardware IoT, 110–114
plataformas de software IoT, 110–114
policiamento preditivo, 315–324
polimórficas, 226–240
pontos de demanda, 318–324
preenchimento categórico, 162–172
probabilidade, 62–80
    distribuição de probabilidade uniforme, 63–80
probabilidade condicional, 65–80
problemas hídricos, 293–298
problemas no ar, 293–298
problemas no solo, 293–298
processamento de borda, 109–114
processamento distribuído paralelo, 24–32
produção do trajeto, 321–324
programação, 217–224
programação estatística, 290–298
projeção do mapa, 186–198
prompt, 230–240
prontuários, 20–32
propagação de erros, 92
público-alvo, 117–140
    analistas, 118–140
    ativistas, 119–140
    tomadores de decisão, 118–140
PySpark, 28–32
Python, 111–114
    linguagem de programação, 202–224
    tipos de dados, 203–224

Q
QGIS, 11–16
quadrados mínimos ordinários, 75–80
    OLS, 75–80
qualidade dos ganhos, 72–80
Quandl, 336–338
QuickFacts, 332–338

R
R, 90–92
    hclust, 90–92
    interativo, 226–240
    não interativo, 226–240
Ramnath Vaidyanathan, 341–352
Raspberry Pi, 110–114
RAW, 168–172
rCharts, 341–352
RDBMS, 19–32
reciclabilidade, 233–240
reclassificação, 191–198
recurso-alvo, 189–198
recurso de linha, 162–172
recursos, 185–198
    filtros, 256–266
    formatação condicional, 256–266
    gráficos, 256–266
recursos brutos, 293–298
rede neural, 57–60
regressão linear, 73–80
regressão linear múltipla, 73–80
regressão logística, 74–80
representações de teste, 127–140
residuais, 74–80
resposta emocional, 123–140
rMaps, 341–352
robótica militar, 114
ROI, 302–314
rotatividade do cliente, 265–266
rotulagem Tukey de valor atípico, 76–80

RStudio, 340–352

S
SaaS, 23–32
    Software como Serviço, 23–32
sazonalidade, 78–80
SCADA, 43–48
    Controle de Supervisão e Aquisição de Dados, 43–48
Scala, 28–32
Scikit-learn, 87–92
Sendible, 305–314
SEO, 167–172
série temporal, 78–80
serviço escravo, 28–32
serviço principal, 28–32
servidores comuns, 27–32
servidor FTP, 210–224
servidor web, 147–156
Shiny, 340–352
ShinyApps.io, 341–352
silos de dados, 30–32
símbolo #, 229–240
sintaxe em cadeia, 151–156
sistema de coordenadas, 186–198
    geográfico, 186–198
    projetado, 186–198
sistema de soma zero, 71–80
sistemas comerciais, 9–16
Sistemas de Informações Geográficas, 162–172
    Bing Maps, 162–172
    GIS, 162–172
    Google Maps, 162–172
    Open Street Map, 162–172
SmartReply, 58–60
sobreajuste do modelo, 95–106
Spark, 24–32
Spark SQL, 28–32
SQL, 29–32
    Linguagem de Consulta Estruturada, 29–32

MySQL, 243-254
PostgreSQL, 243-254
SQLite, 242-254
Statistics Canada, 330-338
STEM, 159-172
string, 204-224
StumbleUpon, 271-286
suavização da borda, 103-106
superfícies, 185-198

T
tabela dinâmica, 261-266
Tableau Public, 161-172
    galeria online, 161-172
    história, 161-172
    painel, 161-172
    planilha, 161-172
    servidor em nuvem, 161-172
tarefa de redução, 25-32
tarefa do mapa, 25-32
TaskTracker, 28-32
taxas de abertura, 308-314
taxas de exibição, 308-314
tecnologia GIS, 290-298
tecnologias emergentes, 108-114
    ambiental, 108-114
    boa forma, 108-114
    processamento industrial, 108-114
tendências, 259-266
tendências estranhas, 283-286
terceirização em massa, 336-338
terceirizar, 15-16
    especialista externo, 15-16
    tratamento pontual, 15-16
teste da ativação, 310-314
teste da receita, 311-314
teste das retenções, 310-314
teste de aquisições, 310-314
testes, 308-314
    A/B, 309-314

análise do mapa de calor de cliques do mouse, 309-314
    multivariado, 309-314
tipo de dado, 246-254
tomada de decisão com vários critérios, 71-80
    MCDM, 71-80
tomada de decisão fuzzy com múltiplos critérios, 72-80
    FMCDM, 72-80
topologia, 135-140
topologia da rede de árvores, 137-140
topologias de rede, 345-352
transações financeiras, 20-32
três Vs, 18-32
    variedade, 18-32
    velocidade, 18-32
    volume, 18-32
Trusted Analytics Platform, 16
tuplas, 24-32
Twitter, 271-286

U
Upmanu Lall, 294-298
U. S. Census Bureau, 331-338

V
valor, 25-32
valor emocional, 272-286
valores atípicos, 75-80
    coletivo, 76-80
    contextual, 76-80
    pontual, 76-80
valores calculados, 247-254
valores numéricos, 204-224
variância compartilhada, 69-80
variáveis
    ambientais, 295-298
    latentes, 69-80
    ordinais, 65-80
variável aleatória, 63-80
variável-alvo, 73-80
variograma, 297-298
VBA, 262-266

velocidade dos dados, 18-32
vetor, 182-198
vetores
    atômicos, 227-240
    genéricos, 227-240
vetorização, 232-240
Visual Basic, 344-352
visualização de dados, 117-140
visualização de dados baseada na web, 290-298
Visual Website Optimizer, 309-314

W
Waikato Environment for Knowledge Analysis, 347-352
    WEKA, 347-352
Washington Post, 273-286
Web-Based Analysis and Visualization Environment, 348-352
    Weave, 348-352
Webtrends, 305-314
Windows, 217-224
World Bank, 281-286

X
XML, 144-156

Y
YARN, 24-32

Z
zona de destino, 321-324
zona de origem, 321-324